职业教育·道路运输类专业教材

Daolu Gongcheng Celiang

道路工程测量

（第二版）

唐杰军　赵　欣　主编
郭云开[长沙理工大学]　主审

人民交通出版社股份有限公司
China Communications Press Co.,Ltd.

内 容 提 要

本书为职业教育·道路运输类专业教材,是在2010年5月出版的国家示范性高等职业院校课程改革教材《道路工程测量》的基础上修订而成的。全书基于道路工程施工测量工作过程的内容,特别是使教材内容更加接近实际工作,加强了项目之间相互的衔接,增加新的测设方法,如全站仪地形图测绘、GPS公路中线放样等。另外,在项目前增加了项目中各个模块之间的关系,在模块后增加了复习思考题和计算题,更有利于学生掌握知识和技能。

本书可作为高等职业院校道路与桥梁工程技术专业教材,亦可作为相关专业的参考教材,或供工程技术人员参考。

*** 本书配有教学课件,教师可通过加入"职教路桥教学研讨群"(QQ:561416324)获取课件。**

图书在版编目(CIP)数据

道路工程测量 / 唐杰军,赵欣主编. —2版. —北京:人民交通出版社股份有限公司,2016.8

ISBN 978-7-114-12987-2

Ⅰ.①道… Ⅱ.①唐… ②赵… Ⅲ.①道路测量—高等职业教育—教材 Ⅳ.①U412.24

中国版本图书馆CIP数据核字(2016)第093379号

审图号:GS(2019)3451号

职业教育·道路运输类专业教材

书　　名: 道路工程测量(第二版)
著 作 者: 唐杰军　赵　欣
责任编辑: 袁　方
出版发行: 人民交通出版社股份有限公司
地　　址: (100011)北京市朝阳区安定门外外馆斜街3号
网　　址: http://www.ccpress.com.cn
销售电话: (010)59757973
总 经 销: 人民交通出版社股份有限公司发行部
经　　销: 各地新华书店
印　　刷: 北京印匠彩色印刷有限公司
开　　本: 787×1092　1/16
印　　张: 14
字　　数: 343千
版　　次: 2010年5月　第1版
2016年8月　第2版
印　　次: 2021年12月　第2版　第7次印刷　总第13次印刷
书　　号: ISBN 978-7-114-12987-2
定　　价: 49.00元
(有印刷、装订质量问题的图书由本公司负责调换)

第二版前言

dierban qianyan

道路工程测量是道路桥梁工程技术专业学生必须掌握的一项非常重要的专业技能，毕业生在道路施工企业从事测量岗位工作也是比较多的。因此，学生掌握道路工程测量的专业知识和岗位技能显得尤为重要。

2010 年 5 月，我们不断加强对《道路工程测量》课程的教学改革和创新，第一次构建基于路桥施工过程所从事测量岗位工作的教材内容，开发并出版了《道路工程测量》课程的项目化教材。本教材先后在湖北、山东、青海、云南等交通类职业院校路桥专业应用，得到了同行们的认可，具有一定的创新性，与此同时，他们对教材的编写也提出了宝贵的意见和建议。

本教材是在第一版的基础上修订的，在组织结构框架上基本保持第一版的体系，但在内容、形式上增加了目前施工测量工作的最新测设技术。为进一步培养企业需要从事测量岗位工作的技术人员，课程团队先后到一线施工企业的测量岗位进行认真调研，分析了测量岗位工作所必须具备的最新专业知识和岗位技能，归纳和整理形成了测量技术人员所必须掌握的测量核心技能，增加了测量新技术、新仪器、新手段等，使教学内容和教学方法更接近实际工作。在各个模块前增加了知识点和技能训练的结构图、数字水准仪及操作使用方法、全站仪局部地形图测绘、CASS 绘图软件应用以及 GPS 公路中线测量放样等内容。

本教材共分为导入和六个项目。其中，导入、项目四（GPS-RTK 技术内容除外）、项目五、项目六由湖南交通职业技术学院唐杰军编写；项目一、项目三、项目四中 GPS-RTK 技术内容由湖南交通职业技术学院赵欣编写；项目二由湖南交通职业技术学院王中伟编写。全书由唐杰军统稿，长沙理工大学郭云开教授审校。

由于编者水平有限，编写基于岗位工作过程的项目化教材，特别是过程中细节内容考虑还不够完善，教材不妥之处在所难免，真诚希望得到同行专家和读者的批评指正，以便在今后教学过程中不断地完善。

编　者

2016 年 3 月

目　录

mulu

Daolu Gongcheng Celiang

导入　道路工程测量认知与模拟项目设计

模块一　道路工程测量技术概述

一、工程测量的任务和内容

1. 工程测量的概念

工程测量学是研究地球空间中具体几何实体测量和抽象几何实体测设的理论、方法和技术的一门应用学科。亦即是一门研究如何确定地球表面上点的位置;如何将地球表面的地貌、地物、行政和权属界线测绘成图;如何确定地球的形状和大小;如何将规划设计的点和线在实地上定位的学科。它主要研究在工程与工业建设、城市建设与国土资源开发、水陆交通与环境工程的减灾救灾等事业中,进行地形和有关信息的采集与处理、施工放样、设备安装、变形监测与分析预报等方面的理论和技术以及与之有关的信息管理与使用。

由于工程测量服务对象众多,所以包括的内容非常广泛。按照服务对象来划分,可分为:工业与民用建筑工程测量,水利水电工程测量,铁路、公路、管线、电力线架设等线路工程测量,桥梁工程测量,矿山工程测量,地质勘探工程测量,隧道及地下工程测量等。

2. 工程测量的任务

工程测量的任务包括测绘和测设。测绘是指使用测量仪器和工具,通过实地测量和计算得到一系列测量信息,把地球表面的地形绘成地形图或编制成数据资料,供经济建设、规划设计、科学研究和国防建设使用,如图 0-1 所示。测设是指把图纸上规划设计好的建筑物、构造物的位置在地面上用特定的方式标定出来,作为施工的依据,又称施工放样,如图 0-2 所示。

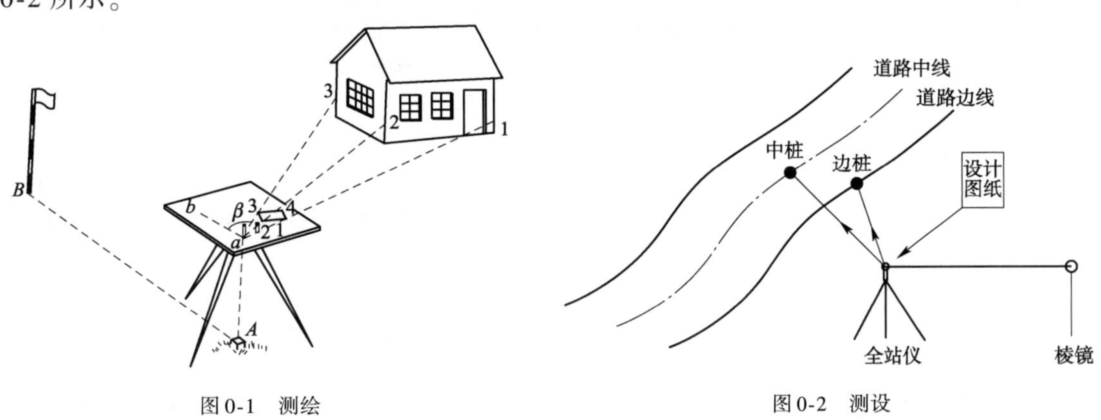

图 0-1　测绘　　　　图 0-2　测设

3. 工程测量的内容

按照工程建设的基本程序和相应工作的性质,将工程测量的工作内容分为以下三个阶段:

(1)勘测设计阶段的测量工作。工程在勘测设计阶段需要各种比例尺的地形图、纵横断面图及一定点位的各种样本数据,这些都必须由测量工作来提供或者由测量工作进行实地定点、定线。

(2)施工阶段的测量工作。设计好的工程施工图在经过各项审批后,即可进入施工阶段。这就需要通过测量工作将设计的工程位置在现场标定,作为施工的依据,在施工过程中还需对工程进行各种监测,确保工程质量。

(3)工程竣工后运营管理阶段的测量工作。工程竣工后,需测绘工程竣工图或对工程最终定位测量,作为工程验收和移交的依据。对于一些大型工程和重要工程,还需对其安全性和稳定性进行监测,为工程的安全运营提供保障。

可见,工程测量学就是围绕各项工程建设,对测量的需要,介绍的一系列有关测量理论、方法和仪器设备等内容的一门学科,它在国民经济建设中和国防建设中起着极其重要的作用。

二、道路工程测量的内容

工程测量服务于交通基础建设中的道路工程对象时,将其称为道路工程测量。道路工程测量是指道路工程在勘测设计、施工建设和竣工验收、运营管理过程中的测量工作,即,道路工程测量贯穿道路工程勘测设计阶段、施工阶段以及竣工验收和运营管理阶段的全过程,从施工前勘察设计准备阶段开始,到施工放样,最后到施工竣工验收都要进行测量工作。其具体工作见表0-1。

道路工程测量的内容 表0-1

道路工程建设阶段		工作目的	工作内容
勘测设计阶段(路线测量、地形图测绘)	道路初测	为编制初步设计提供资料	对几条可行线路进行实地勘测,进行初步测量,从中确定最佳方案。包括平面控制测量、高程控制测量、纵横断面测量、地形图测量
	道路定测	为编制施工图设计提供资料	在初步设计的基础上进行线路和构筑物施工图测量。包括中线测量、高程测量、纵横断面测量
施工阶段(施工放样)		为现场施工提供依据	首先,复核设计阶段的平面、高程控制测量;其次,恢复线路中线,并进行路基放样、边坡放样、建(构)筑物的定位放样等工作
竣工验收和运营管理阶段(竣工监测)		为保障安全运营	测绘线路中心线纵断面和路基横断面图,或进行工程最终定位测量,作为工程验收和移交的依据;在大型构筑物附近设置平面和高程控制点,供以后工程养护管理使用;在工程运营过程中还需对路面、构筑物、护坡等进行沉降、倾斜、位移观测

注:道路初测阶段和定测阶段都包含有地形图的测绘工作,但初测阶段测图精度要比定测阶段的低。

三、道路工程测量的学习方法

目前,我国正在学习国外先进的职业教育理念和教学方法,其核心内容即以学生为主体,培养学生的岗位职业技能,教学内容采用工学结合、理论与实践并重等。《道路工程测量》课程教学也不例外。本课程传统的教学主要是按照学科体系来组织教学,采用这种教学方法,学生主要学习系统测量知识,因此,高职学生学习积极性不高,效果较差。为了提高学生学习积极性和满足毕业后工作岗位技能要求,本教材的教学内容组织、教学方法和手段采用都进行了一系列教学改革,采用模拟真实的道路测量项目进行教学,即教学内容是基于道路施工测量工作过程为导向来组织的,教学方法是以学生完成真实道路施工测量任务来进行教学,以此来培养学生的岗位能力。

1. 教学内容

根据交通基础建设中公路施工测量员岗位所完成的典型工作任务,聘请企业专家、施工一线测量技术员与测绘专业带头人、测量课程骨干教师多方一起共同分析测量岗位技术员所必须掌握的测量知识、具备的职业技能和职业素养,以此来构建本课程的教学内容。

本课程共构建六个学习项目,即高程控制测量、平面控制测量、局部区域地形图测绘、道路中线测量、道路中基平测量、道路横断面测量六个项目。

2. 教学方法

《道路工程测量》课程教学采用目前国内外先进的职业教育理念来组织教学——采用基于工作过程为导向的项目教学。首先,简要介绍道路施工测量工作过程及主要工作项目,分析每个项目学生所必须掌握的基本知识和岗位技能;其次,构建每个项目中模块的组成,详细介绍各个模块的主要内容,在每个模块教学中,通过学生完成课堂教学任务单,单项技能训练任务、综合技能训练任务来培养学生的职业技能;最后,完成测量综合项目训练,从而达到课程总的教学目标。

3. 学习方法

由于测量工作任务需要由几个人共同配合完成,因此学生在整个课程学习中必须组建项目团队来学习。即团队接到任务单后分工合作,共同完成学习任务,以此来培养学生的职业技能,团队合作精神。

思考与计算

1. 工程测量的概念、分类、任务和主要内容是什么?
2. 道路工程建设主要划分为哪几个阶段?各阶段测量工作的主要任务是什么?

模块二　道路工程基本组成与路线定位

一、道路工程分类与公路的基本组成

1. 道路工程的分类

道路是供机动车(汽车、拖拉机等)、非机动车(兽力车、人力车、自行车等)和行人通行的各种带状工程构筑物的统称。包括公路、城市道路、工矿道路、林区道路及乡村道路等。

(1)**公路**:公路是指连接城市、乡村和工矿基地等,主要供汽车行驶,具备一定的技术和设施的道路。公路按其重要性和使用性质又可以分为:国家干线公路(简称高速公路、国道)、省干线公路(简称省道)、县乡公路。

(2)**城市道路**:城市道路是指在城市范围内,供车辆及行人通行的,具备一定技术条件和设施的道路。它除了把城市各部分联系起来,为城市提供各种交通服务外,还起着形成城市布局架构,为通风、采光、防火、绿化等提供场地的作用。

(3)**工矿道路**:工矿道路是指为工厂、矿山运输车辆提供通行服务的道路。根据道路所处区域又分为厂内道路、厂外道路和露天矿山道路。

(4)**林区道路**:林区道路是指修建在林区,主要供各种林业运输工具通行的道路。

(5)**乡村道路**:乡村道路是指修建在乡村、农场,主要供行人及各种农业运输工具通行的道路。

2. 公路的基本组成

公路是一条带状的三维空间实体。公路中心线是一条空间曲线,这条中心线在水平面上的投影,称为公路路线的平面线形,平面线形必须与地形、地物、环境、景观等相协调,同时还要求线形必须具有连续性与均衡性,并同纵断面线形相互配合。公路路线平面线形布置如图0-3和公路路线平面设计见图0-4所示。

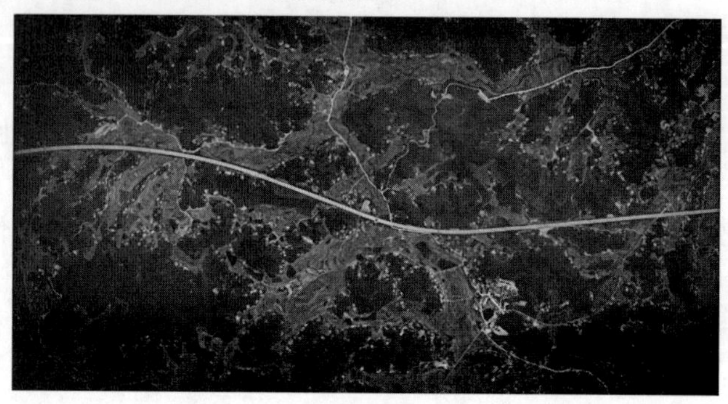

图0-3 公路路线平面线形(卫星图)

沿着公路的中线竖直剖切后展开在立面上的图形即为公路纵断面。由于受自然因素的影响以及经济性要求,路线纵断面总是一条有起伏的空间线。纵断面设计的主要任务就是根据汽车的动力特性、公路等级、当地的自然地理条件以及工程经济性等,设计一纵向起伏的坡度线,并满足汽车行车安全迅速、运输经济合理及乘客感觉舒适的要求。图0-5为公路路线纵断面图。

沿着公路中心线上任意点且与切线垂直的法向方向上的切面,称为公路路线横断面。公路横断面是包括行车道、中间带、路肩、边坡、边沟以及用地范围内的标志牌、照明、防护栅、植树绿化、取土坑等与地面线所围成的整个断面。它的宽度决定用地和造价,并影响通行能力和行车安全。图0-6为挖方断面,图0-7为填方断面。

1)公路线形组成

公路是修建在大地表面,供各种车辆行驶的一种带状结构物,平面上有曲折,纵面上有起伏。为了满足行车的安全、舒适和速度等要求,公路平面线形设计考虑到受地形、地物等障碍的影响而发生转折时,在转折与起伏处就需要设置一定半径的曲线连接或组合的曲线,曲线一般为圆曲线。为保证行车的舒顺与安全,在直线与圆曲线之间或不同半径的两圆曲线之间要插入缓和曲线。因此,直线、圆曲线、缓和曲线是平面线形的三个基本要素,除此之外,为保证汽车在弯道上行驶的横向稳定性,需要设置超高和加宽。

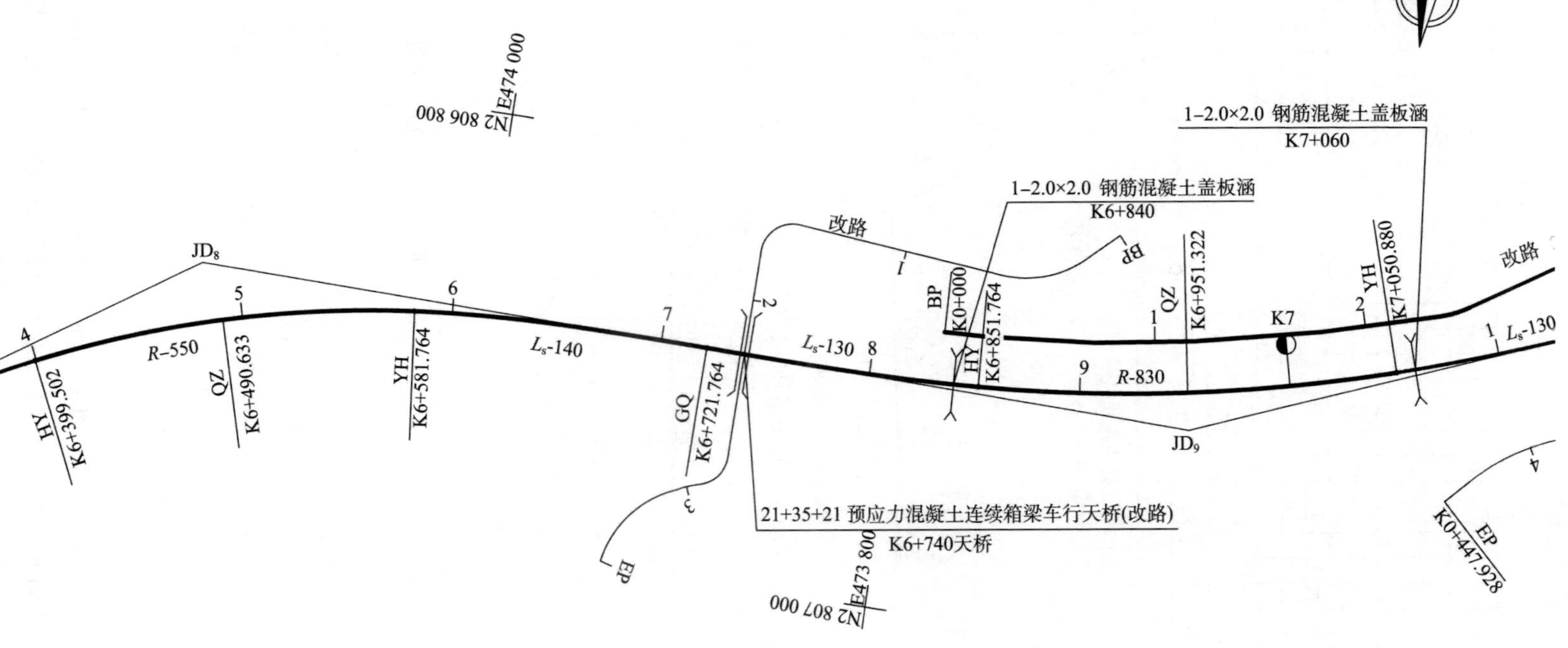

曲线元素表

交点号	交点坐标		交点桩号	转角值	曲线要素值(m)					
	X(N)	Y(E)			半径	缓和曲线长度	切线长度	曲线长度	外距	校正值
JD_8	2 806 890.074	474 134.969	K6+490.625	34°36′47.3″(Y)	550	160 140	251.123 242.599	482.262	27.874	11.460
JD_9	2 806 895.919	473 660.501	K6+953.670	22°43′09.3″(Z)	830	130	231.906	459.116	17.450	4.695

图 0-4　公路路线平面线形(设计图)

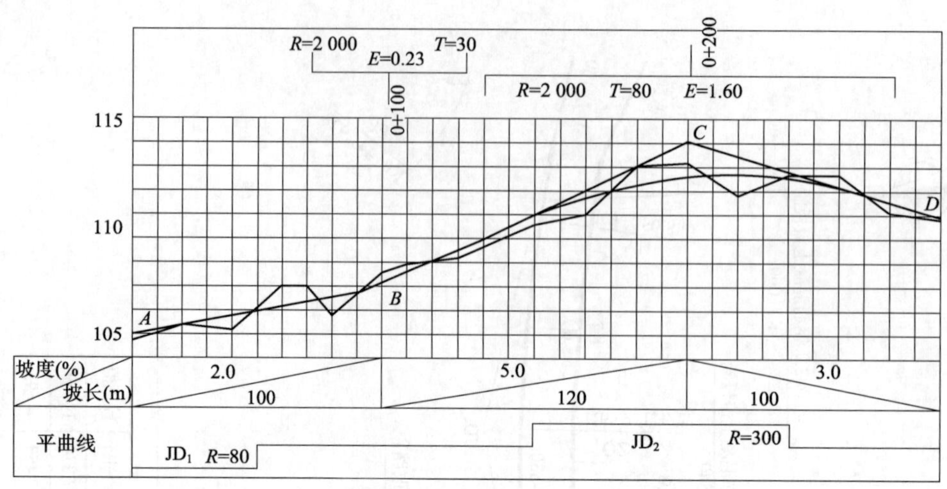

图 0-5　公路路线纵断面图

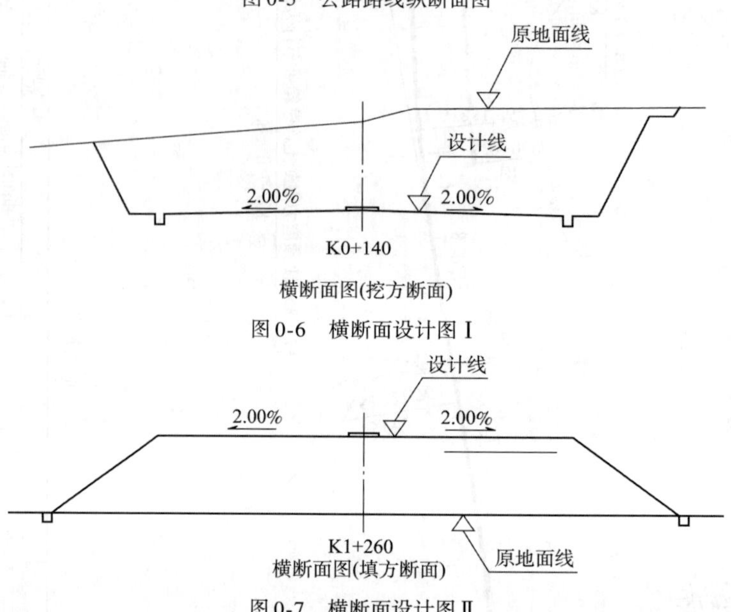

图 0-6　横断面设计图 Ⅰ

图 0-7　横断面设计图 Ⅱ

2)公路结构组成

公路的结构组成主要包括路基、路面、排水结构物、隧道、防护工程及沿线附属设施等。

(1)路基

路基是指路面以下的土基,它是由土、石按一定尺寸、结构要求建筑而成的带状土工结构物。由于路基是要承受路面上的汽车荷载的作用,因此,要求路基具有一定的强度和稳定性。路基的横断面组成包括:行车道、路肩(硬路肩和土路肩)、中间带(中央分隔带和路缘带)、边坡(上边坡与下边坡)、截水沟、边沟和碎落台等。图 0-8 为高速公路和一级公路路基横断面组成,图 0-9 为二、三级公路路基横断面组成。

(2)路面

路面是在路基表面上用各种不同材料分层铺筑而成的结构物,供车辆在其上以一定的速度安全舒适地行驶。良好的路面应具备:足够的强度、较高的稳定性、一定的平整度、抗滑能力、较低的扬尘性、不透水性。路面按力学性质分为柔性路面和刚性路面两大类。图 0-10 为沥青混凝土路面,图 0-11 为水泥混凝土路面。

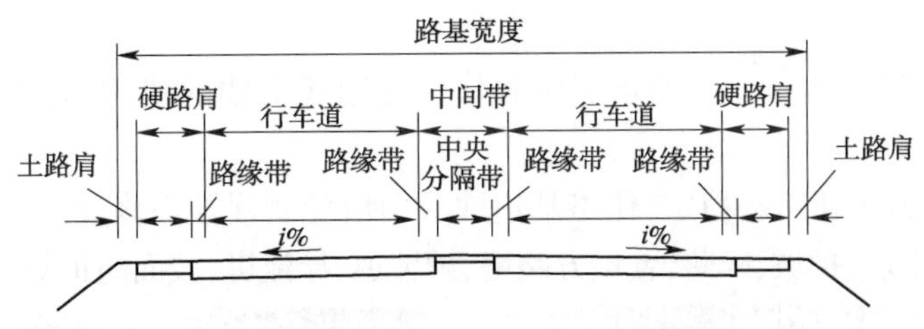

图 0-8　高速公路和一级公路路基横断面组成

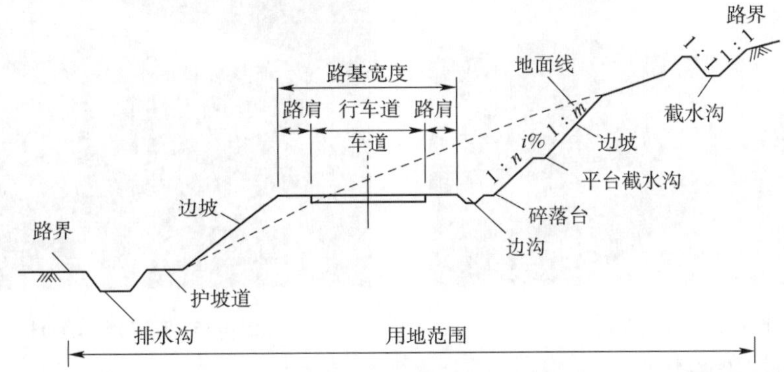

图 0-9　二、三级公路路基横断面组成

图 0-10　沥青混凝土路面

图 0-11　水泥混凝土路面

(3)排水结构物

为了确保路基稳定,免受地面水和地下水侵害,公路应修建专门的排水设施。其中纵向排水设施有边沟、排水沟、截水沟等;横向排水设施有桥梁、涵洞、过水路面、透水路堤、渡水槽等。图 0-12 为路基的边沟,图 0-13 为路基的涵洞。

图 0-12　路基的边沟

图 0-13　路基的涵洞

(4)隧道

隧道是一种埋置于地层内部或水层中并作为交通运输线的建筑物,如图 0-14 所示。

(5)防护工程

防护工程是指为保证路基稳定,使路基边坡或山坡免受侵蚀而修建的人工构筑物。常见的路基防护工程有挡土墙、护坡、碎落台、填方路堤、护坡道、导流堤、坡面防护等,如图 0-15 所示。

图 0-14　路基隧道

图 0-15　路基挡土墙防护工程

(6)沿线附属设施

除了上述结构外,公路运营还必须设置交通管理设施、交通安全设施、服务设施、环保设施等。交通管理设施包括标志、标线等;交通安全设施包括护栏、护柱、护墙等;服务设施有汽车加油站、修理站、停车场、餐厅、旅馆、洗手间、道班房等;环保设施如绿化、景观造型等,应不妨碍视线。

二、地球表面上点的定位

1. 地球表面点的定位方法

测量工作的基本任务是确定地面点的空间位置。在一般工程测量中,确定地面点的空间位置,通常需用三个量,即该点在一定坐标系下的三维坐标,或该点的二维球面坐标或投影到平面上的二维平面坐标以及该点到大地水准面的铅垂距离(高程)。

1)地球的形状和大小

尽管地球的表面高低不平,很不规则,甚至高低相差较大,如 2005 年中国国家测绘局公布的珠穆朗玛峰高出海平面达 8 844.43m,最低的太平洋西部的马里亚纳海沟,低于海平面达 11 034m。但是这样的高低起伏,相对于半径为 6 371km 的地球来说还是很小的。又由于海洋面积约占整个地球表面的 71%,陆地面积约占整个地球表面的 29%,因此,可以把海水面延伸至陆地所包围的地球形体看作地球的形状。一个自由静止的海水面,向陆地延伸而形成一个闭合曲面,这个曲面称为水准面。

水准面作为流体的水面,是受地球重力影响而形成的重力等势面,是一个处处与重力方向垂直的连续曲面。由于海水有潮汐,海水面时高时低,因此,水准面有无数个,我们将其中一个与平均海平面相吻合的水准面称为大地水准面,如图 0-16a)所示。

为了测量计算工作的方便,通常用一个非常接近于大地水准面,并可用数学式表示的纯几何形体来代替地球的形状,作为测量计算工作的基准面。这一几何形体称为地球椭球,它是由一个椭圆绕其短轴旋转而成,故地球椭球又称为旋转椭球,如图 0-16b)所示。这样,测量工作的基准面为大地水准面,而测量计算工作的基准面为旋转椭球面。

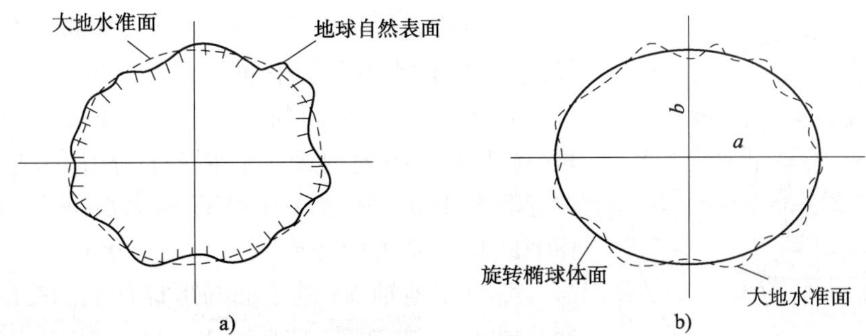

图 0-16　地球的自然表面、大地水准面和旋转椭球面

旋转椭球的形状和大小可由其长半轴 a(或短半轴 b)和扁率 α 来表示。我国 2000 年国家大地坐标系采用的椭球基本元素为:

长半轴　　$a = 6\ 378.137\text{km}$

短半轴　　$b = 6\ 356.752\ 314\ 14\text{km}$

扁率　　$\alpha = \dfrac{a-b}{a} \approx \dfrac{1}{298.257\ 222\ 101}$

由于旋转椭圆的扁率很小,因此,当测区范围不大时,可以近似地把旋转椭圆作为圆球,其半径近似值为:

$$R = \frac{1}{3}(2 \times a + b) = 6\ 371\text{km}$$

2)地球表面点的定位坐标系统

无论测绘还是测设,都需要通过确定地面点的空间位置来实现。空间是三维的,所以表示地面点在某个空间坐标系中的位置需要三个参数,确定地面点位的实质就是确定点在某个空间坐标系中的三维坐标。

测量中,将空间坐标系分为参心坐标系和地心坐标系。“参心”意指参考椭球的中心,由于参考椭球的中心一般不与地球质心重合,所以它属于非地心坐标系,如我国的 1954 北京坐标系和 1980 西安坐标系即是参心坐标系。“地心”意指地球的质心,GPS 所使用的 WGS84 属于地心坐标系。工程测量中通常使用参心坐标系。

由于地表高低起伏不平,所以一般是用地面某点投影到参考曲面上的位置和该点到大地水准面间的铅垂距离表示该点在地球上的位置。为此,测量上将空间坐标系分解为确定球面位置的坐标系(二维)和高程系(一维)。确定点的球面位置坐标系有地理坐标系和平面直角坐标系两种。

(1)大地坐标系(大地地理坐标系)点的定位

地理坐标系是用经纬度表示点在地球表面的位置。1884 年在美国华盛顿召开的国际经度会议上,正式将经过格林尼治天文台的经线确定为 0°经线,纬度以赤道为 0°,分别向南北半球推算。

按坐标系所依据的基本线和基本面的不同以及求坐标方法的不同,地理坐标系又分为天文地理坐标系和大地地理坐标系两种。

用大地经度 L 和大地纬度 B 表示地面点投影到旋转椭球面上位置的坐标,称为大地坐标系,亦称为大地地理坐标系。该坐标系是以参考椭球面和法线作为基准面和基准线的。

如图 0-17 所示,NS 为地球的自转轴(或称地轴),N 为北极,S 为南极。过地面任一点与地轴 NS 所组成的平面称为该点的子午面。子午面与球面的交线称为子午线或经线。

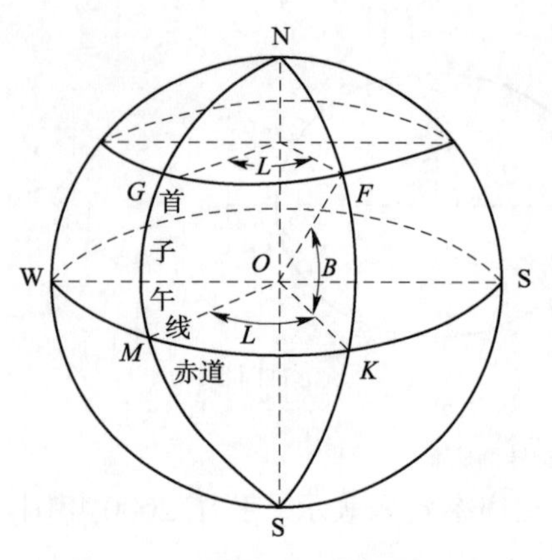

图 0-17 大地坐标系

国际公认通过英国格林尼治天文台子午面，是计算经度起算面，称为首子午面。

过 F 点的子午面与首子午面 N$FKSO$N 所成的两面角，称为 F 点的大地经度。它自首子午线向东或向西由 0°起算至 180°，在首子午线以东者为东经或写成 0° ~ 180°E，以西者为西经或写成 0° ~ 180°W。

垂直于地轴 NS 的平面与地球球面的交线称为纬线；通过球心 O 并垂直于地轴 NS 的平面，称为赤道平面。赤道平面与球面相交的纬线称为赤道。

过 F 点的法线（与旋转椭球面垂直的线）与赤道面的夹角，称为 F 点的大地纬度。在赤道以北者为北纬或写成 0° ~ 90°N，在赤道以南者为南纬或写成 0° ~ 90°S。

例如，我国首都北京位于北纬 40°、东经 116°，也可用 $B=40°$N、$L=116°$E 表示。用大地坐标表示的地面点，统称大地点。一般而言，大地坐标是由大地经度 L、大地纬度 B 和大地高 H 三个量组成，用以表示地面点的空间位置。

新中国成立初期，我国采用的大地坐标系为“1954 年北京坐标系”，亦称“北京—54 坐标系”（简称 P_{54}）。采用了苏联的克拉索夫斯基椭球体，其参数是：长半轴 $a=6\ 378.245$km；扁率 $\alpha=1/298.3$；坐标原点位于苏联的普尔科沃。

20 世纪 80 年代初，我国采用的大地坐标为“1980 年国家大地坐标系”，亦称“西安—80 坐标系”（简称 C_{80}）。是根据椭球定位的基本原理和我国的实际地理位置建立的。大地原点设在我国中西部的陕西省西安市泾阳县永乐镇，参考椭球短轴 Z 轴平行于地球质心指向地极原点（$JYD_{1968.0}$）的方向，大地起始子午面平行于格林尼治平均天文台子午面，X 轴在大地起始子午面内与 Z 轴垂直，指向经度 0°方向，Y 轴与 Z、X 轴构成右手坐标系。我国椭球参数采用 2000 年椭球长半轴 $a=6\ 378.137$km；扁率 $\alpha=1/298.257$。

（2）地心坐标系点的定位

地心坐标系属于空间三维直角坐标系，用于卫星大地测量。由于人造地球卫星围绕地球运动，地心坐标系取地球质心为坐标原点 O，X、Y 轴在地球赤道平面内，首子午面与赤道平面的交线为 X 轴，Z 轴与地球自转轴相重合，如图 0-18 所示。地面点 A 的空间位置用三维直角坐标 X_A、Y_A 和 Z_A 表示。地心坐标和大地坐标可以通过一定的数学公式进行换算。

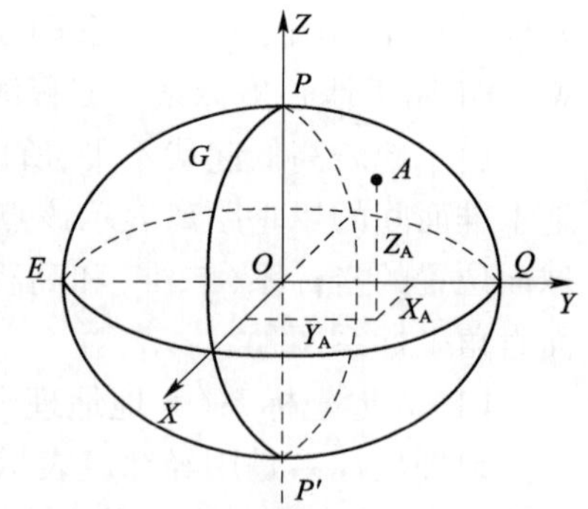

图 0-18 地心坐标系

2008 年 3 月，国土资源部正式报国务院《关于中国采用 2000 国家大地坐标系的请示》，于 2008 年 4 月获得国务院批准，自 2008 年 7 月 1 日起，我国全面启用 2000 国家大地坐标系，授权国家测绘局组织实施。2008 年 7 月 1 日后新生产的各类测绘成果应采用 2000 国家大地坐标系。现有地理信息系统，在过渡期内应逐步转换到 2000 国家大地坐标系；2008 年 7 月 1 日后新建设的地理信息系统应采用 2000 国家大地坐标系。

新大地基准的启用，对原来所有的测绘成果都将产生直接影响。我国目前在军事测绘保障领域，如大地测量、地图制图、军事地理信息系统、航天技术、武器研制、战场建设等方面使用的旧坐标系成果，都必须以适当的方式转换到新的地心坐标系上，包括近20万个未参加联平的低等大地控制网点，各种比例尺地形图，数字地图和地理信息系统，目标测绘成果等。

二维码1

(3)高斯—克吕格平面直角坐标系点的定位

在工程测量中，常将椭球坐标系按一定的数学法则，投影到平面上，成为平面直角坐标系。为满足工程测量及其他工程的应用，我国采用高斯—克吕格投影，简称高斯(Gauss)投影，见图0-19。相关资源见二维码1。

高斯投影法是将地球划分成若干带，然后将每带投影到平面上。如图0-19所示，投影带是从首子午线起，每隔经差6°划一带(称为6°带)，自西向东将整个地球划分成经差相等的60个带，各带从首子午线起，自西向东依次编号用数字1、2、3、…、60表示。位于各带中央的子午线，称为该带的中央子午线。第一个6°带的中央子午线的经度为3°，任意带的中央子午线经度L可按式(0-1)计算。

$$L=6°N-3° \tag{0-1}$$

式中：N——6°带的号数。

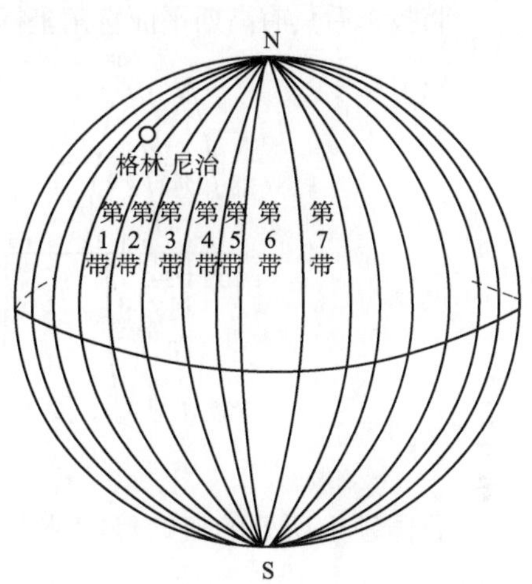

图0-19　高斯投影分带

反之，已知地面任一点的经度L，要计算该点所在的统一6°带编号的公式为：

$$N=\mathrm{Int}\left(\frac{L+3}{6}+0.5\right) \tag{0-2}$$

式中：Int——取整函数。

按上述方法划分投影带后，即可进行高斯投影。如图0-20a)所示，设想用一个平面卷成一个空心椭圆柱，把它横着套在旋转椭球外面，使椭圆柱的中心轴线位于赤道面内并通过球心，且使旋转椭球上某6°带的中央子午线与椭圆柱面相切。

在椭球面上的图形与椭球柱面上的图形保持等角的情况下，将整个6°带投影到椭球柱面上。然后将椭球柱沿着通过南北极的母线切开并展成平面，便得到6°带在平面上的影像，如图0-20b)所示。中央子午线经投影展开后是一条直线，以此直线作为纵轴，即X轴；赤道是一条与中央子午线相垂直的直线，将它作为横轴，即Y轴；两直线的交点作为原点，则组成了高斯平面直角坐标系。

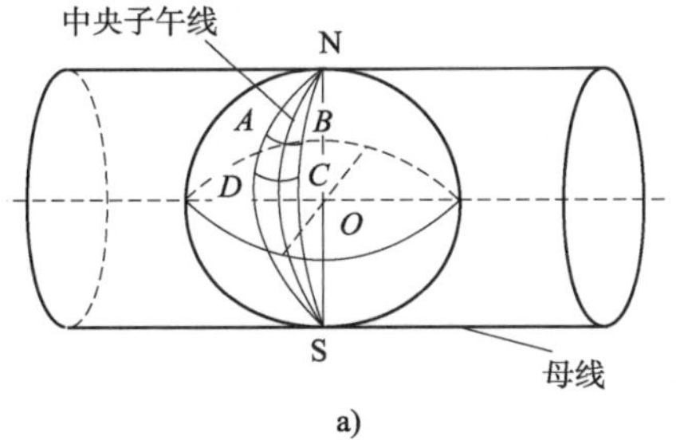

a)

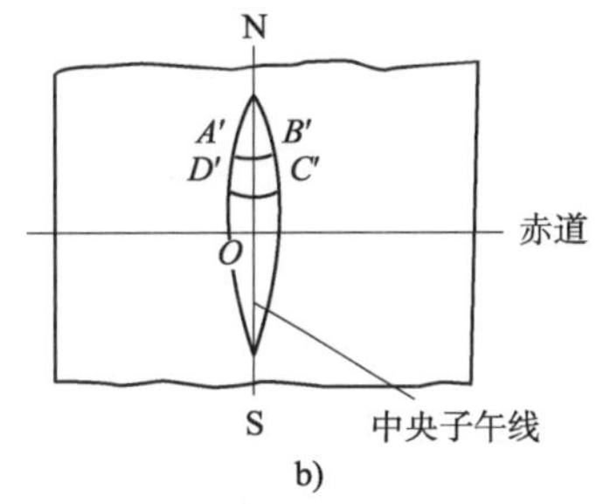

b)

图0-20　高斯投影

当测绘大比例尺图要求投影变形更小时，可采用3°带投影法。它是从东经1°30′起，自西向东每隔经差3°划分一带，将整个地球划分为120个带，每带中央子午线的经度L_0可按下式计算：

$$L_0 = 3° \times n \tag{0-3}$$

式中：n——3°带的号数。

反之，已知地面任一点的经度 L，要计算该点所在的统一 3°带编号的公式为：

$$n = \mathrm{Int}\left(\frac{L}{3} + 0.5\right) \tag{0-4}$$

将投影后具有高斯平面直角坐标系的 6°带一个个拼接起来，便得到如图 0-21 所示的图形。

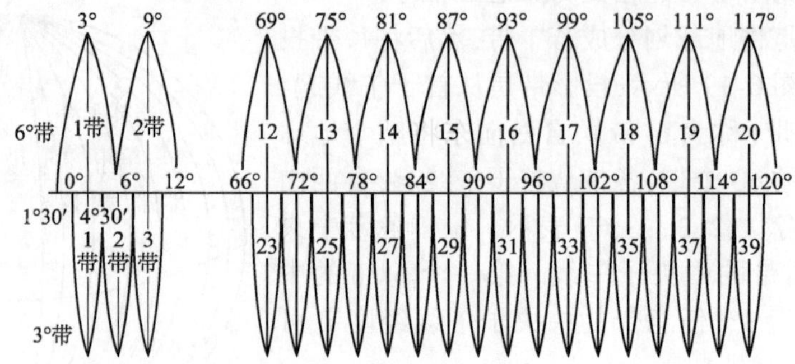

图 0-21　6°和 3°带高斯投影

我国领土所处的概略经度范围为东经 73°27′～东经 135°09′，根据式(0-2)和式(0-4)求得的统一 6°带投影和统一 3°带投影的带号，分别为 13～23、24～45。可见，在我国领土范围内，统一 6°带与统一 3°带的投影带号不重叠，其中统一 6°带投影的分布情况如图 0-22 所示。

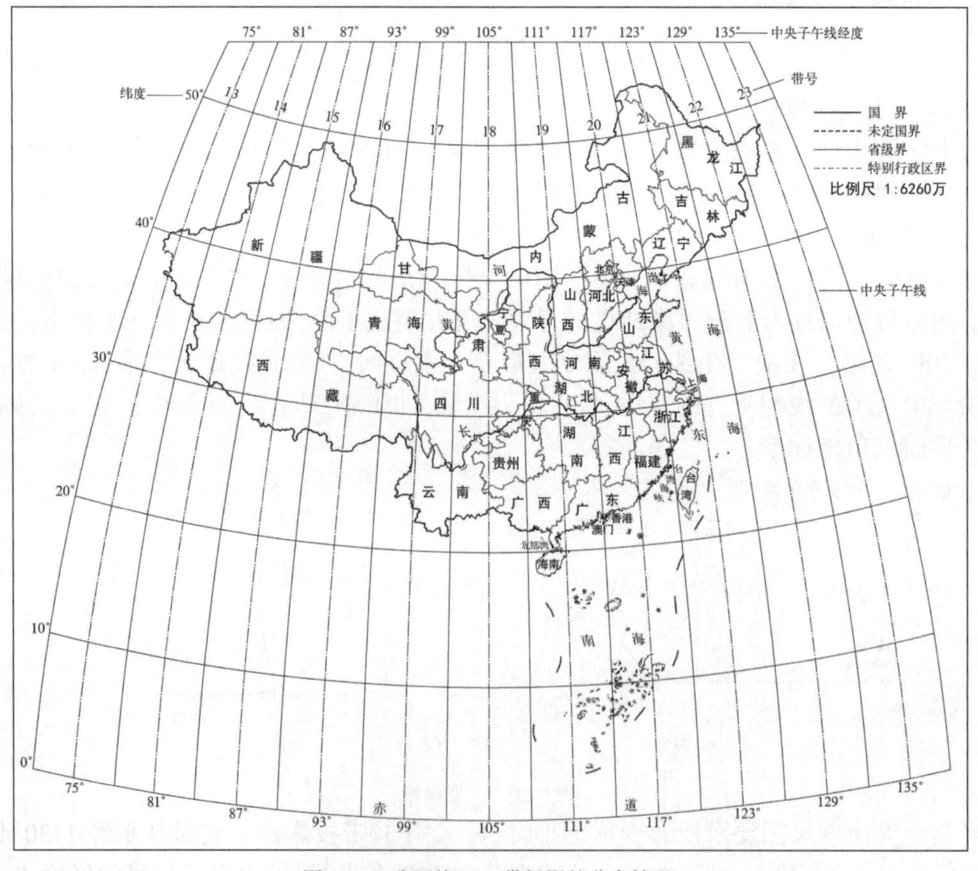

图 0-22　我国统一 6°带投影的分布情况

我国位于北半球,X 坐标均为正值,而 Y 坐标有正有负。为避免横坐标 Y 出现负值,故规定把坐标纵轴向西平移 500km,如图 0-23 所示。

另外,为了根据横坐标能确定该点位于哪一个 6°带内,还规定在横坐标值前冠以带号,例如,$Y_A = 20\ 225\ 760$m,表示 A 点位于第 20 带内,其真正的横坐标值为:225 760m − 500 000m = −274 240m。在高斯投影中,离中央子午线近的部分变形小,离中央子午线愈远变形愈大,两侧对称。

(4)独立平面直角坐标系点的定位

大地水准面虽然是曲面,但当测量区域较小(如半径不大于 10km 的范围)时,可不经过投影,采用假定平面直角坐标系在平面上直接进行计算。如图 0-24 所示,将测区中心点 C 沿铅垂线投影到大地水准面上得 c 点,用过 c 点的切平面来代替大地水准面,在切平面上建立的测区平面直角坐标系 xOy 称为“假定平面直角坐标系”。坐标系的原点应选在测区西南角以使测区内点的 x、y 坐标均为正值,以过测区中心的子午线为 x 方向,将测区内任意一点 P 沿铅垂线投影到切平面上得 p 点,通过测量,计算出的 P 点坐标 x_P、y_P 就是 P 点在假定平面直角坐标系中的坐标。

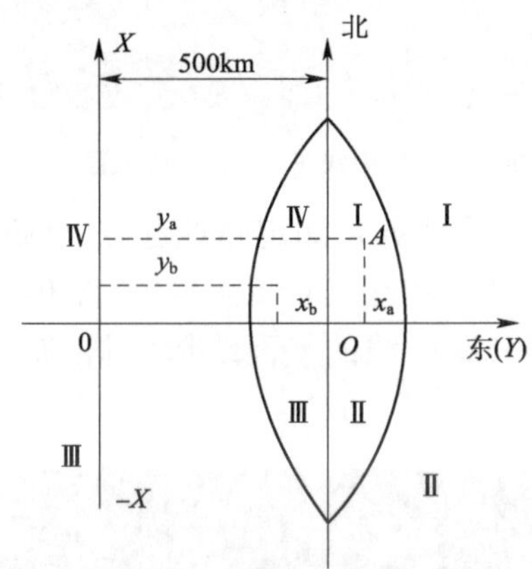

图 0-23　高斯平面直角坐标系

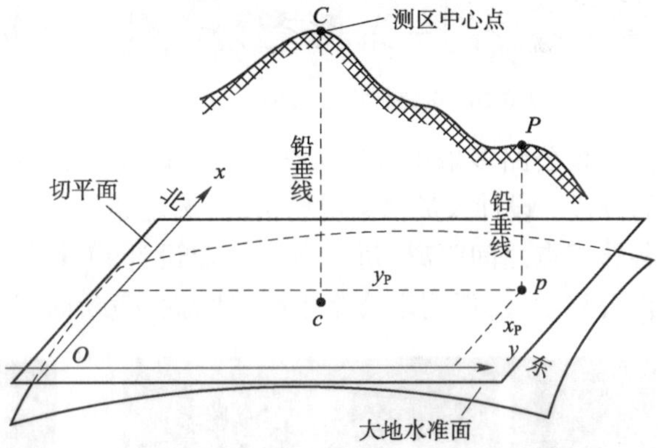

图 0-24　以切平面代替曲面假定平面直角坐标系原理

地面点在切平面上的投影位置就可以用平面直角坐标来确定。测量工作中采用的平面直角坐标,以两条互相垂直的直线为坐标轴,两轴的垂点为坐标原点,规定南北方向为纵轴,并记为 X 轴,X 轴向北为正,向南为负;以东西为横轴,并记为 Y 轴,Y 轴向东为正,向西为负。地面上某点 P 的位置可用 X_P 和 Y_P 表示。平面直角坐标系中象限按顺时针方向编号。

X 轴与 Y 轴和数学上规定的互换,其目的是为了定向方便(测量上习惯以北方向为起始方向),且将数学上的公式直接照搬到测量的计算工作中,不需作任何变更。原点 O 一般选在测区的西南角,如图 0-25 所示,使测区内各点的坐标均为正值。

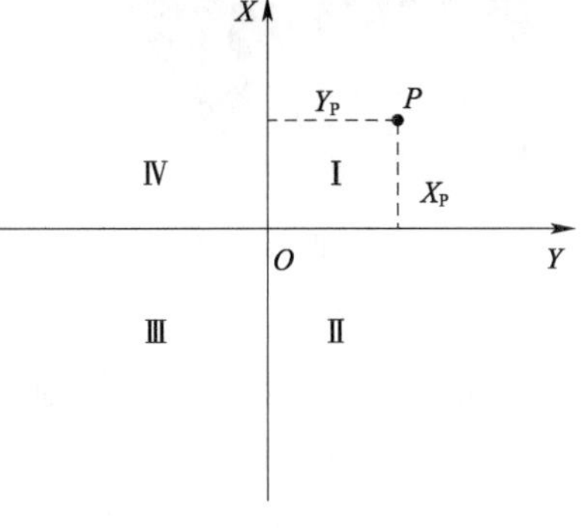

图 0-25　独立平面直角坐标系

2. 公路路线空间点的定位

公路是一个三维空间实体,它的中线是一条空间曲线。公路中心线在水平面上的投影就是路线的平面线形。在三维空间中,确定公路的位置定位点主要包括两个内容:一是公路的平面位置定位点,一是公路的高程位置定位点。

1)勘测阶段

本阶段的主要任务是为设计提供详细的勘测资料。对于高等级公路,先根据初步拟定的公路路线大致走向,测绘带状地形图,如图0-26所示。设计人员在测得的图上,综合考虑地形、地貌、水文地质等现场条件,依据公路设计规范,确定路线的具体走向,即选定路线转折点的位置,在图上测得其平面坐标和高程后,通过设计和计算得到公路中线上点的平面坐标和高程,在地形图上得到中线的平面线型,如图0-27所示,然后,根据设计成果,在现场将中线上的点敷设到实地上,继续测得公路中线的纵横断面图和其他详细资料,用于公路路线的详细设计。

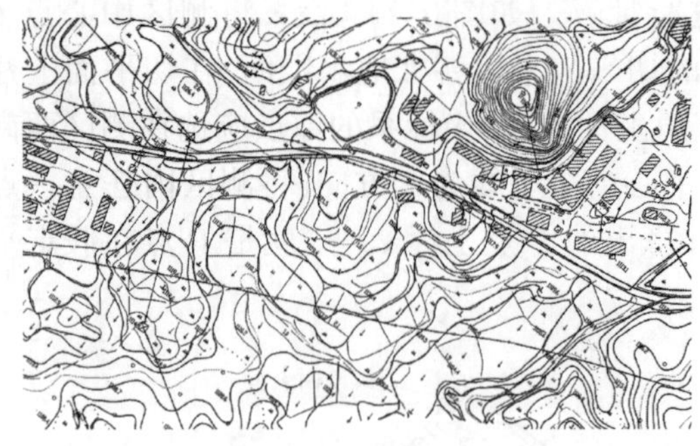

图0-26　公路带状地形图

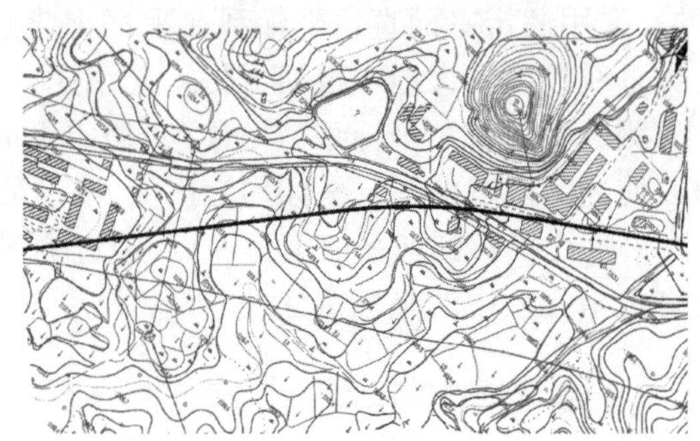

图0-27　公路中线在平面图上的位置

低等级公路多采用现场定线确是公路中线位置。其主要任务是测定路线起点、转折点、终点的位置。设计人员根据现场情况,选定路线走向(图0-28)和路线转折点位置(图0-29),测出各转折点之间距离、角度通过内业设计和计算,得到公路中线的平面线形资料,然后详细敷设公路中线,再测定公路中线纵断面、横断面图。

图0-28　低等级公路勘测阶段选定路线走向

图0-29　低等级公路勘测阶段确定交点位置

2)施工阶段

施工阶段主要任务是为施工提供依据,即根据设计文件路线中点的平面坐标和高程,在实地确定点的位置。在设计阶段完成公路的内业设计,考虑路基设计行车道宽度、路肩和中央带的宽度,因此,在施工阶段,公路路线的平面位置点除了考虑路基中线的位置之外,还应考虑路肩位置、路基上边坡坡顶的位置和路基下边坡的坡脚点的位置。施工阶段公路平面位置定位点应是公路中心线、路基边缘点、路基填挖交界分界点(坡脚、坡顶点)作为公路的平面位置放样点。图0-30为公路中线平面位置3个控制点。

施工阶段路基高程位置点主要以公路路基设计高程点作为设计高程的控制点,如图0-31所示。

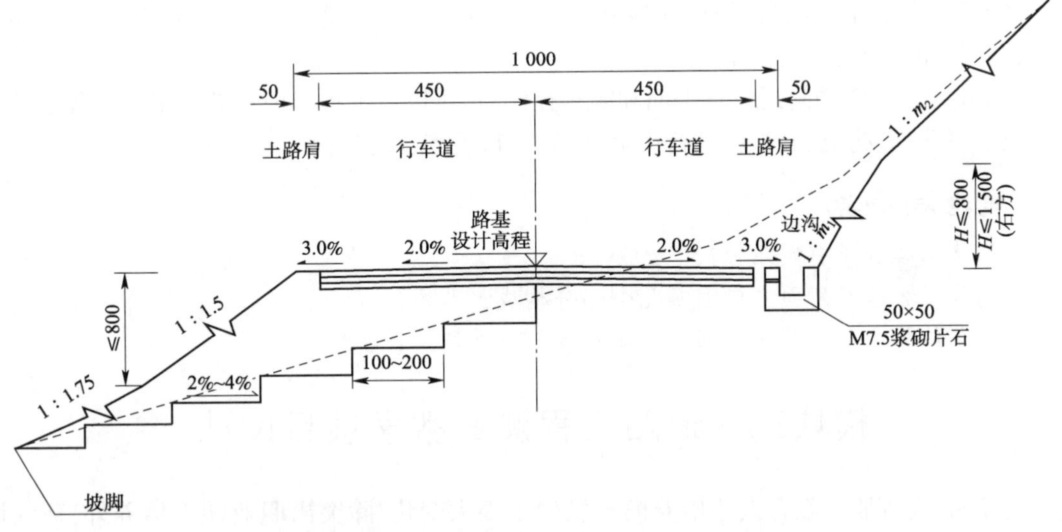

图 0-30 公路路基施工平面定位点位置(尺寸单位:cm)

图 0-31 公路路基施工高程位置点

施工阶段路面高程定位点主要以公路路面中心点和路面边缘点作为施工高程的控制点,如图 0-32 所示。

a)

b)

图 0-32 公路路面各结构层施工高程定位点位置

3)运营阶段

运营阶段主要任务:

(1)检测工程质量是否满足要求,为安全运营提供可靠保障。

(2)测绘公路中心线纵断面和路基横断面图或进行工程最终定位测量(最终定位测量是工程验收和移交的主要依据之一)。

(3)在大型构筑物附近设置平面和高程控制点,供以后工程养护管理使用在工程运营过程中还需对路面、构筑物、护坡进行沉降观测、位移观测、倾斜观测。

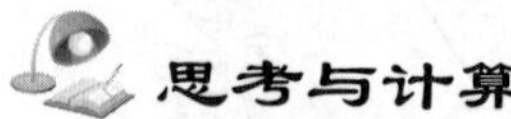

1. 道路工程分类有哪几种?

2. 高等级公路横断面主要由哪几个部分构成?

3. 公路结构主要由哪几个部分组成? 各部分功能是什么?

模块三　道路工程测量教学项目设计

近年来,高等职业教育人才培养模式发生了很大变化,除突出职业能力培养外,还强调方法能力和社会能力的培养,大力推行"工学结合"的教学模式。由于大多数职业教育学生有偏于"形象思维"的智力类型,职业教育课程的开发一般采用情境教学,因此,职业教育正积极推行基于工作过程为导向的系统化课程模式设计。《道路工程测量》项目课程教材编写的基本思路就是基于从事道路工程测量工作岗位人员在勘测阶段、施工放样阶段和运营阶段所从事测量工作任务来组织教学内容的,教学方法采用模拟一段公路项目在三个阶段的测量工作任务的完成来教学,最后根据学生完成工程项目的成果作为该课程的考核与评价结果。

1. 教学项目介绍

《道路工程测量》课程教学项目可以通过几种途径获得:一是在学校条件容许的情况下提供测量教学实训场地来设计项目;二是可以通过校企合作方式,由企业提供测量教学项目;三是可以通过校企运作的方式承揽项目。一般职业院校都可以提供用于测量教学的实习和实训基地,选择一块测量区域来完成道路工程测量教学项目。

下面以某高职学院道路工程测量实训场地来介绍《道路工程测量》项目的教学组织与实施。图0-33为《道路工程测量》课程教学实训场地的卫星图,其他职业类学院可根据学校基本情况,设置某一个区域作为测量教学实训基地,此后教学团队在实训场地内布设导线点和水准点,作为区域平面控制和高程控制,学生通过完成项目达到本课程的教学目的。

图0-33 《道路工程测量》项目教学实训场地(卫星图)

2. 教学项目设计目的

根据《道路工程测量》课程标准要求，通过完成六个教学项目，达到掌握《道路工程测量》理论知识和方法，掌握公路建设各阶段所要求测量基本技能，即能够独立完成公路的高程控制测量、平面控制测量、大比例尺地形图测绘、公路中线测量、中基平测量和横断面测量。

3. 教学项目设计任务

(1)在道路工程勘测设计阶段，收集道路外业勘测所必需的资料和数据；

(2)在道路工程施工放样阶段，熟悉道路外业放样工作的基本内容和方法；

(3)在道路工程竣工运营阶段，熟悉道路工程验收和监测工作内容和方法。

4. 教学项目完成步骤

如图 0-34 所示，在校内实训场地内完成一段公路路线测量。主要包括：

图 0-34　测量实训场地内拟设置公路路线

(1)高程控制测量：

图 0-35BM_1、BM_2、BM_3 为测量实训场地设置水准点的位置。

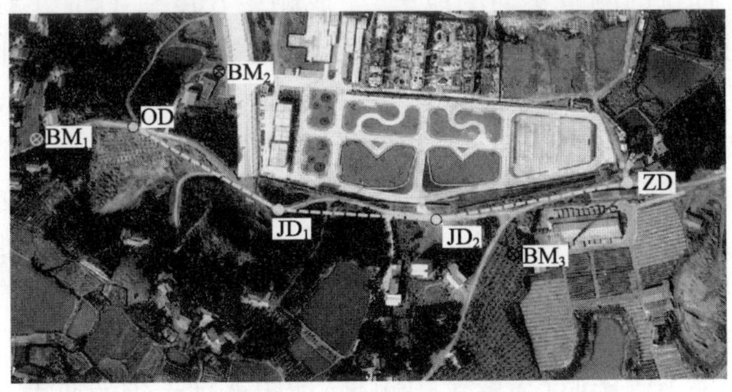

图 0-35　测量实训场地设置水准点

(2)平面控制测量：

图 0-36 D_A、D_1、D_2、D_3、D_B 为测量实训场地设置导线点的位置。

(3)局部区域公路工程地形图测绘：

图 0-37 为测量实训场地测绘公路中线带状地形图；

(4)低等级公路实地定线与测设；

(5)高等级公路地形图上选线定线坐标计算和放样；

(6)公路中、基平测量；

(7)公路横断面测量。

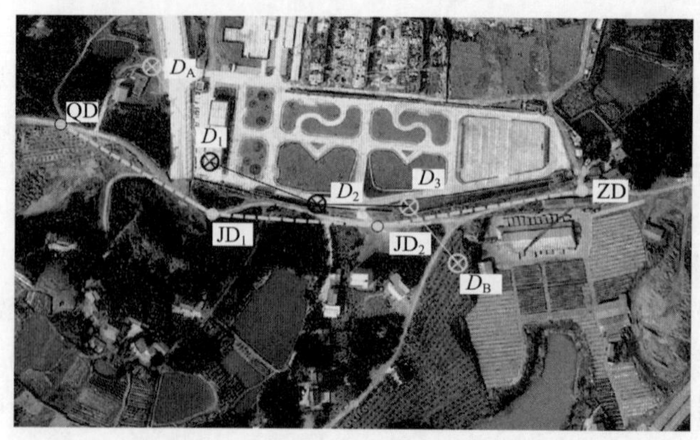

图 0-36　测量实训场地设置导线点

图 0-37　测量实训场地形图

5. 教学项目完成要求

项目选择在学院提供的测量实训场地里，完成路线长度在 1km 左右，以 4 ~ 5 人组成项目团队，每个团队选择一名组长，具体负责整个项目测量工作。要求各小组成员之间相互协作，一丝不苟地完成工作任务。

6. 教学项目提交成果

(1)在整个项目课程的教学过程中，各团队先进行企业调查，并提交符合要求的调查报告，调查报告的格式必须按要求书写，并以电子文本的形式发到指定的邮箱里。

(2)测量成果报告须提交完整文本形式的文字材料。

7. 教学项目的考核评价

项目的考核与评价主要按照《道路工程测量》课程考试大纲的要求来执行。具体内容包括：单项操作技能考核、计算技能考核、综合项目及答辩、期终考试组成。

项目一　高程控制测量

问题引入

公路勘测阶段,经常要确定和控制公路线位的高低,公路施工阶段中,同样也会经常遇到与高程有关的问题,如路基填筑施工时,填土应控制填筑高度;路堑开挖施工时,挖土应控制挖深;路面施工时,也会严格控制路面各结构层顶的高程,如图1-1所示;桥梁墩柱施工时,每个桥墩顶面应控制高程,如图1-2所示。这些问题都需要我们测量人员根据施工设计图纸资料,通过测量仪器在现场来控制结构物的高程。

图1-1　路面施工高程控制

图1-2　桥梁立柱施工高程控制

为了做好这些"确定与控制"工作,保证数据准确无误和施工顺利进行,测量人员在勘察设计和施工阶段,先在公路沿线布设"高程控制点",即水准点,施工期间利用这些高程控制点进行路线高程测量;在竣工运营阶段,也对高路堤、重点结构物等进行变形监测。

本项目主要介绍如何利用布设的高程控制点进行线路和结构物的高程控制工作。测量技术人员在高程控制测量时,应掌握哪些基本知识和具备哪些基本技能?这正是本项目要解决的问题。

教学目标

掌握水准测量基本原理和方法;能布设公路水准点;能规范操作水准仪(DS_3微倾式水准仪、自动安平水准仪、数字水准仪等);能完成两点间往返水准测量;能完成闭合水准路线、附合水准路线、支水准路线测量;能完成三、四等水准路线测量;初步具备对水准仪进行检校的能力;完成公路高程控制网的布设、高程控制测量以及具备撰写测量成果报告的能力。

模块组织

本项目各模块知识点关系如图1-3所示。

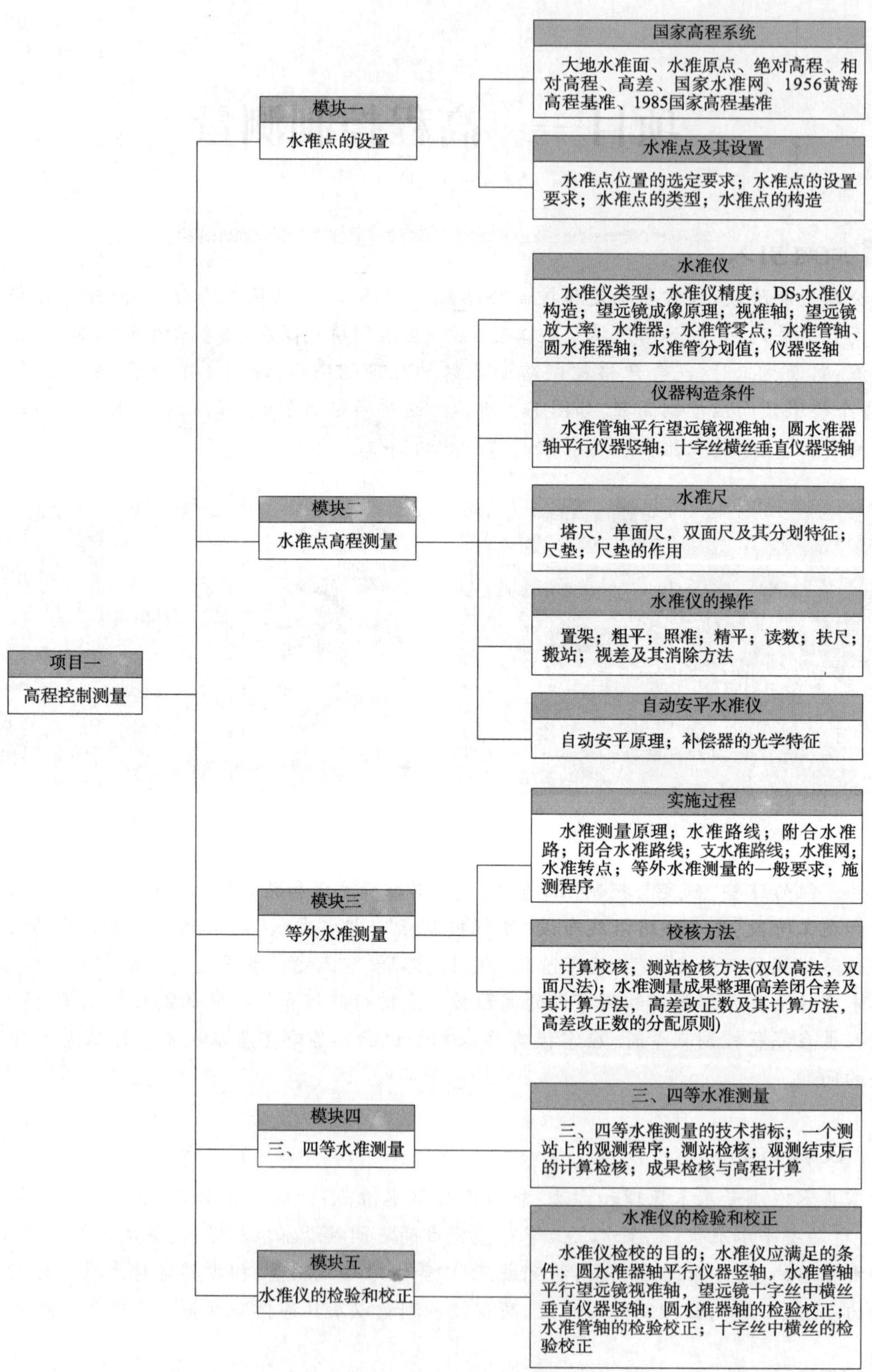

图 1-3　本项目各模块知识点关系图

情境描述

1. 水准路线测量实训场地

教学场地内,沿公路中线布设一附合水准路线,由 BM_1、BM_2、BM_3 构成,如图 1-4 所示,其高程分别为 56.218m、54.623m、58.523m,要求将这三个已知水准点再附合到高一级的水准点上组成一个附合水准路线进行高程控制测量。

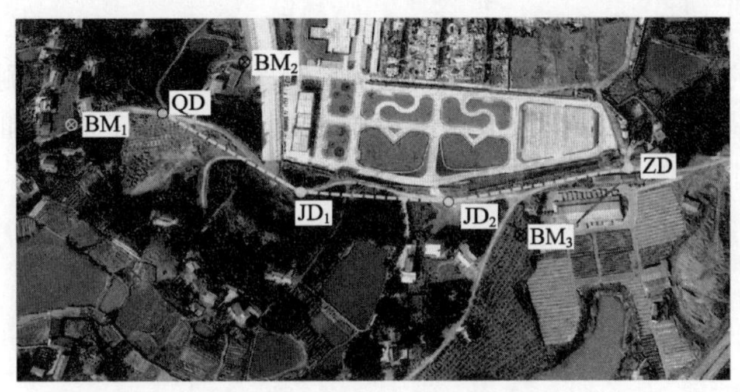

图 1-4 测量实训场地内附合水准路线

2. 水准路线测量设计目的

要求每个团队完成公路高程控制测量,掌握高程控制测量的方法和步骤,具备高程控制测量基本技能并养成良好的职业素养。

3. 路线水准测量主要任务

(1)在测区范围内,按照要求选择并布置水准点;

(2)设布水准点后,熟悉仪器,掌握仪器基本操作方法;

(3)完成水准路线的等外水准测量;

(4)完成水准路线的三、四等水准测量;

(5)掌握检校仪器的基本方法;

(6)撰写水准路线的测量成果报告。

本项目设计的工作任务单与技能训练目标之间关系如图 1-5 所示。

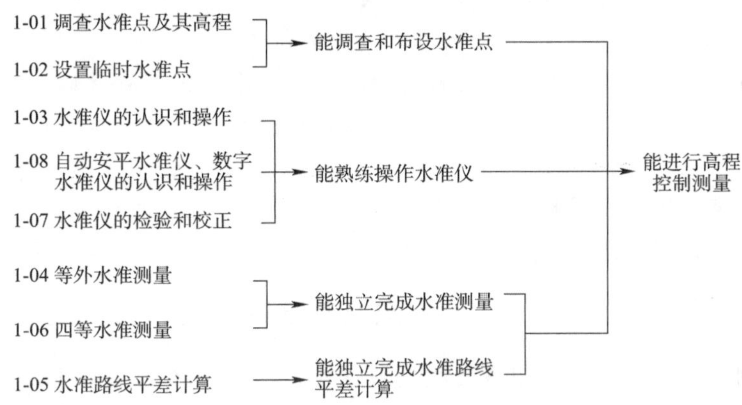

图 1-5 工作任务与训练目标关系图

在日常生活中,高程这个概念总是与我们息息相关,例如我们常说某栋楼房、某座桥有多高,珠穆朗玛峰的海拔高度等,因此,将测定地球表面某点高程的工作,称为高程测量,它是测量工作中最基本的工作，也是工程测量确定空间某点位置的三要素之一（其他两个分别为角度和距离）。

高程测量是以高程控制测量为前提和基础的。在公路建设中，高程控制测量是指在整个公路测区范围内，选定若干个具有控制作用的点（即布设高程控制点），将相邻的控制点连接起来构成一定的几何图形（线状结构或者网状结构），利用精密水准仪和工具，进行外业高程控制测量，获取相应的外业资料，然后用一定计算方法，确定高程控制点高程的工作（测量计算得到高程控制点高程）。

高程控制测量的主要用途有：为各种大比例尺测图、道路工程高程测量和道路路基沉降观测提供高程控制基础，也可以作为道路工程施工建设阶段施工放样和监测工程建筑物垂直形变的依据。

模块一　水准点的设置

学习目的

基本知识：大地水准面、水准原点、绝对高程、相对高程、高差、国家水准网、1956 黄海高程基准、1985 国家高程基准、水准点类型。

基本技能：水准点位置选定；公路水准点设置。

任务描述

实训教学场地为平原微丘区，地势起伏不大，并有多间居民房屋，通视情况较差。要求团队完成学生工作任务 1-01 调查水准点及其高程和工作任务 1-02 设置临时水准点。

任务实施

团队在校外工程施工现场进行已有水准点的调查；同时在实训场地内根据需要设置临时水准点。实施步骤：

1. 领取水准点调查工具，如相机、花杆、钢尺、《水准点调查表》等；
2. 在施工现场进行水准点的调查，收集相关资料；
3. 在实训场地了解地形情况，选择水准点设置的位置；
4. 准备临时水准点设置必要工具和材料，如：制作水准点标石原材料（水泥、砂石、铁锹、铁棍、铁桶等）；水准点标志［钢筋标志、镀锌（铜）标志等］；水准点标识（油漆、毛笔、记号笔等）；
5. 团队在选定位置上设置临时水准点，最后完成临时水准点的制作。
6. 重点检查是位置的选择、导线点稳固性是否符合规范要求。

一、水准点及其高程

公路施工测量中的高程控制测量要用到普通水准测量基本原理和方法，还要了解水准点的相关知识。下面首先介绍水准点的高程及设置，然后介绍普通水准测量的原理与方法。

1. 我国大地水准面

为了国防和经济建设的需要，国家必须有一个统一的标准（高程起算面）来衡量地面上各点的高低。由于海水面受潮汐和风浪的影响，水准面的高低时刻在变化，是个动态的曲面，平均静止的海水面实际在大自然中是不存在的。

为了解决这个问题，我国在青岛设立验潮站，长期观察和记录黄海海水面的高低变化，求得海水面的平均高度，取其平均值作为我国的大地水准面的位置（其高程为零），以通过该点的水准面为高程基准面——大地水准面，并在青岛建立了水准原点。

选用大地水准面作为高程起算面的理由除了大地水准面与地球自然表面非常接近外；还因为水准面是受地球重力影响和形成的重力等势面，是一个处处与重力方向（铅垂方向）垂直的连续曲面，而测量仪器是用水准器整平，用垂球对中的，所以，将大地水准面选为测量作业的基准面。

2. 地面点的高程

地面点沿铅垂线方向到大地水准面的铅垂距离，称为该点的绝对高程（或称海拔），通常以 H 表示。如图 1-6 所示，H_A 和 H_B 即为 A 点和 B 点的绝对高程。用于表示高程的坐标系统称为高程系。

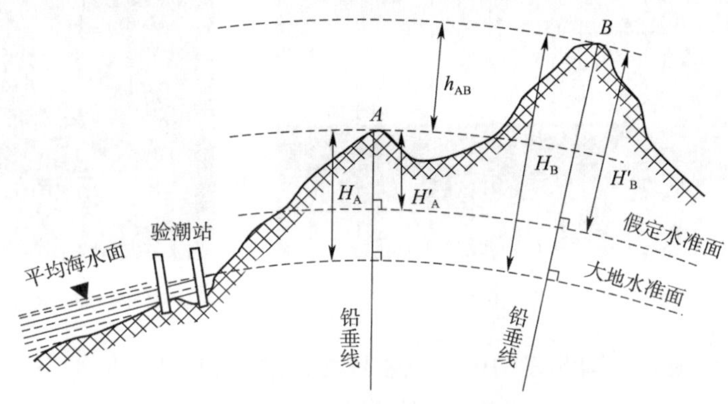

图 1-6 大地水准面示意图

当个别地区引用绝对高程有困难时，可采用假定高程系统，即采用任意假定的水准面作为高程起算的基准面。如图 1-6 所示，地面点到假定水准面的铅垂距离，如 H'_A 和 H'_B，称为假定高程。

地面上两个点之间的高程差称为高差，通常用 h_{AB} 表示。如地面点 A 与点 B 之间的高差为 h_{AB}，由此可见，两点间的高差与高程起算面无关。

$$h_{AB} = H_B - H_A = H'_B - H'_A \tag{1-1}$$

3. 水准原点、水准点与国家水准网

1）水准原点

为了得到适用于我国工程建设需要的高程起算面——大地水准面，我国在沿海地区建立了多个验潮站来对潮汐、风浪对海水面的影响进行长期的观测，以求得平均海水面。其中，最早建立的验潮站位于山东省青岛市。青岛地处黄海，而我国把黄海海平面定为海拔基准面，而这个海拔基准面就是根据验潮站提供的数据来确定的。青岛验潮站 1900 年开始验潮，1904 年开始正式建立。我国选择平均海水面来代替大地水准面共两次：

（1）1956 年黄海高程系

1954 年，由中国人民解放军总参测绘局在青岛观象山山顶处建成了中华人民共和国永久性水准原点，作为中国的海拔起点，全国各地的海拔高度皆由此点起算。

1956 年黄海高程系是我国过去采用黄海平均海水面作为高程基准，即以 1950 ~ 1956 年间青岛验潮站获得的平均海水面作为高程基准面，所测国家水准原点（青岛原点）高程为72.289m。

（2）1985 国家高程基准

“1985 国家高程基准”是采用青岛验潮站 1952 ~ 1979 年验潮资料，经多次严格的测量计算确定的，得到青岛验潮站海平面为 2.429m，将它作为我国高程基准，从这里起算测得位于青岛市观象山中巅的一幢小石屋里旱井底部一块球形标志物——水袋玛瑙的顶端的高为72.260m，地理坐标表示为东经 120°19′08″，北纬 36°04′10″，国家测绘局将它确定为“中华人民共和国水准原点”（图 1-7 和图 1-8），全国的海拔高度都以这一原点为高程起点进行测量，然后加上 72.260m，便得到海拔高度。

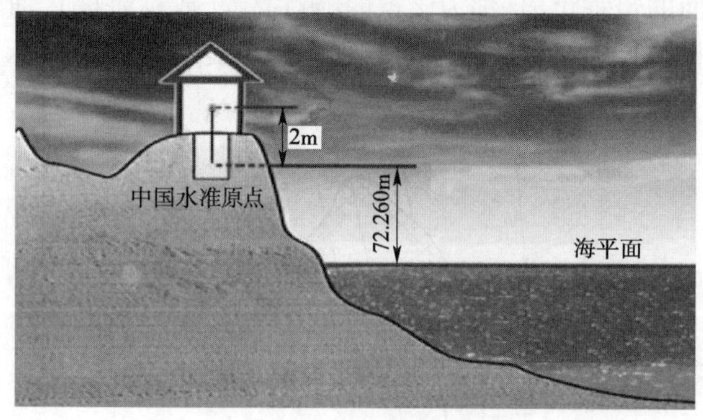

图 1-7　国家水准原点与验潮站

图 1-8　国家水准原点

1987 年 5 月，经国务院国测发〔1987〕198 号文批准，依此基准推算全国各类水准点高程成果，逐步归算至“1985 国家高程基准”。所测国家水准原点（青岛原点）高程为 72.260m。即 1985 年高程基准面高出原 1956 年黄海平均海水面 0.029m。

2）青岛市观象山国家水准原点

如图 1-9 所示，青岛市观象山国家水准原点位于这座小石屋里，建筑全部由崂山花岗岩砌成，顶部中央及四角各竖一石柱，雕琢精细，玲珑别致，室内墙壁上镶一块刻有“中华人民共和国水准原点”的黑色大理石碑，室中有一约 2m 深的旱井，水袋玛瑙位于旱井底中。小石屋建筑面积 7.8m²，俄式建筑风格，1954 年建成。国家水准原点对于我国的生产建设、国防建设和科学研究具有重要价值。

a)

b)

图 1-9　中华人民共和国水准原点地址

3）国家水准网

国家水准网（图1-10）是指在全国范围内由国家专门的测量机构建立的高程控制网，用于全国各种测绘和工程建设以及施工的基本控制，为了方便工程建设人员引用这一国家水准原点的高程，开展测量工作，国家测绘部门在全国范围内，从国家水准原点出发，逐级建立起了国家高程控制网，将水准原点的高程数据通过该网引测到全国各地。

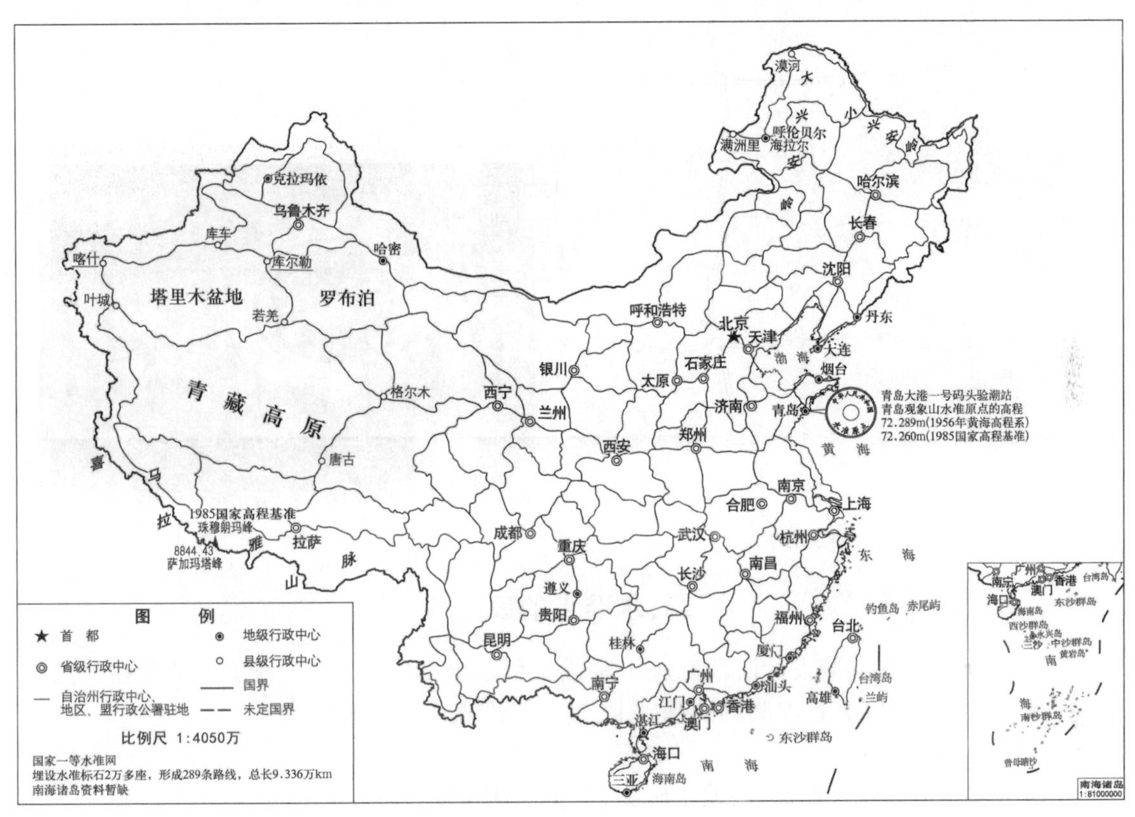

图1-10 国家一、二等高程控制网布设示意图

国家高程控制网的按其精度分为一、二、三、四等。图1-10是国家一、二等高程控制网布设示意图。

一等水准是国家最高级的高程控制的骨干，沿地质构造稳定和坡度平缓的交通线布满全国，构成网状。一等水准路线全长为93 000多千米，包括100个闭合环，环的周长为800～1 500km。

二等水准是国家高程控制网的全面基础，一般沿铁路、公路和河流布设。二等水准环线布设在一等水准环内，每个环的周长为300～700km，全长为137 000多千米，包括822个闭合环。

三、四等水准网在二等网的基础上进一步加密，直接为测绘地形图和各项工程建设提供必要的高程控制。三等水准网不超过300km；四等水准网一般布设为附合在高等级水准点上的附合路线，其长度不超过80km，如图1-11所示。

五等水准网是精度最低的高程控制网，一般直接用于二、三、四级公路工程高程控制测量，图根水准点直接用于地形图测绘中的高程控制测量。

4）水准点

为了统一全国高程系统和满足各种测量的需要，测绘部门在全国各地设立并用水准测量方法获得其高程的固定点，这些点称为水准点（Bench Mark），简记为BM。工程建设人员，利用布设在水准网上的水准点得到由控制网传递的高程数据。全国各地地面点的高程，都是根据国家水准网统一测算的。图1-12为国家一等水准点。

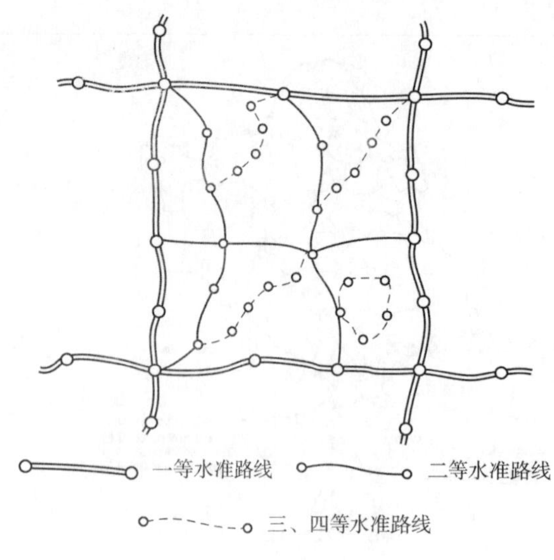

图1-11　水准网的布设

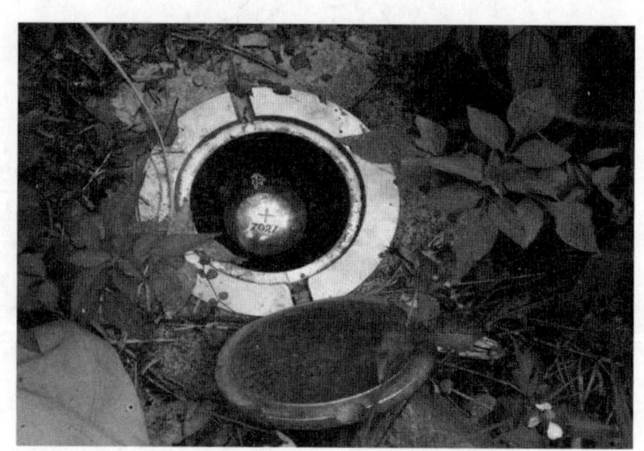
图1-12　国家一等水准点

二、水准点的设置

为了满足公路在勘测设计阶段和施工阶段工程建设的需要，施工测量人员要在公路沿线适当的位置，在国家高程控制网的基础上，进行水准点的设置和加密。

1. 水准点位置选定要求

（1）水准点应选在长期保存，便于施测，坚实、稳固的地方；

（2）水准路线应尽可能沿坡度小的公路布设，尽量避免跨越河流、湖泊、沼泽等障碍物；

（3）在选择水准点时，应考虑到高程控制网的进一步加密；

（4）应考虑到便于与国家水准点进行联测；

（5）水准网应布设成附合路线、闭合网和支线网。

2. 公路水准点设置要求

（1）水准点间的距离

图1-13　公路施工沿线设置水准点

对于公路工程专用水准点，应选择公路路线两侧距中线50～100m的范围内，水准点间距一般1～1.5km，山岭重丘区可适当加密；大桥两岸、隧道两端、垭口及其他大型构造物附近亦应增设水准点，如图1-13所示。

（2）水准点的类型

水准点可分为永久性水准点和临时性水准点两种。永久性水准点一般用混凝土或钢筋混凝土制成,其顶部嵌入半球形的金属标志,如图 1-14 所示。

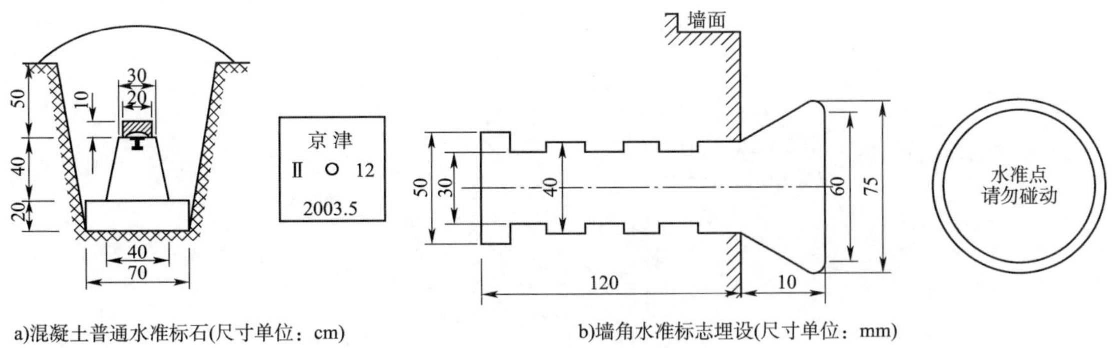

图 1-14　永久性水准点示意图

临时性水准点可利用地面上突出的坚硬岩石,或在建筑物的棱角处、电线杆上、大枯树上以及其他固定的、明显的、不易破坏的地物上,用红油漆画出临时水准点的标志“①BM_i”或“⊙BM_i”。水准点标志后,绘记水准点附近的草图或对点周围的情形加以说明,注明水准点的编号 i,一般在编号前加 BM 作为水准点的代号 BM_i,如图 1-15 所示。

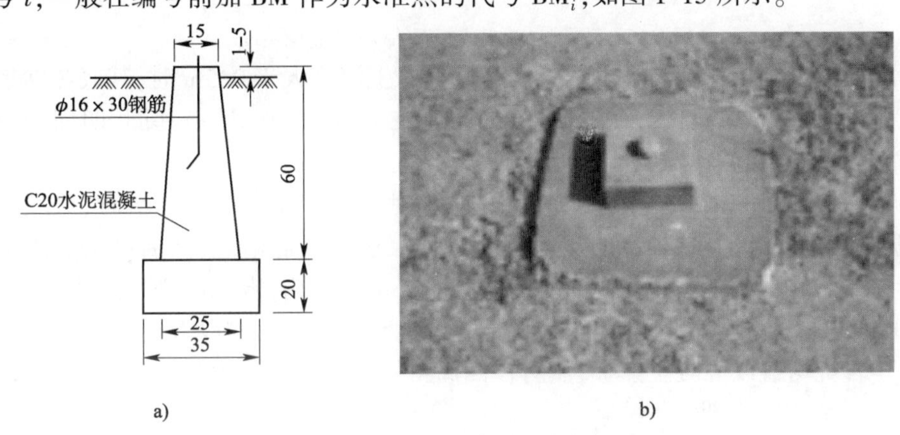

图 1-15　公路水准点标石(尺寸单位:cm)

3. 水准点的埋设方法与步骤

水准点的高程是指嵌入标石中心的瓷质或不易腐蚀的金属的标志顶面的高程。国家高程控制点为水准点,国家水准测量规范将标石分为基本水准标石和普通水准标石。《公路勘测规范》(JTG C10—2007)规定,水准点应埋设混凝土标石,水准点也可利用坚硬稳固的整体岩石凿成凸面设置,或者利用永久性建筑物的棱角及顶面凸出处设置。

下面介绍公路勘测和施工时永久性水准点和加密的临时水准点设置要求和方法:

1)水准点的结构形式和埋设要求

根据地质条件的不同,水准基点可埋在基岩内,或深埋于原状土内,决不允许埋在人工土(如大堤、建筑废弃土或地表土等)内,这种人工土有时可深达数米,故埋设时应谨慎勘察。对于重要的特大桥工程,水准基点应力求埋于基岩中。

(1)常用水准标石

①混凝土标石结构(图 1-16):这种水准点结构由柱石及与之相连接的底盘组成,柱石顶面安装一水准标志。若作为水准基点,还须在底盘正北加设一水准标志,作为副点,每个水准标志上均须用混凝土标志盖覆盖。标石的柱石和底盘全部用混凝土灌筑,标志则用铜质、不锈钢或圆钢车制而成,用圆钢车制的标志头应镀锌或镀铜以防锈蚀。混凝土标志盖制

作时在其顶面宜用字模压印桥名、等级、水准点号，埋设日期。

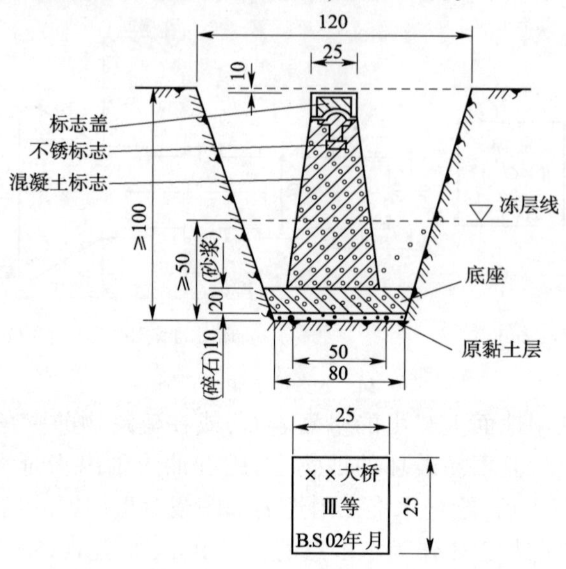

图 1-16　混凝土水准基点标石结构(尺寸单位:cm)

②钢筋混凝土结构的标石(图 1-17):当最大冻土深度大于 0.5m 时，其底盘深度应埋在冻层线以下大于 65cm。埋石筑在地面以下时，宜在其周围砌成砖石井圈，四周须修建排水沟，保护盖上再加适当的覆盖物。

③钢管结构的水准标石(图 1-18):在桥址线附近若有完整基岩露头时，可埋设岩层水准基点，埋设前，首先对岩层外部的覆盖土及风化层进行彻底清理，然后在基岩层上开凿一适当深度的岩坑，此坑内再凿成两个高差约为 0.1m 的岩孔，岩孔内必须用水洗净石粉，以 1:2水泥砂浆灌注，并分别埋入两个水准标志，每个水准标志上均以混凝土标志盖覆盖。另对副点及其岩坑均盖以混凝土盖板，然后在四周再修建挡水或排水设备。

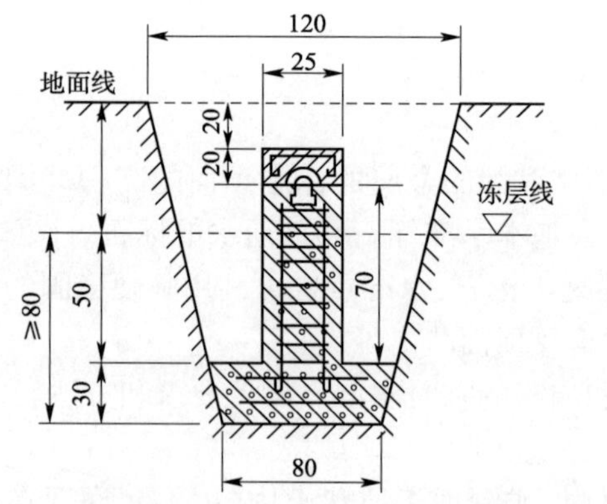

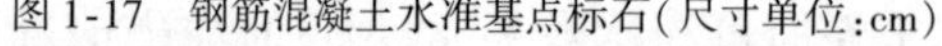
图 1-17　钢筋混凝土水准基点标石(尺寸单位:cm)

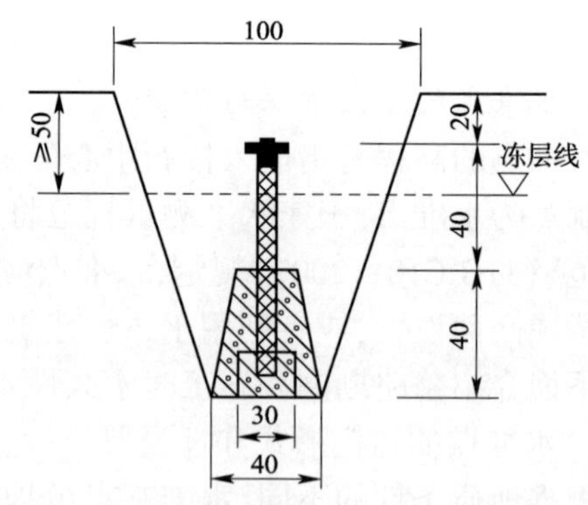

图 1-18　钢管水准点标石结构(尺寸单位:cm)

(2)水准标志

水准标志的形式，可参阅《国家水准测量规范》中的几种形式。一般按材质分有陶瓷水准标志和金属水准标志两种。按用途分则有墙上水准标志和平埋水准标志的区别。任何水准基点、施工水准点、观测沉降标志点或临时水准点，都必须埋设水准标志，以作为高程测算的标准点。用一、二等水准测量的水准基点，均必须采用不锈钢或铜质标志，三、四等以下的水准测量用水准点标志，则可用瓷质的或镀锌(圆头部分)的钢标志。

此种标志一般用不锈钢的圆钢车制，若无此尺寸圆钢，也可用散件焊制，顶板则宜刻印字记，若有困难，则必须在标石面上做出标记，内容为点的等级、统一编号，桥名，埋设年、月等。

若无不锈钢或铜的材料，则圆端头部必须镀铜或镀锌。

2）临时性水准点的埋设

（1）临时水准点制作所需材料准备

一般高速公路和高等级公路设置的临时水准点都与平面控制点一起设置，按照规范要求，如果平面控制点同时作为高程控制点使用，标石应按水准点标石的要求埋设。水准点制作所需材料的准备包括制作所需要的钢筋和埋设所需要的混凝土。

①钢筋材料：一般选用 $\phi14 \sim \phi18$mm 钢筋。长度一般选择为 40cm，钢筋选择好之后，再用切割机进行切割，切割好后钢筋在砂轮上磨成光面，使的中间部分凸起，如图 1-19 所示。

a)

b)

图 1-19　不易腐蚀钢筋的标志制作过程

②水泥混凝土：一般采用拌和水泥混凝土混合料，如图 1-20 所示。

图 1-20　拌和水泥混凝土

（2）临时水准点位置选择及基坑开挖

在水准点位置选择好后，就可以进行基坑的开挖。基坑开挖一般要求长、宽度为 40cm，深度根据实际地质情况而定，一般不小于 40cm。基坑开挖好后，就可以进行混凝土填筑，如图 1-21 所示。

水泥混凝土填筑好后，就可以在上面抹平，并将编号写在上面，如图 1-22 所示。

a)

b)

图 1-21　基坑的开挖及混凝土填筑

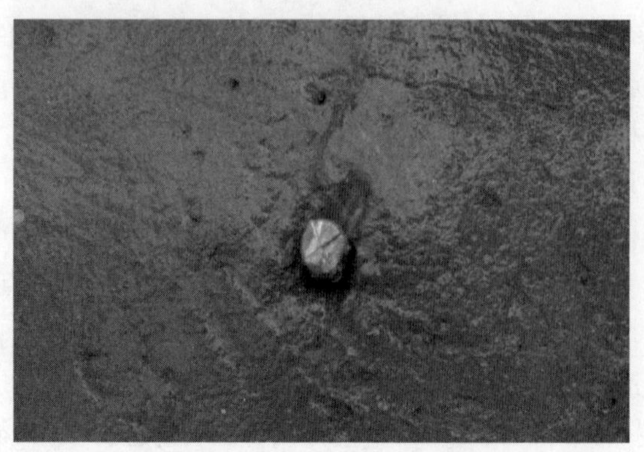

图1-22　临时性水准点示意图

思考与计算

1. 何谓水准面、大地水准面？我国大地水准面是如何确立的？
2. 何谓绝对高程、相对高程、高差？
3. 什么是水准原点和水准点？两者之间有什么区别？
4. 1985 国家高程基准相对 1956 年黄海高程系来说有了哪些变化？
5. 简述国家高程控制网的等级和布设特征。
6. 公路水准点埋设和设置有哪些要求？试结合实训场地水准点布设情况进行说明。
7. 说明临时水准点设置的主要步骤。

模块二　水准点高程测量

学习目的

基本知识：水准仪（类型、精度、构造）；望远镜（成像原理、视准轴、视差）；管水准器（零点、轴线、分划值）；圆水准器轴、水准尺（双面尺、塔尺）；尺垫、仪器轴线、自动安平原理、光学补偿器。

基本技能：不同类型水准仪的基本操作（粗平、照准、精平、读数）；水准仪测量两点之间高差。

任务描述

本模块主要介绍常见工程用水准仪构造和基本操作方法。通过演示、介绍、观察、操作，了解仪器基本构造和工作原理，并掌握各种仪器的操作方法，能在水准尺上读数，为完成后续工作任务做好准备。

任务实施

以团队为单位，领取 DS_3 微倾式水准仪、脚架、水准尺和尺垫各一对。了解仪器的基本组成、构造及仪器的工作原理；室内练习水准尺任意位置读数；室外操作仪器在水准尺上读数，掌握仪器基本操作技能。重点考察仪器操作熟练、规范程度、读数等技能。

水准测量使用的常见仪器有水准仪，工具为水准仪脚架、水准尺和尺垫。随着科学技术发展，水准仪器的型号和类型也较多。根据对公路测量仪器工具进行调查，目前勘测单位和施工单位测量使用的仪器有微倾式水准仪、自动安平水准仪、精密水准仪和数字水准仪。下面主要就四种类型的水准仪的操作使用进行介绍。

水准仪按其精度等级分为 $DS_{0.5}$、DS_1、DS_3 和 DS_{10} 等几种等级。代号中的“D”和“S”是大地和水准仪的汉语拼音的第一个字母，其下标数值意义为：仪器本身每千米往返高差中数能达到的精度，以毫米计。各等级水准仪的基本结构大致相同，但是，对仪器的技术参数要求是不相同的，等级愈高，要求愈严格。表 1-1 中列出了不同等级水准仪的主要参数，以供参考。

水准仪系列主要技术参数 表 1-1

项目		水准仪等级			
		$DS_{0.5}$	DS_1	DS_3	DS_{10}
每千米水准测量高差中误差(mm)		±0.5	±1.0	±3.0	±10
望远镜	物镜有效孔径不小于(mm)	42	38	28	20
	放大倍数不小于(倍)	55	47	38	28
水准管分划值		10″/2mm	10″/2mm	20″/2mm	20″/2mm
主要用途(供参考)		一等水准测量	二等水准测量	三、四等水准、图根水准测量	工程水准测量

一、DS_3 型微倾式水准仪的构造与使用

1. DS_3 型微倾式水准仪的构造

公路工程测量一般使用 DS_3 级水准仪，对于大桥、特大桥、隧道、特长隧道，常使用精度更高的 DS_1 级水准仪，水准仪在使用时应安装在脚架上，如图 1-23 所示。相关资源见二维码 2。

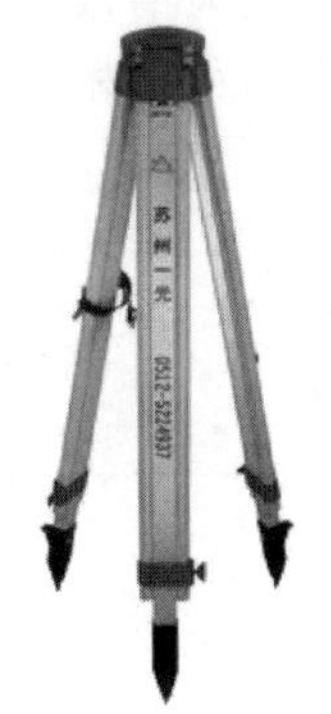

二维码 2

图 1-23 DS_3 型微倾式水准仪和脚手架

通过调整水准仪，使管水准气泡居中获得水平视线的水准仪称为微倾式水准仪。如图 1-24 所示，DS_3 型微倾式水准仪主要由望远镜、水准器和基座三个基本部分组成。

1）望远镜

望远镜是用来照准远处竖立的水准尺并读取水准尺上读数的，要求望远镜能看清水准尺上的分划和注记并有读数标志。图 1-25a）是望远镜的构造图，它由物镜、目镜及对光凹透镜、十字丝分划板［图 1-25b）］、物镜对光旋钮、调焦透镜和视准轴组成。物镜的作用是使远处的目标在望远镜的焦距内形成一个倒立的缩小的实像。当目标处在不同距离时，可调节

对光螺旋,带动凹透镜使成像始终落在十字丝分划板上,十字丝和物像同时被目镜放为虚像,以便观测者利用十字丝来瞄准目标。当十字丝的交点瞄准到目标上某一点,该目标点即在十字丝交点与物镜光心的连线上,这条线称为视准轴,也称为视线,常用 CC 表示。

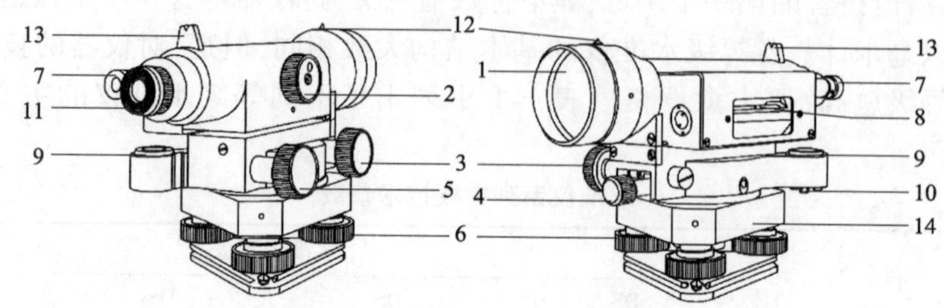

图 1-24　DS_3 型微倾式水准仪构造图

1-物镜;2-物镜对光螺旋;3-微动螺旋;4-制动螺旋;5-微倾螺旋;6-脚螺旋;7-附合水准器观测镜;8-水准管;9-水准盒;10-校正螺钉;11-目镜;12-准星;13-照门;14-基座

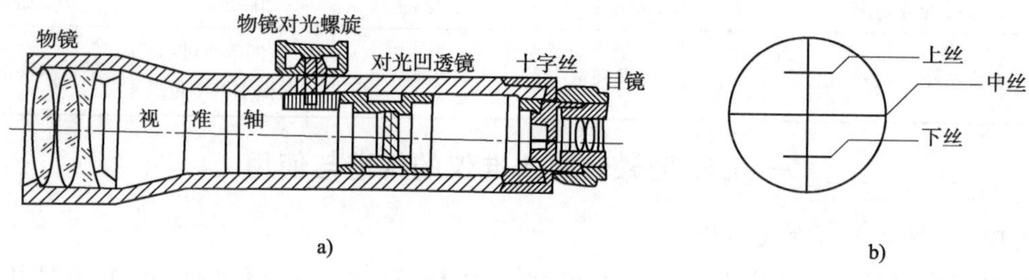

图 1-25　望远镜构造图

望远镜照准目标所能放大的倍数,称为望远镜放大率,它是衡量望远镜光学性能的主要技术指标之一。放大倍数越大,表示望远镜看得越远,一定距离的目标看的越清楚。DS_3 级水准仪的放大率不小于相关规范要求。图 1-26 为望远镜成像原理图。

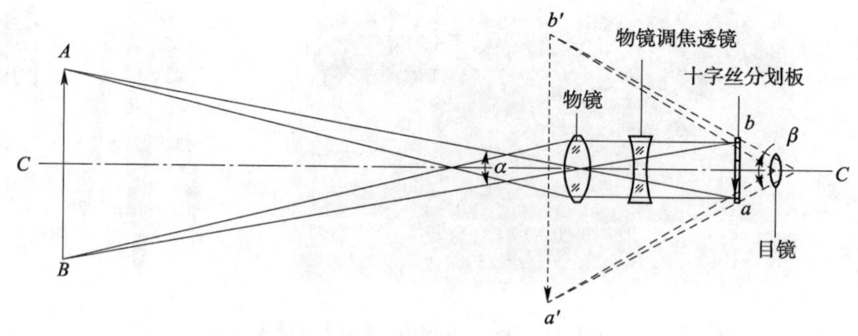

图 1-26　望远镜成像原理图

2)水准器

水准器用于置平仪器。水准器有管水准器和圆水准器两种。

(1)管水准器

管水准器由玻璃圆管制成,其内壁磨成一定半径 R 的圆弧,如图 1-27 所示。管内注满酒精和乙醚的混合液,经过加热、封闭、冷却后,管内形成一个气泡。水准管内表面的中点 O 称为零点,通过零点作圆弧的纵向切线 LL 称为水准管轴。当气泡中点位于零点时,称为气泡居中,此时水准管轴水平。

自零点向两侧每隔 2mm 刻一个分划,每 2mm 弧长所对的圆心角称为水准管分划值 τ,分划值 τ 的实际意义可以理解为,当气泡移动 2mm 时,水准管轴所倾斜的角度,如图 1-28 所示。

$$\tau = \frac{2\rho''}{R},\ \rho'' = 206\ 265''$$

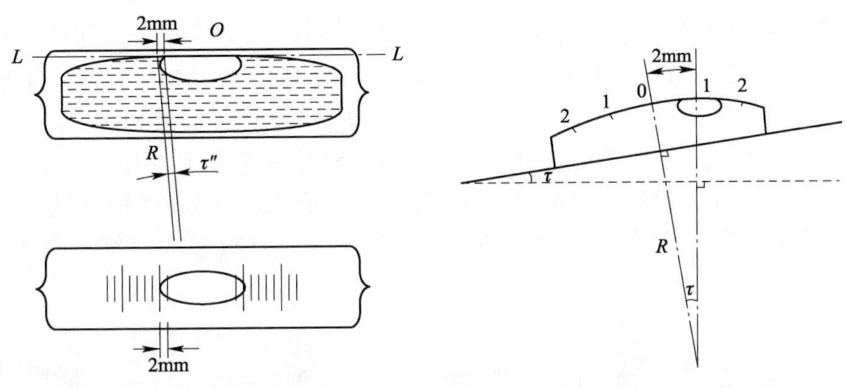

图 1-27　水准管　　图 1-28　水准管的分划值

分划值 τ 越小,则水准管灵敏度越高,用它来整平仪器就越精确。灵敏度是指水准气泡准确、迅速移动至管中最高点的能力,灵敏度除与分划值密切相关外,与管内壁磨制质量、液体性质、气泡长短等也有关。为了提高目估水准管气泡居中的精度,在水准管上方都装有符合棱镜,如图 1-29a) 所示,这样可使水准管气泡两端的半个气泡影像借助棱镜的反射作用转到望远镜旁的水准管气泡观察窗内。当两端的半个气泡影像错开时,表示气泡没有居中[图 1-29b)],这时旋转微倾螺旋可使气泡居中,气泡居中后则两端的半个气泡影像对齐,如图1-29c) 所示,这种水准管上不需要刻分划线。

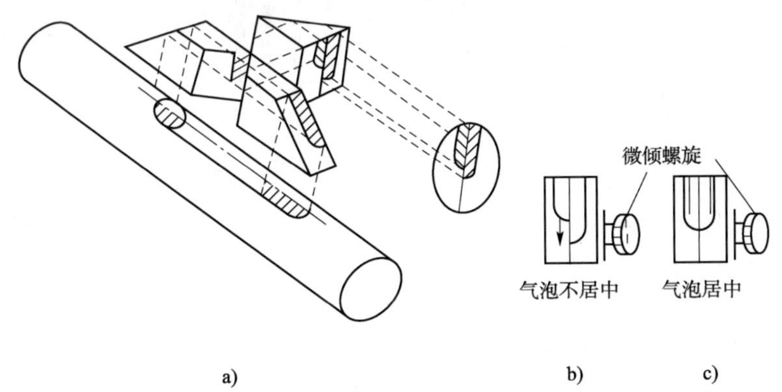

图 1-29　水准管的符合棱镜系统

(2) 圆水准器

圆水准器由玻璃圆柱管制成,用于粗略整平仪器。如图 1-30 所示,其顶面内壁是磨成一定半径 R 的球面,中央刻有小圆圈,其圆心 O 是圆水准器的零点,过零点 O 的球面法线为圆水准器轴 $L'L'$,当圆水准气泡居中时,圆水准器轴处于竖直位置,当气泡不居中,气泡偏移零点 2mm 时,轴线所倾斜的角度值,称为圆水准器的分划值,一般为 $8''\sim10''$。

制造水准仪时，使圆水准器轴平行于仪器竖轴，旋转基座上的三个脚螺旋使圆水准气泡居中时，圆水准器轴 $L'L'$ 处于竖直位置，从而使仪器竖轴也处于竖直位置。

3）基座

基座的作用是支承仪器的上部，用中心螺旋将基座连接到三脚架上。基座主要由轴座、脚螺旋、底板和三角压板构成。基座有三个可以升降的脚螺旋，转动脚螺旋可以使圆水准器的气泡居中，将仪器粗略整平。

4）水准尺和尺垫

水准尺由干燥的优质木材、玻璃钢或铝合金等材料制成。水准尺有双面尺和塔尺两种，双面水准尺如图 1-31a）所示，多用于三、四等水准测量，其长度为 3m，为不能伸缩和折叠的板尺，且两根尺为一对，尺的两面均有刻画，尺的正面是黑色注记，反面为红色注记，故又称红黑面尺。黑面的底部都从零开始，而红面的底部一般是一根为 4.687m，另一根为 4.787m。如图 1-31b）所示，塔尺一般用在等外水准测量，其长度有 2m 和 5m 两种，可以伸缩，尺面分划为 1cm 和 0.5cm 两种，每分米处注有数字，每米处也注有数字或以红黑点表示数，尺底为零。

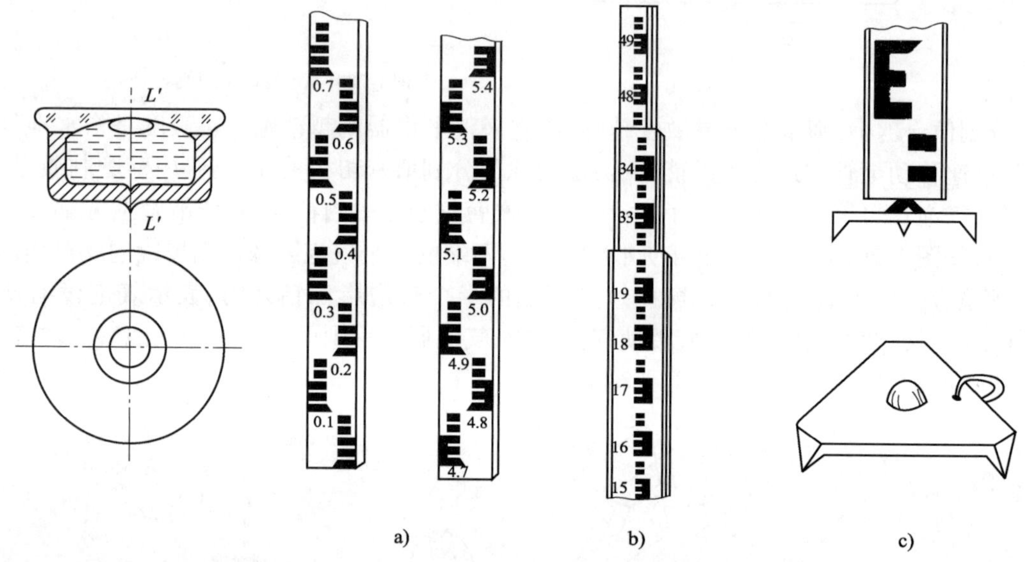

图 1-30　圆水准盒

图 1-31　水准尺和尺垫

尺垫为一个三角形的铸铁（也有用较厚铁皮制作的），上部中央有一突起的半球体，如图 1-31 所示，为保证在水准测量过程中转点的高程不变，将水准尺放在半球体的顶端。

二维码 3

2. 水准仪的操作使用（相关资源见二维码 3）

水准仪在一个测站上使用的基本程序为架设仪器、粗平、瞄准水准尺、精平和读数。

1）架设仪器

按观测者的身高调节好三脚架的高度，为便于整平仪器，还要求使三脚架的架头面大致水平，并将三脚架的三个脚尖踩入土中，使脚架稳定，然后从仪器箱内取出水准仪，放在三脚架的架头面，并立即用中心螺旋旋入仪器基座的螺孔内，以防止仪器从三脚架头上摔下来。

2）粗平

粗平即粗略整平仪器。旋转脚螺旋使圆水准气泡居中，仪器的竖轴大致铅垂，使望远镜的视准轴大致水平。旋转脚螺旋方向与圆水准气泡移动方向的规律是：如图 1-32 所示，用左手旋转脚螺旋，则左手大拇指移动方向即为水准气泡移动方向；用右手旋转脚螺旋，则右手食指移动方向即为水准气泡移动方向，初学者一般先练习用一只手操作，熟练后再练习用双手操作。

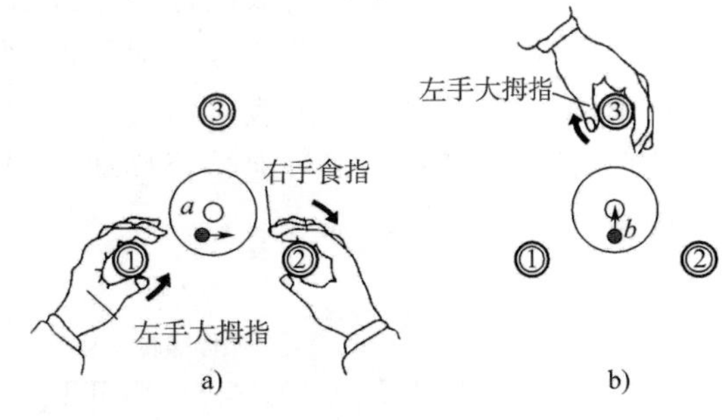

图 1-32　使水准盒气泡居中的方法

3）瞄准水准尺

(1) 先目镜对光：将望远镜对准明亮的背景，旋转目镜调焦螺旋，使十字丝清晰。

(2) 初步照准：松开制动螺旋，转动望远镜，用望远镜上的准星和照门瞄准水准尺，拧紧制动螺旋。

(3) 物镜对光：从望远镜中观察目标，旋转物镜调焦螺旋，使目标清晰，再旋转微动螺旋，使竖丝对准水准尺。

(4) 消除视差：由于人眼的分辨能力不高，往往在像平面与十字丝平面还没有严格重合时，就误以为像是最清晰的了，如图 1-33 所示，这样就产生了视差而影响读数精度。为了检查并消除视差，当照准目标时，眼睛在目镜处上下移动，若发现十字丝和尺像相对移动，这种现象称为视差。它将影响读数的精确性，必须加以消除。其方法是再仔细反复调节对光螺旋，直至尺像与十字丝分划板平面重合时为止，即当眼睛在目镜处上下移动，十字丝与尺像没有相对移动为止。

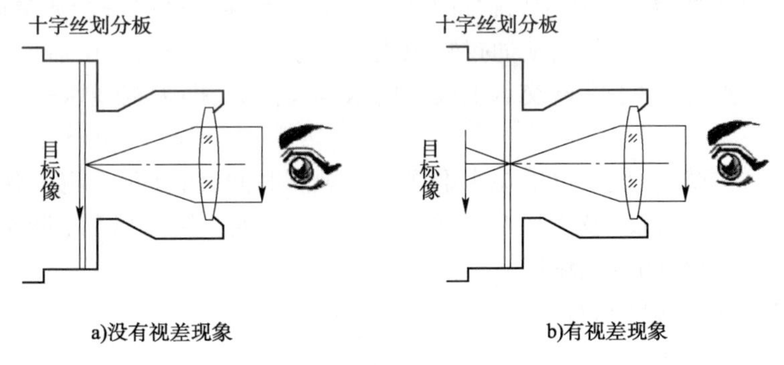

图 1-33　视差现象

4）精平

转动微倾螺旋，使水准管气泡精确居中，如图 1-34 所示。从望远镜的一侧观察管水准气泡偏离零点的方向，旋转微倾螺旋，使气泡大致居中，这时再从目镜左边的附合气泡观察窗中察看两个气泡影像是否吻合，如不吻合，再慢慢旋转微倾螺旋直至完全吻合为止。

当水准管气泡居中并稳定后，说明视准轴已成水平，此时，应迅速用十字丝中丝在水准尺上截取读数。读数后，还需要检查一下气泡是否移动了，若有偏离，则需用微倾螺旋调整气泡居中后再重新读数。

5）读数

仪器精平后，应立即用十字丝的横丝在水准标尺上读数。由于水准仪的生产厂家或型号的不同,导致望远镜有的成倒像,有的成正像。在读数时无论成倒像还是成正像,都应从小数往大数的方向读,即若望远镜成正像,则应从下往上读;反之,若望远镜成倒像,则应从上往下读。在读数时,一般应先估读毫米,再读米、分米、厘米。图1-35中丝读数为1.608m。读数后,还需要检查一下气泡是否移动了,若有偏离,则需用微倾螺旋调整气泡居中后再重新读数。

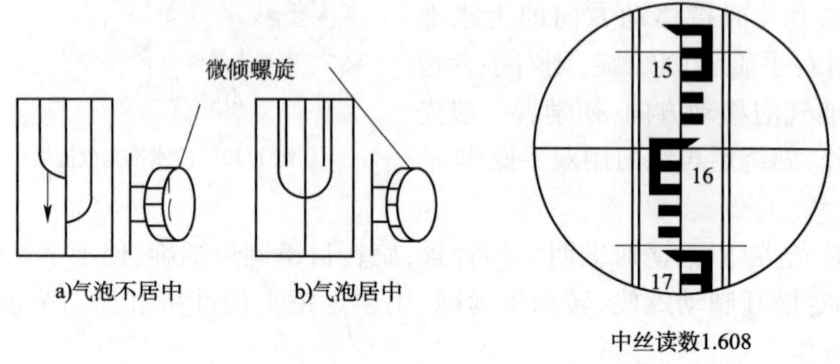

图1-34 管水准器的精平　　图1-35 照准水准尺与读数

二、自动安平水准仪的构造与使用(相关资源见二维码4)

目前,在公路工程测量中,所有测量工作基本上都是使用自动安平水平仪。自动安平水准仪与微倾式水准仪的区别在于:自动安平水准仪没有长水准管和微倾螺旋,而是在望远镜的光学系统中设置一种利用地球重力作用的补偿器,以改变光路。

二维码4

1.视线自动安平的原理

当水准仪的圆水准器气泡居中后,视准轴与水平线实际仍存在一个非常微小的倾角 α,在望远镜的光路上安置一补偿器,使通过物镜光心的水平光线经过补偿器后偏转一个 β 角,仍能通过十字丝交点,这样十字丝交点上读出的水准尺读数,即为视线水平时应该读出的水准尺读数。

由于无须精平,这样不仅可以缩短水准测量的观测时间,而且对于施工场地地面的微小振动、松软土地的仪器下沉以及大风吹刮等原因,引起的视线微小倾斜,能迅速自动安平仪器,从而提高了水准测量的观测精度。

2.自动安平水准仪的特点与构造

1)自动安平水准仪的特点

自动安平水准仪是利用补偿器自动获取视线水平时水准标尺读数的水准仪,它的特点是没有水准管和微倾螺旋,而只需根据圆水准器将仪器整平。此时,视准轴尽管还有微小的倾斜,但可借助一种利用重力的补偿装置,依然能利用十字丝横丝读出相当于视准轴水平时的尺上读数。因此,自动安平水准仪是一种操作比较方便、有利于提高观测速度的新型仪器。

2)自动安平补偿器的结构

自动安平水准仪的补偿器,目前比较常见的有两种:一种是悬挂的十字丝板;另一种是悬挂的棱镜组。

3.自动安平水准仪的构造与使用

1) DS_{3Z} 自动安平水准仪构造

我们主要介绍苏州第一光学仪器厂生产的 DS_{3Z} 型自动安平水准仪,如图1-36所示。

图1-36　DS_{3Z}型自动安平水准仪

1-脚螺旋;2-微动螺旋;3-水准盒气泡观察反射镜;4-物镜对光螺旋;5-瞄准器;6-圆水准器;7-目镜对光螺旋;8-物镜对光

2)自动安平水准仪的操作

自动安平水准仪的使用与一般微倾式水准仪的操作方法基本相同,而不同之处为自动安平水准仪不需要“精平”这一项操作。自动安平水准仪仅有圆水准器,因此,安置自动安平水准仪时,只要转动脚螺旋,使圆水准器气泡居中,补偿器即能起自动安平的作用。

当自动安平水准仪通过圆水准器粗平后,观测者应在望远镜内观察警告指标窗是否全部呈绿色,若没有全部呈绿色,不能对水准尺读数,必须再调整圆水准器,直到警告指示窗全部呈绿色后,即视线在补偿器的补偿范围内,方可进行观测读数。

若自动安平水准仪长期未使用,则应在使用前检查补偿器是否失灵。检查方法:可以转动位于望远镜视准轴正下方的脚螺旋,如果警告指示窗两端能分别出现红色,反转该脚螺旋红色能消除,并由红色转为绿色,说明补偿器灵敏,可以进行水准测量的观测。

三、ZDL700数字水准仪的构造与使用

ZDL700数字水准仪操作简捷,可自动观测和记录,并立即用数字显示测量结果,而且整个观测过程在几秒钟内即可完成,从而大大减少观测错误和误差。这种仪器还附有数据处理器及与之配套的软件,从而可将观测结果输入计算机进入后处理,实现测量工作自动化和流水线作业,大大提高了测量功效。

数字水准仪测量原理:与数字水准仪配套使用的水准尺为条形编码尺,通常由玻璃纤维或铟钢制成。在数字水准仪中装有行阵传感器,它可识别水准标尺上的条形编码。数字水准仪摄入条形编码后,经处理器转变为相应的数字,再通过信号转换和数据化,在显示屏上直接显示中丝读数和视距。

1.ZDL700数字水准仪的特性

ZDL700数字水准仪广泛应用于专业测绘、道路工程、沉降观测、隧道开挖、建筑工程、园林工程、矿山测量等。主要技术参数见表1-2。

ZDL700数字水准仪主要技术参数　　表1-2

指　标	精　度
每千米往返测高程精度	+0.7mm/km
放大倍率	标准32x,FOK73目镜(可选)40x,FOK117目镜(可选)25x
单次测量时间	<3s
补偿器设置精度	0.3″
补偿器工作范围	±30′
工作温度	-20~+50℃
储藏温度	-40~+70℃

2. ZDL700 数字水准仪的基本结构

ZDL700 数字水准仪的基本结构,如图 1-37 所示。

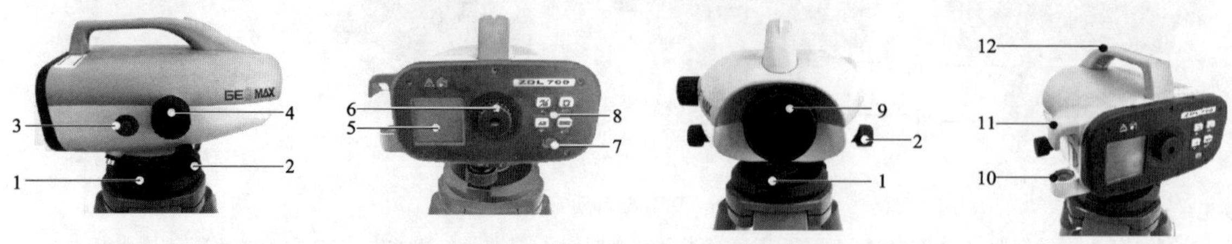

图 1-37　ZDL700 数字水准仪的基本结构

1-脚螺旋;2-左右微动螺旋;3-测距按钮;4-调焦螺旋;5-显示屏;6-目镜;7-开关;8-操作按钮区;9-物镜;10-圆水准器;11-圆水准器气泡观察反射镜;12-瞄准器

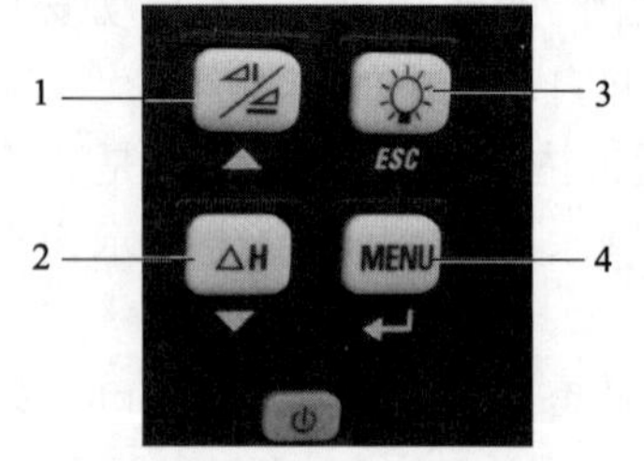

图 1-38　ZDL700 数字水准仪按键细部图

3. ZDL700 数字水准仪的按键基本功能和操作界面认识

ZDL700 数字水准仪的按键基本功能和操作界面如图 1-38和图 1-39 所示。

1)仪器操作界面认识

仪器操作界面如图 1-40 所示。

2)模式

ZDL700 数字水准仪常见的工作模式共有 5 种,详见表 1-3。

按键名称	图　标	功能 I	功能 II
1. 视线高、视距	▲	在显示视距和视线高之间切换	光标向上移动
2. dH 高差	ΔH ▼	高差测量和相对高程计算	光标向下移动
3. 背景灯照明	ESC	LCD 背景灯照明	中断、退出
4. 菜单	MENU	激活并选择设置	回车、确认

图 1-39　ZDL700 数字水准仪操作键与功能图

ZDL700 数字水准仪操作模式　　表 1-3

符　号	模　式	符　号	模　式
测量	一般测量模式	BFFB BFFB BFFB BFFB	后前前后测量模式
菜单	仪器菜单选择、功能选择模式	BIF BIF BIF	后支前测量模式
BF FB	后前测量模式		

3)开机与关机

(1)轻按开机键,即显示如图 1-41 所示屏幕。

(2)按住开关机一秒即可关机。

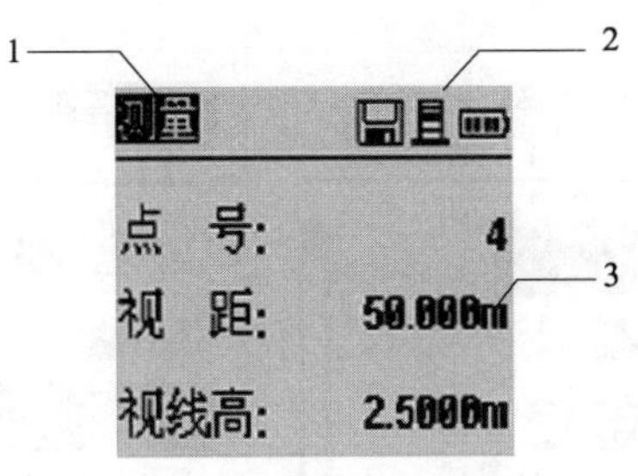

图 1-40　ZDL700 数字水准仪操作界面
1-模式信息;2-图标信息;3-测量单位

图 1-41　ZDL700 数字水准仪开机界面

4. ZDL700 数字水准仪水准测量方法

数字水准仪的基本操作与光学水准仪基本上一致,先要完成对仪器的整平工作,即使圆水准器气泡居中后方可开始测量。为了保证测量精度,务必消除视差以及保证从目镜中观察条码尺时,使得成像最清晰。测量方法如下:

1)高程和距离测量(数据用纸笔记录,仪器不记录数据)

(1)按下开机键,打开仪器;

(2)按任意键,进入图 1-42 所显示的屏幕,仪器正处于等待测量模式;

(3)按下测距按钮,如图 1-43 所示,仪器正在测量;

(4)测量结果显示界面(仪器距离条码尺距离 2.53m,中丝读数为 1.312m),如图 1-44 所示;

(5)按下键,切换显示结果(仅显示视距、仅显示线高、二者都显示)。

图 1-42　等待测量模式

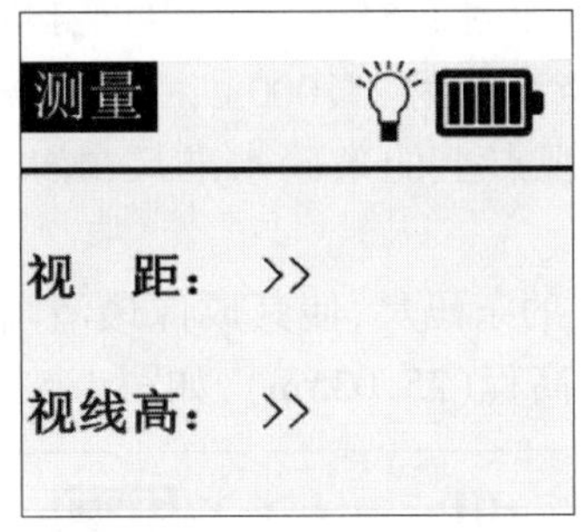

图 1-43　仪器正在测量

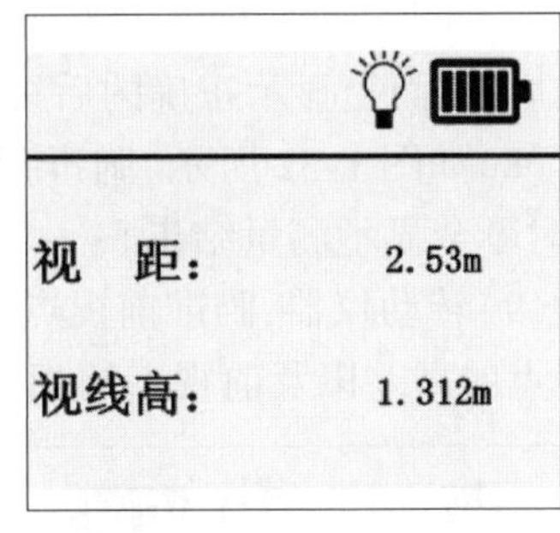

图 1-44　测量结果显示界面

2)相对高程、高差测量模式

(1)按下开机键,打开仪器;

(2)按任意键进入图 1-45 所显示的屏幕,仪器正处于等待测量模式;

(3)按ΔH键,进入相对高程、高差测量模式,如图 1-46 所示;

(4)如果需要修改后视点的高程,则执行第(6)步至第(8)步,否则直接执行第(9)步;

(5)按 MENU ↵ 键，屏幕显示图1-47所示的菜单，按“上下”键将光标停在“3. 输入高程”上（图1-48），并按回车键确认；

图1-45　等待测量模式

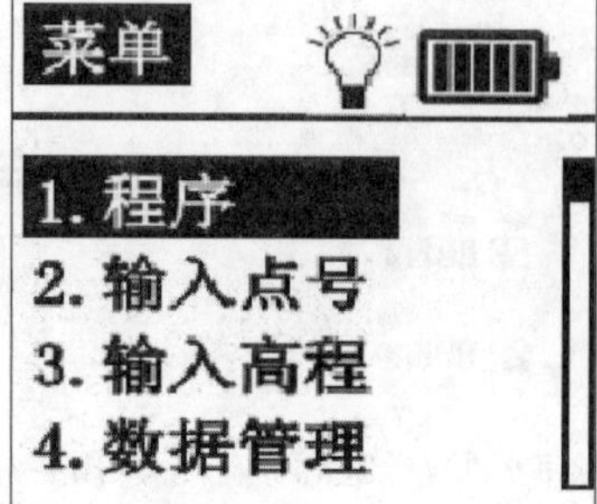

图1-46　测量界面

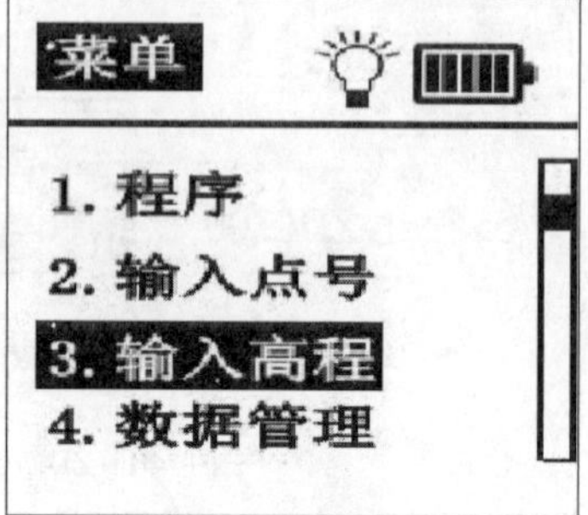

图1-47　选择“3. 输入高程”键

(6)进入到图1-49所示的界面，通过“上下”键改变数值（小数点位置也可在这里设置），输入正确数字以后，按回车键确认该数字，本例后视点高程为25.000m，如图1-50所示；

图1-48　通过上下键输入高程

图1-49　输入高程25.000m

图1-50　按回车键确认该点高程

(7)再按一次“确认”键，显示如图1-51所示的界面，继续按回车键接受该点高程；设置成功后，界面上显示正确的后视点高程为25.000m；

(8)如图1-52所示，瞄准后视点上的条码水准尺，按“测距”键，测得后视点基础数据（此时不会显示测量结果）；

(9)转动仪器，瞄准前视点上的条码尺，使其成像最清晰后，按“测距”键，测得前视点与后视点的高差以及前视点的相对高程(25.035m)，如图1-53所示。

图1-51　再按一次“确认”键显示界面

图1-52　按“测距”键显示界面

dH
RL：25.035m
高差　0.035m
视距　2.51m
视线高　1.277m

图1-53　完成测距显示结果

思考与计算

1. 通过现场操作仪器介绍水准仪粗平的方法。

2. 自动安平水准仪为什么能够实现视线自动水平？简要介绍其原理。如何判断自动安平水准仪的补偿器是否正常工作？

3. 微倾式水准仪有哪些工作轴？试说出其构成及相互关系。

4. 什么是视差？应该如何消除视差？

5. 简述 ZDL700 数字水准仪的光学测微器的工作原理。

6. 在图 1-54 中，水准尺上读数分别是多少？简述正确读数的过程。

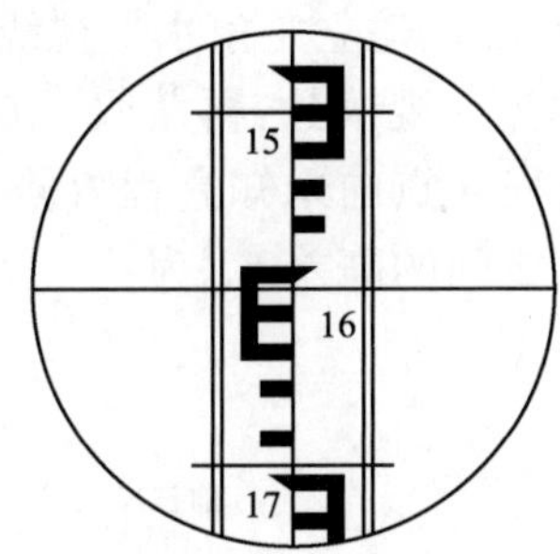

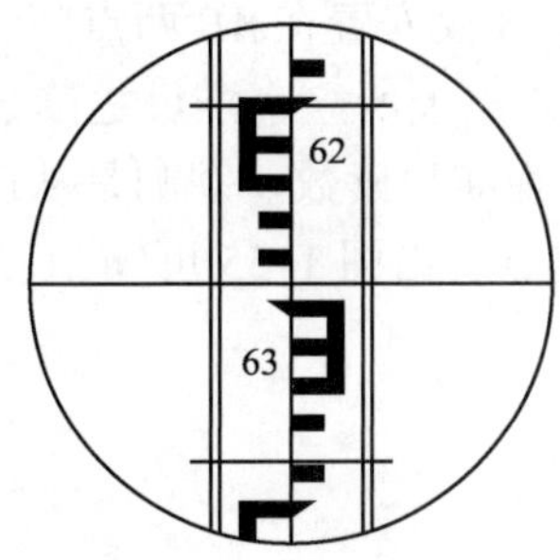

图 1-54　水准尺读数

模块三　等外水准测量

学习目的

基本知识：水准测量基本原理，水准路线类型（附合水准、闭合水准、支水准），水准网、转点、等外水准测量计算及检校，测站检核方法（双仪高法，双面尺法），高差闭合差、高差容许闭合差、高差改正数分配原则、高差改正及计算。

基本技能：等外水准测量施测、计算与校核。

任务描述

训练两点间距离较短、地势比较平缓的情况下，两点间高差测量的基本技能；训练两点间距离较远，高差比较大的水准路线测量和计算的基本技能。

任务实施

以团队为单位，领取水准仪、脚架、水准尺和尺垫。在实训场地完成一段高差测量（两点间距不超过 50m，高差不超过 2m，每个成员必须独立观测一测站），掌握一测站高差测量技能。重点考核表格的填写与计算以及测量精度。

一、水准测量基本原理和方法

公路在勘测设计、施工、竣工验收阶段，经常要测量公路上任意点的高程，这也是公路水准测量的基本工作。

高程测量的方法按使用仪器和施测方法分为:水准测量、三角高程测量、气压高程测量和 GPS 定位测量等。根据已知水准点,采用水准仪器、水准尺等测量工具,测量任何一点与已知水准点的高差,并依此推算该点高程的方法称为水准测量。为地形测量而进行的水准测量,称为图根水准测量。下面介绍公路上经常使用的水准测量的基本原理与方法。

1. 水准测量的基本原理

水准测量的原理是利用水准仪提供的水平视线,通过竖立在两点的水准尺上读数,采用一定的计算方法测定两点的高差,从而由一点的已知高程推算另一点的高程。水准测量是高程测量中精度较高且最常用的一种方法。

如图 1-55 所示,已知地面 A 点的高程为 H_A,欲求 B 点高程 H_B,则必先测出 A、B 两点之间的高差 h_{AB}。将水准仪安置在 AB 两点间,利用水准仪建立一条水平视线,在测量时用该视线截取已知高程点 A 点上所立水准尺之读数 a,称为后视读数;再截取未知高程 B 点上所立水准尺之读数 b,称为前视读数。观测是从已知高程 A 点向未知高程 B 点进行,则称 A 点为后视点,B 点为前视点。由图 1-55 可知,A、B 两点之间的高差 h_{AB} 为:

$$h_{AB} = a - b \tag{1-2}$$

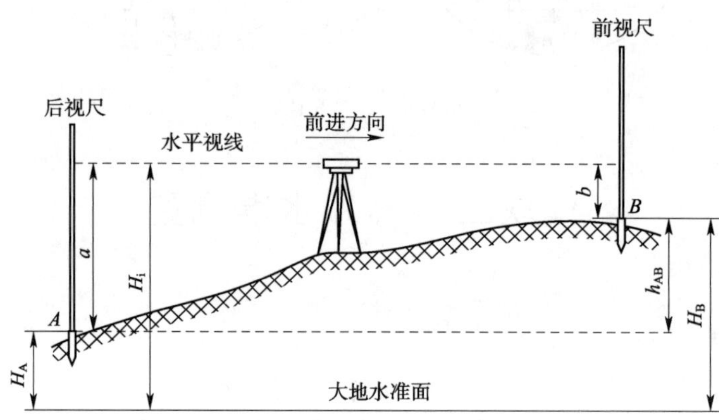

图 1-55　水准测量原理示意图

即两点间的高差等于后视读数减前视读数。从图中可以看出,当$a > b$ 时,h_{AB} 为正;当 $a < b$时,h_{AB}为负。根据 A 点已知高程 H_A 和测出的高差 h_{AB},则 B 点的高程 H_B 为:

$$H_B = H_A + h_{AB} \tag{1-3}$$

2. 水准测量的施测方法(相关资源见二维码 5)

(1)A、B 两点相隔较近时,单测站施测方法

二维码 5

当 A、B 两点距离较小(一般不大于 100m),且互相通视时,可以按照模块一中介绍水准测量原理时使用的测量方法,测出两点之间的高差,由已知点 A 的高程和两点之间高差,求出未知点 B 的高程。

(2)A、B 两点距离较远时,多个测站的施测方法

当 A、B 两点距离较远或者不通视,以至于不能通过一个测站测出 A、B 两点间高差时,应在 A、B 两点间加设若干个临时立尺点,称为转点(以符号 ZD 表示)。转点是指在水准测量中既有前视读数,又有后视读数,只起传递高程作用的点。然后连续多次安置水准仪,测定两相邻点间的高差,最后取各个高差的代数和,可得到 A、B 两点的高差(图 1-56)。

多测站的外业水准测量的数据记录应填入表 1-4 中。

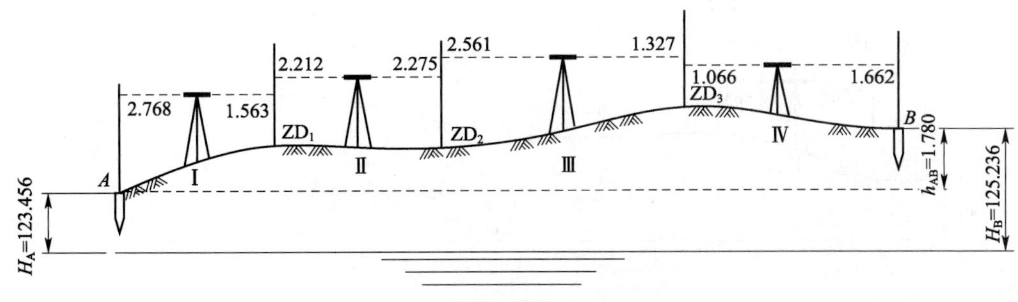

图 1-56　水准测量的实施

水准测量记录表　　　　表 1-4

工程名称　　　　地点　　　　仪器型号

日　　期　　　　天气　　　　观测员　　　　记录员

测点		水准尺读数(m)		高差(m)		高程(m)
		后视 a	前视 b	+	−	
计算校核	Σ					

【**例 1-1**】　如图 1-57 所示,已知 A 点的高程为 123.456m,现在要通过水准测量的方法测出 B 点的高程。具体的施测过程为:

第一步:如图 1-57 所示,在 A 点前方适当位置选定一个转点,即 ZD$_1$,然后在 A 点和 ZD$_1$ 处立水准尺,分别为后尺和前尺,观测员在 A 点和 ZD$_1$ 等距离的Ⅰ处架设水准仪,视线水平后,先读取后视读数 $a_1 = 2.768$,在读取前视读数 $b_1 = 1.563$,则 A 点和 ZD$_1$ 间的高差为 $h_1 = 2.768 - 1.563 = 1.205$m。

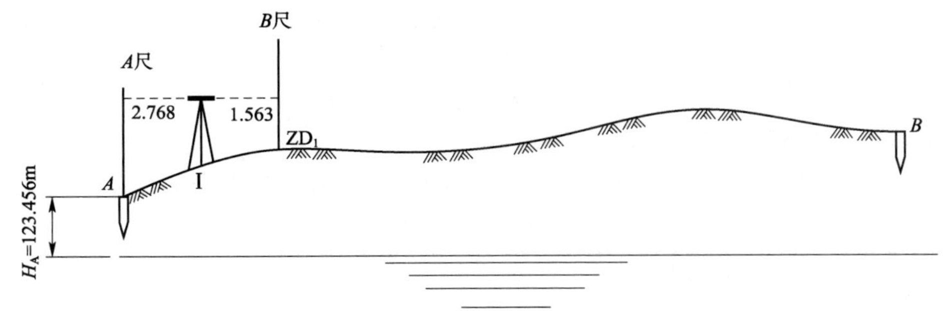

图 1-57　多测站水准测量的第Ⅰ站

第Ⅰ测站的数据记录方法如图 1-58 所示。

经计算,第Ⅰ站测得的 A − ZD$_1$ 的高差为 1.205m,记录在表 1-5 中的高差栏目里。

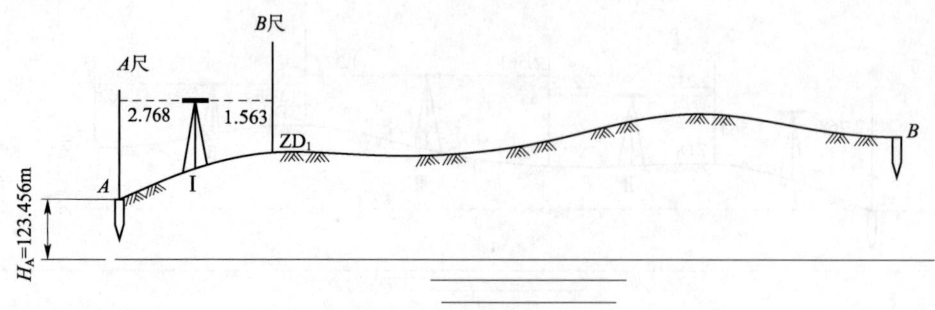

图 1-58　多测站水准测量数据记录方法(一)

第 Ⅰ 站测量数据

表 1-5

测　点	水准尺读数(m)		高差(m)		高程(m)
	后视	前视	+	-	
A	2.768				123.456
ZD_1		1.563	1.205		
ZD_2					

第二步：如图 1-59 所示，后尺手沿着 AB 方向前进，搬动上一测站后尺即 A 尺，在 ZD_1 前方适当位置设置第二个转点 ZD_2，并在该点上架设 A 尺，注意架设在 ZD_1 上的 B 尺不要移动，只需要将尺面反转过来，用黑面对准观测员即可。若在野外实地测量时，测量区域内土质松软，应垫尺垫，并将水准尺置于尺垫的半球上放稳后方可观测读数。观测员同时在Ⅱ处架设水准仪，待视线水平后，分别读取后尺(B 尺)和前尺(A 尺)的读数，分别为 $a_2=2.212$，$b_2=2.275$，则 ZD_1 点和 ZD_2 间的高差为 $h_2=-0.063$m。

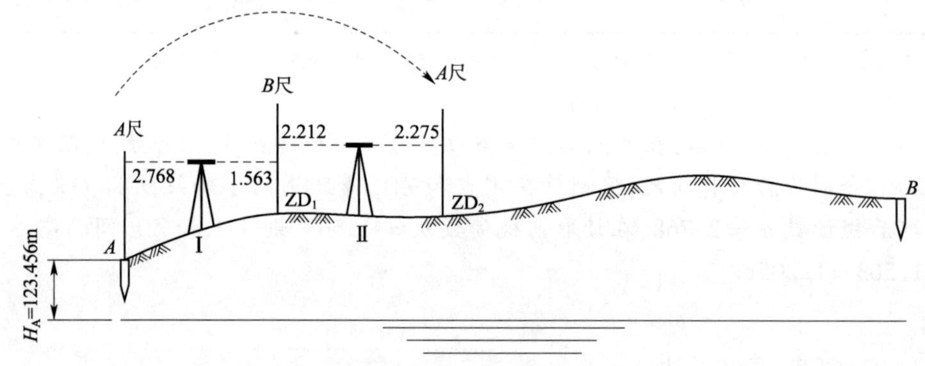

图 1-59　多测站水准测量的第Ⅱ站

第Ⅱ测站的数据记录方法如图 1-60 所示。

经计算，第Ⅱ站测得的 ZD_1-ZD_2 的高差为 -0.063m，并记录在表 1-6 中。

水准测量记录表

表 1-6

测　点	水准尺读数(m)		高差(m)		高程(m)
	后视	前视	+	-	
A	2.768				123.456
ZD_1	2.212	1.563	1.205		
ZD_2		2.275		0.063	

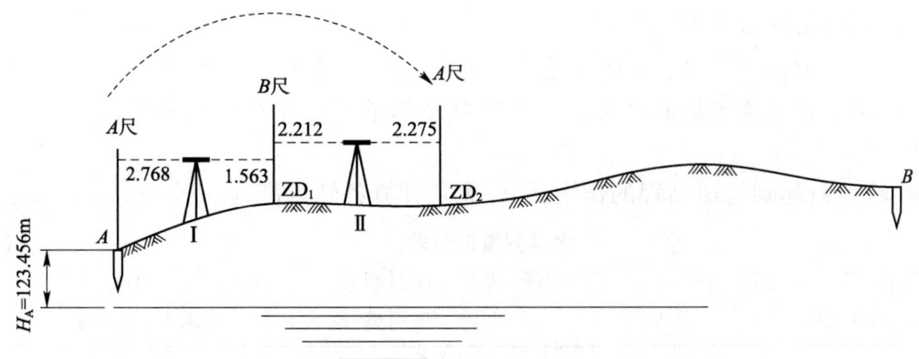

图 1-60　多测站水准测量数据记录方法(二)

第三步:如图 1-61 所示,后尺手沿着 AB 方向前进,搬动后尺 B 尺,在 ZD_2 前方适当位置设置第三个转点 ZD_3,并在该点架设 B 尺,注意架设在 ZD_2 上的 A 尺不要移动,只需要将尺面反转过来,用黑面对准观测员即可。观测员同时在Ⅲ处架设水准仪,待视线水平后,分别读取后尺(A 尺)和前尺(B 尺)的读数,分别为 $a_3 = 2.561$,$b_3 = 1.327$,则 ZD_2 点和 ZD_3 间的高差 $h_3 = 1.234$m。

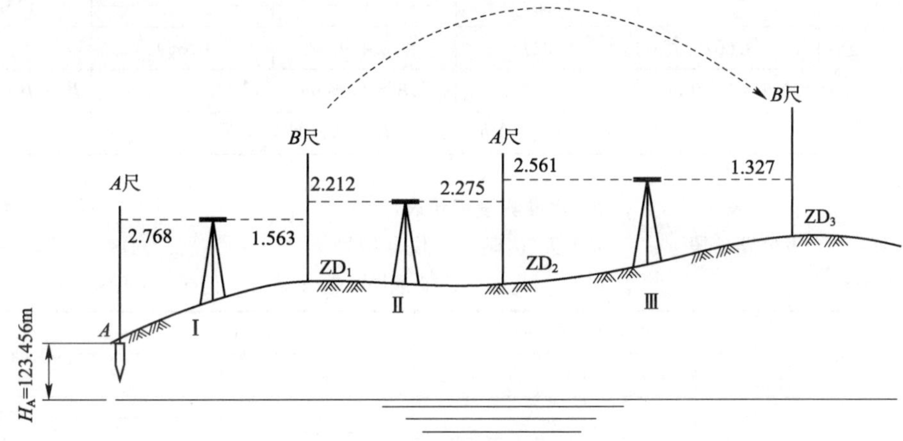

图 1-61　多测站水准测量的第Ⅲ站

第四步:依次类推到 B 点。这样就可以依次求出 A 与 ZD_1 的高差 h_1、ZD_1 与 ZD_2 的高差 h_2、ZD_2 与 ZD_3 的高差 h_3、ZD_3 与 B 之间的高差 h_4,分别为:$h_1 = 1.205$m,$h_2 = -0.063$m,$h_3 = 1.234$m,$h_4 = -0.596$m。

如图 1-62 所示,将各测站的高差累加,便得到 A 与 B 点之间的高差 h_{AB},即:

$$h_{AB} = h_1 + h_2 + h_3 + h_4 = 1.780\text{m}$$

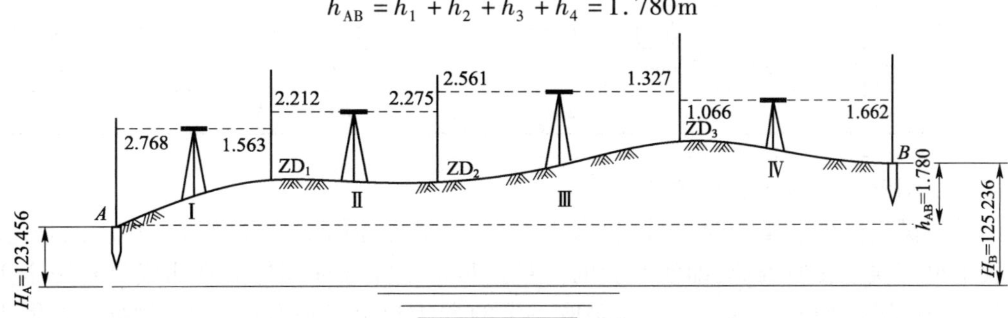

图 1-62　多测站水准测量

从而得到地面点 B 点的高程：

$$H_B = H_A + h_{AB} = H_A + \sum h_i = H_A + (\sum a_i + \sum b_i) = 125.236\text{m}$$

其余各站数据记录方法依次类推。本例数据记录方法记录于两种不同的表格(表 1-7 和表 1-8)中。

注意:转点只起到传递高程的作用,因此无须计算各转点高程。

水准测量记录表(一) 表 1-7

工程名称:某二级公路×段　　天气:晴　　仪器型号　　DS_3

日期:16.05.11　　观测员:赵××　　记录员:王××

测点		水准尺读数(m)		高差(m)		高程(m)
		后视 a	前视 b	+	−	
A		2.768				123.456
				1.205		
ZD_1		2.212	1.563			
					0.063	
ZD_2		2.561	2.275			
				1.234		
ZD_3		1.066	1.327			
					0.596	
B			1.662			125.236
计算校核	$\sum$	8.607	6.827	2.439	0.659	
	$\sum a_i - \sum b_i = 1.780\text{m}$			$\sum h_i = 1.780\text{m}$		$H_B - H_A = 1.780\text{m}$
	$\sum a_i - \sum b_i = \sum h_i = H_B - H_A$,计算无误					

水准测量记录表(二) 表 1-8

工程名称:某二级公路×段　　天气:晴　　仪器型号　　DS_3

日期:16.05.11　　观测员:赵××　　记录员:王××

测站	测点	水准尺读数(m)		高差(m)		高程(m)
		后视 a	前视 b	+	−	
Ⅰ	A	2.768				123.456
				1.215		
	ZD_1		1.553			
Ⅱ	ZD_1	2.275				
					0.063	
	ZD_2		2.275			
Ⅲ	ZD_2	2.561				
				1.234		
	ZD_3		1.327			
Ⅳ	ZD_3	1.066				
					0.596	
	B		1.662			125.236
计算校核		$\sum a_i - \sum b_i = 1.780\text{m}$		$\sum h_i = 1.780\text{m}$		$H_B - H_A = 1.780\text{m}$
		$\sum a_i - \sum b_i = \sum h_i = H_B - H_A$,计算无误				

3. 水准测量数据的三项校核与成果计算

测量人员进行外业工作时,应该认真负责,一丝不苟地做好外业测量工作。但是,在观测过程中出现误差在所难免,即便经验的测量人员也不能保证其外业观测成果是完全正确的,因此在外业测量和内业计算中,应采取一定的方法和手段来发现误差,并对误差做出评价,判断其是否满足精度要求,进一步消除或减弱误差对观测成果的影响。

1)计算检核

为校核高差计算有无错误,从公式(1-4)不难看出,后视读数总和与前视读数总和之差数,应等于高差的代数和。

$$\sum h_i = \sum (a_i - b_i) \tag{1-4}$$

2)测站检核

在连续水准测量中,只进行计算检核,还无法保证每一个测站的高差没问题,如用计算检核无法查出测量过程中是否读错、听错、记错水准尺上的读数。因此,对每一站的高差,还应采取相应的措施进行检核,以保证每个测站高差的正确性。

通常采用下面两种方法进行测站检核:

(1)双仪高法。双仪高法又称变动仪器高法,是在同一个测站上使用两次不同的仪器高度,测得两次高差进行检核。第一次仪器观测高差 $h' = a' - b'$。然后重新安置仪器,改变仪器高度,观测第二次高差 $h'' = a'' - b''$。当两次高差满足下列条件时:

$$h' - h'' = \Delta h < \pm 5\text{mm} \tag{1-5}$$

可取平均值 $h = \dfrac{h' + h''}{2}$ 作为该测站高差,否则应重测。当满足条件后,才允许搬测站。

(2)双面尺法。双面尺法是在同一测站用同一仪器高分别在红黑面水准尺读数,然后进行红黑面读数和高差的检核,该方法将在后面的章节中提到。

3)成果检核

计算检核只能发现计算是否有错,而测站检核只能检核每一个测站上是否有错误,不能发现立尺点变动的错误,更不能评定测量成果的精度,同时由于观测时受到观测条件(仪器、人、外界条件)的影响,随着测站数的增多而使误差积累,有时也会超过规定的限差,因此应对其成果进行检核,即进行高差闭合差的检核。

在水准测量中,由于测量误差的影响,使沿水准路线测得的起终点的高差值与起终点的实际应有高差值不相吻合,其二者差值,称为高差闭合差,一般以 f_{h} 表示。

当高差闭合差在容许误差范围内时,即 $f_{\text{h}} \leqslant f_{\text{h容}}$($f_{\text{h容}}$ 为容许高差闭合差),认为精度合格,成果可用。若超过容许值,应查明原因,并进行重测,直到符合要求为止。

水准测量的容许高差闭合差($f_{\text{h容}}$)是在研究了误差产生的规律和总结实践经验的基础上提出来的。图根水准测量的容许高差闭合差规定为:

$$f_{\text{h容}} = \pm 40\sqrt{L}(\text{mm}) \quad (\text{一般适用于平原微丘区}) \tag{1-6}$$

$$f_{\text{h容}} = \pm 12\sqrt{n}(\text{mm}) \quad (\text{一般适用于山岭重丘区}) \tag{1-7}$$

式中:L——水准路线长度,以千米为单位;

n——整个水准路线所设的测站数。

对于往返水准路线中,式(1-6)和式(1-7)中 L 和 n 均按单程计算。

4. 水准测量路线类型

我们将水准测量设站观测经过的路线称为水准路线,根据地形和工程的实际需要,水准路线形式主要有三种情况,分别是附合水准路线、闭合水准路线和支水准路线。

1)附合水准路线

如图 1-63a)所示,BM_1、BM_2 为已知高程的高级水准点,从 BM_1 点出发,经过 1、2、3 等若干个未知高程点进行水准测量,最后附合到另一高级水准点 BM_2 上,这样的水准路线称为附合水准路线。

2)闭合水准路线

如图1-63b)所示，BM_1 为已知高程的水准点，1、2、3等为未知高程点。从已知高程的水准点 BM_1 出发，经过1、2、3等若干个未知高程点进行水准测量，最后又回到已知水准点 BM_1，这样的水准路线称为闭合水准路线。

3)支水准路线(又称为往返水准路线)

如图1-63c)所示，BM_1 为已知高程的水准点，从一个已知水准点 BM_1 出发，沿选定的路线施测到高程未知的水准点1，其最终既不闭合也不附合，这样的水准路线称为支水准路线。

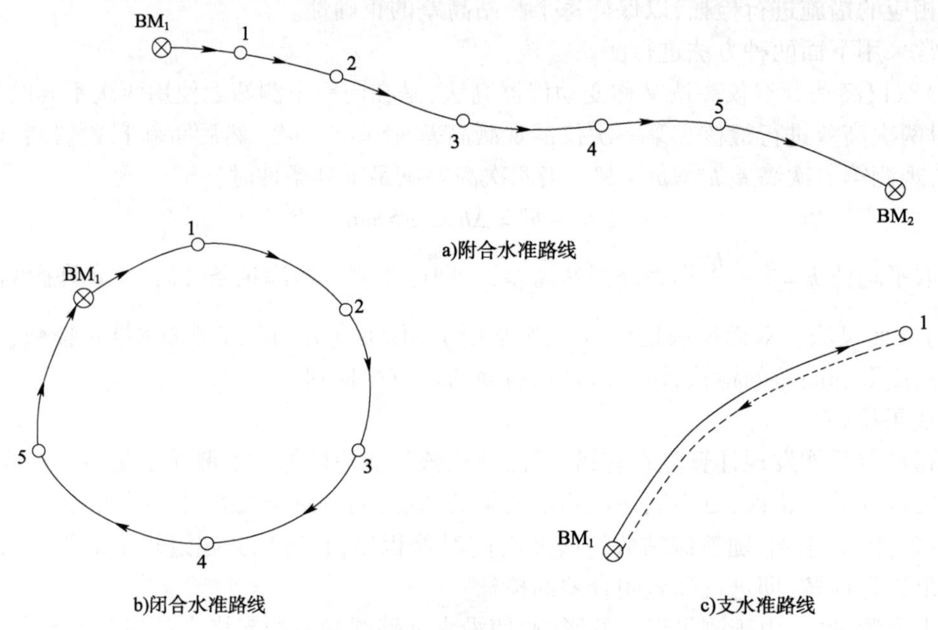

a)附合水准路线

b)闭合水准路线

c)支水准路线

图1-63　水准路线的三种类型

支水准路线应进行往测(已知高程点到未知高程点)和返测(未知高程点到已知高程点)，从理论上讲，往、返测高差的绝对值应相等而符号相反。若往返测高差的代数和不等于零，即为闭合差，亦称较差。支水准路线不能过长，应根据其等级限制其长度。

二、闭合水准路线测量

如图1-64所示，BM_1 为已知高程的水准点，1、2、3、4、5等为增设的水准点，需要通过测量和计算得出增设水准点的高程。从已知高程的水准点 BM_1 出发，经过1、2、3等若干个未知水准点进行水准测量，最后又回到已知水准点 BM_1 的水准路线称为闭合水准路线。

图1-64　闭合水准路线

闭合水准路线测量适用于在一定区域内进行布设点的高程测量。一般在测区范围内利用已经有的国家测绘部门布设的高级控制点来进行测量。因此，在开始施工前，测量人员会根据工程建设的需要，调查设计单位在设计阶段布设的水准点或附近国家水准点来进行加密水准点，然后利用这些高级水准点的高程进行闭合水准路线测量。

在闭合路线中，各测站的高差总和理论上应为零，即：

$$\sum h_{理}=0 \tag{1-8}$$

若实测高差的总和不等于零，即为高差闭合差：

$$f_h=\sum h_{测} \tag{1-9}$$

当高差闭合差在容许误差范围内时，即$f_h \leqslant f_{h容}$（$f_{h容}$为容许高差闭合差），认为精度合格，成果可用。若超过容许值，应查明原因，并进行重测，直到符合要求为止。

由于道路工程测量中，以附合水准路线为主，且其平差计算过程与闭合水准路线平差计算过程相近，故将在附合水准路线中详细举例说明平差计算过程。

三、附合水准路线测量

如图1-65所示，长约10km的某二级公路路段上，设计单位在勘察设计阶段仅仅布设了两个水准点，分别为BM_A和BM_B，其密度不能满足公路施工时的需要。在施工开始前，测量人员在这两个水准点之间共增设了5个施工用水准点BM_1、BM_2、BM_3、BM_4和BM_5。

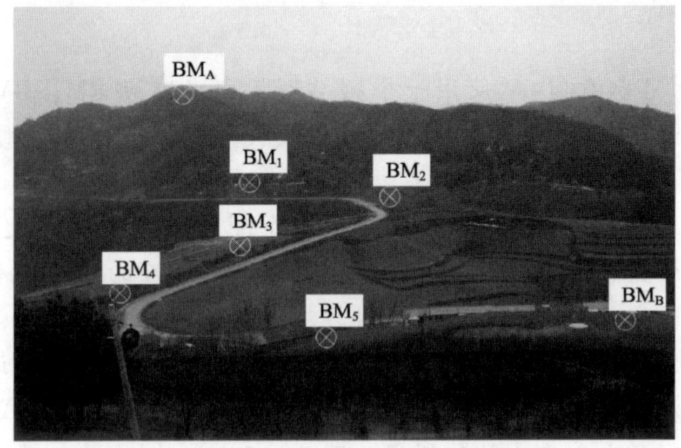

图1-65　公路布设附合水准路线图

图1-66为某二级公路初始水准点布设示意图。从图中可以看出，测量人员可以通过等外水准测量的方法测出BM_A、BM_1、BM_2、BM_3、BM_4、BM_5和BM_B之间的高差，分别记为h_1、h_2、h_3、h_4、h_5和h_6。而BM_A和BM_B高差为已知。因此构成了校核条件：

$$H_{BM_B}-H_{BM_A}=\sum_{i=1}^{6}h_i \tag{1-10}$$

图1-66中，BM_A和BM_B为已知高程的高级水准点，从BM_A点出发，经过BM_1、BM_2、…、若干个未知点进行水准测量，最后附合到另一个高级水准点BM_B上。因此，该水准路线为附合水准路线。在附合水准路线中，理论上各段的高差总和应与BM_A、BM_B两点的已知高差相同，即：

$$\left.\begin{aligned}\sum h_{AB}-(H_{BM_2}-H_{BM_1})=0\\ \sum h_{AB}-(H_{终}-H_{始})=0\end{aligned}\right\} \tag{1-11}$$

下面以公路施工中常见的附合水准路线为实例，介绍如何在等外水准测量过程中消除误差，减少误差对测量成果的影响，保证测量成果的准确性。

【例1-2】　如图1-67所示，长约10km的某省内连接线二级公路上，设计单位在勘察阶段布设水准点BM_A、BM_B，高程分别为$H_{BM_A}=112.235m$、$H_{BM_B}=111.103m$。现施工单位进场，按要求在这两个水准点间增设5个施工用临时水准点，水准点的间隔距离如图1-67

所示。

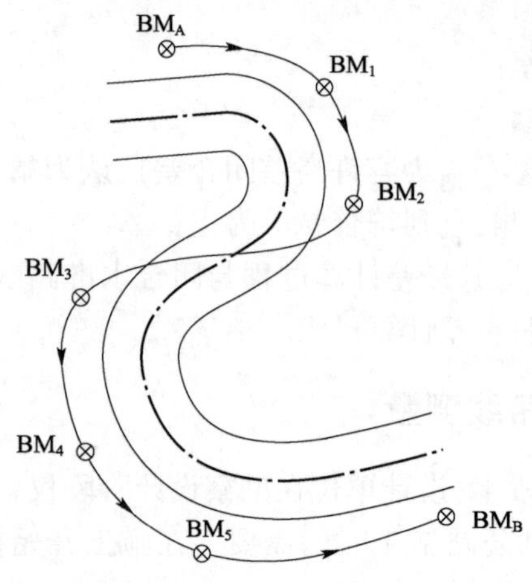

图1-66 某二级公路初始水准点布设示意图

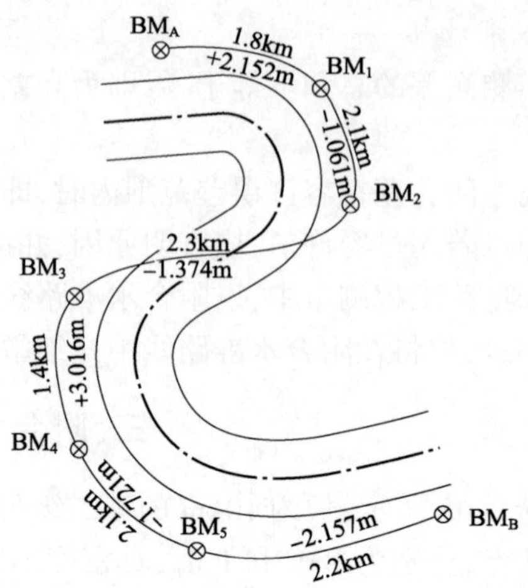

图1-67 某二级公路增设水准点布设示意图

施测过程如下：

(1)从图1-67上可以看出，欲使用一个测站测量出水准点 BM_A、BM_B 水准点是不可能的，因两点间高差较大，相隔距离较长。因此采用模块一中的介绍的多测站施测方法进行相邻两点间高差测量。

(2)在多测站的连续水准测量中，无法保证每个测站上测得高差没有差错，如读错、听错、记错水准尺上的读数。因此，对每一站的高差，应采取相应的措施进行校核，以保证每个测站高差的正确性，通常采用上面介绍的两种方法进行测站校核。

(3)进行多测站观测时，还需要将每个测站的观测数据——前后尺读数、本站高差等信息——记录于《水准测量手簿》中，在内业计算时，如果不用计算器程序或者计算机程序辅助计算而手工计算时，难免也会发生计算错误。因此，有必要对《水准测量手簿》内业计算成果进行计算校核。

(4)测出了两相邻水准点之间的高差后(即完成上述三个步骤)，可利用附合水准路线提供的校核条件来对水准测量成果进行校核和评定。

这里要说明的是，测站校核只能发现每一个测站上是否有错误，但如立尺点下沉或者移动的错误就不能发现，更不能评定测量成果的精度，同时由于观测时受到观测条件(仪器、人、环境)的影响，随着测站数增多使误差累积，也就是说，误差会使得沿水准路线测得的起终点的高差值与起终点实际高差值不吻合。因此，将水准点布设成水准路线的形式，通过水准路线自身构成严格的校核条件来发现误差。

对于附合水准路线，根据式(1-10)，经计算得：

$$f_h = \sum h_{AB} - (H_{BM_B} - H_{BM_A}) = -1.145 - (111.103 - 112.235) = -0.013\text{m}$$

即在水准点 BM_A、BM_B 之间进行的等外水准测量产生了 -0.013m 的误差。

思考：此次等外水准测量的成果是否可以用于施工，-0.013m 的误差是否会对后面的施工造成影响，此次外业测量工作是否需要返工重测？

本例位于平原微丘区，用式(1-6)进行评定和判别，即：

$$f_{h容} = \pm 40\sqrt{L} = \pm 40\sqrt{11.9} = \pm 37.986\text{mm} > f_h = -13\text{mm}$$

因此，本次等外水准测量的成果，即各施工水准点的高程在经过平差处理后可用于施工。

(5)此次等外水准测量存在 -0.013m 误差，同时满足了精度要求。因此接下来可以进行内业成果计算——调整高差闭合差，即将高差闭合差合理分配到各测段的高差中去，最后求出未知点的高程。

在同一条水准路线上，假设观测条件都是相同的(使用的仪器、测量的人员、气候条件相同)，则可以认为各测站产生误差的机会是相同的。因此，高差闭合差的调整可将高差闭合差反符号按测站长度(平原微丘区)或测站数(山岭重丘区)成正比分配到各相应测段的高差上，使改正后的高差总和满足理论值的要求。

①按测段长度调整高差闭合差。

各测段高差的改正数为：

$$V_i = -\frac{f_h}{L} \times L_i \tag{1-12}$$

式中：L——水准路线总长度

L_i——水准路线某一测段的长度。

②按测站数调整闭合差。

各测段高差的改正数为：

$$V_i = -\frac{f_h}{N} \times n_i \tag{1-13}$$

③计算过程。

a. 计算高差闭合差：

$$H_{BM_B} - H_{BM_A} = -1.132\text{m}$$

$$\sum h_{测} = 2.152 - 1.061 - 1.374 + 3.016 - 1.721 - 2.157 = -1.145\text{m}$$

$$f_h = \sum h_{测} - (H_{BM_B} - H_{BM_A}) = -1.145 - (111.103 - 112.235) = -0.013\text{m}$$

b. 精度校核：

$$f_{h容} = \pm 40\sqrt{L} = \pm 40\sqrt{11.9} = \pm 137.986\text{mm}$$

$$f_{h容} = \pm 40\sqrt{L} = 137.986\text{mm} > f_h = -13\text{mm}(\text{精度合格})$$

c. 计算各测段的改正数：

$BM_A - BM_1$ 段的改正数 $V_1 = -\frac{f_h}{L} \times L_1 = -\frac{-0.013}{11.9\text{km}} \times 1.8\text{km} = +0.009\ 1\text{m}$

$BM_1 - BM_2$ 段的改正数 $V_2 = -\frac{f_h}{L} \times L_2 = -\frac{-0.013}{11.9\text{km}} \times 2.1\text{km} = +0.010\ 6\text{m}$

……

d. 计算各测段改正后高差：

$$\Delta h_{BM_A \sim BM_1} = 2.152 + 0.009\ 1 = 2.161\ 1\text{m}$$

$$\Delta h_{BM_1 \sim BM_2} = -1.061 + 0.010\ 6 = -1.050\ 4\text{m}$$

……

这里需要强调的是，改正后的高差应等于实测高差与高差的改正数之和。改正后的高差代数和应与理论值相等。否则，说明计算有误。

e. 计算各未知点的高程：

$$H_{BM_1} = H_{BM_A} + h_{BM_A - BM_1} = 112.235 + 2.161\ 1 = 114.396\ 1$$

$$H_{BM_2} = H_{BM_1} + h_{BM_1 - BM_2} = 114.396\ 1 - 1.050\ 4 = 113.345\ 7$$

计算结果见表 1-9。

附合水准路线高程计算表(按测段长度进行高差改正)　　表 1-9

测段编号	测点	测段长(km)	实测高差(m)	改正数(mm)	改正后高差(m)	高程(m)	备注
	BM_1					112.235	
Ⅰ		1.8	2.152	2	2.154		
	1					114.389	
Ⅱ		2.1	−1.061	2	−1.059		
	2					113.33	
Ⅲ		2.3	−1.374	3	−1.371		
	3					111.959	
Ⅳ		1.4	3.016	2	3.018		
	4					114.977	
Ⅴ		2.1	−1.721	2	−1.719		
	5					113.258	
Ⅵ		2.2	−2.157	2	−2.155		
	BM_2					111.103	
Σ		11.9	−1.145	13	−1.1352		
辅助计算		$f_h = -0.013\text{m}\quad \sum L = 11.9\text{km}\quad -f_h/L = 1.09\text{mm/km}$ $f_{h容} = \pm 40\sqrt{L} = \pm 137.986\text{mm}$					

说明:1. 计算过程中保留 4 位小数,填表时只需保留 3 位小数;

2. 特别注意"改正数"一栏,单位为毫米,保留至整数位。

四、支水准路线测量

支水准路线应进行往测(已知高程点到未知高程点)和返测(未知高程点到已知高程点),从支水准路线上,往、返测高差绝对值相等而符号相反,即:

$$\sum h_{往} + \sum h_{返} = 0 \tag{1-14}$$

支水准路线不宜过长,应限制其长度。

支水准路线应进行往返测,从理论上讲,往返测高差的绝对值应相等而符号相反。若往返测高差的代数和不等于零即为闭合差,亦称较差。

$$f_h = \sum h_{往} + \sum h_{返} = \left|\sum h_{往}\right| - \left|\sum h_{返}\right| \tag{1-15}$$

将水准点布设成水准路线形式的目的,是为了发现外业测量时的误差,用以评定外业水准测量工作的精度,即确定施工水准点高程数据是否可以用于施工,外业测量是否需要返工等信息。

思考与计算

1. 高程测量按使用仪器和施测方法分为哪四种?

2 什么是水准路线?有哪几种类型?

3. 什么是高差闭合差?对于闭合水准路线和附合水准路线来说,高差闭合差如何调整?

4. 水准测量三项校核分别是什么?三项校核可以消除怎样的测量误差?

5. 如何评判一条水准路线的测量精度?计算公式是什么?评判时需要哪些参数?

6. 完成图 1-68 所示的附合水准路线平差计算,并将计算结果填入表 1-10 中。

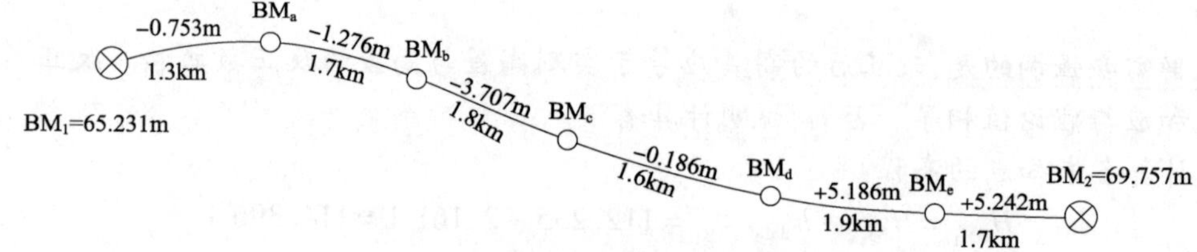

图 1-68　附合水准路线外业观测成果

附合水准路线高程计算表　　表 1-10

测点	测段长（km）	实测高差（m）	改正数（mm）	改正后高差（m）	高程（m）	备注
BM_1					65.231	
BM_a						
BM_b						
BM_c						
BM_d						
BM_e						
BM_2					69.757	
Σ						
辅助计算						

模块四　三、四等水准测量

学习目的

基本知识：三、四等水准测量的技术指标，一个测站上的观测程序、测站检校、计算检核。

基本技能：采用三、四等水准测量方法完成水准路线高差测量(包括读数、记录、计算、校核等)。

任务描述

为掌握三、四等水准测量测站观测，测站校核等内容，任务设计为在教学实训场地内完成附合(闭合)水准测量。

任务实施

以团队形式在测量实训场地内，按四等水准路线测量方法和标准，完成一段闭合水准路线测量，要求每人在立尺、观测、记录三个岗位上至少各轮换一次。重点考核表格的填写和成果的精确性。

从模块三介绍等外高程测量实例不难看出，在公路勘测、施工阶段前，为了做好公路高程测量，首先必须做好高程控制，按照测量工作应遵循的原则，即“从整体到局部”“先控制后碎部”的原则完成道路的高程控制测量工作。

高程控制测量是指在测区布设若干有控制意义的点(水准点)，按一定的规律和要求构成网状几何图形，称为高程控制网，把测定布设各水准点高程这个工作称为“高程控制测量”。这些建立起的高程控制系统，为测绘各种比例尺地形图和各种工程建设提供必要的高程控制。

设置公路高程控制点的主要用途如下：一是公路在勘测设计阶段主要用于测量公路中线的地面高程测量，二是用于测量公路的带状地形图碎部点的高程。在公路施工和竣工验收阶段，主要用于测量公路施工过程中的路基中线、边线各控制点的高程，用于测量各种构造物的发生垂直沉降和位移等。例如，如图 1-69 所示的控制点 BM_1，是高程控制网中的水准点，施工时，必须通过它测得图上若干个公路中线点的高程。

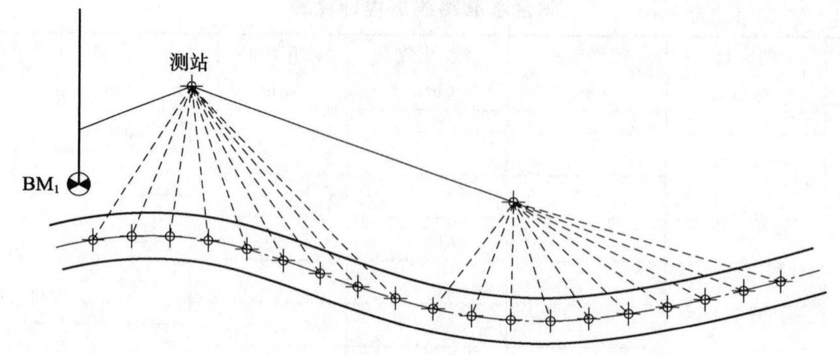

图 1-69　高程控制点与公路中线点

一、三、四等水准路线控制测量

在进行等外水准测量时，水准仪一定要满足各种轴线的相互关系，测量的结果才能满足精度要求，特别是望远镜的视准轴与水准管轴要平行，不能存在 i 角（水准仪仪器误差之一，将在后面的模块中介绍），但是当水准仪架设在两点中间，测出的两点高差都是不受 i 角误差影响，因此，在进行三、四等水准控制测量时，应严格控制前后视距的差值不能过大，以免影响测量的准确性。下面首先介绍三、四等水准测量的水准仪视距测量原理与方法。

1. 水准仪视距测量原理

视距测量是一种利用经纬仪望远镜内十字丝平面上的视距丝（即十字丝的上、下丝）装置，配合视距标尺（与普通水准尺通用），根据几何光学原理，同时测定两点间的水平距离和高差的方法。

视距测量特点：

（1）测距精度较低，相对误差约为 1/300，低于钢尺量距，测定高差的精度低于水准测量，但精度能满足一般碎部测量的要求。

（2）操作方法简便、迅速，受地形条件限制小。

如图 1-70 所示，A、B 为地面上两点，为测定该两点间的水平距离 D 和高差 h。在 A 点安置水准仪器，B 点竖立视距尺，由于水准仪视线水平，则视准轴与视距尺垂直。由图 1-70 可知，A、B 两点的水平距离为：

$$D = d + f + \delta \tag{1-16}$$

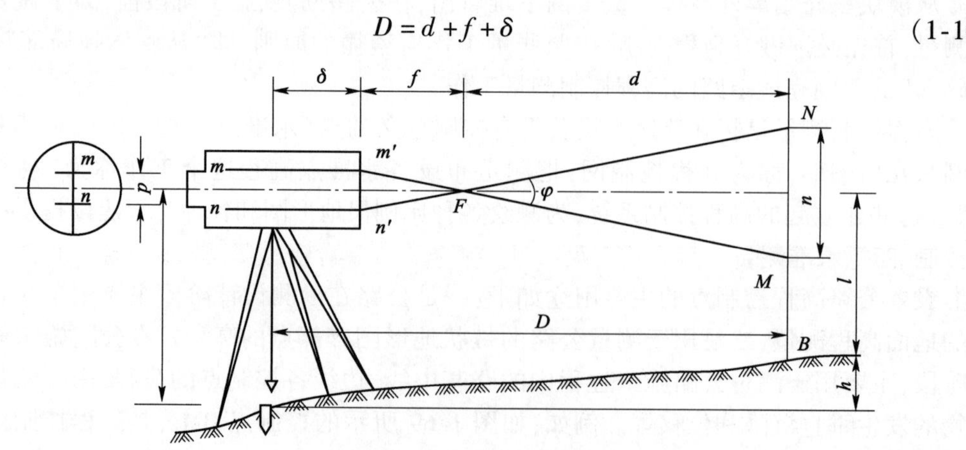

图 1-70　水准仪视线水平时的视距测量

由$\triangle MFN \backsim \triangle m'Fn'$得：

$$d = f \cdot \frac{n}{p}$$

$$D = f \cdot \frac{n}{p} + f + \delta \tag{1-17}$$

式中：f——望远镜的焦距；

n——视距丝（上下丝）在 B 点的视距尺上的读数之差；

p——望远镜内视距丝（上下丝）间距；

δ——望远镜物镜至仪器中心的间距；

$K = f/p$——视距乘常数；

$C = f + \delta$——视距加常数。

$$D = K \cdot n + C \tag{1-18}$$

当 $K = 100$，$C = 0$ 时，则水平距离和高差为：

$$D = 100 \times n = 100n \tag{1-19}$$

$$h = i - l \tag{1-20}$$

式中：i——仪器高；

l——望远镜中十字丝的横丝在 B 点的视距尺上的读数。

2. 三、四等水准测量技术要求

三、四等水准测量起算点的高程一般引自国家一、二等水准点。

（1）若测区附近没有国家水准三、四等水准网布设时，如果是作为测区的首级控制，一般布设成闭合环线。

（2）如果是进行加密，则多采用附合水准路线或支水准路线。

（3）三、四等水准路线一般沿公路、铁路或管线等坡度较小，便于施测的路线布设。

（4）布设水准点位应选在地基稳固，能长久保存标志和便于观测的地点。水准点的间距一般为 1 ~ 1.5km，山岭重丘区可根据需要适当加密，一个测区一般至少埋设三个以上的水准点。三、四等及五等水准测量精度要求列于表 1-11 中。

水准测量精度 表 1-11

等级	每千米高差中数中误差（mm）		往返较差、附合或环线闭合差（mm）		检测已测测段高差之差（mm）
	偶然中误差	全中误差	平原微丘区	山岭重丘区	
三等	±3	±6	$\pm 12\sqrt{L}$	$\pm 3.5\sqrt{n}$或$\pm 15\sqrt{L}$	$\pm 20\sqrt{L_i}$
四等	±5	±10	$\pm 20\sqrt{L}$	$\pm 6.0\sqrt{n}$或$\pm 25\sqrt{L}$	$\pm 30\sqrt{L_i}$
五等	±8	±16	$\pm 30\sqrt{L}$	$\pm 45\sqrt{L}$	$\pm 40\sqrt{L_i}$

注：计算往返较差时，L 为水准点间的路线长度（km）；计算附合或环线闭合差时，L 为附合或环线的路线长度（km）；n 为测站数；L_i 为检测测段长度（km）。

三、四等水准测量一般采用双面尺法，且应采用一对水准尺，其每一测站的技术要求见表 1-12。

3. 三、四等水准控制测量施测方法

三、四等水准测量的施测方法与等外水准测量施测方法最大的不同在于增加了测站校核（一般采用双面尺法）。此外，还应填写用于记录观测数据的记录表——三、四等水准测量记录计算表（表 1-13）。

水准测量的技术要求

表 1-12

等级	水准仪的型号	视线长度(m)	前后视距较差(m)	前后视距累积差(m)	视线离地面最低高度(m)	红、黑面读数差(mm)	黑、红面高差之差(mm)
三等	DS_1	100	3	6	0.3	1.0	1.5
	DS_3	100				2.0	3.0
四等	DS_3	100	5	10	0.2	3.0	5.0

三、四等水准测量记录计算表

表 1-13

测点编号	后尺 上丝 / 下丝	前尺 上丝 / 下丝	方向及尺号	标尺读数(m)		K+黑-红(mm)	高差中数(m)
	后距(m)	前距(m)		黑面	红面		
	视距差 d(m)	$\sum d$(m)					
1	(1)	(4)	后	(3)	(8)	(14)	(18)
	(2)	(5)	前	(6)	(7)	(13)	
	(9)	(10)	后-前	(15)	(16)	(17)	
	(11)	(12)					

在开始讲述具体施测步骤前,有一点特别提醒初学者注意,由于三、四等水准测量增加了测站校核项目,因此,要求每一站测量完毕后就要进行测站校核,这项工作不能留到室内去完成,同时立尺员、仪器操作员只有在测站校核通过以后才可以搬移仪器或者水准尺。

1)一个测站的观测顺序

(1)照准后视尺黑面,分别读取上、下、中三丝读数,并记录在表 1-13(1)、(2)、(3)位置处。

(2)照准前视尺黑面,分别读取上、下、中三丝读数,并记录在表 1-13(4)、(5)、(6)位置处。

(3)照准前视尺红面,读取中丝读数,并记录于表 1-13(7)位置处。

(4)照准后视尺红面,读取中丝读数,并记录于表 1-13(8)位置处。

上述四步观测,简称为"后—前—前—后(黑—黑—红—红)",这样的观测步骤可消除或减弱仪器或尺垫下沉误差的影响。对于四等水准测量,规范允许采用"后—后—前—前(黑—红—黑—红)"的观测步骤,这种步骤比上述的步骤要简便些。

2)一个测站的计算与校核

(1)视距的计算与校核

为了尽可能地消除仪器误差的影响,进行三、四等水准测量时,应该将仪器架设于两把水准尺之间,仪器距前后水准尺的距离不能超过规范的要求。同时,由于仪器的误差会随着测站数的增多而累积,因此,规范也规定前后视距累积差也不能超过一定的限值。

后视距 (9)=[(1)-(2)]×100m

前视距 (10)=[(4)-(5)]×100m

前、后视距差 (11)=(9)-(10)

前、后视距差累积 (12)=本站(11)+上站(12)

规范规定:

对于(9)(10),三等水准测量不得大于75m,四等水准测量不得大于100m;

对于(11),三等水准测量不得大于±3m,四等水准测量不得大于±5m;

对于(12),三等水准测量不得大于±6m,四等水准测量不得大于±10m。

(2)水准尺读数的校核

同一根水准尺黑面和红面中丝读数之差应为4.687或者4.787。

前尺黑面与红面中丝读数之差: $(13)=(6)+K-(7)$

后尺黑面与红面中丝读数之差: $(14)=(3)+K-(8)$

式中:K——红面尺起点数,一般为4.687m或4.787m。

规范规定:对于(13)(14),三等水准测量不得大于±2mm,四等水准测量不得大于±3mm。

(3)高差的计算与校核

黑面测得的高差 $(15)=(3)-(6)$

红面测得的高差 $(16)=(8)-(7)$

校核:

红、黑高差之差 $(17)=(15)-[(16)\pm0.100]$

或 $(17)=(14)-(13)$

规范规定,对于(17),三等水准测量不得大于±3mm,四等水准测量不得大于±5mm。当满足这一要求时,计算高差的平均值:$(18)=[(15)+(16)\pm0.100]/2$。

在测站上,当后尺红面起点为4.687m,前尺红面起点为4.787m时,取+0.100,反之取-0.100。

3)测量记录表计算校核

(1)高差部分

在每张测量记录表上,后视红、黑面读数总和与前视红、黑面读数总和之差,应等于红、黑面高差之和。

对于测站数为偶数的测量记录表:

$$\sum[(3)+(8)]-\sum[(6)+(7)]=\sum[(15)+(16)]=2\sum(18)$$

对于测站数为奇数的测量记录表:

$$\sum[(3)+(8)]-\sum[(6)+(7)]=\sum[(15)+(16)]=2\sum(18)\pm0.100$$

(2)视距部分

在每张测量记录表上,后视距总和与前视距总和之差应等于本测量记录表末站视距差累积值与上一测量记录表末站视距差累积值之差。校核无误后,可计算水准路线的总长度。

$$\sum(9)-\sum(10)=\text{本测量记录表末站之}(12)-\text{上一测量记录表末站之}(12)$$

$$\text{水准路线总长度}=\sum(9)+\sum(10)$$

4.成果整理

三、四等水准测量的闭合路线或附合路线的成果整理,首先,其高差闭合差应满足表1-11的要求;然后,对高差闭合差进行调整,调整方法在请参考之前的水准测量平差部分;最后,调整后的高差计算各水准点的高程。若为支水准路线,则满足要求后,取往返测量结果的平均值为最后结果,据此计算水准点的高程。

【例1-3】 已知水准点BM_1的高程为162.580m,试按照三等水准测量的方法和精度要求,测得A点的高程。

第一步：如图1-71所示，第Ⅰ测站应首先观测后、前尺的黑面。其上、下、中丝读数已标记于图上。其中后尺A红面的起始读数为4.787，前尺B红面起始读数为4.687。

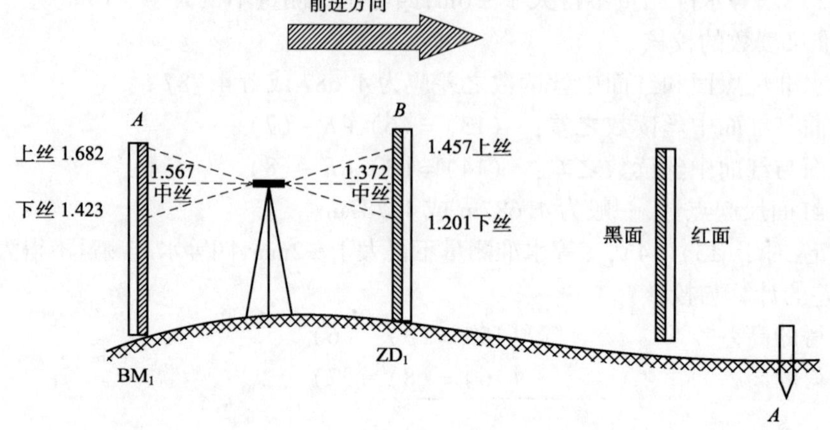

图1-71　三等水准测量施测示意图(一)

第二步：扶尺手转动尺面，将红面对准观测者。其前后尺中丝读数标记于图上，如图1-72所示。

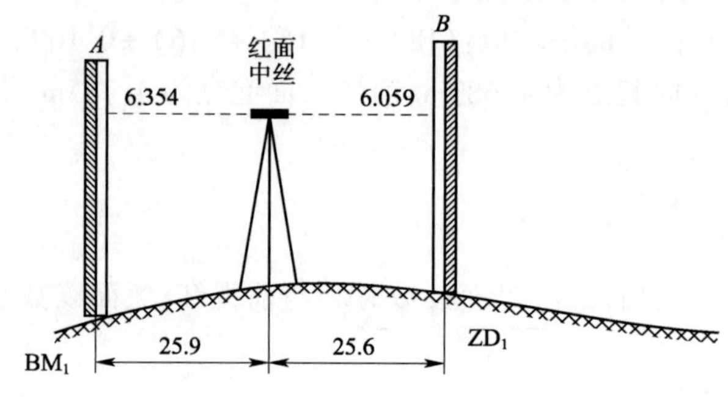

图1-72　三等水准测量施测示意图(二)

将本测站的观测数据记录于表1-14中。

第三步：测站校核。

经计算，测站距离后尺与前尺的距离分别为：

三、四等水准测量记录计算表　　　表1-14

工程名称：××工程A1合同段　　日期：2016.05.10　　观测者：赵××

仪器型号：DS_{3Z}　　天气：多云　　记录者：王××

测点编号	后尺 上丝 / 下丝 / 后距 / 视距差 d	前尺 上丝 / 下丝 / 前距 / $\sum d$	方向及尺号	标尺读数 黑面	标尺读数 红面	K+黑-红	高差中数
Ⅰ (BM_1~ZD_1)	1.682	1.457	后107	1.567	6.354	0	+0.195
	1.423	1.201	前106	1.372	6.059	0	
	25.9	25.6	后-前	+0.195	+0.295	0	
	0.3	0.3					

续上表

测点编号	后尺 上丝 / 下丝	前尺 上丝 / 下丝	方向及尺号	标尺读数		K＋黑－红	高差中数
	后距	前距		黑面	红面		
	视距差 d	$\sum d$					
Ⅱ (ZD_1～ZD_2)	1.812	1.570	后 106	1.554	6.241	0	+0.244
	1.296	1.052	前 107	1.311	6.097	+1	
	51.6	51.8	后－前	+0.243	+0.144	－1	
	－0.2	+0.1					
Ⅲ (ZD_2～ZD_3)	0.889	1.713	后 107	0.698	5.486	－1	－0.824
	0.507	1.333	前 106	1.523	6.210	0	
	38.2	38.0	后－前	－0.825	－0.724	－1	
	+0.2	+0.3					
Ⅳ (ZD_3～A)	1.891	1.058	后 106	1.708	6.395	0	+0.834
	1.525	0.690	前 107	0.874	5.661	0	
	36.6	36.8	后－前	+0.834	+0.734	0	
	－0.2	+0.1					
本页校核	$\sum[(3)+(8)]-\sum[(6)+(7)]=30.003-29.107=0.896$ $\sum[(15)+(16)]=0.896$；$2\sum[(18)]=0.896$ 由此可见满足$\sum[(3)+(8)]-\sum[(6)+(7)]=\sum[(15)+(16)]=2\sum[(18)]$ $\sum(9)-\sum(10)=+0.1=$末站(12)，总视距：$\sum[(9)+(10)]=304.5\text{m}$						

后尺　　$(1.682-1.423)\times 100=25.9\text{m}$　$(<75\text{m})$

前尺　　$(1.457-1.201)\times 100=25.6\text{m}$　$(<75\text{m})$

前后视距差为 0.3m＜±3m，满足要求。

后、前尺的红黑面中丝读数之差分别为：

后尺（A 尺，红面起始读数 4.787）：$1.567+4.787-6.354=0\text{mm}<\pm 2\text{mm}$，满足要求；

前尺（B 尺，红面起始读数 4.687）：$1.372+4.687-6.059=0\text{mm}<\pm 2\text{mm}$，满足要求。

红黑面测得的高差分别为：

黑面　　$1.567-1.372=0.195\text{m}$

红面　　$6.354-6.059=0.295\text{m}$

红黑面测得的高差之差为 $0.195-(0.295-0.1)=0\text{mm}<\pm 3\text{mm}$，满足规范要求。

此站测量误差满足精度要求，可以通知后尺手前进，仪器操作员搬站了。

数据记录员继续计算此测站测得的高差为：

$$[0.195+(0.295-0.1)]/2=0.195\text{m}$$

第四步：按照第一步、第二步完成第Ⅱ测站的前后尺、红黑双面水准尺的读数。将观测数据记录于表 1-14 中。

第五步：测站校核。

经计算，第Ⅱ测站距离后尺与前尺的距离分别为：

后尺　　$(1.812-1.296)\times 100=51.6\text{m}$　$(<75\text{m})$

前尺　　$(1.570-1.052)\times 100=51.8\text{m}$　$(<75\text{m})$

前后视距差为 -0.2m < ±3m，满足要求。

后、前尺的红黑面中丝读数之差分别为：

后尺(B 尺，红面起始读数 4.687)：1.554 +4.687 -6.241 =0mm < ±2mm，满足要求；

前尺(A 尺，红面起始读数 4.787)：1.311 +4.787 -6.097 =1mm < ±2mm，满足要求。

红黑面测得的高差分别为：

黑面 $$1.554 - 0.311 = 0.243\text{m}$$

红面 $$6.241 - 5.097 = 0.144\text{m}$$

红黑面测得的高差之差为 0.243 -(0.144 +0.1) = -1mm < ±3mm，满足规范要求。

由于是第Ⅱ测站，因此还要校核累积视距差是否超限。

累积视距差为：0.3m -0.2m =0.1m < ±6m，满足精度的要求，可以通知后尺手前进，仪器操作员搬站了。

计算此测站测得的高差为：

$$(0.243 + 0.144 + 0.1)/2 = 0.244\text{m}（四舍六入法取舍）$$

接下来的施测顺序可以依此类推，最终 4 个测站的观测数据见表 1-14，则观测 $BM_1 - A$ 之间的高差为：

$$0.195 + 0.244 - 0.824 + 0.834 = 0.449\text{m}$$

A 点高程为：

$$h_1 = 162.580 + 0.449 = 163.029\text{m}$$

二、道路工程高程控制测量

1. 高程控制测量技术要求

国家高程控制网主要采用精密水准测量的方法建立的，按其精度分为一、二、三、四等。一等国家水准网是国家最高级的高程控制骨干，它除用作扩展低等级高程控制的基础以外，还为科学研究提供依据；二等国家水准网为一等水准网的加密，是国家高程控制的全面基础；三、四等水准网为在二等网的基础上进一步加密，直接为各种测区提供必要的高程控制。用于工程的小区域高程控制网，亦应根据工程施工的需要和测区面积的大小，采用分级建立的方法。对于公路工程，《公路勘测规范》(JTG C10—2007)规定：公路高程系统宜采用"1985 年国家高程基准"，同一个公路项目应采用同一个高程系统，并应与相邻项目高程系统相衔接。

高程控制测量应采用水准测量或三角高程测量的方法进行。其等级依次为二等、三等、四等和五等，各等级的技术要求均有相应的规定。对于各级公路及构造物的高程控制测量等级，不得低于表 1-15 的规定。对于二级及以下公路，可以按照水准测量的方法来布设控制点；但是高速公路、一级以及大中型桥梁和隧道，则要按照更高精度要求和方法来布设高程控制点，即公路工程高程控制测量的精度和等级选用随着公路等级的提高而提高。

各等级路线高程控制网最弱点高程中误差不得大于 ±25mm，用于跨越水域和深谷的大桥、特大桥的高程控制网最弱点高程中误差不得大于 ±10mm，每千米观测高差中误差和附合(环线)水准路线长度应小于表 1-16 的规定。当附合(环线)水准路线长度超过规定时，应采用双摆站的方法进行测量，但其长度不得大于表 1-16 中规定的两倍。每站高差较差应小于基辅(黑红)面高差较差的规定(表 1-16)。一次双摆站为一单程，取其平均值计算的往返较差、附合(环线)闭合差应小于相应限差的 0.7 倍。

高程控制测量技术规范 表 1-15

高架桥、路线控制测量	多跨桥梁总长 L(m)	单跨桥梁 L_k(m)	隧道贯通长度 L_G(m)	测量等级
—	$L \geqslant 3\,000$	$L_k \geqslant 500$	$L_G \geqslant 6\,000$	二等
—	$1\,000 \leqslant L < 3\,000$	$150 \leqslant L_k < 500$	$3\,000 \leqslant L_G < 6\,000$	三等
高架桥、高速、一级公路	$L < 1\,000$	$L_k < 150$	$L_G < 3\,000$	四等
二、三、四级公路	—	—	—	五等

高程控制测量的技术要求 表 1-16

测 量 等 级	每千米高差中数中误差(mm)		附合或环线水准路线长度(km)	
	偶然中误差 M_Δ	全中误差 M_W	路线、隧道	桥梁
二等	±1	±2	600	100
三等	±3	±6	60	10
四等	±5	±10	25	4
五等	±8	±16	10	1.6

2. 水准测量的技术要求

对于公路工程,各级公路及构造物的高程控制测量等级不得低于表 1-15 的规定。各等级水准测量的主要技术要求和观测的主要技术要求,列于表 1-17 和表 1-18 中。

水准测量的主要技术要求 表 1-17

等级	每千米高差中数中误差(mm)		附合或环线水准路线长度(km)		往返较差、附合或环线闭合差(mm)		检测已测测段高差之差(mm)
	偶然中误差 M_Δ	全中误差 M_W	路线、隧道	桥梁	平原、微丘	山岭、重丘	
二等	±1	±2	600	100	$\leqslant 4\sqrt{l}$	$\leqslant 4\sqrt{l}$	$\leqslant 6\sqrt{L_i}$
三等	±3	±6	60	10	$\leqslant 12\sqrt{l}$	$\leqslant 3.5\sqrt{n}$ 或 $\leqslant 15\sqrt{l}$	$\leqslant 20\sqrt{L_i}$
四等	±5	±10	25	4	$\leqslant 20\sqrt{l}$	$\leqslant 6.0\sqrt{n}$ 或 $\leqslant 25\sqrt{l}$	$\leqslant 30\sqrt{L_i}$
五等	±8	±16	10	1.6	$\leqslant 30\sqrt{l}$	$\leqslant 45\sqrt{l}$	$\leqslant 40\sqrt{L_i}$

注:计算往返较差时,l 为水准点间的路线长度(km);计算附合或环线闭合差时,l 为附合或环线的路线长度(km);n 为测站数;L_i 为检测测段长度(km),小于 1km 时按 1km 计算。

水准测量观测的主要技术要求 表 1-18

等级	仪器类型	水准尺类型	视线长(m)	前后视较差(m)	前后视累积差(m)	视线离地面最低高度(m)	基辅(黑红)面读数差(mm)	基辅(黑红)面高差之差(mm)
二等	$DS_{0.5}$	铟瓦	≤50	≤1	≤3	≥0.3	≤0.4	≤0.6
三等	DS_1	铟瓦	≤100	≤3	≤6	≥0.3	≤1.0	≤1.5
	DS_2	双面	≤75				≤2.0	≤3.0
四等	DS_3	双面	≤100	≤5	≤10	≥0.2	≤3.0	≤5.0
五等	DS_3	单面	≤100	≤10	—	—	—	≤7.0

3. 道路工程高程控制网

道路工程高程控制网布设要求：一般按水准测量方法来建立。为了统一水准测量规格，考虑到工程建设的特点，《公路勘测规范》(JTC/T 10—2007)规定：水准测量依次分为二、三、四等3个等级。首级高程控制网，一般要求布设成闭合环形，加密时可布设成附合路线和结点图形。各等级水准测量的精度和国家水准测量相应等级的精度一致。

道路工程水准测量实施流程：水准网的图上设计、水准点的选定、水准标石的埋设、水准测量观测、平差计算和成果表的编制。

1)道路工程高程控制网布设要求

水准网的布设应力求做到经济合理，因此，首先要对测区情况进行调查研究，搜集和分析测区已有的水准测量资料，从而拟定出比较合理的布设方案。如果测区的面积较大，则应先在1:25 000 ~1:100 000比例尺的地形图上进行图上设计。图上设计应遵循以下各点：

(1)水准路线应尽量沿坡度小的道路布设，以减弱前后视折光误差的影响。尽量避免跨越河流、湖泊、沼泽等障碍物。

(2)水准路线若与高压输电线或地下电缆平行，则应使水准路线在输电线或电缆50m以外布设，以避免电磁场对水准测量的影响。

(3)布设首级高程控制网时，应考虑到便于进一步加密。

(4)水准网应尽可能布设成环形网或结点网，个别情况下亦可布设成附合路线。水准点间的距离：一般地区为2 ~4km；城市建筑区和工业区为1 ~2km。

(5)应与国家水准点进行联测，以求得高程系统的统一。

(6)注意测区已有水准测量成果的利用。

根据上述要求，首先应在图上初步拟定水准网的布设方案，再到实地选定水准路线和水准点位置。在实地选线和选点时，除了要考虑上述要求外，还应注意使水准路线避开土质松软地段，确定水准点位置时，应考虑到水准标石埋设后点位的稳固安全，并能长期保存，便于施测。为此，水准点应设置在地质上最为可靠的地点，避免设置在水滩、沼泽、沙土、滑坡和地下水位高的地区；埋设在铁路、公路近旁时，一般要求离铁路的距离应大于50m，离公路的距离应大于20m，应尽量避免埋设在交通繁忙的岔道口；墙上水准点应选在永久性的大型建筑物上。

2)道路工程高程控制点埋设

水准点位置选定后，就可以进行水准标石的埋设工作。水准点的高程就是指嵌设在水准标石上面的水准标志顶面相对于高程基准面的高度，如果水准标石埋设质量不好，容易产生垂直位移或倾斜，那么即使水准测量观测质量再好，其最后成果也是不可靠的，因此，务必十分重视水准标石的埋设质量。

三、高程控制测量成果报告

在完成高程控制测量后，应立即撰写测量成果报告。测量成果报告是上级主管单位审查测量成果是否符合测量规范要求的依据。因此，必须认真地对待测量成果报告的形式和内容。根据对测量人员和主管单位的测量报告的调查，道路高程控制测量成果报告包含如从下几个方面内容。

1. 测量前提

主要介绍本次测量的基本情况,包括整个工程概况、沿线设置的水准点、导线点、复测的基本要求等内容。

2. 测量依据

本次测量采用的技术等级、依据的法律、法规文件。包括国家标准、交通运输部的行业标准和规范、项目设计单位提供的设计文件等内容。如:中华人民共和国国家标准《国家一、二等水准测量规范》(GB/T 12897—2006)、中华人民共和国行业标准《工程测量规范》(GB 50026—2007)、中华人民共和国行业标准《城市测量规范》(CJJ/T 8—2011)、中华人民共和国国家标准《精密工程测量规范》(GB/T 15314—94)、中华人民共和国国家标准《测绘技术总结编写规定》(CH/T 1001—2005)、中华人民共和国国家标准《中、短程光电测距规范》(GB/T 16818—2008)、高速公路下发的《施工监理实施办法》、勘察设计院提供的高速公路平面、高程控制测量勘测报告及成果报告。

3. 测量人员

主要提交测量人员的身份证、毕业证书、职称证书及相关的资格证书。

4. 测量仪器设备鉴定证书

5. 高程控制测量

(1)原始水准点表;

(2)新埋水准点位的选择;

(3)路线的确定;

(4)测量实施方案。

6. 成果处理

(1)水准测量;

(2)平差计算;

(3)水准网成果表;

(4)水准测量结论。

7. 水准点测量原始记录

8. 测量体会与收获

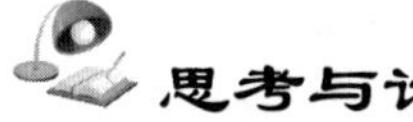

思考与计算

1. 四等水准测量一个测站观测程序如何? 每一站应读取哪些读数?

2. 三、四等水准测量主要有哪些计算校核? 主要校核指标有哪些要求?

3. 双面尺在各测站进行红黑高差校核时,为什么 ±0.100 交替出现? 不交替为什么不行?

4. 简述水准仪视距测量原理。

5. 测量成果报告主要包括哪些内容?

6. 在施工测量阶段,什么情况下采用等外水准测量和三、四等水准测量? 其技术指标有何区别?

7. 如图1-73 所示为某段水准路线测量成果。试将这观测顺序填入"四等水准测量观测记录表"中,注意测站校核。并试回答"测站1"第一次测量为何要重测。

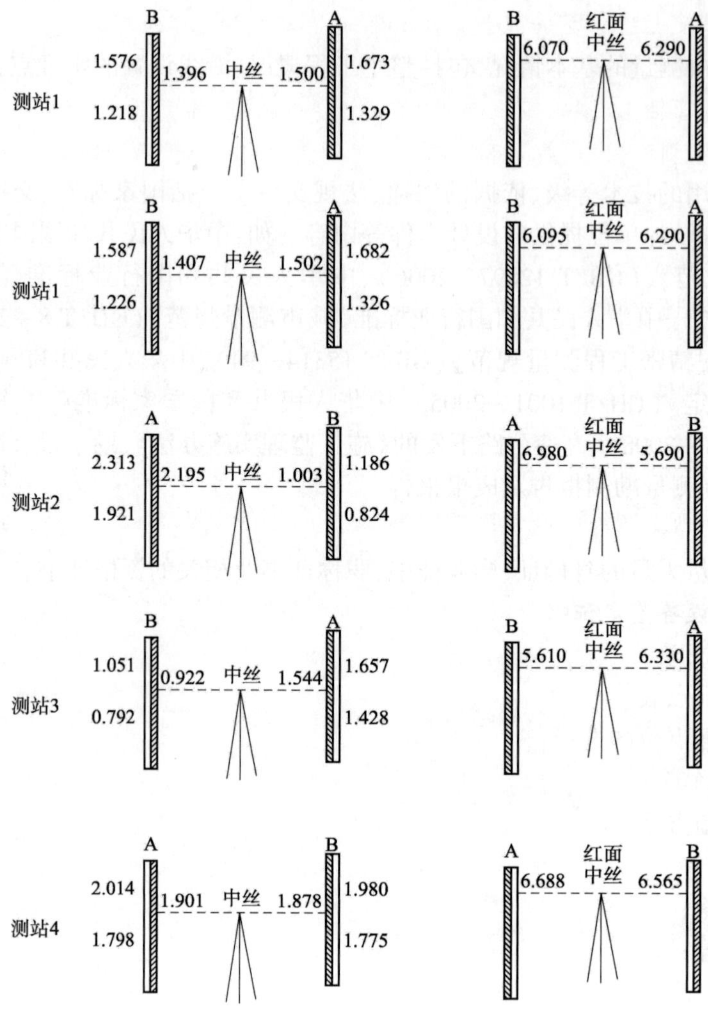

图 1-73　某测段四等水准测量成果

模块五　水准仪的检验与校正

学习目的

基本知识:水准仪检校目的,水准仪轴线及应满足的几何关系(圆水准器轴线平行仪器竖轴、水准管轴平行望远镜视准轴、望远镜十字丝中横丝垂直仪器竖轴),圆水准器轴检验与校正,水准管轴的检验与校正,十字丝中横丝的检验与校正。

基本技能:检验水准仪各主要轴线是否满足几何关系。

任务描述

掌握水准仪检测常用指标检测的基本方法,并能评判仪器是否能正常工作。工作任务1－07水准仪的检验与校正。

任务实施

完成水准仪的检验。主要检验以下内容:

1. 圆水准器轴 $L'L'$ 是否平行于竖轴 VV;

2. 十字丝中横丝垂直于竖轴 VV;

3. 仪器水准管轴 LL 是否与视准轴 CC 平行的(i 角误差)。

注意:学生实训时,只需检验,不需要校核。重点考核 3 的检验。

在勘测设计、施工、竣工验收阶段,在道路测量工作中,经常使用的仪器、量具等都必须要仔细地进行检验和校正,并送到相关单位进行鉴定,只有通过鉴定的仪器才可以用于施工测量,对测量仪器还要时常进行维护。除此之外,每隔一段时间仪器都要进行一次检验和校正,具体要求如下:

(1)为保证测量成果准确可靠,测量仪器、量具应按国家计量部门或工程建设主管部门的有关规定进行检定,经检定合格后方可使用。

(2)测量仪器和量具除按规定周期检定外,对经常使用的经纬仪、水准仪的主要轴系关系应在每项工程施工测量前进行检验校正,施工中还应每隔 1 ~3 个月进行定期检验校正。

(3)测量仪器和量具的使用应按有关操作规程进行作业,并应精心保管,加强维护保养,使其保持良好状态。

一、水准仪的检校规定

根据《公路勘测细则》(JTG/T C10—2007)规定,水准测量所使用的仪器应符合下列规定:

(1)水准仪视准轴与水准管的夹角 i,在作业开始的第一周内应每天测定一次,i 角稳定后每隔 15d 测定一次,其值不得大于 20″。

(2)水准尺上的米间隔平均长与名义长之差,对于线条式铟瓦标尺,不应大于 0.1mm;对于区格式木质标尺,不应大于 0.5mm。

二、水准仪的检校内容

水准仪器的检验和校正,主要根据仪器的型号和测量要求不同,检测的内容也不一样。仪器在出厂前都经过严格检校,但由于仪器在长期使用和运输过程中受到震动和碰撞等原因,使得仪器的各轴线之间的关系可能发生变化。为保证测量成果的质量,必须对水准仪进行检验校正。

根据水准测量原理,在进行水准测量时,水准仪必须提供一条水平视线,才能正确地测出两点的高差。测量仪器必须满足下列条件,如图 1-74 所示。

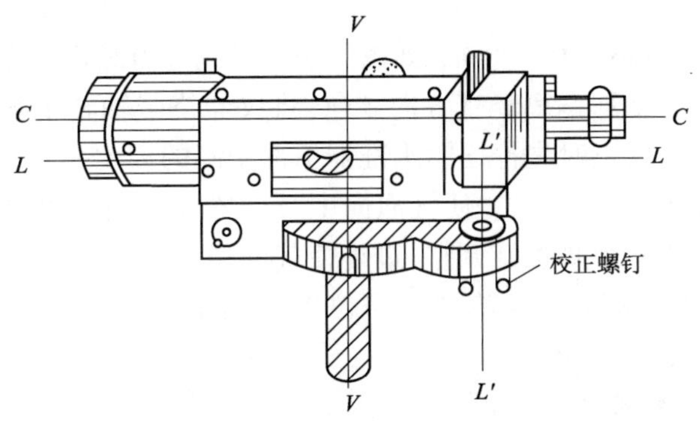

图 1-74　水准仪应满足的几何关系

(1)圆水准器轴 $L'L'$平行于竖轴 VV;

(2)十字丝横丝垂直于竖轴;

(3)水准管轴 LL 平行于视准轴 CC。

除了满足上述关系之外,仪器还有各项指标必须送到具有相应资质检测单位进行检测,同时其指标也必须满足要求。如:索佳 SOKKIA C32 Ⅱ水准仪的检测资料如图 1-75 所示。

检 定 证 书

证书编号: LS 字 第 09-206 (第 1 页共 2 页)

送 检 单 位 索佳(上海)精密仪器有限公司

量 具 名 称 水准仪

型 号 / 规 格 C32 Ⅱ

出 厂 / 编 号 150754

制 造 单 位 SOKKIA

检 定 结 论 合 格

主 管

核 验

检 定

检定日期: 2009 年 6 月 27 日

有效期至: 2010 年 6 月 26 日

检 定 结 果

(第2页 共2页)

序号	检 定 项 目	检定结果
1	外观及一般性能	合格
2	竖轴运转误差	合格
3	竖轴整置误差	0.2g
4	望远镜分划板横丝与竖丝的铅垂度	2.0′
5	视距乘常数误差	0.2%
6	视准线安平误差	0.3″
7	视准线误差(I角)	2.4″
8	望远镜调焦运行误差	0.4mm
9	自动安平仪补偿误差	0.22″

本次检定的技术依据:

1. JJG 425-2003 水准仪检定规程

图 1-75 索佳 SOKKIA C32 Ⅱ水准仪的检测资料

三、水准仪的检校方法

1. 圆水准器的检验与校正

目的:使圆水准器轴平行于仪器的竖轴。

1)检验方法

架设仪器,转动脚螺旋使圆水准器气泡居中,此时,圆水准器轴 $L'L'$处于垂直位置。然后将仪器绕竖轴旋转 180°,如果圆水准器气泡仍然居中,则表明条件满足;若条件不满足,则需要校正。

2)校正方法

如果圆水准器轴 $L'L'$不平行于竖轴,如图 1-76a)所示,当圆水准器气泡居中时,圆水准器轴处于竖直位置,而竖轴却偏离竖直方向 δ 角,将仪器绕竖轴转 180°,此时气泡偏垂直方向 2δ,如图 1-76b)所示,校正时先拧松圆水准器下部中间的固定螺钉,然后调整圆水准器下部的三个校正螺钉,如图 1-77 所示。使气泡向中心位置移动到偏离量的一半,如图 1-76c)所示,偏离量的另一半用三个脚螺旋调整,最终使气泡居中,如图 1-76d)所示。这种检验校正需要重复数次,直到圆水准器旋转到任何位置气泡都居中为止,最后应注意拧紧固定螺钉。

2. 十字丝的检验与校正

目的:当水准仪整平后,十字丝的横丝应该水平,即十字丝横丝应垂直于竖轴。

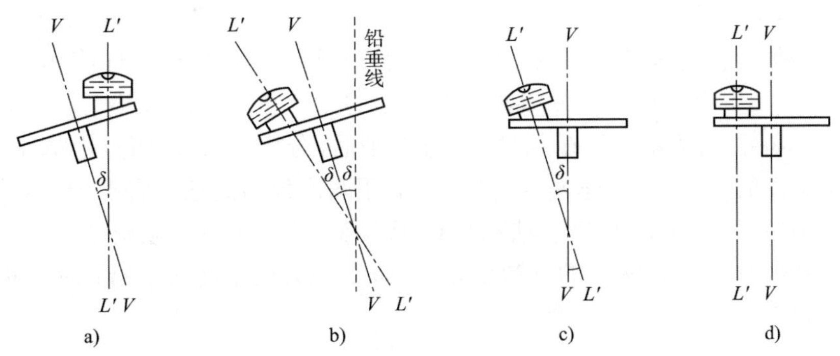

图 1-76　圆水准器校正原理

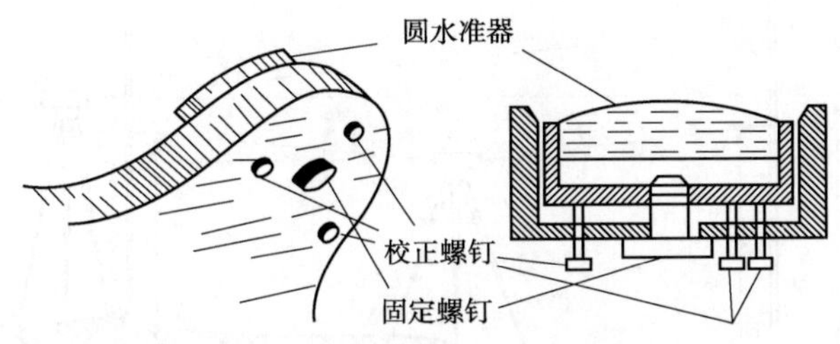

图 1-77　圆水准器三个校正螺钉

1）检验方法

整平仪器，在望远镜中用十字丝交点照准一明显、固定的目标 P。拧紧水平制动螺旋，慢慢转动水平微动螺旋，从目镜中观察目标 P 移动，若目标 P 始终在十字丝横丝上移动，如图 1-78a）、b）所示，则条件满足，不需校正。若目标 P 不在横丝上移动，而发生偏离，如图 1-78c）、d）所示，则说明条件不满足，需要校正。

2）校正方法

由于十字丝装置的形式不同，校正方法也有所不同。通常是卸下目镜处十字丝环外罩，松开目镜筒固定螺旋，如图 1-78e）、f）所示，按横丝倾斜的反方向，微微转动十字丝环，再作检验，直到满足要求为止。最后再旋紧被松开的固定螺钉。

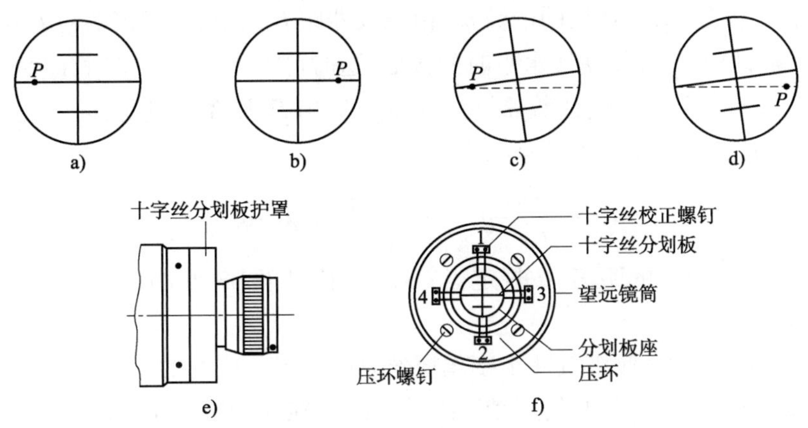

图 1-78　十字丝检验与校正

3. 水准管轴的检验与校正

目的：使水准管轴平行于望远镜的视准轴。

1）检验方法

在平坦的地面上选择 A、B、C 三点，并使其大致在同一条直线上，且使 $AC=CB$，A、B 相距为 60～80m，如图 1-79 所示，在 A、B 两点处分别打下木桩或安放尺垫，并在木桩或尺垫上竖立水准尺。先将水准仪架设于 C 点处，经过精平后，分别对 A、B 两点上的水准尺读数为 a_1、b_1，则 A、B 两点的高差为 $h_{AB}=a_1-b_1$（一般应用两次仪器高法，所测结果满足要求，取高差平均值）。假设此时水准仪的视准轴不平行于水准管轴，即视线倾斜了 i 角（此误差又称为 i 角误差），分别引起 A、B 两尺的读数误差为 Δa 和 Δb，由于此时仪器距两尺的距离相等，则根据几何原理知：

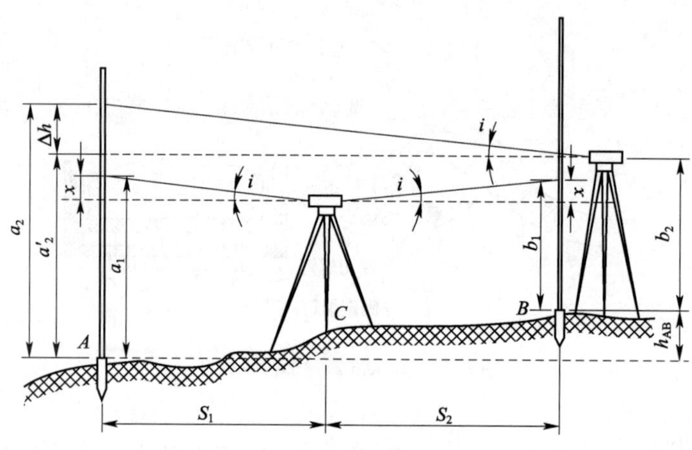

图 1-79　水准管轴平行于视准轴的检验

$$\Delta a=\Delta b$$

由图 1-79 可得：

$$h_{AB}=a_1-b_1=(a+\Delta a)-(b+\Delta b)=a-b$$

这说明不论视准轴与水准管轴平行与否，当水准仪架设在两点中间时，测出的两点高差都是不受 i 角误差影响的正确高差。

然后将水准仪搬到 B 点（或 A 点），架设在距水准尺 2m 左右，如图 1-79 所示，精平仪器后，分别读取 A 尺读数 a_2 和 B 尺的读数 b_2，由于仪器距 B 尺很近，故仪器对 B 尺的读数可以忽略 i 角的影响，即将 b_2 看作视线水平时的读数，这时可求得视线水平时 A 尺上应有的读数 $a'_2=b_2+h_{AB}$。如果实际读出的读数 a_2 与计算的 a'_2 相等，则条件满足；若不相等，则水准管轴不平行于视准轴，存在 i 角，其值为：

$$i=\frac{a_2-a_2{}'}{D_{AB}}\rho'' \qquad (\rho''=206\ 265'')$$

式中：D_{AB}——A、B 两点间的距离，按规定当 $i>20''$ 时，对于 DS_3 水准仪必须进行校正。

2）校正方法

保持仪器不动，转动微倾螺旋使十字丝横丝对准 A 尺上应有的读数 a_2'，此时视准轴处于水平位置，而水准管气泡不居中了，用校正拨针旋松水准管一端的左侧或右侧的一个固定螺钉，然后拨动水准管的上、下校正螺钉，如图 1-80 所示，直至气泡居中为止。最后要拧紧左侧或右侧的前面松开的那个固定螺钉。在拨动校正螺钉时，首先要弄清是抬高还是降低靠近目镜一端的水准管，如图 1-81 所示。

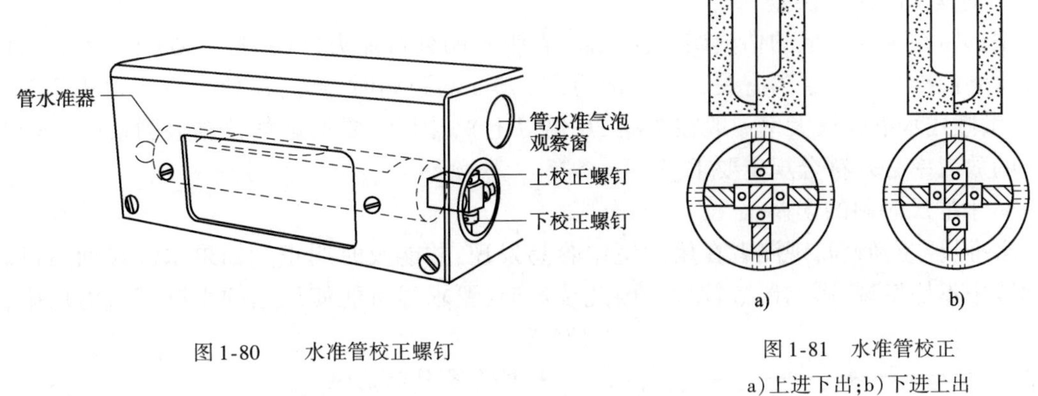

图 1-80　水准管校正螺钉

图 1-81　水准管校正
a)上进下出;b)下进上出

注意:对待成对的校正螺钉,在拨动上、下校正螺钉时应"先松后紧",否则容易损坏校正螺钉。

四、高程测量误差与注意事项

1. 仪器误差

1)视准轴与水准管轴不平行的误差

仪器经过校正,还会有残余误差;仪器受震或使用日久,两轴线也会产生微小的 i 角;在两轴不平行的条件下,即使水准管气泡居中,视准轴也不会水平,导致在标尺上引起了读数误差。这项误差的大小与仪器至标尺的距离成正比。因此,在观测时间短、i 角不变化的情况下,按等距离等影响的原则,采用仪器架设中间法(即将仪器架设在两把水准尺中间的位置),也可消除和削弱这项误差的对测量结果的影响。

2)望远镜对光时调焦透镜运行的误差

物镜对光时,调焦透镜应严格沿着望远镜光轴运行,如因仪器受震,使用时间过长,调焦透镜不但沿光轴运动,而且还上下晃动,则会造成目标影像不清晰,影响正常读数。这项误差影响与调焦透镜位置有关。按等位置等影响原则,采用仪器架设中间法,使前后视距相等,只作一次对光,即在读前尺和后尺读数时,不重新调焦,可消除或削弱这项误差的影响。

3)水准尺的误差

包括尺长误差、分划误差和零点误差。作业前应对水准尺进行检验,尺长误差和分划误差不符合规定要求的尺,应停止使用。对于尺长误差较大的水准尺,使用时,应在最后的高差成果中加上水准尺每1m 的尺长改正。对于尺底磨损引起的零点差,可采用设置偶数站的方法来消除。

2. 观测误差

1)水准管气泡居中的误差

按测量要求,读数的瞬间,气泡应当是严格居中的。但是,在观测者中,有的只管"精平"后"读数",不管读数时是否精平,结果造成气泡不居中,在标尺上引起读数的误差。举例来说,当水准管分划值为20″,仪尺距为100m,读数时,若气泡偏离中心0.2格,将会造成2mm的观测误差。另外,在判断水准管气泡是否居中时,应通过符合观察窗口进行判断,而不能肉眼直接观察气泡,否则将造成一定的误差(采用符合窗口观测的精度比肉眼直接观察的精度提高约一倍)。因此,应使用安装有符合水准器的仪器,并在读数前后检查气泡是否居中。

2)估读水准尺的误差

望远镜在水准尺上的估读误差,除观测者眼睛的分辨能力外(一般为60″),还与望远镜放大率和照准目标的距离有关。试验证明,在75m的距离时,望远镜放大率不得小于30倍(DS_3微倾式水准仪放大率一般在28~30倍以上)。因此,要保证估读精度,视线长度和望远镜的放大率必须符合规定要求。

3)水准尺倾斜的误差

水准尺左右倾斜,观测者在望远镜中容易发现,并能及时纠正。如果水准尺前后倾斜,望远镜中不易发现,影响读数较大。因此读数时,要求尽可能使尺上的水准管气泡居中,将尺竖直。

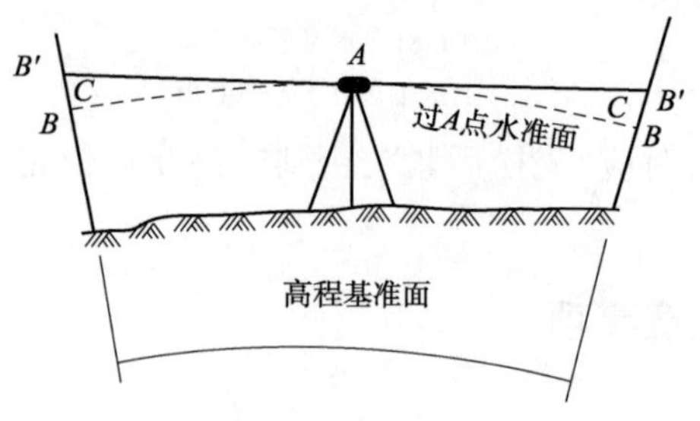

图1-82 地球曲率对视线的影响

3. 外界条件的影响

1)地球曲率的影响

如图1-82所示,A、B为同一水准面上的两点,其高差应为零,但过A点的水平视线却照准在B′点上,差值为BB′,这就是用水平视线代替水准线在尺上增大读数产生的影响,常以C表示,即地球曲率的影响,由它造成的影响,可按中间法消除或削弱。

2)大气折光的影响

大气层的空气密度一般是上疏下密,但在距地面1.5m以内的某些局部地区,由于受地面辐射热的影响,空气密度也会发生下疏上密的现象。当视线通过不同密度的大气层时,会连续发生折射呈现弯曲状。大气折光对高差的影响,也可采用中间法来加以削弱。但在地面坡度较大时,中间法就无法消除这种影响了,只有缩短视线长度,增加视线高度,选择良好的观测时间来减小影响。

3)仪器升沉的影响

在观测中,由于仪器的自重、测站土质松软等原因,使仪器随时间逐渐下沉;或由于土壤的弹性会使仪器上升,它将使尺上读数减小或增大。可采用往返测,取往返测高差平均值的方法减小误差。此外,为减小下沉的影响,仪器应安置在土质坚实的地方,脚架要踏牢。同时观测者应熟练掌握技术,设法提高观测速度。

4)尺垫下沉的影响

当仪器从第一站转向第二站时,由于尺垫本身的重量或土质松软等原因,使尺垫随时间逐渐下沉。结果后视读数增大,使上下坡往返测量的高差互为反数,取其平均值可消除其影响。因此,在观测中,除将转点选择在坚实土地上,并用力将尺垫踏实外,还可以用往返观测,取高差平均值的方法,来减小尺垫下沉的影响。

5)温度变化对视准轴与水准管轴夹角i的影响

仪器经过校正,其残余误差使i角不为零:如果i角不能保持恒定,随温度产生不规则的变化,那就难以用中间法消除其影响。为此,观测中应撑伞遮阳,避免仪器受阳光的曝晒,以减少这项误差的影响。

4. 其他提高观测精度的方法

1)观测

(1)记录员在听到观测员读数后,要将数据正确记入相应的栏目中,并要边记边回报数字,得到观测员的默许,方可确定,记录资料不得转抄。

(2)字体要清晰、端正,如果记录有误,不准用橡皮擦拭,应在错误数据上画一条横线后再重新记录。

(3)每站高差应当场计算,检核合格后,方可通知观测员迁站。

2)立尺

(1)立尺员必须将尺立在土质坚硬处,用尺垫必须将尺垫踏实。

(2)水准尺必须立直,当尺上读数在1.5m以上时,应采用“摇尺法”读数。

(3)水准仪迁站时,作为前视点的立尺员,在活动尺子时,要切记不能改变转点的位置。

思考与计算

1. 简述圆水准器轴平行于竖轴的检校方法。

2. 什么 i 角误差?它是由于仪器哪两个轴没有满足平行(或垂直)的关系造成的?

3. 根据规范规定,i 角误差应该在什么时候检测?

4. 在 DS_3 水准仪 i 角检校时,先将水准仪安置在 A 和 B 两立尺点中间,使气泡严格居中,分别读得两尺读数为 $a_1=1.573\text{m}$,$b_1=1.415\text{m}$,然后将仪器搬到 A 尺附近,使气泡居中,读得 $a_2=1.834\text{m}$,$b_2=1.696\text{m}$,问:(1)AB 两点准确高差是多少?(2)水准管轴是否平行视准轴?(3)若不平行,应如何校正?

5. $\rho=206\ 265''$是如何计算得到的?

6. 两点高差测量时,为何要把水准仪尽可能安置在两尺中间?而且在一个测段内要求偶数站完成测量?

项目二　平面控制测量

问题引入

在公路施工过程中,测量人员需要随时提供和解决公路中线和结构物平面位置的问题。例如:公路中桩和边桩位置在哪里?图2-1为路堑坡口、路基坡脚位置示意图,图2-1a)所示的路堑挖方的坡口、图2-1b)所示的路堤填方坡脚位置在哪?在河中修筑桥墩时,桥墩在什么位置?这些问题概括起来都是确定具体点的平面位置。所以,测量人员借助仪器和工具,根据设计资料提供的数据,在现场确定点的平面位置,习惯上称为"施工放样"。为了保证放样的准确,一般先在公路沿线布设平面控制点,将这些点连线形成平面控制网,用它作为公路平面位置测量的基础。那么平面控制导线(网)如何进行布设、外业测量和内业计算,又如何利用它进行公路平面位置施工放样,这正是本项目要解决的问题。

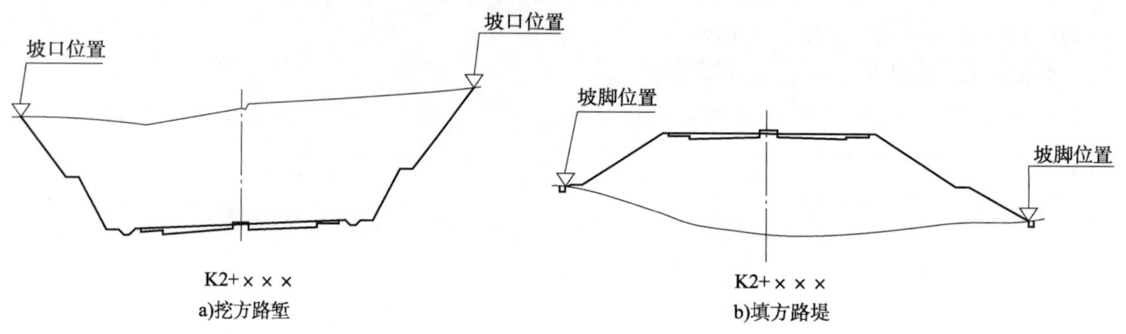

图2-1　路堑坡口、路基坡脚位置示意图

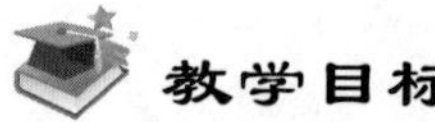

教学目标

了解国家平面控制网,能设置导线点,熟悉经纬仪构造及用途,掌握导线水平角测量,能检测经纬仪,掌握导线距离测量,了解直线定线、定向及点的坐标计算,掌握平面控制导线点布设、完成导线外业测量和内业计算,能够独立撰写测量成果报告。

模块组织

本项目各模块知识点组织关系如图2-2所示。

情境描述

1. 测量教学实训场地

在教学实训场地内,要求沿公路中线布设一附合导线,如图2-3所示,导线两端已有高一级平面控制点 D_A、D_B 的平面坐标分别为(93 155.339,68 215.257)、(93 297.154,68 323.799)。在公路沿线适当位置布设导线点 D_1、D_2、D_3,构成附合导线,建立平面控制网,并经过外业测量和内业计算,最终得到导线点 D_1、D_2、D_3 的平面坐标分别为(93 186.875,68 260.358)、

(93 194.682,68 289.617)、(93 209.468,68 290.082)。

2. 教学项目设计目的

要求团队在测量实训场地内选择一闭合导线或附合导线,完成公路平面控制测量,通过完成项目达到掌握平面控制测量的方法。

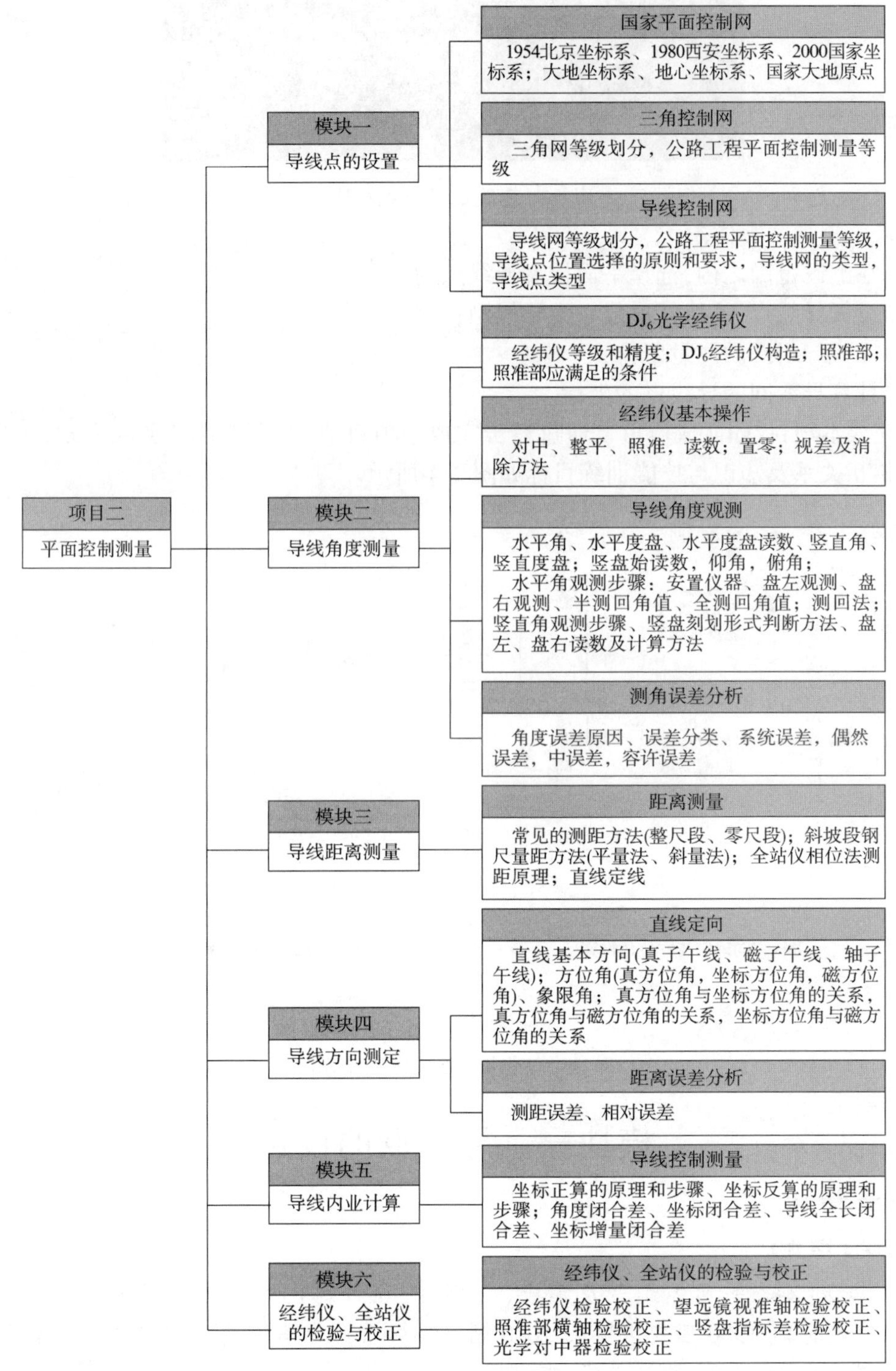

图 2-2　本项目各模块知识点关系图

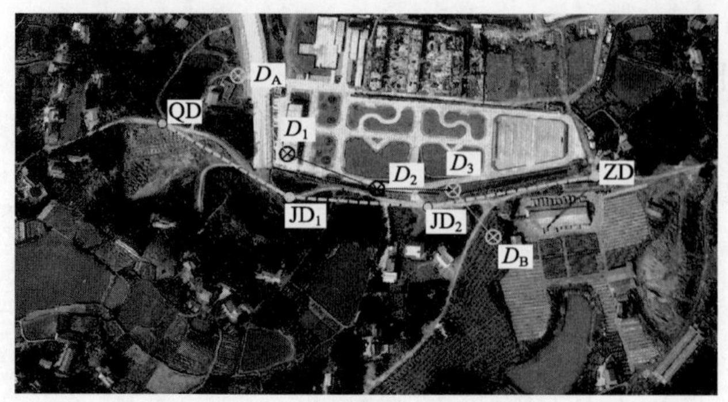

图 2-3　测量实训场导线布置图

3. 教学项目主要任务

(1)在测区范围之内,选择平面控制导线点的位置;

(2)设置导线点,连线并形成一个导线网;

(3)完成导线网的测量工作;

(4)计算导线网的导线点的坐标。

为完成本项目,团队成员可以通过逐步完成本项目的 11 个工作任务来实现,工作任务之间的相互关系及知识与技能训练目标如图 2-4 所示。

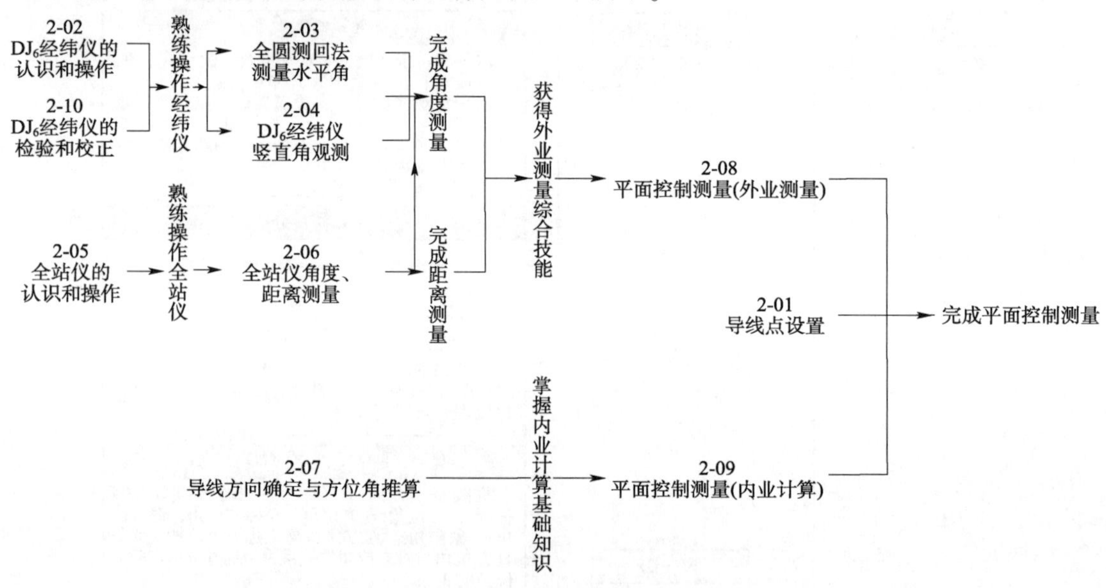

图 2-4　工作任务与训练目标关系图

模块一　导线点的设置

学习目的

基本知识:国家平面控制网及等级(三角网、导线网),中华人民共和国大地坐标系(1954 北京坐标系、1980 西安坐标系、2000 国家坐标系)、中华人民共和国大地原点,平面控制导线网类型(闭合导线、附合导线、支导线)。

基本技能:导线点位置选定、公路平面控制导线点设置。

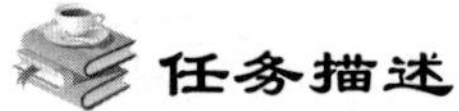

任务描述

在测量教学实训场地内,要求团队成员根据要求布设导线点。完成工作任务2-01 导线点调查。

任务实施

在测量教学实训场地内完成对已有导线点的调查,并根据要求设置导线点,实施主要步骤有:

1. 在测量仪器室领取花杆、皮尺、《导线点调查表》等调查工具;
2. 在测量教学实训场地周围,调查已经布设的导线点和坐标;
3. 完成导线点调查,填写调查表;
4. 准备制作控制点标石、标志、标识的工具和器材;
5. 在选定导线点位置,布设导线点。

注意:重点考察《导线点调查表》以及导线点位置的选择是否满足规范要求。

一、大地平面控制网

为了限制误差的累积与传播,满足测图和施工的精度需要,使分区的测图能拼接成整体,或使整体的工程能分区施工放样,国家控制网测设过程中,必须遵循“从整体到局部”“先控制后碎部”的原则。

国家控制网是指在全国范围内由国家专门的测量机构建立的控制网,用于全国各种测绘和工程建设以及施工的基本控制,为空间科学技术和军事提供精确的点位坐标、距离和方位资料,并为确定地球的形状和大小、地震预报等提供重要的研究资料。

1. 国家平面控制网的等级

对于国家大地平面控制网,用于三角测量的三角网和用于导线测量的导线网,按其精度分为一、二、三、四等。其中以一等网精度最高,逐级降低,而控制点的密度则是以一等网最小,逐级增大。

国家平面控制网主要用三角测量法布设,在西部困难地区采用导线测量法。

一等三角网一般称为一等三角锁,它是在全国范围内,沿经线和纬线布设成纵横交叉的三角锁系,锁长为200~250km,构成120个锁环。一等三角锁内由近于等边的三角形组成,边长为20~30km。一等三角网是国家平面控制网的骨干,除用于作扩展低等级平面控制网的基础之外,还为测量学科研究地球的形状和大小提供精确数据。图2-5为国家一等三角锁和一等导线布设略图。

二等三角网布设于一等三角锁环内,是国家平面控制网的全面基础。二等三角测量有两种布网形式,一种是由纵横交叉的两条二等基本锁将一等锁划分为4个大致相等的部分,其4个空白部分用二等补充网填充,称为纵横锁系布网方案;另一种是在一等锁环内布设全面二等三角网,称为全面布网方案。二等基本锁的边长为20~25km,二等网的平均边长为13km。一等锁的两端和二等网的中间,都要测定起算边长、天文经纬度和方位角。

国家一、二等网合称为天文大地网。我国天文大地网于1951年开始布设,1961年基本完成,1975年补测工作全部结束。

三、四等三角网为在二等三角网内的进一步加密,以满足测图和各项工程建设的需要。

在某些局部地区,当采用三角测量困难时,也可用同等级的导线测量代替,其中一、二等导线测量又称为精密导线测量，如图 2-6 和图 2-7 所示。

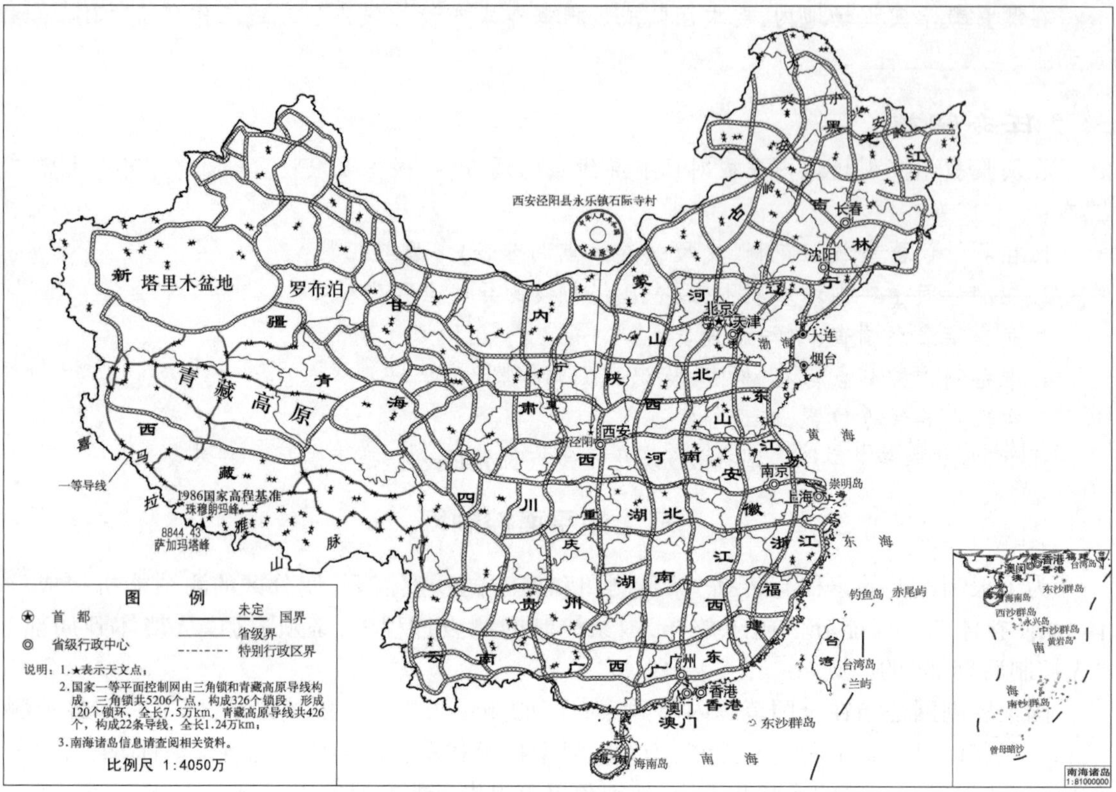

图 2-5　国家一等三角锁和一等导线布设略图

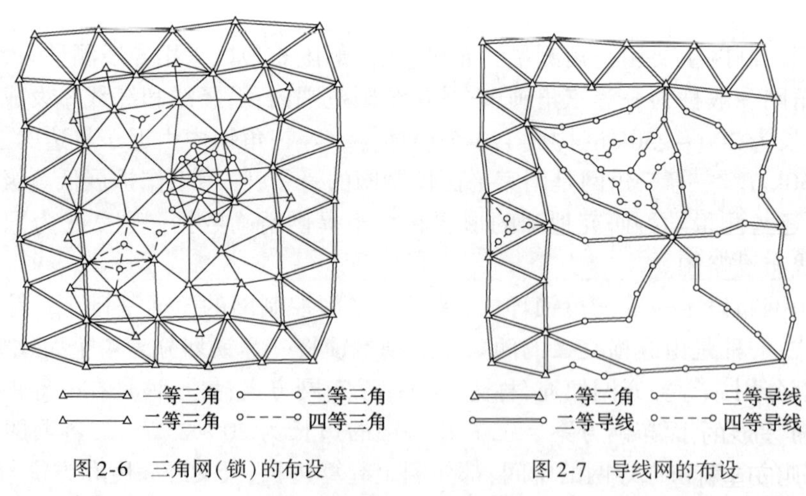

图 2-6　三角网(锁)的布设　　　　图 2-7　导线网的布设

用于工程的平面控制测量，一般是建立小区域平面控制网，它可根据工程的需要和测区面积的大小分级建立测区首级控制和图根控制。公路工程平面控制网，常规上一般采用导线测量的方法，其等级依次为三等、四等和一、二、三级导线，并应符合表 2-1 的规定。

公路工程平面控制测量等级 表 2-1

等　　级	公路路线控制测量	桥梁桥位控制测量	隧道洞外控制测量
二等三角	—	>5 000m 特大桥	>6 000m 特长隧道
三等三角(导线)	—	2 000 ~ 5 000m 特大桥	4 000 ~ 6 000m 特长隧道
四等三角(导线)	—	1 000 ~ 2 000m 特大桥	2 000 ~ 4 000m 特长隧道
一级小三角(导线)	高速公路、一级公路	500 ~ 1 000m 特大桥	1 000 ~ 2 000m 中长隧道
二级小三角(导线)	二级及二级以下公路	<500m 大中桥	<1 000m 隧道
三级导线	三级及三级以下公路	—	—

2. 图根控制点

直接用于测图的控制点,称为图根控制点。测定图根控制点位置的工作,称为图根控制测量。

图根控制测量可直接利用高级控制点进行布设,称为一级图根点。若测区面积较大,可利用一级图根点再发展图根点,称为二级图根点。

图根控制点(包括高级控制点在内)的密度与测图比例尺和地形的复杂程度有关。在平坦开阔地区,图根点的密度一般不宜低于表 2-2 的规定。

图 根 点 密 度 表 2-2

测图比例尺	1:5 000	1:2 000	1:1 000	1:500
图根点密度(点/km^2)	5	15	50	150

二、大地点坐标

1. 中华人民共和国大地坐标系

新中国成立以来,于 20 世纪 50 年代和 80 年代以及 2008 年分别建立了 1954 年北京坐标系、1980 西安坐标系、2000 国家坐标系,测制了各种比例尺地形图,其在国民经济、社会发展和科学研究中发挥了重要作用。三种坐标系的设置参数如表 2-3 所示。

我国建立的三个坐标系参数 表 2-3

名　称	坐标系统	原　　点	长半轴(km)	扁　率
1954 北京坐标系	参心坐标系(大地坐标系)	参考椭球的几何中心	6 378.245	1/298.3
1980 西安坐标系			6 378.140	1/298.257
2000 国家坐标系	地心坐标系	包括海洋和大气的整个地球的质量中心	6 378.137	1/298.257 22

1)1954 北京坐标系

1954 坐标系采用的是克拉索夫斯基椭球体。该椭球在计算和定位的过程中,没有采用中国的数据,该系统在中国范围内符合得不好,不能满足高精度定位以及地球科学、空间科学和战略武器发展的需要。

2)1980 西安坐标系

20 世纪 70 年代,我国大地测量工作者经过二十多年的艰巨努力,终于完成了全国一、二等天文大地网的布测。经过整体平差,采用 1975 年 IUGG 第十六届大会推荐的参考椭球参数,中国建立了"1980 西安坐标系"。"1980 西安坐标系"在我国经济建设、国防建设和科学研究中发挥了巨大作用。

3)2000 国家大地坐标系

2008 年 3 月,由国土资源部正式上报国务院《关于中国采用 2000 国家大地坐标系的请示》,并于 2008 年 4 月获得国务院批准。自 2008 年 7 月 1 日起,中国已全面启用“2000 国家大地坐标系”,国家测绘局授权组织实施。2008 年 7 月 1 日后新生产的各类测绘成果应采用“2000 国家大地坐标系”。现有地理信息系统,在过渡期内将逐步转换到“2000 国家大地坐标系”;2008 年 7 月 1 日后新建设的地理信息系统均采用“2000 国家大地坐标系”。

新大地基准的启用,对原来所有的测绘成果都将产生直接影响。我国目前在军事测绘保障领域,如大地测量、地图制图、军事地理信息系统、航天技术、武器研制、战场建设等方面使用的旧坐标系成果,都必须以适当的方式转换到新的地心坐标系上。包括近 20 万个未参加联平的低等大地控制网点,各种比例尺地形图,数字地图和地理信息系统,目标测绘成果等等。

4)国家坐标系发展趋势

20 世纪 80 ~ 90 年代以来,国际上通俗以地球质心作为坐标系原点,采用以地球质心为大地坐标系原点,可以更好地阐明地球上各种地理和物理现象,特别是空间物体的运动。目前,利用空间技术所得到的定位和影像等成果,都是以地心坐标系为参照系。采用地心坐标系可以充分利用现代最新科技成果,为国家信息现代化服务。

2. 中华人民共和国大地原点

大地原点,亦称大地基准点。即国家水平控制网中推算大地坐标的起标点。它是建立国家坐标系最关键的点,即确定国家坐标系椭球位置的点,但并不是指中国的几何中心或坐标的零点。大地原点确定后,从原点再延伸出去推算国家的其他测量点坐标,成为国家和城市建立坐标系的依据。依据中国大地原点,我国可以建立起国家的独立坐标系,广泛应用于国防与经济建设。大地原点是人为界定的一个点,是科学家们勘察计算了很久才确定的。利用它可以精确地知道自己的地理位置所在,GPS 全球定位系统也才有意义。

中华人民共和国大地原点矗立在渭河北边的泾阳县永乐镇石际寺村境内(图 2-8)。大地原点所在地为一建筑群,整个设施由中心标志、仪器台、主体建筑、投影台等四大部分组成,占地 570m^2,约 58.2 亩,高出地面 25m 多的立体建筑共七层,顶层为观察室,内设仪器台;建筑的顶部是玻璃钢制成的整体半圆形屋顶,可用电控翻开以便观测天体。

中心标志埋设于主题建筑的地下室中央的大理石基座上。大理石基座的中心部位正是“中华人民共和国大地原点”的标志。标志中部还有一个直径 2cm 的微凸的半球面,球面上刻有一个“ + ”字。这个“ + ”的交点就是原点,也就是我国地理坐标经度与纬度的起算点和基准点。坐标为东经 108°55′、北纬 34°32′,海拔高度 417.20m(图 2-9)。

图 2-8 中华人民共和国大地原点主体建筑

图 2-9 中华人民共和国大地原点

三、导线点的设置

1. 平面控制导线点的位置选择

1）调查收集测区已有的地形图和控制点的成果资料

一般是先在中比例尺 1∶10 000～1∶100 000 的地形图上进行控制网设计。根据测区内现有的国家控制点或测区附近其他工程部门建立的可资利用的控制点，确定与其联测的方案及控制网点位置。在布网方案初步确定后，可对控制网进行精度估算，必要时需对初定控制点作调整。

2）野外去踏勘、核对、修改和落实点位

如需测定起始边，起始边位置应优先考虑。如果测区没有以前的地形资料，则需详细踏勘现场，根据已知控制点的分布、地形条件以及测图和施工需要等具体情况，合理地拟定导线点的位置，并建立标志。

3）平面控制导线点位置的选定应满足基本要求

（1）相邻导线点间要通视，对钢尺量距导线，相邻点间还要地势较平坦，以便丈量边长。

（2）导线点应选在土质坚硬、稳定的地方，以便于保存点的标志和安置仪器。

（3）导线点应选在地势较高，视野开阔的地方，以便于进行加密、扩展、寻找和碎部测量以及施工放样。

（4）导线各边的长度应规范规定长度，尽量接近于平均边长，且不同导线各边长不应相差过大，导线点的数量要足够，以便控制整个测区。

（5）所选的导线点，必须满足观测视线超越（或旁离）障碍物 1.5m 以上。

（6）路线平面控制点的位置应沿路线布设，距路中心的位置宜大于 50m 且小于 300m，同时，应便于测角、测距及地形测量和定线放样。

（7）在桥梁和隧道处，应考虑桥隧布设控制网的要求；在大型构造物的两侧应分别布设一对平面控制点。平面控制网的布设形式不同，对选点的具体要求亦不尽相同。

4）三角网（锁）的布设的要求

（1）定点后组成的各三角形的边长应接近相等，其平均边长应符合相应等级的规定，各内角值宜在 30°～120°之间，最好为 60°左右，如受地形条件限制时，个别角可适当放宽要求，但也不应小于 25°。

（2）三角点应选在土质坚实、视野开阔、通视良好、作业安全并便于保存点位和便于测图的地方。

（3）为桥梁、隧道布设的小三角网，应尽量将桥梁轴线的端点和隧道的进出口控制点选为三角点。

（4）若起始边（基线）采用精密量距法测量，则应将其选在地面平坦的地方。

小三角点选定以后，应及时进行统一编号，并绘制“点之记”，同时在地面上埋设标志。标志与导线点的标志类似，亦分为永久性标志和临时性标志。

5）三边网的布设的要求

（1）三边网布设为近似等边三角形为宜，各三角形的内角宜在 30°～120°之间；如受地形条件限制时，个别角可适当放宽要求，但也不应小于 25°。

（2）三边网选点时应考虑组成中点多边形或大地四边形，以增加检核条件。

确定控制点后，应在地面上打下一大木桩，桩顶钉一小铁钉作为导线点的标志，如控制

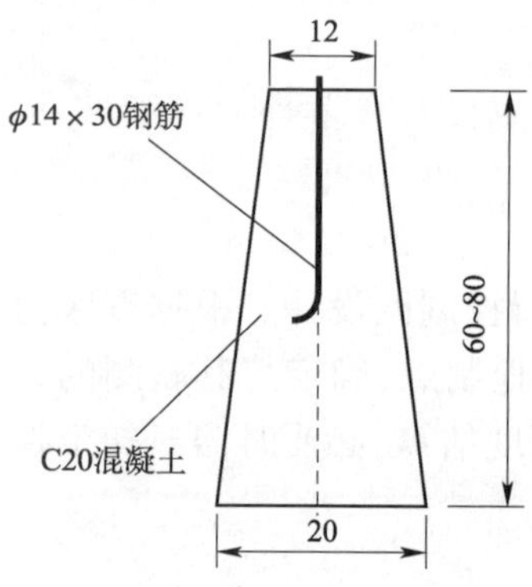

图 2-10 三角(导线)点的标石(尺寸单位:cm)

注:1. 冻土地区尺寸可加长并埋深;2. 四等以上控制点,尺寸适当加长;3. 三等导线可自行设计

点需长期保存,应埋置水泥混凝土桩或石桩,桩顶刻凿十字或嵌入锯有十字的钢筋作点的标志。控制点应按顺序统一编号,为便于寻找,还应对每个控制点绘制"点之记",即量测出控制点与其附近明显构造物上点的距离,绘出草图,注明尺寸。

2. 平面控制导线点的埋设

平面控制测量的标石中心就是控制点的实际点位。所有控制测量成果,包括坐标、距离、角度、方位角等,都是以标石中心标志为准。因此,标石的任何损坏或位移,都会使控制测量成果失去作用或精度受到很大影响。可以说,埋设稳定、坚固和耐久的中心标石,是保证控制测量质量的一个十分重要的环节。

公路工程测量控制网三角点或导线点标石一般采用混凝土桩,具体结构与尺寸如图 2-10 所示。当有整体坚固的岩石或建筑物时,三角点或导线点可设在岩石或建筑物上。

3. 临时导线点的设置步骤

1)导线点制作所需材料的准备

高速公路和高等级公路设置的导线点平面控制点制作所需材料的准备包括制作所需要的钢筋和埋设所需要的混凝土。

(1)钢筋材料:一般选用 $\phi14 \sim \phi18$mm 钢筋。长度一般选择为 40cm。钢筋选择好之后,再用切割机进行切割,再在砂轮上磨成光面,最后,再用钢锯锯成十字丝,如图 2-11所示。

(2)水泥混凝土:一般采用拌和好的水泥混凝土混合料,其强度不小于 C30。

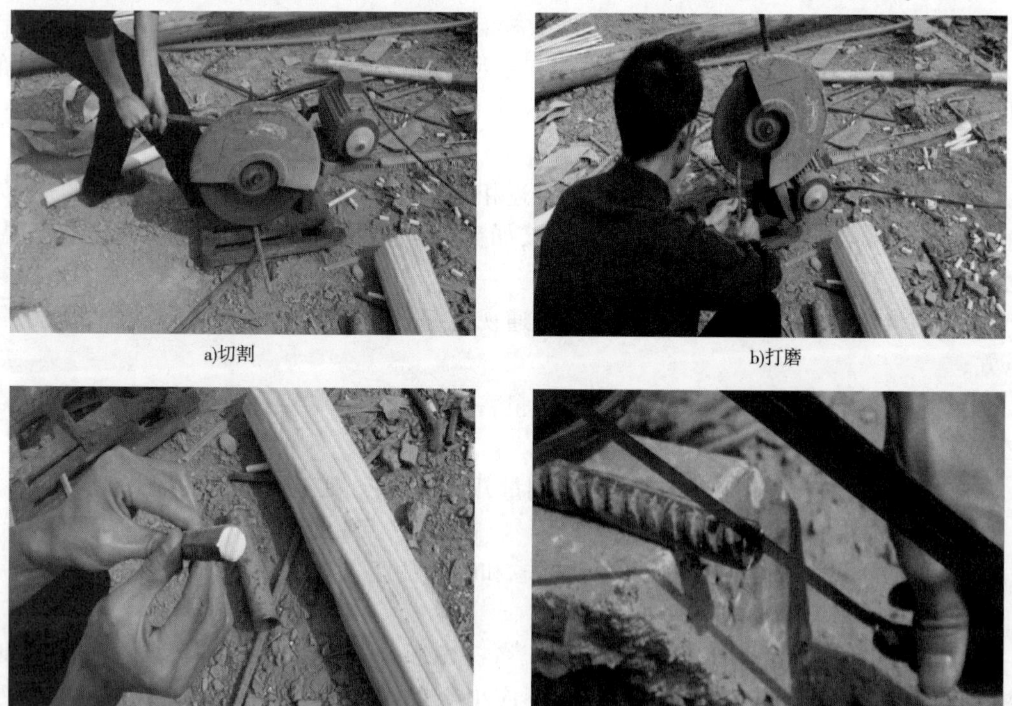

a)切割　b)打磨　c)光滑面　d)锯十字丝

图 2-11 不易腐蚀的钢筋的标志制作过程

2）导线点位置选择及基坑开挖

在导线点的位置选择好后，就可以进行基坑的开挖。基坑的开挖一般要求长、宽长度为40cm，深度根据实际地质情况而定，一般不小于40cm，如图2-12所示。基坑开挖好后，就可以进行混凝土填筑，如图2-13所示。

图2-12　基坑的开挖

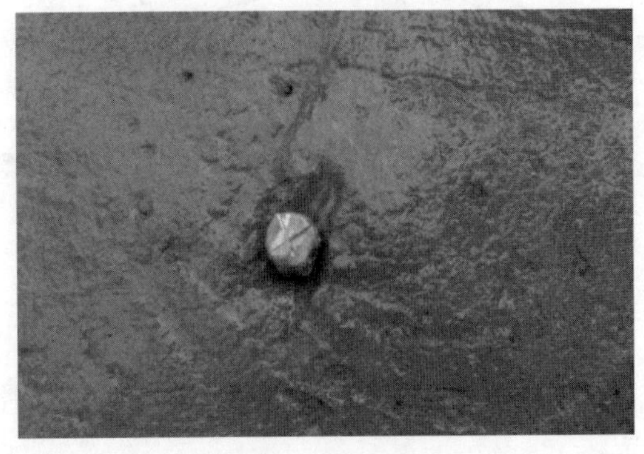

图2-13　混凝土填筑

水泥混凝土填筑好后，应抹平表面，并将编号写在上面，如图2-14所示。

四、导线网的类型

在控制测量中，由若干个控制点（导线点）所连成的折线称为导线。每条直线边称为导线边，相邻两直线所夹的水平角称为转折角。通过测量每条导线边和每个转折角来计算待定点坐标的方法称为导线测量。通过导线测量的方法布设的控制网称为导线网。根据不同的情况和要求，导线网一般布设成三种形式：附合导线、闭合导线和支导线。

图2-14　导线平面控制点示意图

1. 附合导线

从一个坐标已知的控制点出发，测量若干条导线边和若干个转折角后，终止于另一个坐标已知的控制点，这样构成的导线称为附合导线，如图2-15a）和图2-15b）所示。附合导线通常用于带状地区的控制测量，广泛地应用于公路、铁路和水利等工程的勘测与施工中。

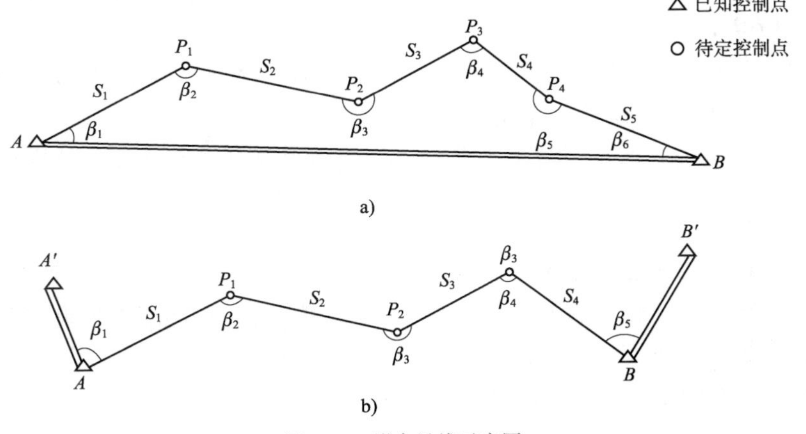

图2-15　附合导线示意图

2. 闭合导线

从一个坐标已知的控制点出发，测量若干条导线边和若干个转折角后，仍旧回到这个控制点，这样构成的导线称为闭合导线，如图2-16所示。闭合导线通常用于面积较宽阔的独立地区作控制测量。

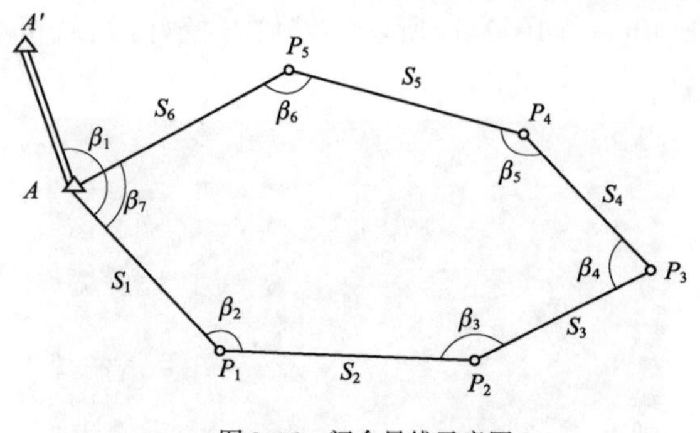

图2-16　闭合导线示意图

3. 支导线

从一个坐标已知的控制点出发，测量若干条导线边和若干个转折角后，既不附合到另一个已知的控制点，又不回到原来出发的这个控制点。这样构成的导线称为支导线，如图2-17所示。支导线没有检核条件，不易发现错误，故一般情况下不予采用。它仅适用于图根控制补点使用，且其边数一般不得超过4条。

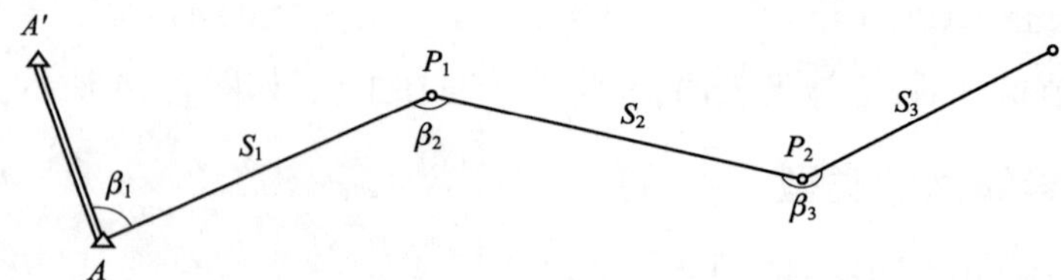

图2-17　支导线示意图

思考与计算

1. 平面控制导线点位置的选定应满足什么要求？
2. 我国最新的"2000国家平面坐标系"基本内容及要求是什么？
3. 国家大地平面控制网的常见布设方法有哪些？
4. 绘图并说明附合导线、闭合导线、支导线及特点。
5. 简述导线点设置的步骤。

模块二　导线角度测量

学习目的

基本知识：经纬仪和全站仪（类型、构造及操作步骤），角度观测方法（水平角、竖直角），角度测量闭合差，角度测量误差及精度分析。

基本原理：经纬仪、全站仪测量水平角、竖直角；角度测量误差计算及精度评价。

任务描述

本模块主要以训练学生测量水平角和竖直角度，能分析角度测量误差产生原因，并能对角度测量结果精度进行评价。在实训场地内，了解经纬仪、全站仪基本构造，掌握水平角、竖直角观测方法。工作任务有：

1. 工作任务2-02 DJ_6 经纬仪的认识和操作；
2. 工作任务2-03 全圆测回法测量水平角；

3. 工作任务 2-05 DJ_6 经纬仪竖直角观测；

4. 工作任务 2-06《全站仪的认识和操作》。

任务实施

1. 掌握 DJ_6 经纬仪的基本构造和基本原理，并能熟练地操作；采用全圆测回法观测水平角，并对观测结果进行误差分析与评价；观测竖直角，根据竖直度盘的刻画情况，计算俯角和仰角，并对观测结果进行误差分析与评价；

2. 掌握全站仪的基本构造和基本原理，能熟悉全站仪主要操作界面和用户界面，完成水平角、竖直角测量、计算。

3. 重点考核 DJ_6 经纬仪的操作，全圆测回法观测步骤及测量。

一、DJ_6经纬仪的认识与操作

1. DJ_6经纬仪的认识

光学经纬仪按精度等级有：$DJ_{0.5}$、DJ_1、DJ_2、DJ_6、DJ_{15}和 DJ_{20}六级，代号中的“D”和“J”分别是“大地测量”和“经纬仪”的汉语拼音的第一个字母；下标的数字是以秒为单位的精度指标，数字越小，其精度越高。例如，DJ_6 便是6″级光学经纬仪，经纬仪因其精度的等级不同或生产厂家不同，其具体部件的结构可能不尽相同，但它们的基本构造是一样的，见图 2-18。

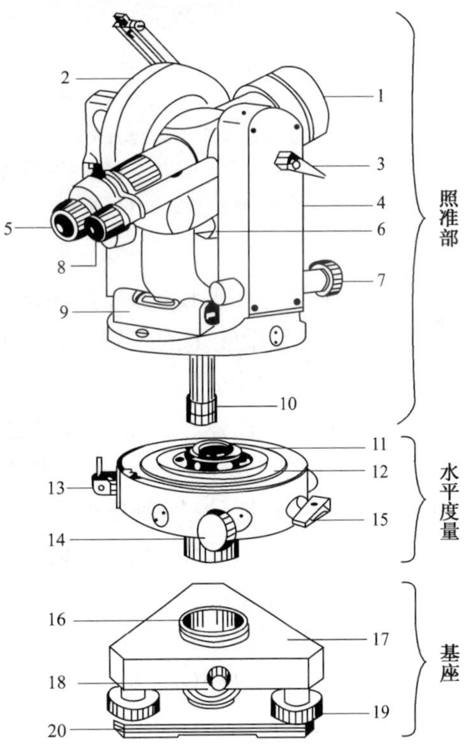

图 2-18　DJ_6 型光学经纬仪的构造

1-物镜；2-竖直度盘；3-望远镜制动螺旋；4-支架；5-目镜；6-竖盘指标水准管微动螺旋；7-望远镜微动螺旋；8-读数显微镜；9-照准部水准管；10-照准部旋转轴；11-轴套；12-水平度盘；13-复测器；14-照准部微动螺旋；15-照准部制动螺旋；16-轴套座孔；17-基座；18-固定螺钉；19-脚螺旋；20-连接板

1）基本构造

图 2-19 为两种 6″级光学经纬仪，图 2-19a）为 DJ_6 －I 型经纬仪、图 2-19b）为 TDJ_6 型经纬仪。

（1）照准部

照准部的构件最多，主要由望远镜、读数显微镜、竖直度盘、支架、照准部水准管、照准部旋转轴、横轴和光学对中器等组成。照准部位于水平度盘的上方，它的望远镜与水准仪的望远镜构造相同，主要用于照准目标。望远镜与竖直度盘安装在同一根旋转轴上，该旋转轴的几何中心线称为横轴。当望远镜旋转时，竖直度盘随之一起转动。为控制望远镜的转动，以便快速准确地照准目标，照准部上配有望远镜制动螺旋和微动螺旋，与竖直度盘配套的有竖盘指标水准管和竖盘指标水准管微动螺旋。目前，大多的经纬仪已不采用竖盘指标水准管，而以自动归零补偿器装置代替。

照准部水准管用来整平仪器，在有的仪器上，除了装有水准管外，还装有圆水准器，用以粗略整平仪器。

读数设备包括一个读数显微镜、测微器以及

一组棱镜和透镜等。

照准部旋转轴的几何中心线称为仪器的竖轴。照准部的旋转是其绕竖轴在水平面上的旋转。为控制照准部的旋转,仪器上装有照准部制动螺旋和微动螺旋(或称为水平制动螺旋和水平微动螺旋)。

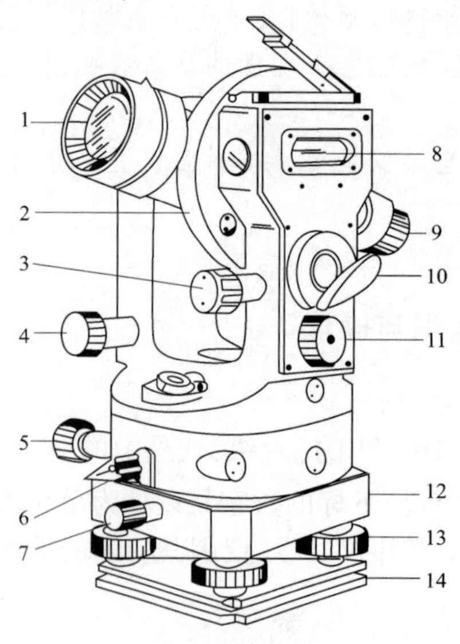

a)DJ_6-Ⅰ型经纬仪

1-物镜;2-竖直度盘;3-竖直指标水准管微动螺旋;4-望远镜微动螺旋;5-水平微动螺旋;6-水平制动螺旋;7-轴座固定螺旋;8-竖盘指标水准管;9-目镜;10-反光镜;11-测微轮;12-基座;13-脚螺旋;14-连接板

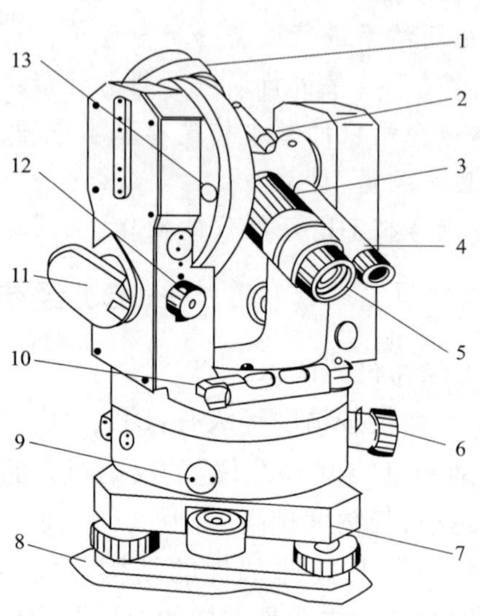

b)TDJ_6型经纬仪

1-物镜;2-照准器; 3-对光螺旋;4-读数显微镜;5-目镜对光螺旋;6-水平制动螺旋;7-基座;8-快速对光板;9-堵盖;10-照准部水准管;11-反光镜;12-自动归零锁紧手轮;13-堵盖

图 2-19　两种 6″级光学经纬仪

光学对中器是在架设仪器时,保证水平度盘的中心与地面上待测角的顶点(通常称为测站点)位于同一铅垂线上的装置。在一些新型的测量仪器中,已有采用激光对点装置。

(2)水平度盘部分

水平度盘主要由水平圆盘、度盘旋转轴、拨盘手轮与轴套组成。

水平圆盘是用光学玻璃制成的圆环,圆环上刻有 0° ~360°的等间隔分划线,并按顺时针方向进行注记,有的还在两刻度线间加刻一短分划线。两相邻分划线间的弧长所对的圆心角,称为度盘分划值,通常为 1°或 30′。

度盘旋转轴是空心的,它套在轴套外面,可使水平度盘在水平面上自由转动。度盘旋转轴的几何中心线应通过水平度盘的中心。

拨盘手轮时用以控制水平度盘转动的装置。

(3)基座部分

基座部分主要由仪器的基座、脚螺旋和连接板组成,另外,基座上还有轴套座孔与固定螺钉。

光学经纬仪三部分之间的相互关系是:水平度盘旋转轴套在轴套外边,照准部旋转轴插入空心轴套之中,上紧照准部连接螺钉后,再将轴套插入基座的轴套座孔内,拧紧基座上的固定螺钉,三部分就连成为一个整体。因此,照准部绕轴套内的竖轴旋转时,是不会带动水平度盘的,只有通过复测器或拨盘手轮,才能使水平度盘转动。

使用经纬仪时要特别注意:切莫随意松动基座上的固定螺钉,以免仪器脱落摔坏。

此外,与经纬仪配套使用的还有脚架和垂球。利用连接板和脚架上的中心螺旋,可使仪器和脚架连接,在中心螺旋挂钩上悬挂垂球也可将水平度盘的中心安置在测站点的铅垂线上。

2)读数装置

为了提高度盘读数精度,光学经纬仪的读数设备采用显微放大和测微装置。显微放大装置就是通过仪器外部的采光镜和内部一系列的棱镜以及由透镜组成的显微物镜,将度盘刻线照亮、转向、放大并成像于读数窗,再通过读数显微目镜在读数窗上读数。测微装置就是在读数窗上测定不足一个度盘分划值的读数装置。

DJ_6光学经纬仪大多采用分微尺读数装置,即在读数窗上刻有分微尺,一般为60格,其总长应与呈现在读数窗上度盘相邻刻线的间隔相等,因此,分微尺就可等分度盘相邻刻线间的分化值。

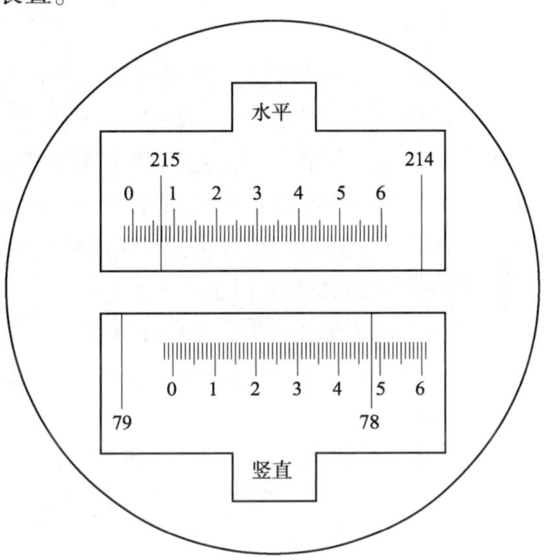

图2-20　分微尺读数

图2-20为DJ_6光学经纬仪从读数显微镜中看到的度盘和分微尺的影像。上面注有“水平”或“H”或“–”的窗口为水平度盘;下面注有“竖直”或“V”或“⊥”的窗口为竖直度盘。

其中,长线和大号数字为度盘刻线和注记,短线和小号数字为分微尺线和注记。度盘分划值为1°,分微尺为60小格,则每小格之值为1′读数时,以分微尺的0刻线为读数指标,先读数落在分微尺上度盘刻线读数,称为度盘读数,也就是整个读数中的“度”数(如图2-20所示的水平盘为215°)。再以度盘刻线(图2-20中215°对应的长线)为准,在分微尺上读出度盘刻线与指标(0刻线)间小于度盘分划值的读数,估读至0.1小格(6″),称为分微尺读数(如图2-20所示的水平盘为7.5小格,其读数即为7.5′,应该为7′30″)。度盘读数加分微尺读数即为全读数,例如,图2-16所示的水平度盘读数为215°07′30″;竖直度盘的读数为78°48′18″。

2. DJ_6经纬仪器的基本操作(相关资源见二维码6)

经纬仪的操作包括对中、整平、照准和读数四项。其中,对中和整平时在测站点上安置经纬仪的基本工作。

二维码6

1)对中

对中的目的是使经纬仪水平度盘的中心(仪器的竖轴)与测站点位于同一垂线上,常用的对中方法有垂球对中和光学对中两种。

垂球对中的方法是:先张开脚架,在脚架中心螺旋的小挂钩上挂好垂球,目估使脚架顶端大致水平,前后、左右平移脚架,使垂球尖尽可能地对准测站点,然后分别踏实三只架腿。将仪器从箱中取出,用连接螺旋将其固定在脚架上,如果垂球尖尚未完全对准测站点,可旋松连接螺旋,在脚架顶面孔径内移动仪器直至完全对准为止,再轻轻拧紧中心连接螺旋。但是,若垂球尖偏离离测站点较大,无法对中,则须将三脚架作平行移动。

目前,多采用光学对中器对中,其做法是:将仪器安置在测站点上,使架头大致水平,三个脚螺旋的高度适中(使其在中间位置最好),目估尽可能使仪器中心位于测站点的铅垂线上,踏实脚架腿。转动光学对中器的目镜调光螺旋,使分划板的中心圈(有的经纬仪采用十字丝)清晰,再拉出或推进对中器镜筒作物镜调焦,使测站点标志成像清晰。观察光学对中器、移动两个脚架使分划板圆心对准测站点,然后用脚架的伸缩螺旋调整腿架长度,使圆水准器气泡居中,再用脚螺旋整平照准部的水准管,用光学对中器观察测站点是否偏离分划板的圆心。如果偏离,稍微松开脚架连接螺旋,在架头上移动仪器,分划板圆心对准测站点后旋紧连接螺旋,重新整平仪器,直至整平仪器后,分划板圆心对准测站点为止。可以看出,使用光学对中器,对中和整平是同时完成的。

2)整平

整平的目的是使仪器的竖轴位于铅垂线方向上,亦即是使水平度盘处于水平位置。整平通常是由三个脚螺旋来完成,但由于脚螺旋的调整范围有限,若仪器的竖轴倾斜过大,则无法将其整平。因此,一般先用照准部上的圆水准器概略整平。这种概略整平应与仪器的对中同时进行,即挪动或踏实脚架时,须兼顾圆水准器的气泡使之大致居中,只有在已经对中和概略整平的基础上,方可进行精确整平。

精确整平的具体过程是:

(1)转动照准部,使照准部水准管与任意两个脚螺旋1、2的连线平行,如图2-21a)所示,两手以相反方向旋转1、2两脚螺旋,使水准管气泡居中,气泡移动方向与左手大拇指转动方向一致。

(2)将照准部水平旋转90°,如图2-21b)所示,转动另一个脚螺旋3,使水准管气泡居中。

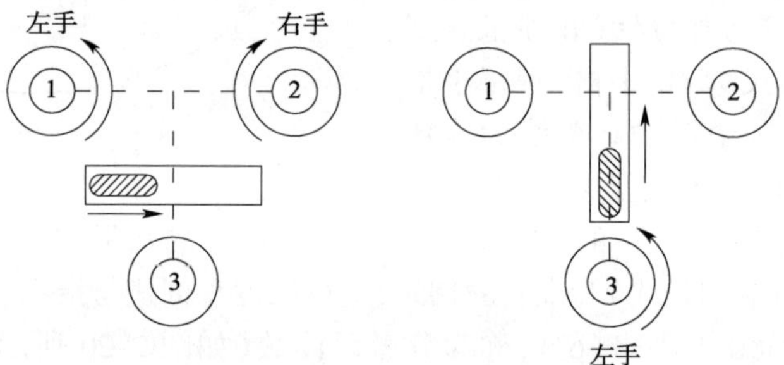

图2-21　照准部水准管整平方法

(3)以上操作要反复进行,直到照准部水平旋转至任意位置,水准管气泡均居中为止。

需要说明的是,此时的整平一般会破坏前已完成的对中,因此,还应再次对中,只需稍稍松开中心连接螺旋,在架头孔径内平移仪器,使对中器分划板的中心圈(十字丝)于测站点标志的影像严格重合,旋紧中心连接螺旋。对中和整平应反复进行,直至对中与整平同时满足要求为止。

用垂球的对中精度小于3mm;用光学对中器的对中精度可达1mm。

3)照准

照准的目的是:使要照准的目标点在望远镜中的影像与十字丝的交点重合,照准时先调节望远镜的目镜对光螺旋,使十字丝清晰。然后,利用望远镜上的照门和准星或瞄准器粗略照准目标点,拧紧望远镜的制动螺旋和水平制动螺旋,进行物镜对光使目标影像清晰,并消除视差。最后,转动水平微动螺旋和望远镜微动螺旋,使十字丝的交点与目标点重合。

测量水平角时,照准时应尽量照准目标的底部。

4）读数

读数的目的是：读出指标线所指的度盘读数。读数时，先将采光镜张开成适当的角度，调节镜面朝向光源，照亮读数窗。调节读数显微镜的对光螺旋，使度盘和测微尺影像清晰，然后，按测微装置类型和前述的读数方法读取度盘的读数。

以上是经纬仪的四项基本操作。除此之外，有时在测量水平角时，为了减少度盘分划不均匀的误差影响，需将水平度盘配置为略大于00°00′00″或其他指定的读数（如90°00′00″），该工作称为水平度盘的配置。由于仪器的构造不同，配置度盘的方法也有所不同，现大多采用拨盘手轮进行配置，其做法是：先将望远镜照准目标，打开拨盘手轮护盖，转动手轮，同时观察读数显微镜，使水平度盘的读数略大于00°00′00″或其他指定的读数，然后盖上拨盘手轮护盖。

二、DJ_2 经纬仪器的认识与操作（相关资源见二维码7）

图2-22为苏州第一光学仪器厂生产的 DJ_2－I型光学经纬仪的外形及各外部构件的名称，它属于 DJ_2 级经纬仪。

二维码7

DJ_2 光学经纬仪由于精度较高，一般用于一些精密工程测量。这类仪器的基本构造类似于 DJ_6 级经纬仪，而与 DJ_6 级的区别主要是读数设备和读数方法的不同。

（1）DJ_2 光学经纬仪采用对径分划线影像符合的读数装置，即取度盘对径（直径两端）相差180°处的两个读数的平均值，由此，可以消除照准部偏心误差的影响，从而提高读数的精度。

（2）DJ_2 光学经纬仪在读数显微镜中一次只能看到水平度盘或竖直度盘中的一种影像，但可以通过旋转仪器的换像手轮来转换两个度盘的影像。

（3）DJ_2 光学经纬仪设置双光楔测微器，在度盘对径两端分划线的光路中各安装一个固定光楔和一个移动光楔，移动光楔与测微尺相连，入射光线经过一系列棱镜和透镜后，将度盘某一直径两端的分划影像同时反映到读数显微镜内，并被横线分隔开为正像和倒像，如图2-22所示，为读数显微镜中的度盘对径分划像（右边）和测微器分划像（左边），度盘的数字注记为"度"数，测微器分划左边注记为"分"数，右边注记为"十秒"数。

图2-23为从 DJ_2 光学经纬仪的读数显微镜中看到的影像，可按下述规则读数：

（1）转动测微手轮，在读数显微镜中可以看到度盘对径分划线的影像（正像与倒像）在相对移动，直至精确对齐为止。

（2）找出正像与倒像相差180°的分划线（正像分划线在左，倒像分划线在右），读出正像注记的数为"度"数，图中应为30°。

（3）正像读出的"度"数分划线（30°线）与相差180°的倒像分划线（30°＋180°＝210°线）之间的格数（图中为2格）乘以10′，即为整"十分"数，图中为2×10′＝20′。

（4）在左边的测微尺上按指标线读出不足10′的"分"数和"秒"数，测微尺上左侧为"分"数，右侧为"秒"数，图中为8′12″。

（5）将以上两个窗口所读取的三个读数相加，即得完整的度盘读数，图中为30°＋20′＋8′12″＝30°28′12″。

为使读数方便且不易出错，近几年生产的 DJ_2 光学经纬仪采用了半数字化的读数方法。如图2-24所示，"度"数和"十分"数、度盘对径分划影像以及测微器读数，分别出现在三个窗口，读数时，首先转动测微手轮，使中间窗口的度盘对径上、下分划影像严格对齐，然后，从上面的度盘读数窗口读出较小的注记数为“度”数（图中为32°）和“十分”数（图中为2×10′=20′），再从最下方的测微器窗口读出“分”数和“秒”数，上排为“分”数（图中为4′），下排为“秒”数（图中为34″），最后将上述所读之数相加，即得完整的度盘读数，图中为：32°+20′+4′+34″=32°24′34″。

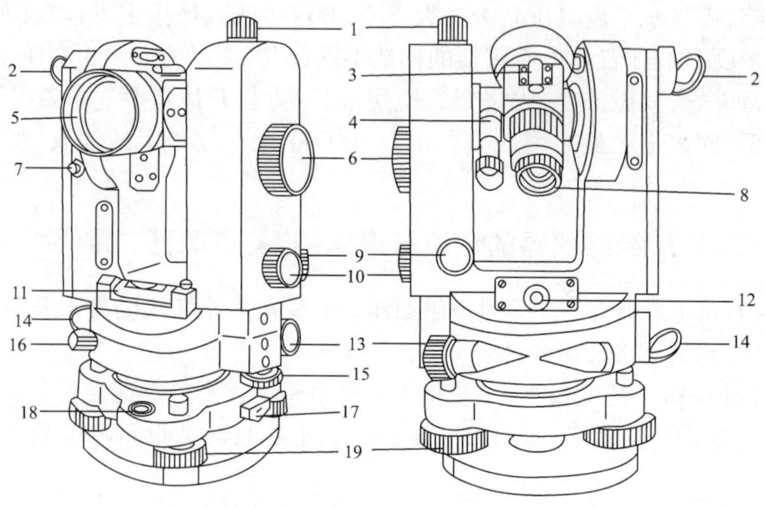

图 2-22　DJ_2 光学经纬仪

1-望远镜制动螺旋；2-竖直度盘照明镜；3-瞄准器；4-读数目镜；5-望远镜物镜；6-测微轮；7-补偿器按钮；8-望远镜目镜；9-望远镜微动螺旋；10-度盘换像手轮；11-照准部水准管；12-光学对中器；13-水平微动螺旋；14-水平度盘照明镜；15-水平度盘位置变换轮；16-水平制动螺旋；17-仪器锁定钮；18-基座圆水准器；19-脚螺旋

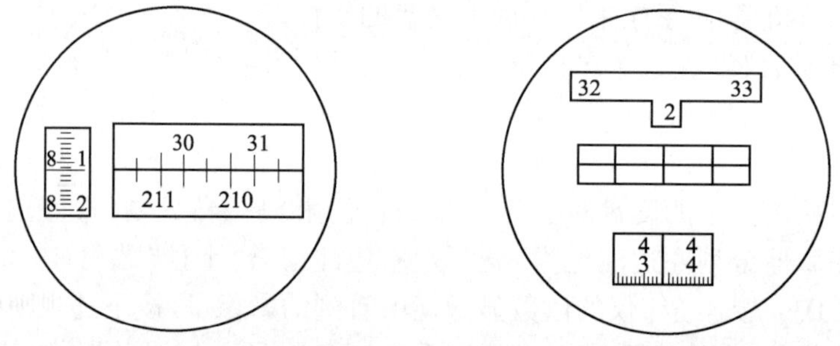

图 2-23　DJ_2 光学经纬仪度盘读数　　图 2-24　DJ_2 光学经纬仪数字化度盘读数

需要注意的是，由于 DJ_2 光学经纬仪的读数显微镜内，一次只能看到水平度盘或竖直度盘中的一种影像，因此，在读数时应使换像手轮处于正确的位置：在读水平盘时，换像手轮上的刻线必须处于水平位置；在读竖直度盘时，换像手轮上的刻线必须处于竖直位置，否则读数是错误的。

三、经纬仪角度测量（相关资源见二维码 8）

为确定一点的空间位置，角度是需要测量的基本要素之一，所以角度测量是一种基本的测量工作。角度可分为水平角和竖直角。水平角是指从空间一点出发的两个方向在水平面上的投影所夹的角度；而竖直角是指某一方向与其在同一铅垂面内的水平线所夹的角度。

二维码 8

如图2-25a)所示,设有从 O 点出发的 OA、OB 两条方向线,分别过 OA、OB 的两个铅垂面与水平面 H 的交线 O_1A_1 和 O_1B_1 所夹的 $\angle A_1O_1B_1$,即为 OA、OB 间的水平角 β。因此,水平角 β 就是过 OA、OB 方向的两个竖直平面所夹二面角的平面角。

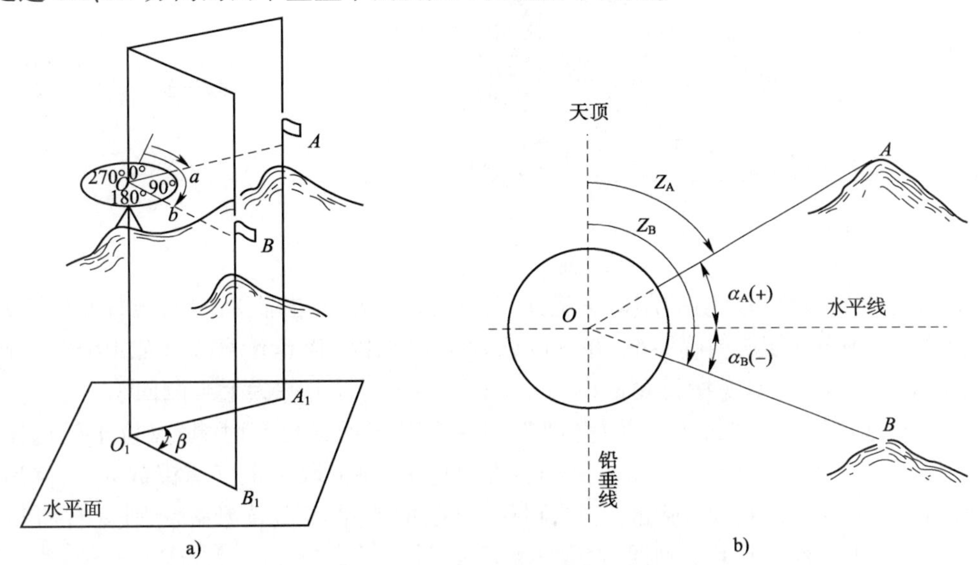

图2-25 角度测量原理

如果在 O 点水平放置一个度盘,且度盘的刻画中心与 O 点重合,则两投影方向 O_1A_1 和 O_1B_1 在度盘上的读数之差即为 OA 与 OB 间的水平角值。水平角的取值范围是 0°~360°,没有负值。

竖直角是在同一个竖直平面内倾斜视线与水平线间的夹角,通常以 α 表示[(图2-25b)]。由于竖直角是由倾斜方向与在同一铅垂面内的水平线构成的,而倾斜方向可能向上,也可能向下,所以竖直角要冠以符号。倾斜视线在水平线的上方,称为仰角 α_A,用正号"+"表示;反之称为俯角 α_B,用负号"-"表示。

实际上,水平度盘并不一定要放在过 O 的水平面内,而是可以放在任意水平面内,但其刻画中心必须与过 O 的铅垂线重合。因为只有这样,才可根据两方向读数之差求出其水平角值。同理;竖直度盘也不一定要在所测方向的铅垂面内,只要位于与其平行的铅垂面内,且使刻画中心位于过 O 点且垂直于该铅垂面的直线上即可。

1. DJ_6 经纬仪器水平角测量(相关资源见二维码9)

水平角的观测方法有很多种,公路工程测量中最常用的是测回法。

当所测的角度只有两个方向时,通常都用测回法观测。如图2-26所示,欲测 OA、OB 两方向之间的水平角 $\angle AOB$ 时,在角顶 O 安置仪器,在 A、B 处设立观测标志。经过对中、整平以后,即可按下述步骤观测。

二维码9

(1)松开照准部及望远镜的制动螺旋。利用望远镜上的粗瞄器,以盘左(竖盘在望远镜视线方向的左侧时称盘左,又称正镜)粗略照准左方目标 A。关紧照准部及望远镜的制动螺旋,再用微动螺旋精确照准目标,同时需要注意消除视差及尽可能照准目标的下部。对于细的目标,宜用单丝照准,使单丝平分目标像;而对于粗的目标,则宜用双丝照准,使目标像平分双丝,以提高照准的精度。最后读取该方向上的读数 $a_{左}$(如118°47′00″),记入记录手簿(表2-4)。

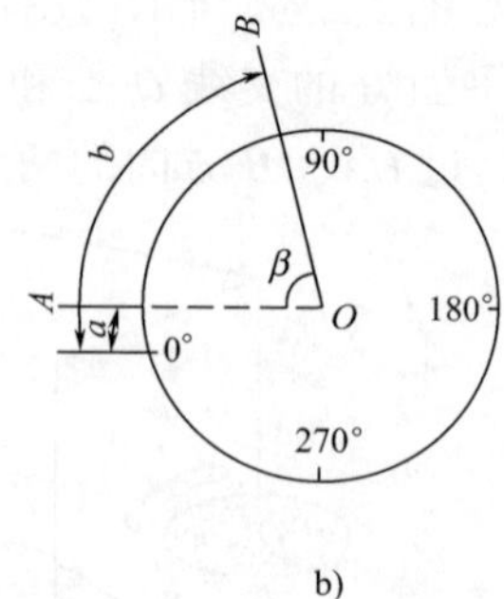

图 2-26　水平角观测与计算

（2）松开照准部及望远镜的制动螺旋，顺时针方向转动照准部，粗略照准右方目标 B。再关紧制动螺旋，用微动螺旋精确照准，并读取该方向上的水平度盘读数 $b_{左}$（如 191°23′00″），记入记录手簿（表 2-4）。盘左所得角值即为：$\beta_{左}=b_{左}-a_{左}$，以上称为上半测回。

（3）将望远镜纵转 180°，改为盘右（即观测者面对望远镜目镜时，竖盘位于望远镜的右侧，此种仪器状态又称为倒镜）。重新照准右方目标 B，并读取水平度盘读数 $b_{右}$。然后顺时针或逆时针方向转动照准部，照准左方目标 A。读取水平度盘读数 $a_{右}$，则盘右所得角值 $\beta_{右}=b_{右}-a_{右}$，以上称为下半个测回。

当两个半测回角值之差不超过规定限值时，取盘左盘右所得角值的平均值 $\beta=(\beta_{左}+\beta_{右})/2$，即为一测回的角值。根据测角精度的要求，可以测多个测回而取其平均值，作为最后成果。观测结果应及时记入手簿，并进行计算，看是否满足精度要求。手簿的格式如表 2-4所示。

测回法观测手簿　　表 2-4

测　站	盘　位	目　标	水平度盘读数（° ′ ″）	半测回角值（° ′ ″）	一个测回角值（° ′ ″）	备　注
O	左	*A*	118 47 00	72 36 00	72 36 12	
		B	191 23 00			
	右	*B*	11 23 24	72 36 24		
		A	298 47 00			

值得注意的是：上下两个半测回所得角值之差，应满足有关测量规范规定的限差，对于 DJ_6 级经纬仪，限差一般为 ±40″。如果超限，则必须重测。如果重测的两半测回角值之差仍然超限，但两次的平均角值十分接近，则说明这是由于仪器误差造成的。取盘左盘右角值的平均值时，仪器误差可以得到抵消，所以各测回所得的平均角值是正确的。

两个方向相交可形成两个角度，计算角值时始终应以右边方向的读数减去左边方向的读数。如果右方向读数小于左方向读数，则应先加 360° 后再减，例如表 2-4 中 $\beta_{右}$ = 11°23′24″ + 360° − 298°47′00″ = 72°36′24″。若用 298°47′00″ − 11°23′20″ = 287°23′40″，所得的则是∠AOB的外角。所以测得的是哪个角度与照准部的转动方向无关，与先测哪个方向也无关，而是取决于用哪个方向的读数减去哪个方向的读数。在下半测回时，仍要顺时针转动照准部，是为了消减度盘带动误差的影响。

二维码 10

2. DJ_6 经纬仪器竖直角测量（相关资源见二维码 10）

1）竖直度盘的构造

为测竖直角而设置的竖直度盘(简称竖盘)固定安置于望远镜旋转轴(横轴)的一端,其刻画中心与横轴的旋转中心重合。所以在望远镜作竖直方向旋转时,度盘也随之转动。另外有一个固定的竖盘指标,以指示竖盘转动在不同位置时的读数,这与水平度盘是不同的。

经纬仪有用于测量竖直角的竖直度盘。竖直度盘部分包括竖盘、竖盘指标水准管和竖盘指标水准管微动螺旋。新型经纬仪多采用自动归零装置替代竖盘指标水准管。竖盘固定在望远镜横轴的一端,其面与横轴垂直,如图 2-27 所示。

当望远镜绕横轴转动时,读数窗上的竖盘影像也随之变动而指标是不动的,竖盘指标为分微尺的零分划线,它与竖盘指标水准管固连在一起。在正常情况下,当转动竖盘指标水准管微动螺旋,使竖盘指标水准管气泡居中时,竖盘指标即处于正确位置。

竖直度盘的刻画也是在全圆周上刻为 360°,但注记的方式有顺时针及逆时针两种。通常在望远镜方向上注以 0°及 180°,如图 2-28 所示。在视线水平时,指标所指的读数为 90°或 270°。竖盘读数也是通过一系列光学组件传至读数显微镜内读取。

当仪器处于盘左状态且望远镜视线水平时,指标应正好指向 90°;而当仪器处于盘右状态而且望远镜视线水平时,指标应正好指向 270°,这便是竖盘指标与竖盘读数之间的正确关系。竖盘亦是玻璃圆盘,与水平度盘相似,但竖盘的刻画注记形式有顺时针全圆注记和逆时针全圆注记两种,如图 2-28 所示。

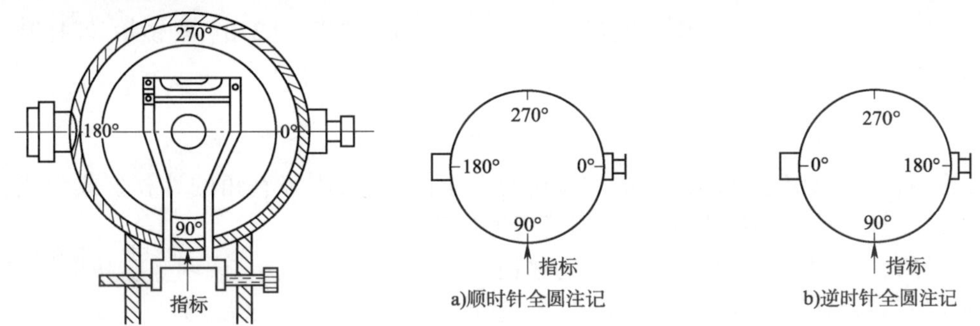

图 2-27　经纬仪器竖盘构造　　　　图 2-28　经纬仪器竖盘刻画注记形式

2)竖直角的计算

如表 2-5 所示,根据竖盘的构造及竖直角的定义可知,竖直角的大小可由倾斜视线的竖盘读数与水平视线的应有读数(盘左 90°、盘右 270°)相减求得,但因竖直角有正、负之分,且各种仪器的竖盘注记形式又不相同,故二者何为减数,何为被减数则有不同。因此,在观测前,必须按下述方法判定所用仪器的竖直角计算公式。

竖盘度数与竖直角计算　　　　表 2-5

盘位	视 线 水 平	视线向上(仰角)	视线向下(俯角)
盘左	270° 0° 180° 90°	α 270° 0° 180° 90° L $\alpha_{左}$ $\alpha_{左}=L-90°$	270° 180° −α 0° 90° L $\alpha_{左}$ $\alpha_{左}=-(90°-L)=L-90°$

续上表

盘位	视线水平	视线向上(仰角)	视线向下(俯角)
盘右	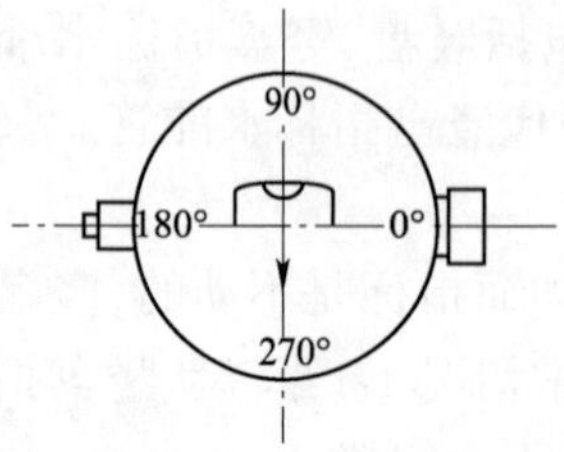 90° 180° 0° 270°	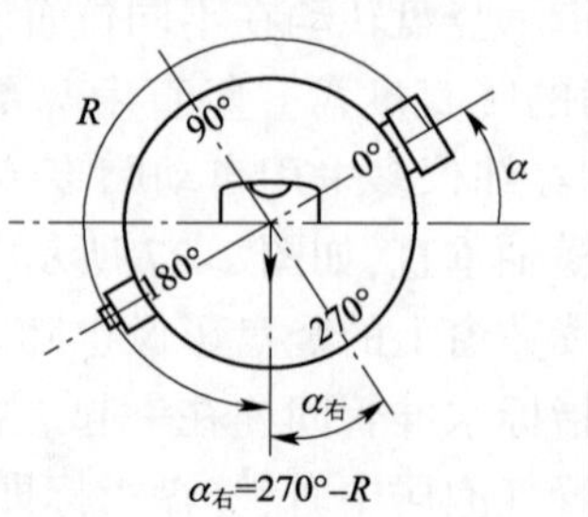 R 90° 0° α 180° 270° $\alpha_{右}$ $\alpha_{右}=270°-R$	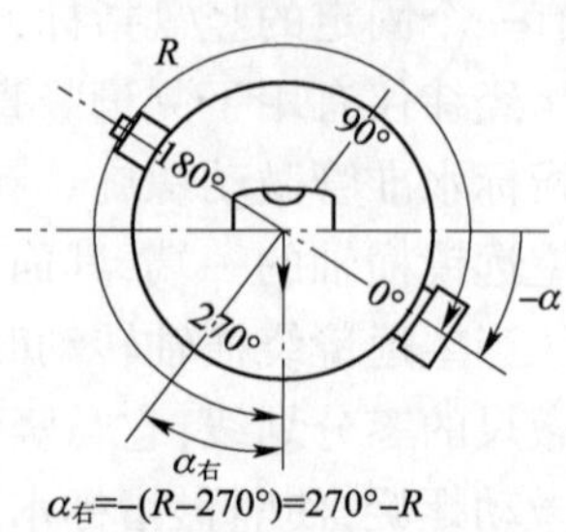 R 90° 180° 0° 270° $-\alpha$ $\alpha_{右}$ $\alpha_{右}=-(R-270°)=270°-R$

架设仪器时,首先使仪器处于盘左状态,目估使望远镜处于大致水平,此时可以观察出竖盘的读数,应为 90°左右(当视线水平时读数为 90°),然后慢慢抬高望远镜的物镜,观察竖盘读数的变化是增大还是减小。

若竖盘读数 L 增大,说明竖盘按逆时针全圆注记。由于仰角必为正值,故盘左时,竖直角值应按下式计算:

$$\alpha_{左} = L - 90° \tag{2-1}$$

同法以盘右状态观察,当望远镜视线水平时的竖盘读数应为 270°,物镜抬高时的竖盘读数 R 减小,由于仰角必为正值,故盘右时,竖直角值应按下式计算:

$$\alpha_{右} = 270° - R \tag{2-2}$$

结论:若经纬仪竖盘刻画注记形式按逆时针全圆注记,则竖直角的计算公式为式(2-1)和式(2-2)。计算结果为负值,说明所测竖直角为俯角。

若仪器处于盘左状态,抬高望远镜的物镜时,竖盘读数 L 减小,说明竖盘按顺时针全圆注记,此时竖直角计算公式为:

$$\alpha_{左} = 90° - L \tag{2-3}$$

$$\alpha_{右} = R - 270° \tag{2-4}$$

从以上竖直角计算公式中可以归纳出竖直角计算的一般公式。

在观测竖直角前,首先判断物镜抬高(仰角)时,竖盘读数时增加还是减小,然后按下述方法进行计算:

物镜抬高(仰角)时,读数增大,则:

α = 照准目标时竖盘的读数 − 视线水平时竖盘的读数

物镜抬高(仰角)时,读数减小,则:

α = 视线水平时竖盘的读数 − 照准目标时竖盘的读数

上述方法,不论何种注记形式,无论是盘左还是盘右,都是适用的。

3)竖盘指标差

上述竖直角的计算公式是一种理想的情况,竖盘指标水准管气泡居中时,竖盘读数为 90°或 270°。但实际上这种情况是无法实现的,而是竖盘指标水准气泡居中时,竖盘指标不是正好指在 90°或 270°这个整数上,而是与这个整数相差一个 x 角,此 x 角称为竖盘指标差。如图 2-29 所示,竖盘指标的偏移方向与竖盘注记增加方向一致时,x 为正值,反之为负值。

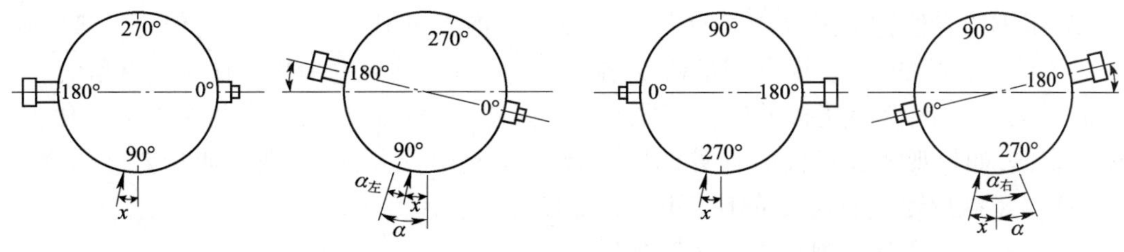

a)盘左　　b)盘右

图2-29　竖盘指标差

由于竖盘指标差的存在,则计算竖直角的式(2-1)和式(2-2)应改写为:

$$\alpha_{左} = L - 90° - x \tag{2-5}$$

$$\alpha_{右} = 270° - R + x \tag{2-6}$$

而式(2-3)和式(2-4)应改写为:

$$\alpha_{左} = 90° - (L - x) = 90° - L + x \tag{2-7}$$

$$\alpha_{右} = (R - x) - 270° = R - 270° - x \tag{2-8}$$

从上面可以看出,在计算竖直角时,若取盘左、盘右测得的竖直角的平均值,可以自动消除竖盘指标差的影响。因此,在竖直角观测时,一般应取盘左、盘右测得的竖直角的平均值作为竖直角值。

$$\alpha = \frac{\alpha_{左} - \alpha_{右}}{2} \tag{2-9}$$

且令 $\alpha_{左} = \alpha_{右}$,即可得出竖盘指标差的计算公式:

$$x = \frac{L + R - 360°}{2} \tag{2-10}$$

4)竖直角的观测

由于望远镜视准轴水平时的竖盘读数为已知常数(90°或270°),故竖直角观测不必观测视线水平方向,只需观测目标点,并读得该倾斜视线方向的竖盘读数,即可按前述公式求得竖直角。因此,竖直角的基本观测方法是将经纬仪安置在测站点上,对中、整平及判定注记形式后,按下述步骤进行观测:

(1)盘左精确照准目标,使十字丝的中丝与目标相切。转动竖盘指标水准管微动螺旋,使竖盘指标水准管气泡居中(自动归零型仪器无须此项操作,但有补偿器开关的仪器必须打开补偿器的开关)。读取竖盘读数 L(如59°29′48″),并记入记录手簿(表2-6)。

(2)盘右精确照准原目标,使十字丝的中丝与目标相切。转动竖盘指标水准管调整螺旋,使竖盘指标水准气泡居中(自动归零型仪器无须此项操作)。读取竖盘读数 R(如300°29′48″),并记入记录手簿(表2-6)。

竖直角观测记录手簿　　表2-6

测站	目标	盘位	竖盘读数 (° ′ ″)	半测回竖直角 (° ′ ″)	指标差 (° ′ ″)	一测回竖直角 (° ′ ″)	备注
O	A	左	59 29 48	+30 30 12	−12	+30 30 00	
		右	300 29 48	+30 29 48			
	B	左	93 18 42	−3 18 42	−14	−3 18 54	
		右	266 40 54	−3 19 06			

(3)根据竖盘注记形式选用竖直角计算公式。将 L、R 代入相应公式，便可计算出竖直角。为了消除仪器的误差，提高测量精度，应取盘左、盘右结果的平均值作为竖直角值。

需要说明的是：竖盘指标差属于仪器本身的误差，一般情况下，竖盘指标差的变化很小，可视为定值，如果观测各目标时计算的竖盘指标差变动较大，说明观测质量差。通常规定 DJ_6 经纬仪竖盘指标差的变动范围应不超过 ±15″。

3. DJ_6 经纬仪角度观测误差及注意事项

1)角度观测的误差

角度测量误差来自仪器误差、观测误差和外界条件影响三个方面。

(1)仪器误差

仪器误差的主要来源有两个方面：

①仪器制造、加工不完善所引起的误差。如照准部偏心差和度盘刻画误差，属于仪器制造误差。照准部偏心差是指照准部旋转中心与水平度盘中心不重合，导致指标在刻度盘上读数时产生误差，这种误差可采取盘左、盘右取平均值的方法来消除。度盘刻画误差是指度盘分划不均匀所造成的误差，就现代光学经纬仪而言，此项误差一般都很小，可在水平角观测中，采用不同测回之间变换度盘位置的方法来进一步减小其影响。

②仪器检校不完善的残余误差。经纬仪各部件(轴线)之间，如果不满足应有的几何条件，就会产生仪器误差，即使经过校正，也难免存在残余误差。例如，视准轴不垂直于横轴、横轴不垂直于竖轴的残余误差对水平角观测的影响，以及竖盘指标差的残余误差对竖直角观测的影响等。通过分析研究可知，这些误差均可采用盘左、盘右两次观测，然后取两次结果平均值的方法来消除。而十字丝竖丝不垂直于横轴的误差影响，可采用每次观测时均采用十字丝交点照准目标的观测方法予以消除。

(2)观测误差

观测误差是指观测者在观测操作过程中产生的误差。例如：对中误差、整平误差、标杆倾斜误差、照准误差和读数误差等。

对中误差：在测站点上安置经纬仪，必须进行对中。仪器安置完毕后，仪器的中心未位于测站点铅垂线上的误差，称为对中误差对中误差对水平角观测的影响与待测水平角边长成反比。所以，当要测水平角的边长较短时，尤应注意仔细对中。

整平误差：仪器安置未严格水平而产生的误差。整平误差导致水平度盘不能严格水平，竖盘及视准面不能严格竖直。它对测角的影响与目标的高度有关，若目标与仪器同高，其影响很小；若目标与仪器高度不同，其影响将随高差的增大而增大。因此，在丘陵、山区观测时，必须精确整平仪器。

标杆倾斜误差(又称目标偏心误差)：是指在观测中，实际瞄准的目标位置偏离地面标志点而产生的误差。如图 2-30 所示，O 为测站点，A 为目标点(地面标志点)，边长为 d，在目标点 A 处竖立标杆作为照准标志。若标杆倾斜，测角时未能照准标杆底部 A 而照准了 B 点，设 B 点至标杆底端 A 的长度为 l，则照准点偏离目标而引起目标偏心差；标杆倾斜误差对竖直角观测的影响与标杆倾斜的角度、方向、距离以及竖直角大小等因素有关。由于竖直角观测时通常均照准标杆顶部，当标杆倾斜角大时，其影响不容忽略，故在观测竖直角时应特别注意竖直标杆。

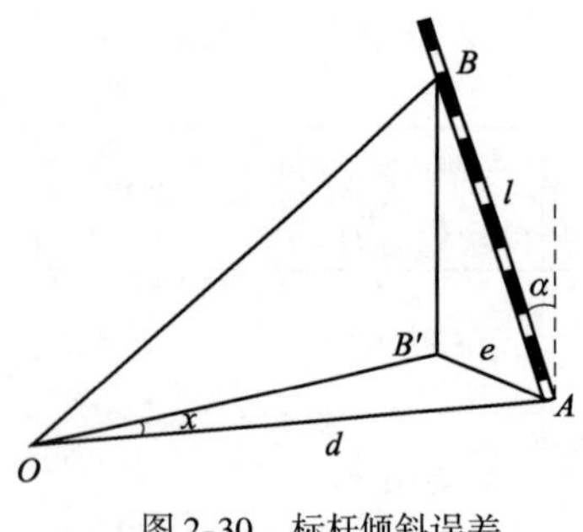

图 2-30　标杆倾斜误差

照准误差:影响照准精度的因素很多,如人眼的分辨角、望远镜的放大率、十字丝的粗细、目标的形状及大小、目标影像的亮度、清晰度以及稳定性和大气条件等。所以尽管观测者已经尽力照准目标,但仍不可避免地存在程度不同的照准误差。此项误差无法消除,只能选择适宜的照准目标,在其形状、大小、颜色和亮度的选择上多下功夫,改进照准方法,仔细完成照准操作。这样,方可减少此项误差的影响。

读数误差:读数误差是指对测微装置估读的误差,它主要取决于仪器的读数设备,它与照明情况和观测者的技术熟练程度有一定关系,一般误差值为测微器最小格值的1/10。

(3)外界条件的影响

外界条件的影响很多,也比较复杂。如大风会影响仪器和标杆的稳定,温度变化会影响仪器的正常状态,大气折光会导致光线改变方向,地面辐射又会加剧大气折光的影响,雾气使目标成像模糊,烈日曝晒会使仪器轴系关系发生变化,地面土质松软会影响仪器的稳定等,都会给测量带来误差。

2)角度观测的注意事项

为了保证测角的精度,满足测量的要求,观测时必须注意下列事项:

(1)观测前应先检验仪器。发现仪器有误差应立即进行校正,并在观测中采用盘左、盘右取平均值和用十字丝照准等方法,减小和消除仪器误差对观测结果的影响。

(2)安置仪器要稳定,脚架应踏牢。对中整平应仔细,短边时应特别注意对中,在地形起伏较大的地区观测时,应严格整平。

(3)目标处的标杆应竖直。根据目标的远近选择不同粗细的标杆。

(4)观测时应严格遵守各项操作规定。例如,照准时应消除视差;水平角观测时,切勿误读度盘;竖直角观测时,应在读取竖盘读数前,显示指标水准管气泡居中等。

(5)水平角观测时,应以十字丝交点附近的竖丝照准目标根部。竖直角观测时,应以十字丝交点附近的横丝照准目标顶部。

(6)读数应准确。观测时应及时记录和计算。

(7)各项误差值应在规定的限差以内,超限必须重测。

四、全站仪的认识与操作

目前,全站仪在现代工程中基本得到普及,世界上许多著名测绘仪器厂商均生产各种型号的全站仪。例如,日本索佳(SOKKIA),尼康(Nikon),托普康(TOPCON),宾得(PENTAX),瑞士徕卡(Leica),德国蔡司(Zeiss),美国天宝(Trimble),我国南方 NTS 系列,苏光 OTS 系列,RTS 系列,等等。图 2-31 为各种类型的全站仪。

1. 全站仪基本结构和特点

全站仪(total station)是由电子测角、光电测距、微型机及其软件组合而成的智能型光电测量仪器,其结构组成如图 2-32 所示。

全站仪的基本功能是测量水平角、竖直角和斜距,借助于机载程序,可以组成多种测量功能,如计算并显示平距、高差及镜站点的三维坐标,进行偏心测量、悬高测量、对边测量、后方交会测量、面积计算等。

全站仪的主要特点如下:

1)三同轴望远镜

在全站仪的望远镜中,照准目标的视准轴、光电测距的红外光发射光轴和接收光轴是同轴的，其光路如图2-33所示。因此，测量时使望远镜照准目标棱镜的中心，就能同时测定水平角、垂直角和斜距。

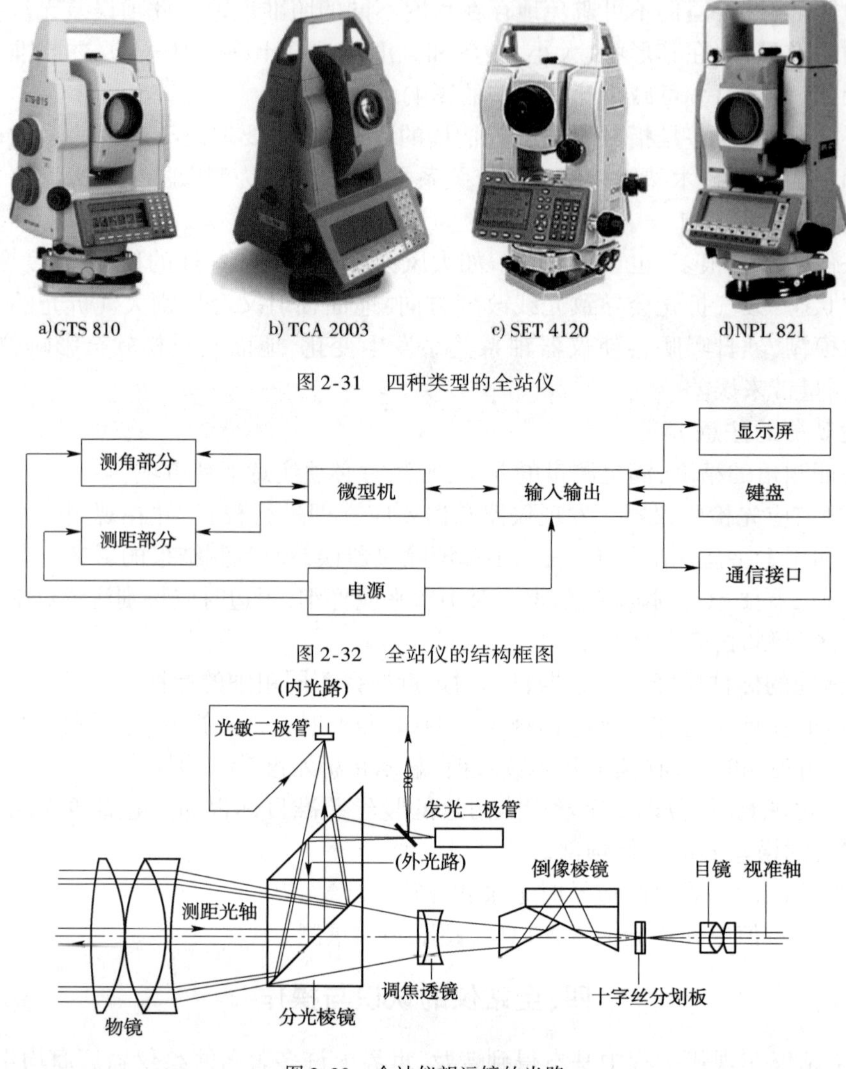

图2-31 四种类型的全站仪

图2-32 全站仪的结构框图

图2-33 全站仪望远镜的光路

2）键盘

全站仪测量是通过键盘输入指令进行操作的，键盘上的键分硬键和软键两种。每个硬键有一个固定功能，或兼有第二、第三功能；软键（一般为F1、F2、F3、F4等）的功能通过屏幕最下一行相应位置显示的字符提示，在不同的菜单操作下，软键一般具有不同的功能。现在的国产全站仪和大部分进口全站仪一般都实现了全中文显示，操作界面非常直观和友好，这也极大地方便了全站仪的操作。

3）数据存储与通信

主流全站仪机内一般都带有可以存储3 000个点观测数据的内存，有些还配有储存卡来增加存储容量。仪器上设有一个标准的RS-232C通信接口，使用专用电缆与计算机的COM连接，通过专用软件可以实现全站仪与计算机的双向数据传输。

4）倾斜传感器

当仪器未精确整平而使竖轴倾斜时，引起的角度观测误差不能通过盘左、盘右观测取平均抵消。为了消除竖轴倾斜误差对角度观测的影响,全站仪上一般设置有电子倾斜传感器,当它处于打开状态时,仪器能自动测量出竖轴倾斜的角度值,据此计算出对角度观测的影响值并显示出来,同时自动对角度观测进行改正。

2. 全站仪辅助设备

1)反射棱镜

在用全站仪进行除角度测量之外的所有测量工作时,反射棱镜是必不可少的合作目标(图2-34)。

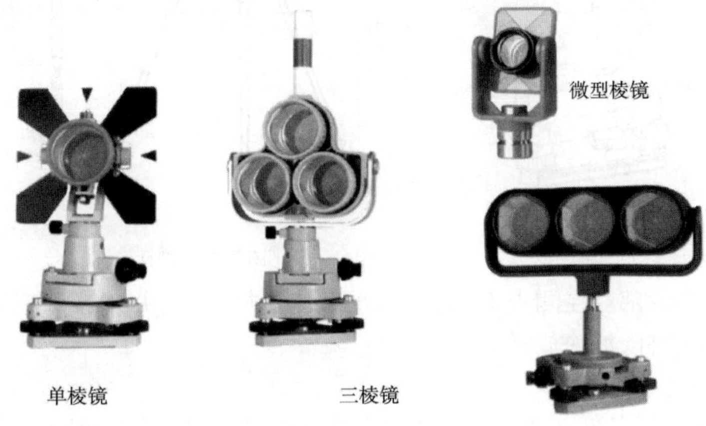

图2-34 各种类型的反射棱镜

构成反射棱镜的光学部分是直角光学玻璃锥体。它如同在正方形玻璃上切下的一角,如图2-35所示。图中 *ABC* 为透射面,呈等边三角形;另外三个面 *ABD*、*BCD* 和 *CAD* 为反射面,呈等腰直角三角形。反射面镀银,面与面之间相互垂直。由于这种结构的棱镜,无论光线从哪个方向入射透射面,棱镜必将入射光线反射回入射光的发射方向。因此测量时,只要棱镜的透射面大致垂直于测线方向,仪器便会得到回光信号。

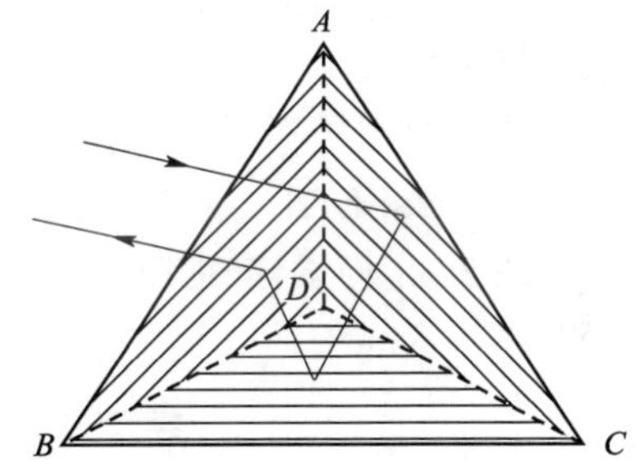

图2-35 反射棱镜的光学原理

(1)棱镜常数

由于光在玻璃中的折射率为1.5～1.6,而在空气中的折射率近似等于1,也就是说,光在玻璃中的传播要比空气中慢,因此,光在反射棱镜中传播所用的超量时间会使所测距离增大某一数值,通常我们称作棱镜常数。棱镜常数由厂家提供,或直接在棱镜上标出,供测距时修正使用。

(2)棱镜安置

观测时采用一块棱镜,称为单棱镜。根据测程的不同,可以选用三棱镜、九棱镜等。根据测量的精度要求和用途,可以选用三脚架安置棱镜或采用测杆棱镜。

①三脚架上棱镜安置

如图2-36所示,将棱镜装在棱镜框上,再将棱镜框装在棱镜底座上,然后通过三脚架的连接螺旋与其固定。棱镜框上可装置觇牌,便于仪器精确瞄准。棱镜框上设有瞄准器,可使棱镜面朝测线方向。棱镜底座上设有圆水准器、水准管和光学对中器,用来对中和整平。

②测杆棱镜安置

在放样测量和精度要求不高的测量中采用测杆棱镜是十分便利的,如图2-37所示,它由棱镜、测杆、圆水准和轻型三脚架组成,必要时也可安装觇牌。

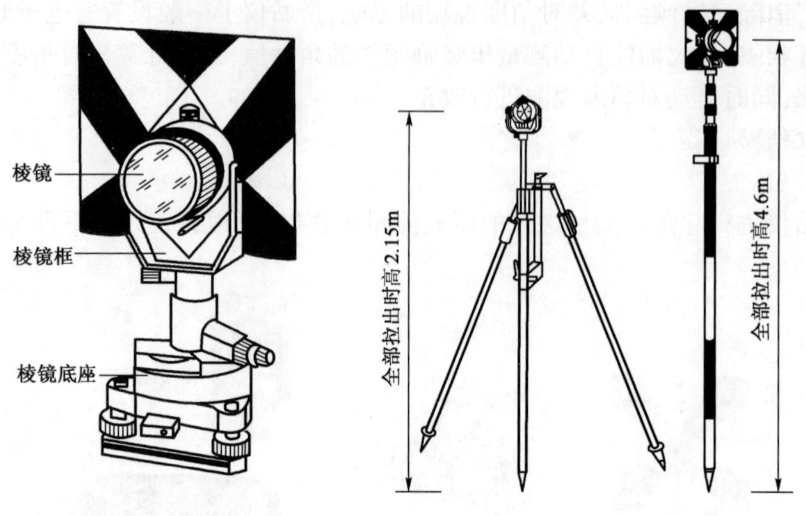

图 2-36　单棱镜　　　　图 2-37　测杆棱镜

使用时，将测杆尖部对在测点上，利用圆水准使测杆垂直，并用轻型三脚架固定之。放样测量时则可手持测杆，加快放样的速度。

2）温度计与气压表

大气折射率随大气条件而改变。由于仪器作业时的大气条件一般不与仪器选定的基准大气条件（通常称为气象参考点）相同，光尺长度会发生变化，使测距产生误差，因此，必须进行气象改正（或称大气改正）。大气条件主要是指大气的温度和气压，精密测距有时还应考虑大气湿度。

仪器的型号不同，所选用的气象参考点亦有不同，具体修正值应参考相应的仪器说明。

3. 索佳 SET20K 系列全站仪基本构造与操作

图 2-38 为索佳 SET20K 系列全站仪及其各部件名称。

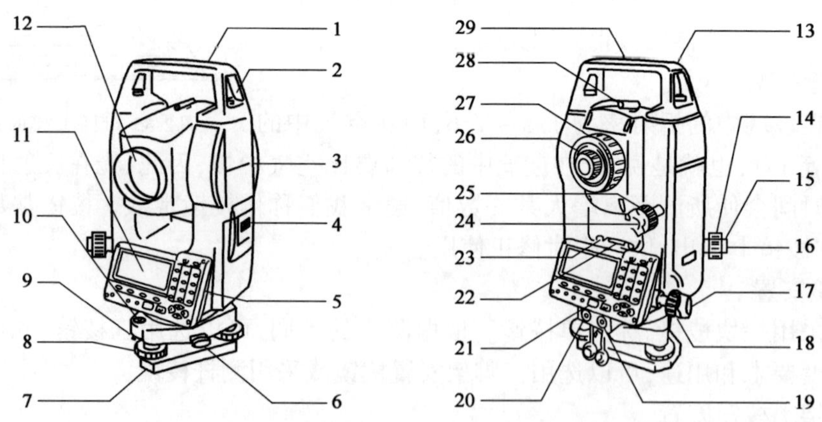

图 2-38　索佳 SET20K 系列全站仪及其各部件名称

1-提柄；2-提柄固紧螺钉；3-仪器高标志；4-电池盒盖；5-操作面板；6-三角基座制动控制杆；7-底板；8-脚螺旋；9-圆水准器校正螺钉；10-圆水准器；11-显示窗；12-物镜；13-管式罗盘插口；14-光学对中器调焦环；15-光学对中器分划板护盖；16-光学对中器目镜；17-水平制动钮；18-水平微动手轮；19-数据通信插口（$SET620K_{单面}$）；20-外接电源插口（$SET620K_{单面}$不含）；21-遥控键盘感应器（$SET620K_{单面}$不含）；22-长水准管；23-长水准管校正螺钉；24-垂直制动钮；25-垂直微动手轮；26-望远镜目镜；27-望远镜调焦环；28-粗照准器；29-仪器中心标志

索佳 SET20K 系列全站仪的操作面板如图 2-39 所示，面板由显示窗和若干按键组成。

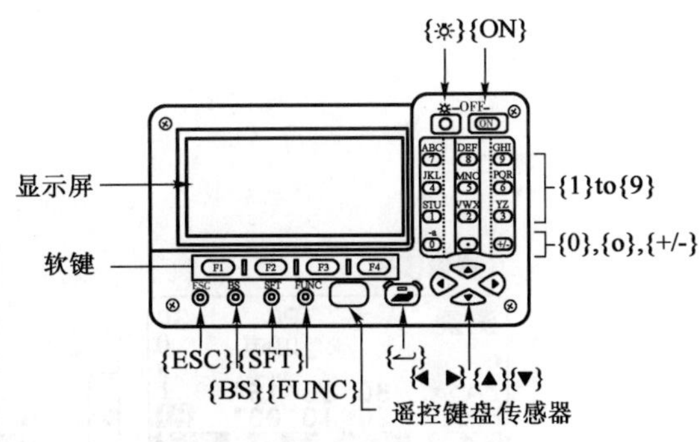

图 2-39　索佳 SET20K 系列全站仪的操作面板

为方便操作，索佳 SET20K 系列全站仪配置有无线遥控键盘，其面板按键如图 2-40 所示。操作时，需要将无线遥控键盘上的光源孔对准全站仪主机操作面板上的遥控键盘感应器并按相应按键进行无线遥控操作，如图 2-41 所示。

索佳 SET20K 系列全站仪的操作界面全部为中文，其测量模式如图 2-42 所示。

索佳 20K 系列全站仪有三种型号：SET220K、SET520K、SET620K$_{单面}$，这种同一系列三种型号的全站仪的主要区别在于测角精度不同。

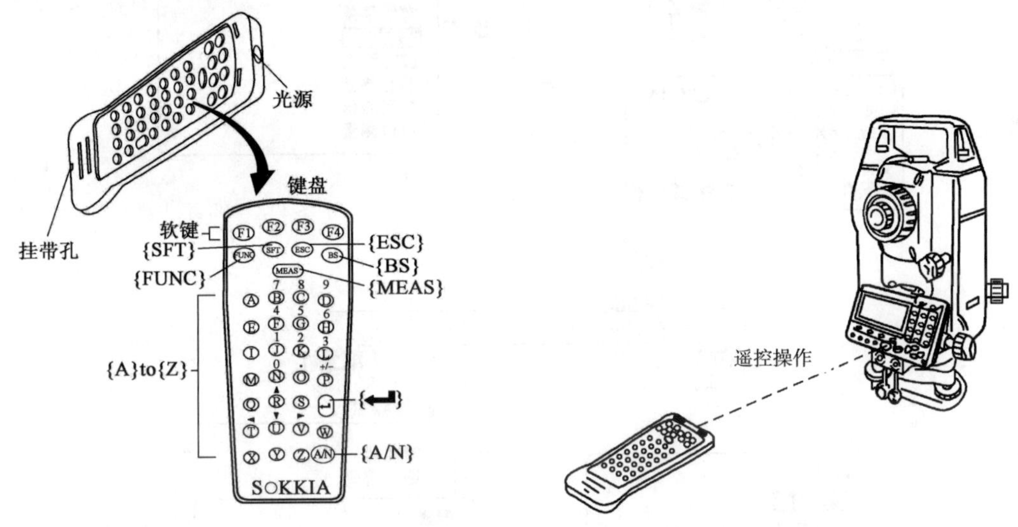

图 2-40　索佳 SET20K 系列全站仪的无线遥控键盘

图 2-41　索佳 SET20K 系列全站仪的无线遥控操作

五、全站仪角度测量

本节主要介绍索佳 SET20K 系列全站仪的进行角度测量。

1. 测量前的准备工作

1）安装电池

全站仪是电子仪器，必须使用电池，因此测量前必须将电池充足电，充电要用仪器自带的专用充电器。

需要注意的是，整平仪器前应装上电池，因为装上电池后仪器会发生微小的倾斜。观测完毕须将电池从仪器上取下。

2）架设仪器

全站仪对中和整平两项工作，方法同光学经纬仪的对中与整平。

3）开机

通过仪器键盘上的开关键开启。

4）水平度盘和竖直度盘指标设置

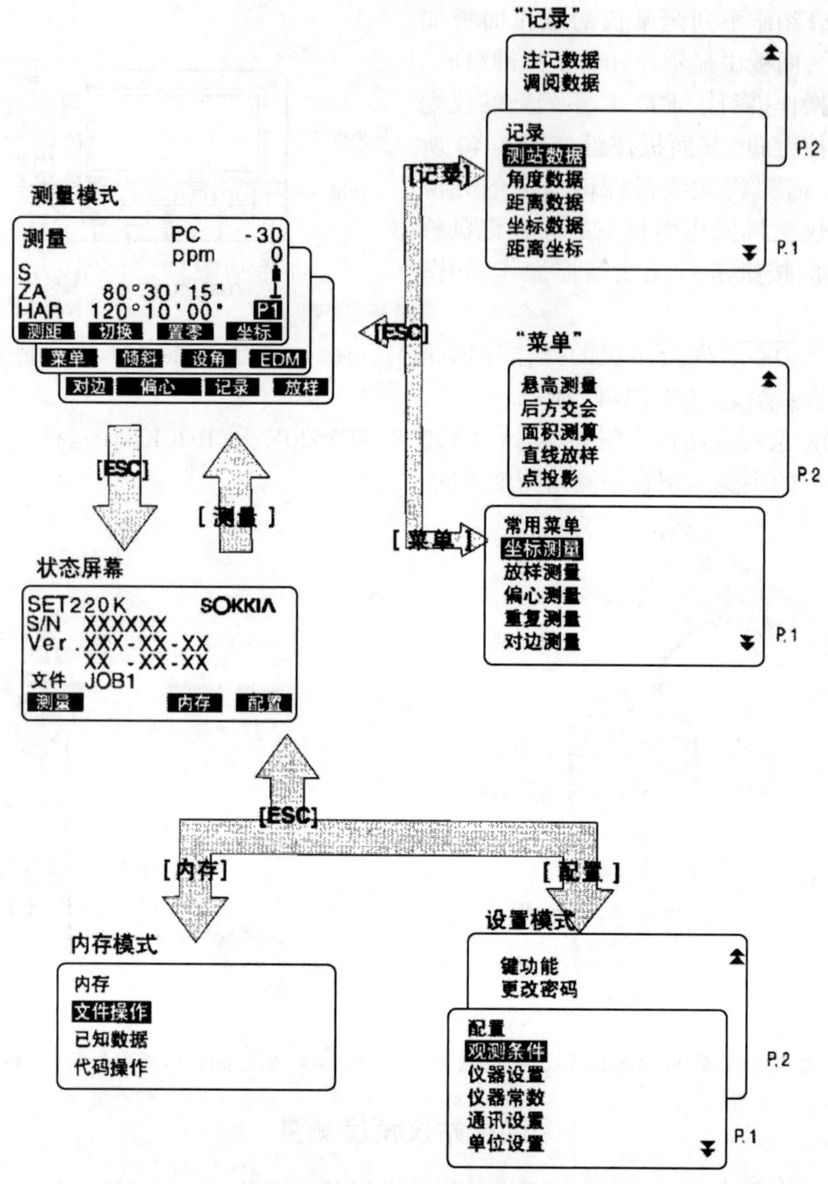

图 2-42 索佳 SET20K 系列全站仪的测量模式

全站仪每次开机后,必须对水平度盘和竖直度盘指标进行设置,正常后方可开始测量工作。

5)设置仪器参数

测前应通过仪器的键盘操作来选择和设置参数。主要包括:观测条件参数设置、日期和时钟的设置、通信条件参数的设置和计量单位的设置等。

6)其他方面

对于不同型号的全站仪,在必要情况下,应根据测量的具体情况进行其他方面的设置。例如,恢复仪器参数出厂设置、数据初始化设置、水平角恢复、倾角自动补偿、视准差改正及电源自动切断等。

全站仪可以完成角度(水平角、垂直角)测量、距离(斜距、平距、高差)测量、坐标测量、放样测量、交会测量及对边测量等十多项测量工作。

这里仅介绍水平角测量基本方法。

2. 水平角测量

使用全站仪进行水平角测量时,可将其中一点方向作为起始方向,并通过键盘操作,将望远镜照准该方向时水平度盘的读数设置为0°00′00″,简称为水平方向置零,此后,照准另一点方向时,水平度盘显示的读数即为水平角。当然,使用测回法测量水平角时,也可以不置零,就按照经纬仪的观测水平角的方法进行观测和计算。使用全站仪进行水平角测量的步骤如表2-7所示。

全站仪水平角测量步骤 表2-7

步骤	操作说明	按键	显示
1	按图所示照准目标点1 目标点1 目标点2		
2	在测量模式第一页菜单下按【置零】键,在【置零】闪动时再次按下该键,此时目标点1方向值已被设置为"0"	【F3】 【F3】	测量 PC -30 ppm 0 ZA 89°59'50" HAR 0°00'00" P1 测距 切换 置零 坐标
3	照准目标点2		
4	所显示的水平角值"HAR"即为两目标点间的夹角		测量 PC -30 ppm 0 ZA 89°59'50" HAR 117°32'20" P1 测距 切换 置零 坐标

六、角度测量误差分析

由于水平角∠AOB没有一个真值(理论值),如果对其进行多次观测,将得到多个观测结果,如何确定该角度值呢?这就是要求我们综合考虑观测值的误差,考虑外业测量结果是否满足精度要求。

如图2-43所示,对某一五边形闭合导线(A-B-C-D-E)的角度和边长分8次对其进行观测(设为等精度观测),观测结果见表2-8和表2-9。现在,如何确定某个角或某条边的观测值,又如何评价其观测精度?

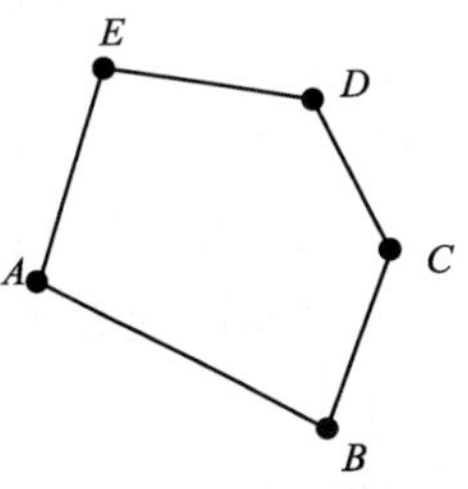

图2-43 某一闭合导线图

闭合导线角度测量成果 表2-8

角	第一次	第二次	第三次	第四次	第五次	第六次	第七次	第八次
∠A	92°38′02″	92°38′08″	92°37′56″	92°37′52″	92°38′17″	92°38′22″	92°38′01″	92°37′58″
∠B	79°23′48″	79°23′55″	79°24′06″	79°23′52″	79°23′41″	79°24′03″	79°24′12″	79°23′47″
∠C	127°33′27″	127°33′22″	127°33′28″	127°33′30″	127°33′36″	127°33′37″	127°33′35″	127°33′34″
∠D	164°50′17″	164°50′17″	164°50′18″	164°50′19″	164°50′15″	164°50′18″	164°50′21″	164°50′14″
∠E	75°34′12″	75°34′11″	75°34′10″	75°34′14″	75°34′17″	75°34′16″	75°34′16″	75°34′14″

闭合导线边长测量成果 表 2-9

边	第一次	第二次	第三次	第四次	第五次	第六次	第七次	第八次
L_{A-B}	256.392m	256.392m	256.391m	256.392m	256.391m	256.392m	256.393m	256.392m
L_{B-C}	87.659m	87.659m	87.690m	87.690m	87.690m	87.691m	87.691m	87.691m
L_{C-D}	111.324m	111.325m	111.323m	111.323m	111.323m	111.324m	111.325m	111.326m
L_{D-E}	151.955m	151.955m	151.955m	151.954m	151.953m	151.953m	151.955m	151.955m
L_{E-A}	167.899m	167.900m	167.897m	167.897m	167.900m	167.899m	167.990m	167.899m

从表 2-8 和表 2-9 不难看出,闭合导线中各内角和各边边长八次观测结果是不同的,这一现象即为观测误差。要确定各内角以及各边边长“真值”,我们先要对这些数据进行数理统计分析,了解这些观测数据精度是否合格,在进行内业计算时,才能选取符合精度的要求的“真值”来进行计算。我们先介绍测量误差知识。

1.测量误差分析

角度测量误差是指在测量工作中,由于仪器设备不够完善(仪器误差),观测者感官的局限性(观测误差)以及外部环境瞬间变化的随机性(外界影响),使得对某一量的观测值偏离了真值或理论值,从而产生真误差或闭合差。例如:对某一三角形中的内角进行观测,三内角观测值之和不等于180°(多边形内角和的理论值)。

1)测量误差的分类与处理原则

测量误差按其对观测成果的影响性质,可分为系统误差和偶然误差两大类。前者为大误差,多发生于仪器设备;后者属小误差,多由一系列不可抗拒的随机扰动所致。

(1)系统误差

在相同的观测条件下,对某一观测量进行一系列的观测,若误差的大小及符号相同,或按一定的规律变化,那么这类误差称为系统误差。系统误差对测量成果影响较大,且具有累积性,应尽可能消除或限制到最低程度,其常用的处理方法有:

①检校仪器。把系统误差降低到最低程度,如降低指标差等。

②加改正数。在观测结果中加入系统误差改正数,如尺长改正等。

③采用适当的观测方法。使系统误差相互抵消或减弱,如测水平角时采用盘左、盘右观测以消除视准轴误差,测竖直角时采用盘左、盘右观测以消除指标差,采用前后视距相等来消除由于水准仪的视准轴不平行于水准管轴带来的 i 角误差等。

(2)偶然误差

在相同的观测条件下,对观测量进行一系列的观测,大量的观测数据表明,误差出现的大小及符号在个体上没有任何规律,纯属偶然性,但从总体上看,误差的取值范围、大小和符号却服从一定的统计规律,这类误差称为偶然误差,或随机误差。

例如,在厘米分划的水准尺上读数,由观测者估读毫米数时,有时估读偏大,有时估读偏小。又如大气折光使望远镜中目标成像不稳定,使观测者瞄准目标时,有时偏左,有时偏右等。

偶然误差是不可避免的,通常采用以下方法处理偶然误差:

①提高仪器等级。使观测值的精度得到有效的提高,从而限制了偶然误差的大小。

②降低外界影响。选择有利的观测环境和观测时间,避免不稳定因素的影响,以减小观测值的波动;提高观测人员的技术修养和实践技能,正确处理观测与影响因子的协调关系和抗外来影响的能力,以稳、准、快地获取观测值;严格按照技术标准和操作程序观测等,以达

到稳定和减少外界影响，缩小偶然误差的波动范围。

③进行多余观测。在测量工作中进行多于必要观测的观测，称为多余观测。例如，一个角度测量用一个全测回作为必要观测，则再进行一个盘左或盘右测量就属于多余观测；又如，工作任务 2-06 中，多变形由若干个地面点构成一个平面多边形，在这些点上进行水平角观测，其中 $n-1$ 个角度属于必要观测，则第 n 个角度的观测就属于多余观测。有了多余观测，就可以发现观测值的误差。

2）偶然误差的分析

测量误差理论主要讨论具有偶然误差的一系列观测值中如何求得最可靠的结果和评定观测成果的精度。

设某一量的真值为 X，对此量进行 n 次观测，得到的观测值为 l_1、l_2、l_3、…、l_n，在每次观测中产生的真误差（属于偶然误差）为 Δ_1、Δ_2、…、Δ_n，则定义：

$$\Delta_i = X - l_i \tag{2-11}$$

从单个偶然误差来看，其符号的正负和数值的大小没有任何规律性，但是，如果观测的次数很多，从其大量的偶然误差，就能发现隐藏在偶然性下面的必然规律。进行统计的数量越大，规律性也越明显。

在某一测区，于相同的观测条件下共观测了 217 个三角形的全部内角，由于每个三角形内角之和的真值（180°）为已知，因此，可以按上式计算每个三角形内角之和的真误差 Δ_i（三角形内角和闭合差），将它们分为负误差、正误差，按绝对值由小到大排列次序；以误差区间 $d\Delta = 3''$进行误差个数 n_i 的统计，并计算其相对个数 $n/n(n=217)$，n_i/n 称为误差出现的频率。偶然误差的统计见表 2-10。

三角形内角和观测结果 表 2-10

误差区段 $d\Delta('')$	负误差			正误差			备注
	个数 n_i	频率 n_i/n	$\frac{n_i}{n \cdot d\Delta}$	个数 n_i	频率 n_i/n	$\frac{n_i}{n \cdot d\Delta}$	
0~3	30	0.138	0.046	29	0.134	0.045	$d\Delta = 3''$ 等于区段左端值的误差列于该区段内
3~6	21	0.097	0.032	20	0.092	0.031	
6~9	15	0.069	0.023	18	0.083	0.028	
9~12	14	0.065	0.022	16	0.074	0.025	
12~15	12	0.055	0.018	10	0.046	0.015	
15~18	8	0.039	0.012	8	0.037	0.012	
18~21	5	0.023	0.008	6	0.028	0.009	
21~24	2	0.009	0.003	2	0.009	0.003	
24~27	1	0.005	0.002	0	0.000	0.000	

从表 2-10 的统计中，可以归纳出偶然误差的特性如下：

①有界性。在一定观测条件下的有限次观测中，偶然误差的绝对值不会超过一定的限值。

②单峰性。绝对值较小的误差出现频率大，绝对值较大的误差出现的频率小。

③对称性。绝对值相等的正、负误差出现的频率大致相等。

④补偿性。当观测次数无限增大时，偶然误差的算术平均值趋近于零，即偶然误差具有抵偿性，用公式表示为：

$$\lim_{n\to\infty}\frac{\Delta_1+\Delta_2+\cdots+\Delta_n}{n}=\lim_{n\to\infty}\frac{[\Delta]}{n}=0 \tag{2-12}$$

式中：$[\Delta]$——取括号中数值的代数和。

误差的分布情况，除了采用表2-10的形式表达外，还可用图形来表达。如图2-44所示，按表2-10的数据以横坐标表示误差的正负和大小，以纵坐标表示误差出现于各区间的频率（n_i/n）除以区间（$d\Delta$），每一区间按纵坐标做成矩形小条，则每一小条的面积代表误差出现于该区间的频率，该图称为“频率直方图”，它形象地表示了误差的分布情况。

在同一观测条件下，随着观测个（次）数的无限增多（$n\to\infty$），同时又无限缩小误差的区段值 $d\Delta$（$d\Delta\to 0$），则图2-44中各小长条顶边的折线就逐渐成为如图2-45所示的一条光滑曲线，称为误差分布曲线，该曲线在概率论中称为“正态分布曲线”。它完整地表示了偶然误差出现的频率，即当 $n\to\infty$ 时，偶然误差出现在各区段的频率也就趋于一个确定的数值，这就是偶然误差出现在各区段的频率。

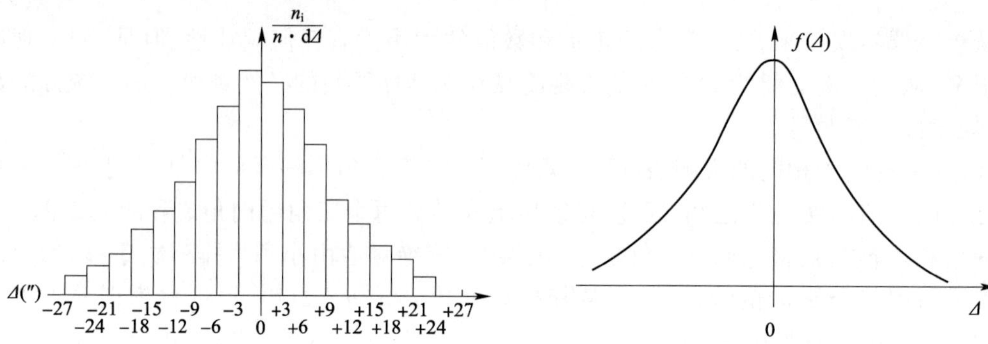

图2-44　频率直方图

图2-45　误差分布曲线

由此可见，偶然误差的频率分布随着 n 的增大，是以正态分布为极限的。正态分布曲线的数学方程为：

$$f(\Delta)=\frac{1}{\sqrt{2\pi}\sigma}e^{-\frac{\Delta^2}{2\sigma^2}} \tag{2-13}$$

式中：π——圆周率（3.141 592 6）；

e——自然对数的底（2.718 3）；

σ——标准差。

标准差的平方为方差，方差为偶然误差平方的理论平均值：

$$\sigma^2=\lim_{n\to\infty}\frac{\Delta_1^2+\Delta_2^2+\cdots+\Delta_n^2}{n}=\lim_{n\to\infty}\frac{[\Delta\Delta]}{n} \tag{2-14}$$

标准差：

$$\sigma=\pm\lim_{n\to\infty}\sqrt{\frac{[\Delta\Delta]}{n}} \tag{2-15}$$

3）观测值的算术平均值及改正值

在实际测量工作中，只有极少数观测量的理论值或真值是可以预知的，一般情况下，由于测量误差的影响，观测量的真值是很难测定的。例如，在导线测量时，导线点左右角、导线边长的真值都是无法测定的。

为了提高观测值的精度，测量上通常采用有限的多余观测，通过计算观测值的算术平均

值 $\bar{x}$ 来代替观测量的真值 X,用改正数 v_i 代替真误差 Δ_i,以解决实际问题。

(1)算术平均值

在等精度观测条件下,对某未知量进行了 n 次观测,其观测值分别为 l_1、l_2、l_3、…、l_n,将这些观测值取算术平均值,作为该量的最可靠值,称为该量的"最或是值":

$$\bar{x} = \frac{l_1 + l_2 + \cdots + l_n}{n} = \frac{[l]}{n} \tag{2-16}$$

多次获得观测值而取算术平均值的合理性与可靠性,可以通过偶然误差的特性来证明。

设某一量的真值为 X,对此量进行 n 次观测,得到的观测值为 l_1、l_2、l_3、…、l_n,在每次观测中产生的真误差为 Δ_1、Δ_2、…、Δ_n,则:

$$\left.\begin{aligned} \Delta_1 &= X - l_1 \\ \Delta_2 &= X - l_2 \\ &\cdots \\ \Delta_n &= X - l_n \end{aligned}\right\} \tag{2-17}$$

将上面等式相加,并除以 n 得到:

$$\frac{[\Delta]}{n} = X - \frac{[l]}{n} \tag{2-18}$$

根据偶然误差第(4)特性,当观测次数无限增多时,$\frac{[\Delta]}{n}$ 就会趋近于零,即 $\lim\limits_{n\to\infty}\frac{[\Delta]}{n} = 0$,从而有:$\frac{[l]}{n} = X$。

也就是说,当观测次数无限增多时,观测值的算术平均值 $\bar{x}$ 趋近于该量的真值 X。但是在实际测量中,不可能对某一量进行无限次观测,因此,就把有限个观测值的算术平均值作为该量的最或是值。

(2)观测值的改正数

算术平均值 $\bar{x}$ 与观测值 $l_i(i = 1,2,\cdots,n)$ 之差,称为观测值的改正数 v_i:

$$\left.\begin{aligned} v_1 &= \bar{x} - l_1 \\ v_2 &= \bar{x} - l_2 \\ &\cdots \\ v_n &= \bar{x} - l_n \end{aligned}\right\} \tag{2-19}$$

将上面等式相加得到:

$$[v] = \overline{nx} - [l] \tag{2-20}$$

又由式(2-16)则有:

$$[v] = n\frac{[l]}{n} - [l] = 0 \tag{2-21}$$

由此可见,一组观测值取算术平均值后,其改正数之和恒等于零。这一公式可以作为计算中的校核。

至此，针对表2-8和表2-9中导线角度和边长，是无法测定其真值。因此，只能通过计算其观测值的算数平均值（设8个小组是等精度观测）来代替真值来计算每次观测的误差。

4）评定观测值精度的标准

在等精度的观测条件下，若偶然误差较集中于零附近，说明其误差分布的离散度小，表明该组观测质量较好，也就是观测精度高；若误差分布离散度大，表明该组观测质量较差，也就是观测精度低。所谓精度，就是指误差分布的离散程度。衡量离散程度的大小，可用精度来衡量，衡量精度的指标有多种，我国目前采用的有以下几种。

（1）中误差

为了统一衡量在一定观测条件下观测结果的精度，取标准差 σ 作为依据是比较理想的。不同的对应着不同形状的分布曲线，σ 越小，曲线越陡，σ 越大，曲线越缓，σ 的大小能反映精度的高低，故多用标准差来衡量精度的高低。

但是，在实际测量工作中，不可能对某一量做无限多次观测，因此，定义按有限次数观测值的真误差求得标准差 σ 的估值称为"中误差"，通常以 m 表示。

①用真误差来确定中误差

在等精度观测条件下，对真值为 X 的某一量进行 n 次观测，其观测值为 l_1、l_2、l_3、…、l_n，则每次观测中产生的真误差为 Δ_1、Δ_2、…、Δ_n，取各真误差平方平均值的平方根为观测值的中误差，即：

$$m = \sqrt{\frac{\Delta_1^2 + \Delta_2^2 + \cdots + \Delta_n^2}{n}} = \pm\sqrt{\frac{[\Delta\Delta]}{n}} \tag{2-22}$$

【例2-1】 对10个三角形的三个内角进行了两组观测，根据两组观测值的真误差（三角形的角度闭合差），求得中误差，如表2-11所示。

按观测值的真误差计算中误差 表2-11

次序	第一组观测			第二组观测		
	观测值 l_i （° ′ ″）	真误差 Δ_i （″）	$\Delta\Delta$	观测值 l_i （° ′ ″）	真误差 Δ_i （″）	$\Delta\Delta$
1	180 00 03	−3	9	180 00 00	0	0
2	180 00 02	−2	4	179 59 59	+1	1
3	179 59 58	+2	4	180 00 07	−7	49
4	179 59 56	+4	16	180 00 02	−2	4
5	180 00 01	−1	1	180 00 01	−1	1
6	180 00 00	0	0	179 59 59	+1	1
7	180 00 04	−4	16	179 59 52	+8	64
8	179 59 57	+3	9	180 00 00	0	0
9	179 59 58	+2	4	179 59 57	+3	9
10	180 00 03	−3	9	180 00 01	−1	1
$\sum\|n\|$		24	72		24	130
中误差	$m_1 = \pm\sqrt{\frac{[\Delta\Delta]}{n}} = \pm\sqrt{\frac{72}{10}} = \pm 2.7''$			$m_2 = \pm\sqrt{\frac{[\Delta\Delta]}{n}} = \pm\sqrt{\frac{130}{10}} = \pm 3.6''$		

由计算得出，第二组观测值的中误差 m_2 大于第一组观测值的中误差 m_1，说明第二组观测值相对来说精度较低。

②用观测值的改正数来确定中误差

在实际测量工作中，观测值的真位 X 往往是不知道，因此，真误差 Δ 也无法求得，此时，就不能用公式求中误差，而是通过观测值的改正数 v_i 计算观测值中误差。在此情况下，中误差的计算公式为（在此不做推导）：

$$v_i = \bar{x} - l_i \quad (i = 1, 2, \cdots, n)$$

$$m = \pm\sqrt{\frac{[vv]}{n-1}} \tag{2-23}$$

【例 2-2】 对于某一水平角观测结果见表 2-12，在等精度的条件下进行了 5 次观测，求其算术平均值及观测值的中误差。

按观测值的改正数计算中误差 表 2-12

观测次序	观测值 l_i (° ′ ″)	改正数 v_i (°)	vv	计算算术平均值 $\bar{x}$ 和中误差 m
1	35 42 49	−4	16	算术平均值：$\bar{x} = \frac{[l]}{n} = 35°42'45''$ 观测值中误差：$m = \pm\sqrt{\frac{[vv]}{n-1}} = \pm\sqrt{\frac{60}{4}} = \pm 3.9''$
2	35 42 40	+5	25	
3	35 42 42	+3	9	
4	35 42 46	−1	1	
5	35 42 48	−3	9	
Σ|n|		0	60	

（2）容许误差

由偶然误差的第一特性得到，在等精度的观测条件下，偶然误差的绝对值不会超过一极限值。实践表明：在大量同精度观测的一组误差中，误差 Δ 落在 $(-\sigma, +\sigma)$、$(-2\sigma, +2\sigma)$、$(-3\sigma, +3\sigma)$ 的概率分别为：

$$P(-\sigma < \Delta < +\sigma) \sim 68.3\%$$

$$P(-2\sigma < \Delta < +2\sigma) \sim 95.4\%$$

$$P(-3\sigma < \Delta < +3\sigma) \sim 99.7\%$$

可见绝对值大于三倍中误差的偶然误差出现的概率仅有 0.3%，绝对值大于两倍中误差的偶然误差出现的概率约占 4.6%，因此通常以三倍中误差作为偶然误差的极限值 Δm，并称为极限误差，即：

$$\Delta m = 3m \tag{2-24}$$

为防止观测值存在较大的误差，规范常以两倍或三倍中误差作为观测误差的容许值，称为容许误差，即：

$$\Delta_{容} = 2m \quad 或 \quad \Delta_{容} = 3m \tag{2-25}$$

在测量工作中，如某观测量的误差超过了容许误差，就可以认为它是错误的，其观测值应舍去重测。

现在我们来回答本小节开始提出的问题，确定某个内角和边的真值时，使用观测值平均值代替，评价某个内角或者某条边边长观测精度时按观测值的改正数计算中误差，评价结果如表 2-13 所示。

闭合导线各内角、各边边长观测值平均值及中误差计算表 表2-13

角	平均值	中误差	边	平均值	中误差
∠A	92°38′4.5″	10.45″	L_{A-B}	256.392m	0.641mm
∠B	79°23′55.5″	10.62″	L_{B-C}	87.683m	14.589mm
∠C	127°33′31.12″	5.25″	L_{C-D}	111.324m	1.126mm
∠D	164°50′17.37″	2.20″	L_{D-E}	151.954m	0.916mm
∠E	75°34′14″	2.55″	L_{E-A}	167.910m	32.295mm

思考与计算

1. 经纬仪按精度可以划分为哪几个等级？DJ_6的“6”的含义是什么？
2. 简述水平角和竖直角的定义，测量竖直角的目的是什么？
3. 试完成表2-14水平角观测记录的填写和计算。

题3表 表2-14

测站	盘位	测点	水平度盘读数（° ′ ″）	半测回角值（° ′ ″）	平均值（° ′ ″）
C	正	A	267 02 06		
		B	322 14 24		
	倒	B	142 14 24		
		A	87 01 48		
B	左	C	192 55 00		
		A	253 16 36		
	右	A	73 17 00		
		C	12 55 00		
A	左	C	155 50 12		
		B	33 33 36		
	右	B	213 33 30		
		C	335 50 06		

备注：

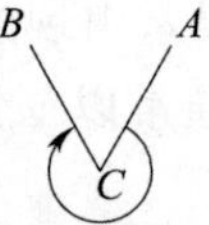

4. 什么是竖盘指标差？竖盘指标差如何确定？DJ_6的竖盘指标差限差是多少？
5. 经纬仪的竖盘是顺时针刻画还是逆时针刻画？
6. 试完成表2-15竖直角观测记录的填写和计算。

题6表 表2-15

测站	目标	盘位	水平度盘读数（°′″）	半测回角值（°′″）	测回值（°′″）	备注
O	A	左	102 05 48			
		右	257 54 24			
	B	左	081 12 36			
		右	278 47 18			

7. 测量误差按其对观测成果的影响,可分为哪两类?

8. 系统误差有哪几个特性?消除或减弱其对影响方法是什么?

9. 偶然误差有哪几个特性?消除或减弱其对影响方法是什么?

10. 对某一导线角度和边长进行8次观测,观测结果见(表2-16),试计算其算术平均值和中误差。

题10表 表2-16

观测值								指标	
1	2	3	4	5	6	7	8	平均值	中误差
79°23′48″	79°23′55″	79°24′06″	79°23′52″	79°23′41″	79°24′03″	79°24′12″	79°23′47″		
256.389m	256.393m	256.394m	256.394m	256.388m	256.392m	256.395m	256.385m		

模块三 导线距离测量

学习目的

基本知识:钢卷尺距离测量方法、直线定线、全站仪距离测量、距离测量精度计算与评价。

基本技能:钢卷尺、全站仪距离测量及观测精度计算。

任务描述

使用全站仪测量导线边长;用钢卷尺测量导线边长,并对观测成果进行精度评定以及误差分析。完成工作任务2-06全站仪在平面控制测量的基本应用。

任务实施

领取全站仪、棱镜和棱镜架,完成导线边距离测量。重点考察各组外业测量成果精度(与已知值对比)。

距离测量是确定地面两点之间的长度,通常情况下测量的是点位之间的水平距离,常用的距离测量方法有视距测量、卷尺测量和电磁波测距等。随着全站仪的广泛使用,公路工程距离测量中精度要求较高的测量主要以全站仪为主,精度要求较低的距离测量也在使用钢卷尺、皮尺等。

电磁波测距具有操作轻便、效率高、测距精度高、测程远等优点。虽然仪器价格较高,但目前已普遍应用于各种工程测量中。除了电磁波之外,还有钢卷尺量距和视距测量量距。卷尺量距也称为距离丈量,其工具简单,但易受地形条件限制,一般适用于平坦地区的测距。视距测量能克服地形条件限制,且操作方便快捷,但其测距精度低于直接丈量,且随着所测距离的增大而大大降低,适合于低精度的近距离(200m以内)测量。

一、钢尺丈量距离

1. 丈量工具

1)钢尺

钢尺又称为钢卷尺,是钢制成的带状尺,尺的宽度为10~15mm,厚度约0.4mm,长度有

20m、30m、50m 等数种。钢尺可以卷放在圆形的尺壳内，也有的卷放在金属尺架上，如图 2-46a）所示。

钢尺的基本分划为厘米，每厘米及每米处刻有数字注记，全长都刻有毫米分划，如图 2-46b）所示。按尺的零点刻画位置，钢尺可分为端点尺和刻线尺两种，钢尺的最外端作为尺子零点的称为端点尺，尺子零点位于钢尺内部的称为刻线尺。

2）皮尺

皮尺是用麻线或加入金属丝织成的带状尺。长度有 20m、30m、50m 数种。也可卷放在圆形的尺壳内，尺上基本划分为厘米、尺面每十厘米和整米有注字，尺端钢环的外端为尺子的零点，如图 2-47 所示。皮尺携带和使用都很方便，但是容易伸缩，量距精度比钢尺低，一般用于低精度的地形细部测量和土方工程的施工放样等。

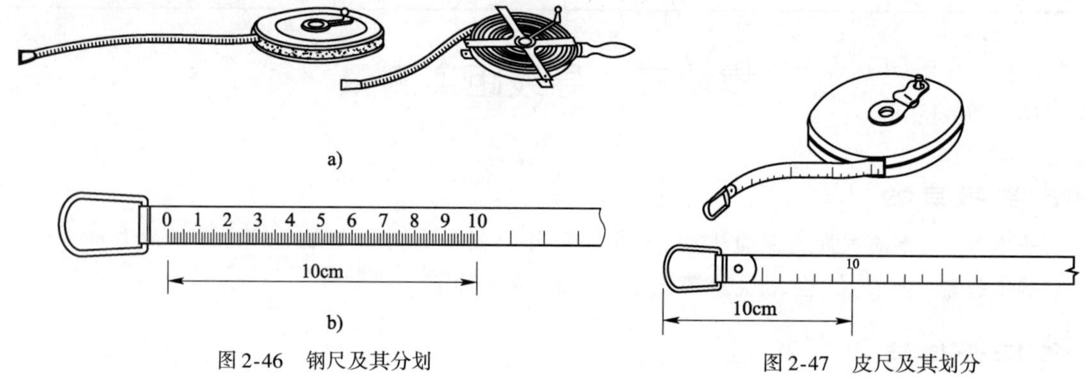

图 2-46　钢尺及其分划

图 2-47　皮尺及其划分

3）花杆和测钎

花杆又称为标杆，是由 3 ~ 4cm 的圆木杆制成，杆上按 20cm 间隔涂有红、白油漆，杆底装有锥形铁脚，主要用来标点和定线，常用的有长 2m、3m 两种，如图 2-48a）所示。另外，目前已生产了用合金制成的花杆，每根长 1m，端点可通过螺旋连接，携带非常方便。

测钎用粗铁丝做成，长 30 ~ 40cm，按每组 6 根或 11 根套在一个大环上，如图 2-48b）所示，测钎主要用来标定尺端点的位置和计算所丈量的尺段数。

在距离丈量的附属工具中还有垂球，主要用于对点、标点和投点。

2. 导线定线

在导线边距离丈量工作中，当地面两点之间距离较远，不能用一尺段量完时，就需要在两点所确定的直线方向上标定若干个中间点，并使这些中间点位于同一直线上，这项工作称为直线定线（图 2-49）。根据丈量的精度要求，可用标杆目测定线和经纬仪定线。

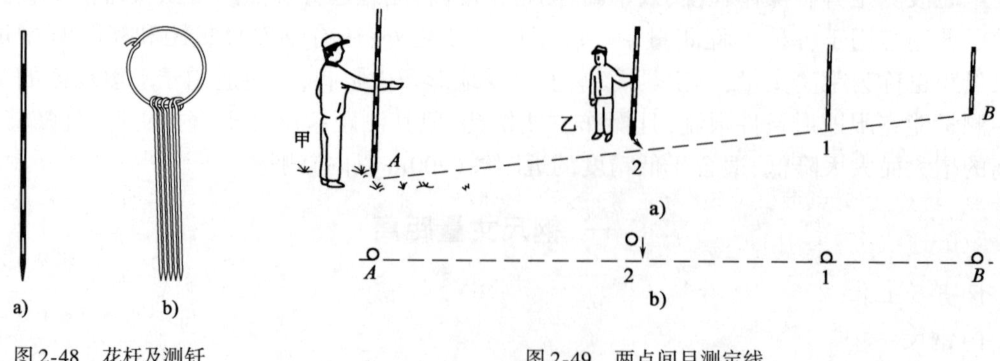

图 2-48　花杆及测钎

图 2-49　两点间目测定线

1）目测定线

（1）两点间通视时花杆目测定线

如图2-49所示，设A、B两点互相通视，要在A、B两点间的直线上标出1、2中间点。先在A、B点上竖立花杆，甲站在A点花杆后约1m处，目测花杆的同侧，由A瞄向B，构成一视线，并指挥乙在1附近左右移动花杆，直到甲从A点沿花杆的同一侧看A、1、B、三支花杆在同一条线上为止，同时可以定出直线上的其他点。两点间定线，一般应由远到近进行定线。定线时，所立花杆应竖直。此外，为了不挡住甲的视线，乙持花杆应站立在垂直于直线的一侧。

（2）两点间不通视时花杆目测定线

假设A、B、C、D在同一直线上如图2-50所示，A、B两点互不通视，这时可以采用逐渐趋近法定直线。先在A、B两点竖立花杆，甲、乙两人各持花杆分别站在C_1和D_1处，甲要站在可以看到B点处，乙要站在可以看到A点处。先由站在C_1处的甲指挥乙移动至BC_1直线上的D_1处，然后由站在D_1处的乙指到C、D、B三点在同一直线上，说明A、C、D三点也在同一直线上，则说明A、C、D、B在同一直线上。

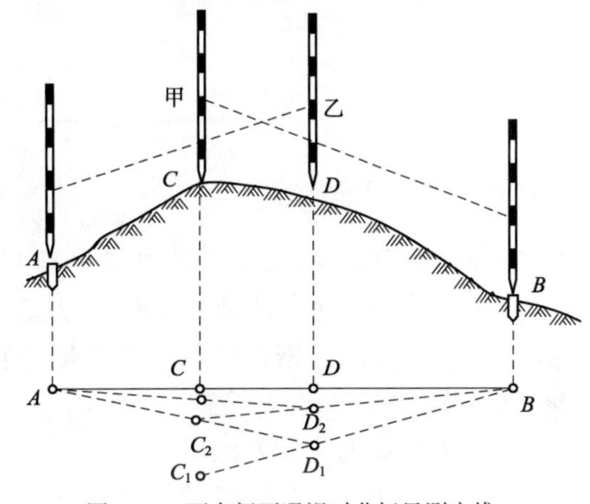

图2-50　两点间不通视时花杆目测定线

2）经纬仪定线

精确丈量时，为保证丈量的精度，需用经纬仪定线。

（1）两点间通视时经纬仪定线

如图2-51所示，欲丈量直线AB的距离，在清除直线上的障碍物后，在A点上安置经纬仪对中、整平后，先照准B点处的花杆（或测钎），使花杆底部位于望远镜的竖丝上后，固定照准部，在经纬仪所指的方向上用钢尺进行测量，依次定出比一整尺段略短的$A1$、12、23、…、$6B$等尺段。在各尺段端点打下大木桩，桩顶高出地面2～5cm，在桩顶钉一白铁皮，用经纬仪进行定线投影，在各白铁皮上用小刀划出AB方向线，再划一条与AB方向垂直的横线，形成十字，十字中心即为AB分段点。

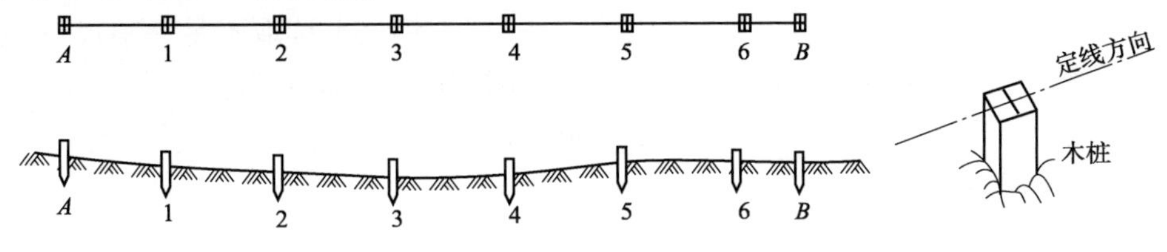

图2-51　经纬仪定线

（2）两点间不通视时的经纬仪定线

采用转点测设，即当两交点间不通视或距离太长无法观测或量距困难时，在两交点间增设转点，转点至交点或转点距离通常为50～500m。前后交点已固定，要求所标转点必须在两交点的连线上，采用的方法为渐次逼近法。

如图2-52所示，已知JD_i和JD_{i+1}，初选转点ZD_k'，置镜于ZD_k'，后视JD_i，倒镜延长直线标出JD_{i+1}，视距测出l_1、l_2，量出d'，求出ZD_k'。偏离值d'，即：$d'=\dfrac{l_1}{l_1+l_2}d$。从ZD'_k量取d'得

ZD_k'',重复以上步骤,直至所取 ZD_k 符合要求为止。

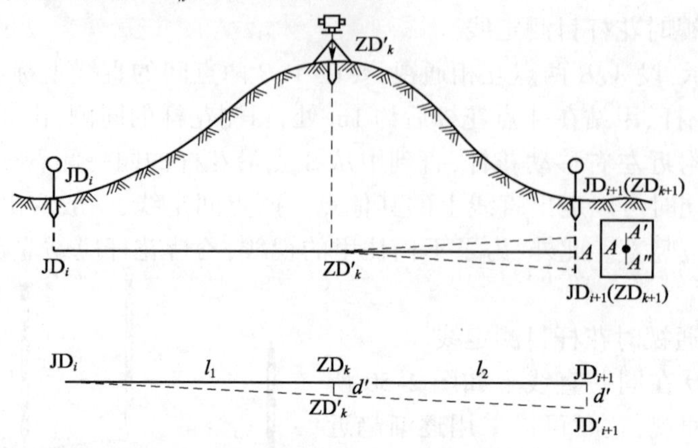

图 2-52　转点标定(正倒镜分中法)

3. 距离丈量方法(相关资源见二维码 11)

二维码 11

用钢尺或皮尺进行距离丈量的方法基本上是相同的,以下介绍用钢尺进行距离丈量的方法。钢尺量距一般需要三个人,分别担任前尺手、后尺手和记录员的工作。

1)平坦地面的丈量方法

如图 2-53 所示,丈量前,先进行花杆定线,丈量时,后尺手甲拿着钢尺的末端在起点 *A*,前尺手乙拿钢尺的零点一端沿直线方向前进,使钢尺通过定线时确定的中间点,保证钢尺在 *AB* 直线上,不使钢尺扭曲,将尺子抖直、拉紧(30m 钢尺用 100N 拉力,50m 钢尺用 150N 拉力)、拉平。甲、乙拉紧钢尺后,甲把尺的末端分划对准起点 *A* 并喊"预备",当尺拉稳拉平后喊"好",乙在听到甲喊"好"的同时,把测钎对准钢尺零点刻画垂直地插入地面,这样就完成了第一整尺段的丈量。甲、乙两人抬尺前进,甲到达测钎或画记号处停住,重复上述操作,量完第二整尺段。最后丈量不足一整尺段时,乙将尺的零点刻画对准 *B* 点,甲在钢尺上读取不足一整尺段值,则 *A*、*B* 两点的水平距离为:

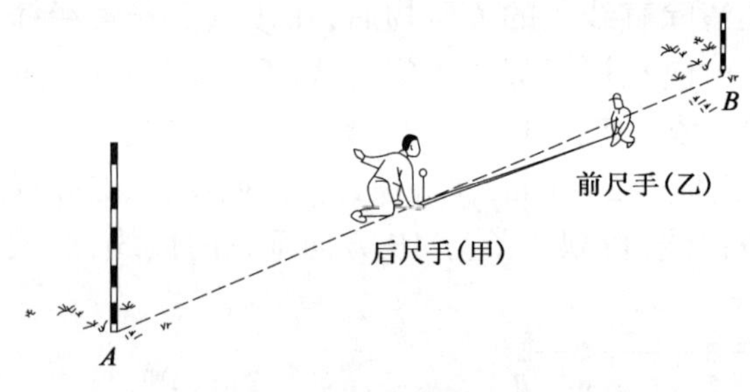

图 2-53　平坦地面的距离丈量

$$D_{AB} = nl + q \tag{2-26}$$

式中:n——整尺段数;

l——整尺段长;

q——不足一整尺段值。

在平坦地面上,钢尺沿地面丈量的结果就是水平距离;丈量结果记录在表 2-17 的量距手簿上。

一般量距手簿　　表 2-17

测线		观测值			精度	平均值	备注
		整尺段	非整尺段	总长			
AB	往	4×30	15.309	135.309	1/3 500	135.328	
	返	4×30	15.347	135.347			

为了防止错误和提高丈量精度，一般需要往返丈量，在符合精度要求时，取往返丈量的平均距离为丈量结果。丈量的精度是用相对误差来表示的，它是往返丈量的差值 ΔD（$\Delta D = D_{AB} - D_{BA}$）的绝对值与往返丈量的平均距离 D_0［$D_0 = \frac{(D_{AB} - D_{BA})}{2}$］之比，通常以 K 表示，并将分子化为 1，分母取整数。即：

$$K = \frac{|\Delta D|}{D_0} = \frac{1}{D_0/|\Delta D|} \tag{2-27}$$

相对误差的分母愈大，说明量距的精度愈高。在一般情况下，平坦地区的钢尺量距精度应高于 1/2 000，在山区也应不低于 1/1 000。

2）斜地面的丈量方法

（1）平量法

如图 2-54 所示，当地面的坡度不大时，可将钢尺抬平丈量。欲丈量 AB 间的距离，将尺的零点对准 A 点，将尺抬高，并由记录者目估使尺拉水平，然后用垂球将尺的末端投于地面上，再插以测钎，若地面倾斜度较大，将整尺段拉平有困难时，可将一尺段分成几段来平量，如图 2-54 所示的 MN 段。

（2）斜量法

如图 2-55 所示，当地面倾斜的坡面均匀时，可以沿斜坡量出 AB 的斜距 L，测出 AB 两点的高差 h，或测出倾斜角 α，然后根据式（2-28）或式（2-29）计算 AB 的水平距离。

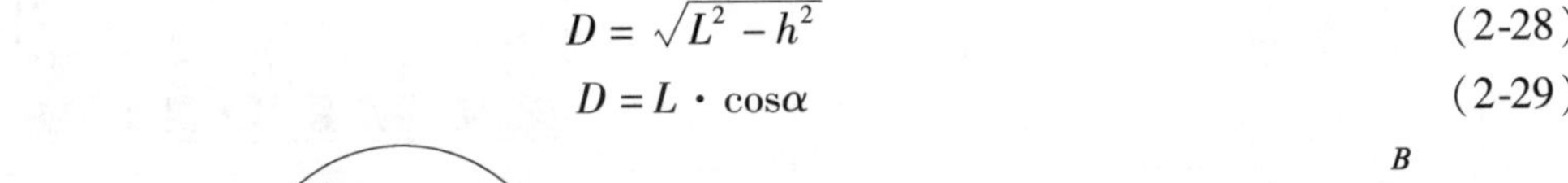

$$D = \sqrt{L^2 - h^2} \tag{2-28}$$

$$D = L \cdot \cos\alpha \tag{2-29}$$

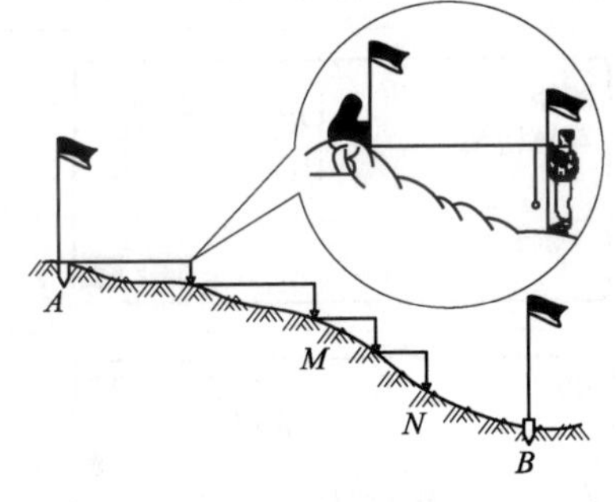

图 2-54　平量法量距

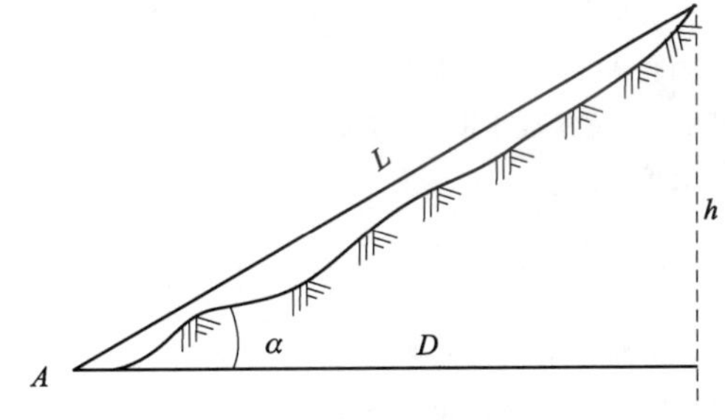

图 2-55　斜量法量距

二、全站仪距离测量（相关资源见二维码 12）

二维码 12

用全站仪进行距离测量之前应根据测量要求设置好测距模式、气象改正、目标类型、棱镜常数等参数。

在测量模式第二页菜单下按［EDM］键进入如图 2-56 所示显示屏幕。

EDM
测距模式：单次精测
反射器　：棱镜
棱镜常数：-30

EDM
温度　：15 °C
气压　：1013hPa
ppm　：0
0ppm

图 2-56　测距参数设置屏幕

设置项、选择项及其输入范围见表 2-18(注有"＊"的为仪器出厂设置)。

全站仪设置项、选择项及其输入范围　　表 2-18

序号	项目	项目设置范围或选择项目
1	测距模式	重复精测＊、均值精测(1～9 次)、单次精测、单次粗测、跟踪测量
2	反射器	棱镜＊、反射片
3	棱镜常数	－99～99mm(棱镜设为"－30",反射片设为"0")＊
4	温度	－30～60℃(15＊)
5	气压	500～1 400hPa(1 030＊),375～1 050mmHg(760＊)
6	ppm	－499～499(0＊)

气象改正值 ppm 既可直接输入,也可通过输入温度和气压值计算,其计算公式如下:

$$ppm = 280.098 - \frac{0.2917 \times \text{气压值(hPa)}}{1 + 0.003661 \times \text{温度值(℃)}} \tag{2-30}$$

使用全站仪进行距离测量的步骤如表 2-19 所示。

全站仪距离测量步骤　　表 2-19

步骤	操作说明	按键	显示
1	照准目标		
2	在测量模式第一页菜单下按[测距]键开始测量	[F1]	测量　PC -30 ppm 0 S ZA 80°30'15" HAR 120°10'00" P1 测距 切换 置零 坐标
3	测距开始后,仪器闪动显示测距模式、棱镜常数改正值、气象改正值等信息		测距 重复精测 PC -30 ppm 0 停
4	一声短响声后,屏幕上显示出距离"S"、天顶距"ZA"和水平角"HAR"的测量值		测距　PC -30 ppm 0 S 525.450m ZA 80°30'10" HAR 120°10'00" P1 停
5	按[停]键停止距离测量	[F4]	
6	按[切换]键可使距离值的显示在斜距"S"、平距"H"和高差"V"之间转换		测量　PC -30 ppm 0 S 525.450m H 518.248m V 86.699m P1 测距 切换 置零 坐标

钢尺量距的误差分析及注意事项:

1. 量距误差分析

钢尺量距的主要误差来源有下列几种:

(1)尺长误差。如果钢尺的名义长度和实际长度不符,则产生尺长误差。尺长误差是积累的,误差累积的大小与丈量距离成正比。往返丈量不能消除尺长误差,只有加入尺长改正才能消除。因此,新购置的钢尺必须经过鉴定,以求尺长改正值。

(2)温度误差。钢尺的长度随温度而变化,当丈量时的温度和标准温度不一致时,将产生温度误差。钢的膨胀系数按 1.25×10^{-5} 计算,温度每变化 1℃ 其影响为丈量长度的 1/80 000。一般量距时,当温度变化小于 10℃时,可以不加改正,但精密量距时,必须加温度改正。

(3)尺子倾斜和垂曲误差。由于地面高低不平,钢尺沿地面丈量时,尺面出现垂曲而形成曲线,将使量得的长度比实际要大。因此,丈量时,必须注意尺子水平,整尺段悬空时,中间应有人托一下尺子,否则会产生不容忽视的垂曲误差。

(4)定线误差。由于丈量时的尺子没有准确地放在所量距离的直线方向上,使所丈量距离不是直线而是一组折线的误差,称为定线误差。一般丈量时,要求花杆定线偏差不大于 0.1m,仪器定线偏差不大于 5~7cm。

(5)拉力误差。钢尺在丈量时所受拉力应与检定时拉力相同,否则将产生拉力误差。拉力的大小将影响尺长的变化。对于钢尺,若拉力变化 70N,尺长将改变 1/10 000,故在一般丈量中,只要保持拉力均匀即可。而对较精密的丈量工作,则需使用弹簧秤。

(6)对点误差。丈量时,用测钎在地面上标志尺端点位置时,若插测钎不准,或前、后尺手配合不佳,或余长读数不准,都会引起丈量误差,这种误差对丈量结果的影响可正可负,大小不定,故在丈量中应尽力做到对点准确,配合协调。

2. 钢尺的维护

(1)钢尺易生锈,工作结束后,应用软布擦去尺上的泥和水,涂上机油,以防生锈。

(2)钢尺易折断,如果钢尺出现卷曲时,切不可用力硬拉。

(3)在行人和车辆多的地区量距时,中间要有专人保护,严防尺被车辆压过而折断。

(4)不得将尺子沿地面拖拉,以免磨损尺面刻画。

(5)收卷钢尺时,应按顺时针方向转动钢尺摇柄,切不可逆转,以免折断钢尺。

思考与计算

1. 钢尺量距的精密方法通常要加哪几项改正?

2. 用钢尺丈量某段距离,往测为 112.314m,返测为 112.323m,试计算本次测量的相对误差。若规定相对误差不超过 1/1 500,试回答:

(1)此次测量成果是否满足精度要求?

(2)按此精度,若丈量 270m 的距离,往返测较差最大容许值是多少?

3. 影响钢尺量距、全站仪量距精度的因素分别有哪些? 如何提高?

模块四　导线方向测定

学习目的

基本知识:基本方向线(真子午线、磁子午线、轴子午线),方位角(概念、种类、三者间关系、与象限角关系)。

基本技能:使用仪器测定磁方位角,根据坐标计算并推算导线边方位角。

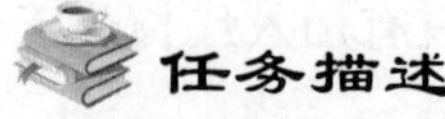

任务描述

利用罗盘仪测定指定导线边的方位角；掌握方位角的计算。完成工作任务2-07 导线方向确定与方位角推算。

任务实施

以团队为单位领取罗盘仪，了解罗盘仪构造和使用方法，测量制定导线边的方位角。重点考察方位角测量精度。利用计算器完成相关任务单中相关方位角的计算与推算，考核推算结果是否正确。

确定直线（即某导线边）的方向的工作称为导线定向。要确定导线的方向，首先要选定一个标准方向作为导线定向的基本方向，如果测出了一条导线与基本方向线之间的水平夹角，该导线方向就被确定。导线定向是导线外业测量与平差计算时的基础工作之一。

一、基本方向

在道路工程测量工作中，通常是以子午线作为基本方向。基本方向的子午线分真子午线、磁子午线和轴子午线三种。

1. 真子午线

通过地面上一点指向地球南北极的方向线就是该点的真子午线，它一般是用天文测量的方法确定，也可以用陀螺经纬仪测定。地球表面上任何一点都有它自己的真子午线方向，各点的真子午线都向两极收敛而相交于两极。

地面上两点真子午线间的夹角称为子午线收敛角，如图2-57a）中的γ角。收敛角的大小与两点所在的纬度及经度的大小有关。

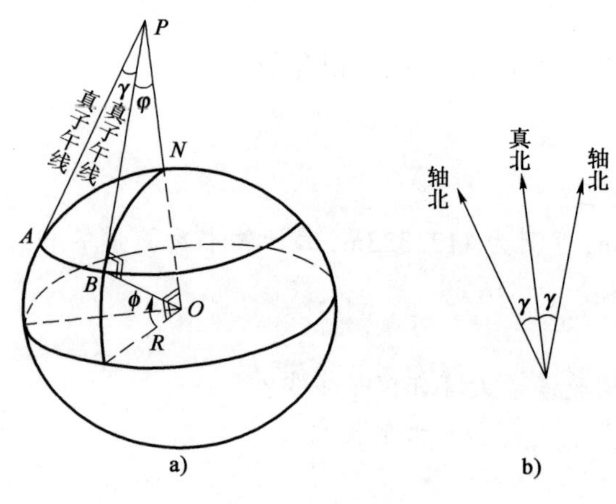

图2-57 子午线收敛角

2. 磁子午线

地面上某点当磁针静止时所指的方向线，称为该点的磁子午线方向，磁子午线方向可用罗盘仪测定。由于地球的磁南、北极与地球南、北极并不重合，因此，地面上同一点的真子午线与磁子午线不重合，其夹角称为磁偏角，用δ表示。

当磁子午线在真子午线东侧时，称为东偏，δ为正；当磁子午线在真子午线西侧时，称为西偏，δ为负。磁偏角δ是随地点不同而变化，因此磁子午线不宜作为精密定向的基本方向线。但是，由于确定磁子午线的方向比较方便，因而在独立地区和低等级公路仍可以利用它作为基本方向线。

3. 轴子午线（坐标子午线）

直角坐标系中的坐标纵轴所指的方向，为轴子午线方向或称为坐标子午线。由于地面上各点真子午线都是指向地球的南北极，所以不同点的真子午线方向不是互相平行的，这给计算工作带来不便。因此在普通测量中一般均采用轴子午线作为基本方向。这样测区内地面各点的基本方向都是互相平行的。

在中央子午线上，其真子午线方向和轴子午线方向一致，在其他地区，真子午线与轴子午线不重合，两者所夹的角即为中央子午线与某地方子午线所夹的收敛角 γ。如图 2-57b）所示，当轴子午线在真子午线以东时，γ 为正；反之，轴子午线在真子午线以西时，γ 为负。

二、方　位　角

如图 2-58 所示，直线方向一般用方位角来表示。由子午线北方向顺时针旋转至直线方向的水平夹角称为该直线的方位角。方位角的角值范围为 0°～360°。

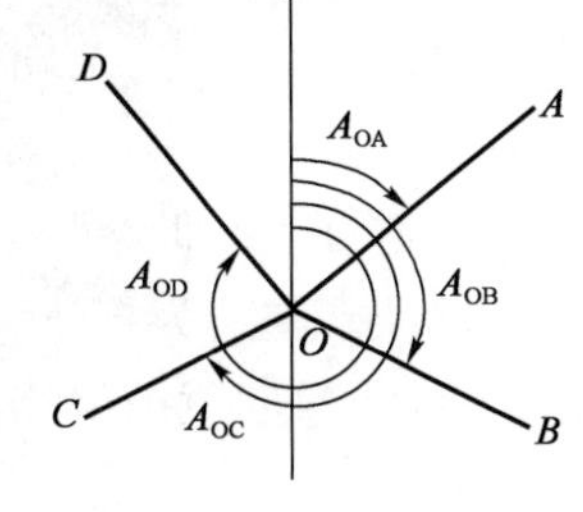

图 2-58　方位角

以真子午线北端起算的方位角称为真方位角，用 A 表示；

以磁子午线北端起算的方位角称为磁方位角，用 A_m 表示；

由坐标子午线（坐标纵轴）起算的方位角，称为坐标方位角，用 α 表示。

如图 2-59 所示，根据真子午线方向、磁子午线方向、轴子午线方向三者的关系，三种方位角有以下关系：

$$A = A_m + \delta \quad (\delta \text{ 东偏为正，西偏为负}) \tag{2-31}$$

$$A = \alpha + \gamma \quad (\gamma \text{ 以东为正，以西为负}) \tag{2-32}$$

因此
$$A_m + \delta = \alpha + \gamma$$

所以
$$\alpha = A_m + \delta - \gamma \tag{2-33}$$

设 AB 直线的方位角 α_{AB} 为正坐标方位角，如图 2-60 所示，其相反方向的方位角 α_{BA} 则为反坐标方位角，同一直线正、反坐标方位角相差 180°，即：

$$\begin{aligned} \alpha_{AB} &= \alpha_{BA} \pm 180^\circ \\ \alpha_{正} &= \alpha_{反} \pm 180^\circ \end{aligned} \tag{2-34}$$

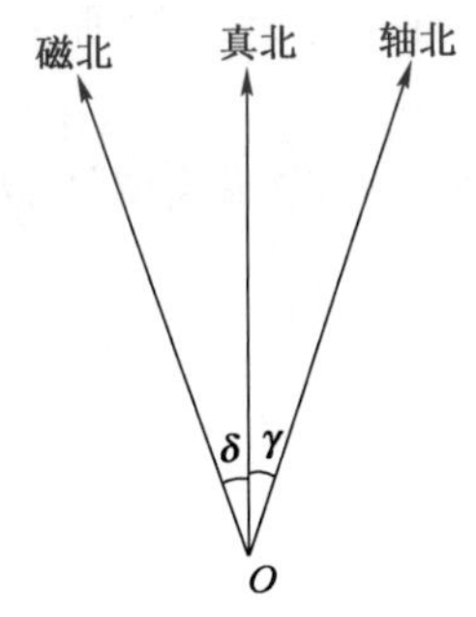

图 2-59　真子午线、磁子午线和轴子午线

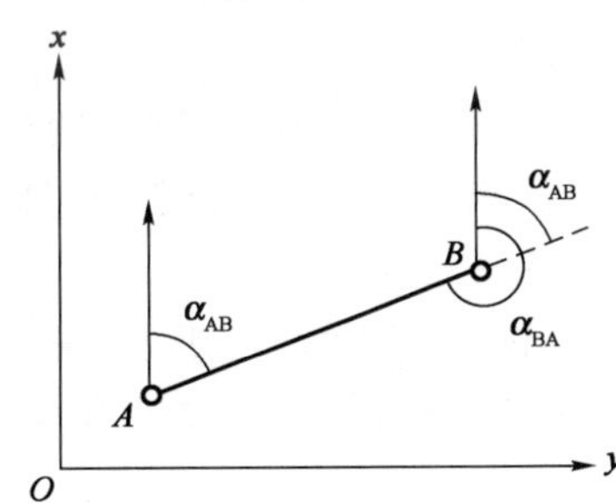

图 2-60　正反方位角

三、罗盘仪测定磁方位角

1. 罗盘仪的构造

罗盘仪是利用磁针测定直线磁方位角的一种仪器。通常用于独立测区的近似定向以及线路和森林勘测中，DQL-1 型罗盘仪如图 2-61 所示，它主要由望远镜、罗盘盒和基座三部分组成。

（1）望远镜。望远镜为瞄准设备，和水准仪上的望远镜相似，部件有物镜、目镜、十字丝。望远镜的一侧附有一个竖直度盘，可以测得竖直角。

（2）罗盘盒。罗盘盒有磁针和刻度盘。磁针安装在度盘中心顶针上，可自由转动，为减少顶针的磨损，不使用时可用固定螺旋将磁针升起固定在玻璃盖上。刻度盘为金属圆盘，全圆刻画360°，最小刻画为1°，从0°起逆时针方向每隔10°注一数字。刻度盘0°与180°连线与望远镜的视准轴一致。

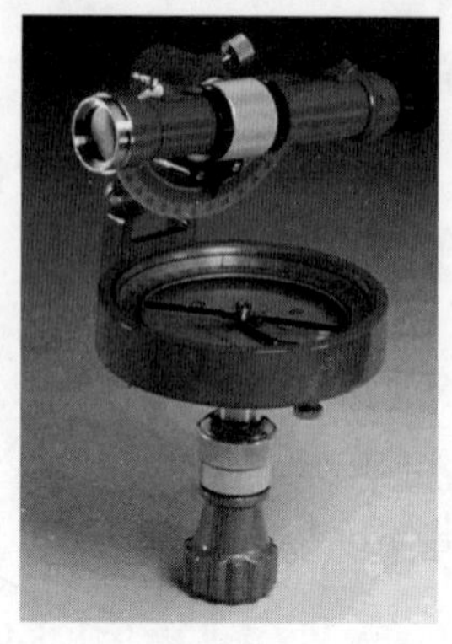

图2-61　罗盘仪结构

(3)基座。基座是一种球臼结构，松开球臼接头螺旋，摆动罗盘盒使水准器气泡居中，再旋紧球臼连接螺旋，度盘处于水平位置。

2. 罗盘仪的使用

用罗盘仪测定某一直线的磁方位角的方法是：

(1)安置罗盘仪于直线的一端点上。

(2)对中。用垂球进行对中。

(3)整平。半松开球臼接头螺旋，摆动罗盘盒使水准器气泡居中后；再旋紧球臼连接螺旋，使度盘处于水平位置。

(4)照准。望远镜瞄准直线的另一端点，其步骤与水准仪的望远镜瞄准相同。

(5)松开磁针固定螺旋，使它自由转动，待磁针静止时，读出磁针北端所指的度盘读数，即为该直线的磁方位角。

读数时，如果度盘上的0°位于望远镜的物镜端时，应按磁针北端读取读数。当0°位于望远镜的目镜端时，则按磁针南端读取读数。

3. 罗盘仪使用注意事项

(1)罗盘仪不能在高压线、铁矿区、铁路旁等使用。

(2)罗盘仪使用完毕后，应将磁针升起，固定在顶盖上。

四、导线方位角计算

下面以图2-62为例介绍AB直线的方位角α_{AB}的推算。

已知导线点A，其坐标为(x_A, y_A)，导线点B，其坐标为(x_B, y_B)，要求计算AB导线的方位角α_{AB}。

设边长$A \rightarrow B$的坐标增量为：

$$\left.\begin{aligned} \Delta x_{AB} &= x_B - x_A \\ \Delta y_{AB} &= y_B - y_A \end{aligned}\right\} \tag{2-35}$$

则水平距离为：

$$D_{AB} = \sqrt{\Delta x_{AB}^2 + \Delta y_{AB}^2} \tag{2-36}$$

在讨论由 Δx_{AB}、Δy_{AB} 计算坐标方位角 α_{AB} 之前，需要先引入象限角 R_{AB} 的概念。

高斯平面坐标系的 x、y 轴将一个圆周划分为Ⅰ、Ⅱ、Ⅲ、Ⅳ四个象限，从 x 轴的正方向或负方向顺时针或逆时针旋转至直线 AB 的水平角度（$0° \sim \pm 90°$）称为边长 AB 的象限角 R_{AB}，R_{AB} 由反正切函数计算。

$$R_{AB} = \arctan \frac{\Delta y_{AB}}{\Delta x_{AB}} \tag{2-37}$$

当 Δx_{AB} 与 Δy_{AB} 的符号相同时，由式（2-37）计算出的 $R_{AB} > 0$，边长可能位于Ⅰ、Ⅲ象限；当 Δx_{AB} 与 Δy_{AB} 的符号相反时，计算出的 $R_{AB} < 0$，边长可能位于Ⅱ、Ⅳ象限。边长方向具体位于哪个象限，还需根据边长坐标增量 Δx_{AB}、Δy_{AB} 的正负参照图 2-63 来判断，象限角 R_{AB} 与坐标方位角 α_{AB} 的关系列于表 2-20 中。

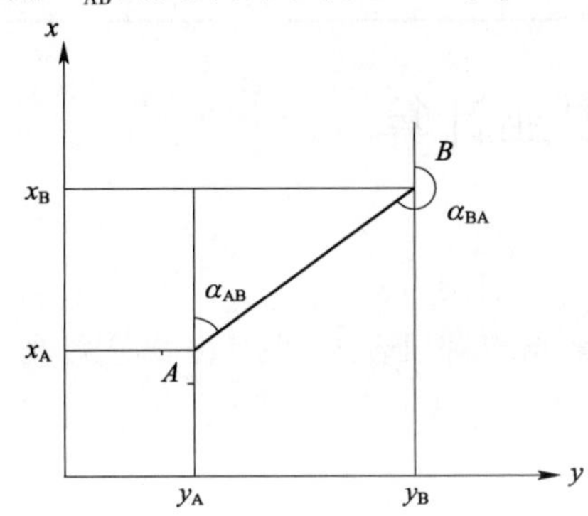

图 2-62　*AB* 方位角推算图

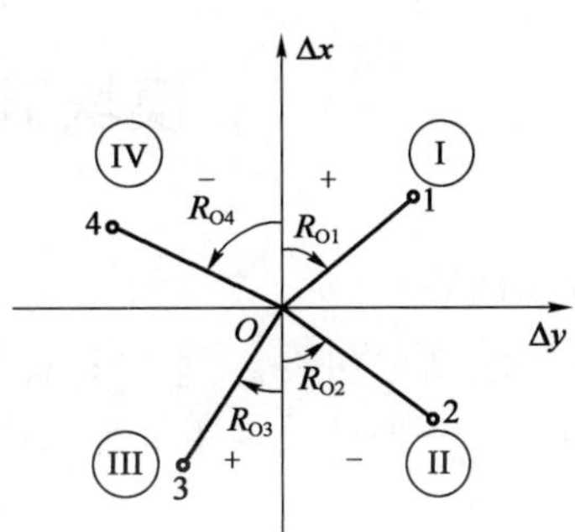

图 2-63　边长方向象限的判断

象限角 R_{AB} 与坐标方位角的关系表　　表 2-20

象限	坐标增量	关　系	象限	坐标增量	关　系
Ⅰ	$\Delta x_{AB} > 0, \Delta y_{AB} > 0$	$\alpha_{AB} = R_{AB}$	Ⅲ	$\Delta x_{AB} < 0, \Delta y_{AB} < 0$	$\alpha_{AB} = R_{AB} + 180°$
Ⅱ	$\Delta x_{AB} < 0, \Delta y_{AB} > 0$	$\alpha_{AB} = R_{AB} + 180°$	Ⅳ	$\Delta x_{AB} > 0, \Delta y_{AB} < 0$	$\alpha_{AB} = R_{AB} + 360°$

即：

$$R_{AB} = \arctan \frac{|y_B - y_A|}{|x_B - x_A|} \tag{2-38}$$

则：$\Delta y = y_B - y_A$，　　　$\Delta x = x_B - x_A$

当 $\Delta x > 0$，$\Delta y > 0$ 时，有：

$$\alpha_{AB} = R_{AB}$$

当 $\Delta x > 0$，$\Delta y < 0$ 时，有：

$$\alpha_{AB} = 360° - R_{AB}$$

当 $\Delta x < 0$，$\Delta y < 0$ 时，有：

$$\alpha_{AB} = 180° + R_{AB}$$

当 $\Delta x < 0$，$\Delta y > 0$ 时，有：

$$\alpha_{AB} = 180° - R_{AB}$$

思考与计算

1. 直线定线与直线定向有何不同？
2. 直线定向的基本方法有哪三种？

3. 真子午线方向使用什么仪器测定？真子午线收敛角大小与哪些因素有关？磁偏角何时为“+”，何时为“-”？

4. 正反坐标方位角相互之间有何关系？

5. 试计算表2-21导线边 AB 的方位角，并判断其所处象限。

方位角计算表 表2-21

A 点坐标	B 点坐标	所处象限	象限角 β_{AB}（°′″）	方位角 α_{AB}（°′″）
(175.235, 662.730)	(125.342, 790.083)			
(452.877, 217.637)	(100.052, 177.762)			
(816.622, 625.255)	(869.327, 150.337)			
(355.478, 418.260)	(762.452, 599.637)			

模块五 导线内业计算

学习目的

基本知识：角度闭合差、坐标增量闭合差、导线全长相对闭合差、误差分配原则及方法。

基本技能：导线内业平差与坐标计算。

任务描述

在教学实训场地内对已布设好的闭合（附合）导线进行外业测量和内业计算，得到导线点的平面坐标。

任务实施

1. 团队领取导线测量仪具后，在教学实训场地内完成导线的外业测量，重点考察导线外业观测表格填写；

2. 根据外业测量数据进行内业平差计算，得出每个导线点的平面坐标，重点考察外业观测精度，以及各控制点坐标与已知值差值。

在导线平差计算过程中，导线方位角的推算和导线点坐标的推算是至关重要的两个步骤。

一、导线方位角推算

如图2-64所示，已知 A、B 两点的坐标 (x_A, y_A) 和 (x_B, y_B)，起始边 AB 的方位角为 α_{AB}，下一点 C 的平面坐标为 x_C、y_C，要求根据 AB 边的方位角推算 BC 边的方位角 α_{BC}，在 B 点安置全站仪观测了水平角 $\beta_左$ 与水平距离 D_{BC}，推算步骤如下：

设坐标方位角推算方向为 $A \to B \to C$，在 B 点安置经纬仪观测了水平角 $\beta_左$，根据几何关系可以列出角度方程为：

$$\alpha_{AB} - \alpha_{BC} = 180° - \beta_左 \tag{2-39}$$

解方程得：

$$\alpha_{BC} = \alpha_{AB} + \beta_左 - 180° \tag{2-40}$$

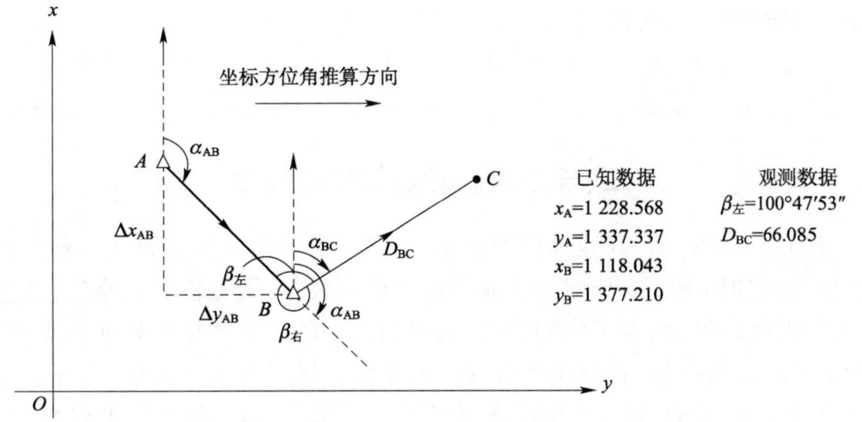

图 2-64　坐标方位角与坐标增量的关系

当使用 B 点观测的右角 $\beta_右$ 时，则有 $\beta_右=360°-\beta_左$，将其代入式(2-40)得：

$$\alpha_{BC}=\alpha_{AB}-\beta_右+180° \tag{2-41}$$

顾及方位角的取值范围为 0°～360°，可将式(2-40)与式(2-41)综合为：

$$\left.\begin{aligned}\alpha_{BC}&=\alpha_{AB}+\beta_左\pm180°\\ \alpha_{BC}&=\alpha_{AB}-\beta_右\pm180°\end{aligned}\right\} \tag{2-42}$$

式(2-42)中的“±”，当 $\alpha_{AB}+\beta_左$ 或 $\alpha_{AB}-\beta_右$ 的结果大于180°时，取“－”；当 $\alpha_{AB}+\beta_左$ 或 $\alpha_{AB}-\beta_右$ 的结果小于180°时，取“＋”。

根据起始边的已知坐标方位角及各导线边的内角值，由简单的几何运算推导便可得出，前一边的坐标方位角 $\alpha_前$ 与后一边的坐标方位角 $\alpha_后$ 的关系式：

$$\alpha_前=\alpha_后\pm\beta\mp180° \tag{2-43}$$

在具体推算时要注意以下几点：

(1)式(2-43)中的“$\pm\beta\mp180°$”项，若 β 角为左角，则应取“$+\beta-180°$”；若 β 角为右角，则应取“$-\beta+180°$”。

(2)若用公式推导出来的 $\alpha_前<0°$，则应对其加上 360°，若 $\alpha_前>360°$，则应对其减去 360°，使各导线边的坐标方位角在 0°～360°之间取值。

(3)起始边的坐标方位角也能推算出来，其推算值应与已知值相等，否则说明推算过程有错误。

根据上述数据，可以计算 α_{BC} 的方位角：

$$\alpha_{BC}=\alpha_{AB}+\beta_左-180°=135°27'53''+100°47'53''-180°=56°15'46''$$

导线方位角的推算是个比较抽象的过程，初学者往往容易计算出错，从而导致平差计算失败，建议在推算时，画图辅助计算。

二、导线点坐标推算

在图 2-64 中，已知 A、B 两点的坐标，为了计算 C 点的平面坐标 x_C、y_C，在 B 点安置全站仪观测了水平角 $\beta_左$ 与水平距离 D_{BC}，根据坐标方位角 α_{BC} 与水平距离 D_{BC} 计算 C 点的坐标。此类计算又称为“坐标正算”，计算如下：

由图 2-64 可以列出 C 点坐标的计算公式为：

$$\left.\begin{aligned}x_C&=x_B+D_{BC}\cdot\cos\alpha_{BC}\\ y_C&=y_B+D_{BC}\cdot\sin\alpha_{BC}\end{aligned}\right\} \tag{2-44}$$

将图2-64的数据代入可得：

$$x_C = x_B + D_{BC} \cdot \cos\alpha_{BC} = 1\ 188.043 + 66.085 \times \cos56°15'46'' = 1\ 224.746\text{m}$$

$$y_C = y_B + D_{BC} \cdot \sin\alpha_{BC} = 1\ 377.210 + 66.085 \times \sin56°15'46'' = 1\ 432.166\text{m}$$

三、导线控制测量与成果处理

从本项目模块一中知道，导线的种类有闭合导线、附合导线和支导线三种类型，因此，导线外业测量也有三种情况。在导线的外业测量工作完成，数据经检查合格后，即转入导线内业计算工作。导线测量的内业工作的目的，是根据已知的起算数据和外业的观测资料，通过对误差进行必要的调整，最后计算出各导线点的平面坐标。内业计算前，应仔细全面地检查导线测量的外业记录，检查数据是否齐全，有无记错、算错，是否符合精度要求，起算数据是否准确。然后绘出导线草图，并把各项数据标注在图中的相应位置，下面介绍闭合导线和附合导线的内业计算。

1. 闭合导线的内业近似平差计算

图2-65为一闭合图根导线外业测量结果，要求采用近似平差方法计算各导线点的坐标。

计算前，首先将图中的点号、角度和观测值、边长的测量值以及初始边的方位角、起点坐标等填入“闭合导线坐标计算表”(表2-22)中，如表2-22中的第1、2、5、6、13、14栏所示。然后按以下步骤计算：

1)角度闭合差的计算与调整

闭合导线在几何上是一个闭合的 n 边形，其内角和的理论值为：

$$\sum\beta_{理} = (n-2) \times 180° \tag{2-45}$$

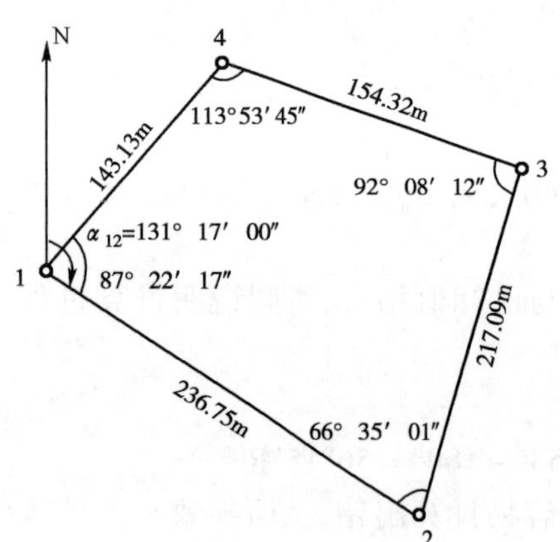

图2-65 闭合导线

而在实际观测过程中，实测的多边形的内角和不等于上述的理论值，两者的差值称为闭合导线的角度闭合差，习惯以 f_β 表示，即有：

$$f_\beta = \sum\beta_{理} - \beta_{测} \tag{2-46}$$

式中：$\beta_{理}$——转折角的理论值；

$\beta_{测}$——转折角的外业观测值。

各等级导线角度闭合差的容许值 $f_{\beta容}$ 列于表2-22中。

(1)若 $f_\beta > f_{\beta容}$，则说明角度闭合差超限，不满足精度要求，应返工重测直到满足精度要求。

(2)若 $f_\beta \leq f_{\beta容}$，则说明所测角度满足精度要求，在此情况下，可将角度闭合差进行调整。由于各角观测 f_β 均在相同的观测条件下进行，故可认为各角产生的误差相等。

因此，角度闭合差调整的原则是：将以相反的符号平均分配到各观测角中，若不能均分，一般情况下，将余数分配给短边的夹角。即各角度的改正数为：

$$v_\beta = -\frac{f_\beta}{n} \tag{2-47}$$

则各转折角调整以后的值(又称为改正值)为：

闭合导线坐标计算表

表 2-22

点号	转折角观测值 (° ′ ″)	角度改正数 (″)	改正后角值 (° ′ ″)	坐标方位角 (° ′ ″)	边长 (m)	纵坐标增量(Δx)			横坐标增量(Δy)			纵坐标 x(m)	横坐标 y(m)	点号
						计算值 (m)	改正数 (m)	改正后值 (m)	计算值 (m)	改正数 (cm)	改正后值 (m)			
1	2	3	4	5	6	7	8	9	10	11	12	13	14	15
1												500.00	500.00	1
				131 17 00	236.75	-156.20	-3	-156.23	+177.91	-8	+177.83			
2	66 35 01	+11	66 35 12									343.77	677.83	2
				17 52 12	217.09	+206.62	-3	+206.59	+66.62	-8	+66.54			
3	92 08 12	+11	92 08 23									550.36	744.37	3
				290 00 35	154.32	+52.80	-2	+52.78	-145.00	-6	-145.06			
4	113 53 45	+11	113 53 56									603.14	599.31	4
				223 54 31	143.13	-103.12	-2	-103.14	-99.26	-5	-99.31			
1	87 22 17	+12	87 22 29									500.00	500.00	1
				131 17 00										
2														2
Σ	359 59 15	+45	360 00 00		751.29	+0.10	-0.10	0.00	+0.27	-0.27	0.00			

辅助计算

$f_\beta = \Sigma\beta_{测} - \Sigma\beta_{理} = 359°59'15'' - 360°00'00'' = -45''$

$f_{\beta容} = \pm 60\sqrt{4}'' = \pm 120'' = (f_\beta < f_{\beta容})$

$f_x = \Sigma\Delta x = +0.1\text{m}; f_y = \Sigma\Delta y = +0.27\text{m}; f_D = \sqrt{f_x^2 + f_y^2} = 0.29\text{m}$

$K = \frac{f_D}{\Sigma D} = \frac{0.29}{751.29} \approx \frac{1}{2\ 500}$

$K_{容} = \frac{1}{2\ 000}(K < K_{容})$

$$\beta = \beta_{测} + v_{\beta} \tag{2-48}$$

调整后的内角和必须等于理论值，即：

$$\sum\beta_{理} = (n-2) \times 180°$$

2）导线边坐标方位角的推算

根据起始边的已知坐标方位角及调整后的各内角值，由式（2-43）即可计算出前一边的坐标方位角 $\alpha_{前}$。

3）坐标增量的计算

一导线边两端点的纵坐标（或横坐标）之差，称为该导线边的纵坐标（或横坐标）增量，习惯以 Δx（Δy）表示。

设 i、j 为两相邻的导线点，量测两点之间的边长为 D_{ij}，已根据观测角调整后的值推出了坐标方位角为 α_{ij}，则由三角几何关系可计算出两点 i、j 之间的坐标增量（在此称为观测值）$\Delta x_{ij测}$ 和 $\Delta y_{ij测}$ 分别为：

$$\left.\begin{aligned}\Delta x_{ij测} &= D_{ij} \cdot \cos\alpha_{ij}\\ \Delta y_{ij测} &= D_{ij} \cdot \sin\alpha_{ij}\end{aligned}\right\} \tag{2-49}$$

4）坐标增量闭合差的计算与调整

因闭合导线从起始点出发经过若干个导线点以后，最后又回到了起始点，显然，其坐标增量之和的理论值为零，如图 2-66 所示，即：

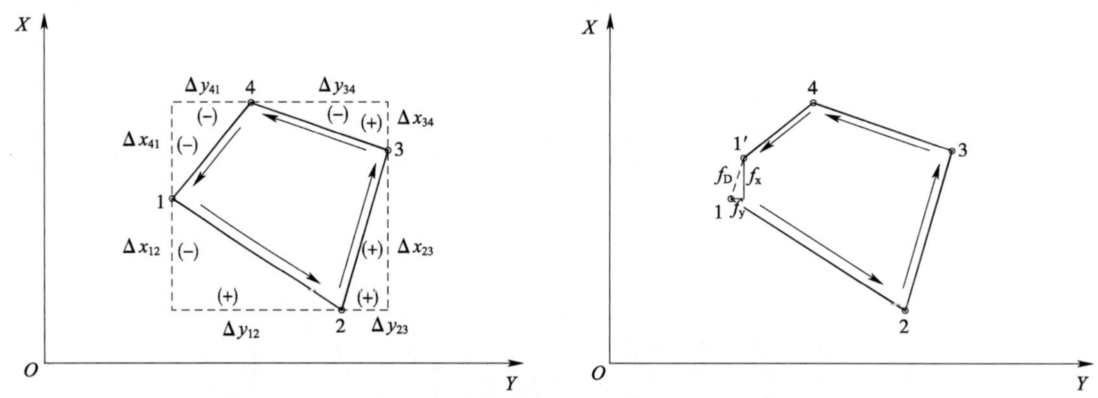

图 2-66 闭合导线坐标增量与闭合差

$$\left.\begin{aligned}\sum\Delta x_{ij理} &= 0\\ \sum\Delta y_{ij理} &= 0\end{aligned}\right\} \tag{2-50}$$

坐标增量由边长 D_{ij} 和坐标方位角 α_{ij} 计算而得，尽管坐标方位角经过角度闭合差的调整以后已能闭合，但是边长还存在误差，从而导致坐标增量带有误差。即坐标增量的实测值之和 $\sum\Delta x_{ij测}$ 和 $\sum\Delta y_{ij测}$ 一般情况下不等于零，这就是坐标增量闭合差，通常以 f_x 和 f_y 表示，即：

$$\left.\begin{aligned}f_x &= \sum\Delta x_{ij测}\\ f_y &= \sum\Delta y_{ij测}\end{aligned}\right\} \tag{2-51}$$

由于坐标增量闭合差存在，根据计算结果绘制出来的闭合导线图形不能闭合，此不闭合的缺口距离，称为导线全长闭合差，通常以 f_D 表示。

按几何关系，用坐标增量闭合差可求得导线全长闭合差 f_D。

$$f_D = \sqrt{f_x^2 + f_y^2} \tag{2-52}$$

导线全长闭合差 f_D 是随着导线长度增大而增大，导线测量的精度是用导线全长相对闭合差 K（即导线全长闭合差 f_D 与导线全长 $\sum D$ 之比值）来衡量的，即：

$$K = \frac{1}{\sum D / f_D} \tag{2-53}$$

导线全长相对闭合差 K 通常用分子是 1 的分数形式表示，不同等级的导线全长相对闭合差的容许值 $K_{容}$ 列于表 2-23 中。

导线全长闭合差容许值 表 2-23

等　级	导线全长相对闭合差 $K_{容}$	
	《城市测量规范》(CJJ/T 8—2011)	《工程测量规范》(GB 50026—2007)
四等	≤1/40 000	≤1/35 000
一级	≤1/14 000	≤1/15 000
二级	≤1/10 000	≤1/10 000
三级	≤1/6 000	≤1/5 000

说明：若 $K \leqslant K_{容}$，表明测量结果满足精度要求，则可将坐标增量闭合差反符号后，按与边长成正比的方法分配到各坐标增量上去，得到各纵、横坐标增量的改正值，以 ΔX_{ij} 和 ΔY_{ij} 表示。

$$\left.\begin{aligned} \Delta X_{ij} &= \Delta x_{ij测} + v_{\Delta x_{ij}} \\ \Delta Y_{ij} &= \Delta y_{ij测} + v_{\Delta y_{ij}} \end{aligned}\right\} \tag{2-54}$$

式中：$v_{\Delta x_{ij}}$、$v_{\Delta y_{ij}}$——纵、横坐标增量的改正数，且有：

$$\left.\begin{aligned} v_{\Delta x_{ij}} &= -\frac{f_x}{\sum D} D_{ij} \\ v_{\Delta y_{ij}} &= -\frac{f_y}{\sum D} D_{ij} \end{aligned}\right\} \tag{2-55}$$

5）导线点坐标计算

根据起始点的已知坐标和改正后的坐标增量 ΔX_{ij} 和 ΔY_{ij}，即可按下列公式依次计算各导线点的坐标。

$$\left.\begin{aligned} x_j &= x_i + \Delta X_{ij} \\ y_j &= y_i + \Delta Y_{ij} \end{aligned}\right\} \tag{2-56}$$

同样用式(2-56)最后可以推导出起始点的坐标，推算值应与已知值相等，以此可检核整个计算过程是否有误。

2. 附合导线的内业计算

附合导线测量的内业计算与闭合导线基本相同，两者的主要区别在于角度闭合差 f_β 和坐标增量闭合差 f_x、f_y 的计算。

下面以图 2-67 的附合导线为例进行讨论。

1）角度闭合差f_β 的计算

附合导线的角度闭合差为坐标方位角闭合差，如图 2-67 所示，由已知边长 AB 的坐标方位角 α_{AB}，应用观测的转折角 β_B、β_1、β_2、β_3、β_4、β_C 可以依次推算出边长 B-1、1-2、2-3、3-4、4-C 直至 CD 边的方位角。设推算出的 CD 边的坐标方位角为 α'_{CD}，则角度闭合差f_β 为：

$$f_\beta = \alpha'_{CD} - \alpha_{CD} \tag{2-57}$$

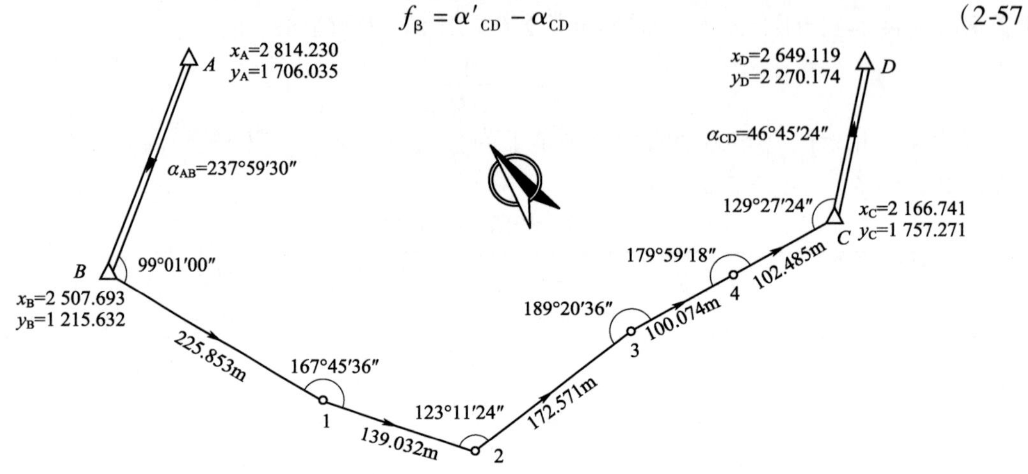

图 2-67　附合导线略图

角度闭合差f_β 的分配原则还是"平均分配"，但是否反号，则视所测转折角 β 是左角还是右角而定。若为左角，角度闭合差f_β 反号分配；若为右角，则同号分配。

2）坐标增量闭合差f_x、f_y 的计算

设计算出的边长 B-1、1-2、2-3、3-4、4-C 的坐标增量之和为 $\sum \Delta x_{测}$、$\sum \Delta y_{测}$，而其理论值为：

$$\left.\begin{aligned}\sum \Delta x_{理} &= x_C - x_B \\ \sum \Delta y_{理} &= y_C - y_B\end{aligned}\right\} \tag{2-58}$$

则坐标增量闭合差f_x、f_y 按下式计算：

$$\left.\begin{aligned}f_x &= \sum \Delta x_{测} - \sum \Delta x_{理} = \sum \Delta x_{测} - (x_C - x_B) \\ f_y &= \sum \Delta y_{测} - \sum \Delta y_{理} = \sum \Delta y_{测} - (y_C - y_B)\end{aligned}\right\} \tag{2-59}$$

计算结果如表 2-24 所示。

四、导线控制测量成果报告

在完成导线测量外业工作后，立即着手开始内业计算与成果报告撰写。测量成果报告是上级主管单位审查测量成果是否符合测量规范要求的依据。因此，必须认真地对待测量成果报告的形式和内容。根据对测量人员和主管单位的测量报告的调查，导线测量成果报告包含如下几个方面的内容。

1. 测量前提

主要介绍本次测量的基本情况，包括整个工程概况、沿线设置的导线点、加密导线点、水准点、复测的基本要求等内容。

2. 测量依据

本次测量采用的技术等级，依据的法律、法规文件，包括国家标准、交通运输部的行业标准和规范，项目设计单位提供的设计文件等内容。如：《三、四等导线测量规范》（CH/T

图根闭合导线坐标计算表

表 2-24

点号	观测角(左角) (° ′ ″)	改正数 (″)	改正角 (° ′ ″)	坐标方位角 (° ′ ″)	距离 (m)	坐标增量		改正后的坐标增量		坐标值		点号
						Δx(m)	Δy(m)	$\Delta\hat{x}$(m)	$\Delta\hat{y}$(m)	$\hat{x}$(m)	$\hat{y}$(m)	
1	2	3	4	5	6	7	8	9	10	11	12	13
A												
				237 59 30								
B	99 01 00	+6	99 01 06							2 507.693	1 215.632	*B*
				157 00 36	225.853	+0.045 −207.914	−0.046 +88.212	−207.869	+88.166			
1	167 45 36	+6	167 45 42							2 299.824	1 303.798	1
				144 46 18	139.032	+0.028 −113.570	−0.028 +80.199	−113.542	+80.171			
2	123 11 24	+6	123 11 30							2 186.282	1 383.969	2
				87 57 48	172.571	+0.035 +6.133	−0.035 +172.462	+6.168	+172.427			
3	189 20 36	+6	189 20 42							2 192.450	1 556.396	3
				97 18 30	100.074	+0.020 −12.730	−0.020 +99.261	−12.710	+99.241			
4	179 59 18	+6	179 59 24							2 179.740	1 655.637	4
				97 17 54	102.485	+0.020 −13.019	−0.021 +101.655	−12.999	+101.634			
C	129 27 24	+6	129 27 30							2 166.741	1 757.271	*C*
				46 45 24								
D												
总和	888 45 18	+36	888 45 54		740.015	−341.100	+541.789	−340.952	+541.639			

辅助计算：

$x_C - x_A = -340.952, y_C - y_A = 541.639; f_x = \sum \Delta x_{测} - (x_C - x_A) = -0.148\text{m}, f_y = \sum \Delta y_{测} - (y_C - y_A) = +0.150\text{m}$

$\alpha'_{CD} = 46°44'48''$　　全长闭合差 $f = \sqrt{f_x^2 + f_y^2} = 0.211\text{m}$

$\alpha_{CD} = 46°45'24''$　　全长相对闭合差 $K = \frac{1}{\sum D/f} \approx \frac{1}{3\ 507} < \frac{1}{2\ 000}$

$f_\beta = \alpha'_{CD} - \alpha_{CD} = -36''$　　$f_{\beta容} = \pm 60''\sqrt{n} = \pm 147''$

2007—2001)、《工程测量规范》(GB 50026—2007)、《城市测量规范》(CJJ/T 8—2011)、《精密工程测量规范》(GB/T 15314—94)、《测绘技术总结编写规定》(CH/T 1001—2005)、《中、短程光电测距规范》(GB/T 16818—2008)以及《施工监理实施办法》、设计单位提供的高速公路平面、高程控制测量勘测报告及成果报告。

3. 测量人员

主要提交测量人员的身份证、毕业证书、职称证书及相关的资格证书。

4. 测量仪器设备鉴定证书

5. 导线控制测量

(1)原始导线点表;

(2)新设置导线点位的选择;

(3)导线线路的确定;

(4)测量实施方案。

6. 成果处理

(1)导线测量;

(2)导线平差计算;

(3)导线网成果表;

(4)导线测量结论。

7. 导线点测量原始记录

思考与计算

1. 如图 2-68 所示,试计算各边的方位角和反向方位角。

2. 已知 A 点坐标(1 223.278,2 334.565),B 点坐标(1 025.621,3 567.289),试求 α_{AB}、α_{BA}、l_{AB}。

3. 已知 A 点坐标(2 735.255,3 256.450),$\alpha_{AB}=222°45'45''$,$l_{AB}=500.233\text{m}$,试求 B 点坐标。

4. 已知 $\alpha_{23}=45°30'28''$,2 点坐标(100.000,100.000),如图 2-69 所示,试进行闭合导线平差计算。

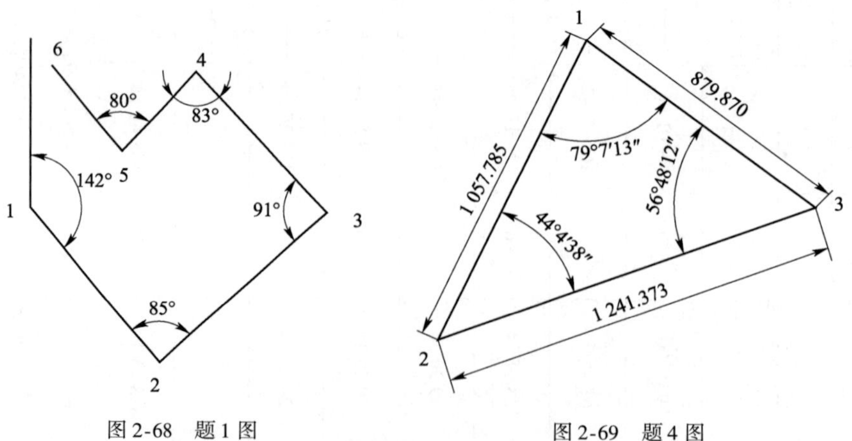

图 2-68 题 1 图　　图 2-69 题 4 图

5. 角度闭合差和坐标增量闭合差调整基本原则是什么?

6. 平面控制测量报告主要包含哪些内容?

模块六　经纬仪、全站仪的检验与校正

学习目的

基本知识：经纬仪主要轴线；经纬仪和全站仪检验的主要轴线应满足的几何关系。

基本技能：检验经纬仪、全站仪各主要轴线是否满足几何关系。

任务描述

训练学生掌握经纬仪（全站仪）检校项目及检测方法，能判断经纬仪（全站仪）是否能正常使用。完成工作任务2-10 DJ_6 经纬仪的检验和校正。

任务实施

以团队为单位领取经纬仪、脚架、皮尺、花杆、粉笔等工具。在指定地点完成下列项目的检测：

1. 照准部水准管轴是否垂直于仪器的竖轴；
2. 十字丝竖丝是否垂直于仪器的横轴；
3. 望远镜视准轴是否垂直于仪器横轴；
4. 仪器横轴是否垂直于仪器竖轴；
5. 竖盘指标是否处于正确位置。

注意：重点考察仪器 $2c$ 误差、照准部水准管轴是否垂直于仪器的竖轴两项仪器的检验。

经纬仪和全站仪在进行道路工程测量前，必须到具有一定资质的检测部门进行仪器的检测和校正，只有通过检测部门的检校，测量仪器所测的数据才具有法定效用。因此，经纬仪和全站仪与水准仪器一样，也要检校。博飞 BTS-6082C 全站仪的检测资料如图2-70所示。

一、经纬仪检验与校正

经纬仪的主要轴线有：竖轴 VV、横轴 HH、望远镜视准轴 CC 和照准部水准管轴 LL。观测角度时轴线要求：

①经纬仪的水平度盘必须水平；②竖盘必须铅垂；③望远镜上下转动的视准面（视准轴绕横轴的旋转面）必须为铅垂面；④观测竖直角时，竖盘指标还应处于其正确位置。

经纬仪轴线如图2-71所示。

经纬仪应满足下列条件：

（1）照准部水准管轴垂直于仪器的竖轴（$LL \perp VV$）。

（2）十字丝竖丝垂直于仪器的横轴。

（3）望远镜的视准轴垂直于仪器的横轴（$CC \perp HH$）。

（4）仪器的横轴垂直于仪器的竖轴（$HH \perp VV$）。

（5）竖盘指标处于正确位置（$x=0$）。

（6）光学对中器的视准轴经棱镜折射后，应与仪器的竖轴重合。

湖南省测绘产品质量监督检验授权站
（湖南省测绘仪器检测中心）

检 定 证 书

证书编号：湘测仪检字2009Q1002号　　第1页 共2页

送检单位：长湘高速12合同段
计量器具名称：全站仪
型号/规格：BTS-6082C
出厂编号：430127
制造单位：
检定依据：JJG 100—2003、JJG 703—2003
检定结论：合 格

批准人＿＿＿＿＿＿

（检定专用章）
（钢印）

核验员＿＿＿＿＿＿

检定员＿＿＿＿＿＿

检定日期　2009年07月13日
有效期至　2010年07月02日

地址：长沙市韶山中路693号　　电话：(0731) 5313267
传真：(0731) 5583930　　邮编：410007
网址：www.chnchzj.com　　EMAIL：hnchzj@163.com

湖南省测绘产品质量监督检验授权站
（湖南省测绘仪器检测中心）

检 定 结 果

证书编号：湘测仪检字2009Q1002号　　第2页 共2页

（一）测角部分检定结果			
序号	检定项目	检定结果	
1	外观及一般性能	合格	
2	基础性调整及校准	合格	
3	水准器轴与竖轴的垂直度	合格	
4	照准部旋转正确性	合格	
5	望远镜分划板竖丝的铅垂度	合格	
6	望远镜视轴相对于横轴的垂直度	-3.5″	
7	照准误差 C	-3.5″	
8	横轴误差 i	+4.3″	
9	竖盘指标差 I	-2.9″	
10	补偿器补偿准确度	-6.0″	
11	补偿器补偿范围	0° 3′ 10″	
12	补偿器零位误差	-10.0″	
13	一测回水平方向标准偏差	±0.8″	
14	光学对中器视轴与竖轴重合度	合格	
（二）测距部分检定结果			
1	测量的重复性	M=±	0.63mm
2	加常数	K=	-2.64mm
3	加常数测量标准差	Mk=±	0.49mm
4	乘常数	R=	+2.69mm/km
5	乘常数测量标准差	MR=±	0.95mm/km
6	测距单位权标准差	Md=±	1.24mm
7	固定误差	a=	+0.66mm
8	比例误差	b=	+0.71mm/km

本次检定的技术依据：
1、JJG 100—2003　《全站型电子速测仪检定规程》
2、JJG 703—2003　《光电测距仪检定规程》

注：1、此结果只与受检定项目有关；2、未经本站书面批准，不得部分复印此检定证书。

图2-70　博飞BTS-6082C全站仪的检测资料

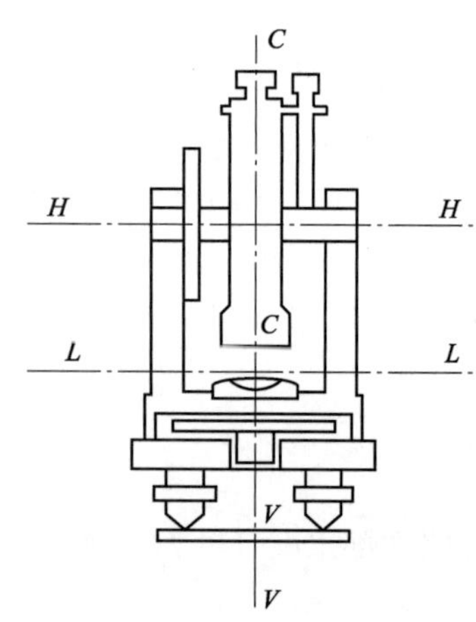

图2-71　经纬仪轴线

1. 照准部水准管的检验与校正

(1)检校目的

使照准部水准管轴垂直于仪器的竖轴，利用调整照准部水准管气泡居中的方法使竖轴铅垂，从而整平仪器。

(2)检验方法

照准部的水准管平行于两个脚螺旋，旋转脚螺旋，使气泡居中，再旋转照准部180°，判断气泡是否居中。

(3)校正方法

将仪器旋转一个角度，用校正针拨动水准管一端的校正螺钉，使气泡向正中位置退回一半。重新将仪器调平，再用脚螺旋使气泡居中，反复进行，直至照准部转到任何位置气泡都居中为止。

2. 十字丝的检验与校正

(1)检校目的

使竖丝垂直于仪器横轴。

(2)检验方法

整平仪器后，用十字丝交点照准一固定的、明显的点状目标，固定照准部和望远镜，旋转望远镜的微动螺旋，使望远镜物镜上下微动，若从望远镜内观察到该点始终沿竖丝移动，则条件满足，不用校正。目标点偏离十字丝竖丝移动，说明十字丝竖丝不垂直于横轴，应进行校正。

(3)校正方法

卸下位于目镜一端的十字丝护盖，旋松四个固定螺钉，微微转动十字丝环，再次检验，重复校正直至条件满足，然后拧紧固定螺钉，装上十字丝护盖，如图 2-72 所示。

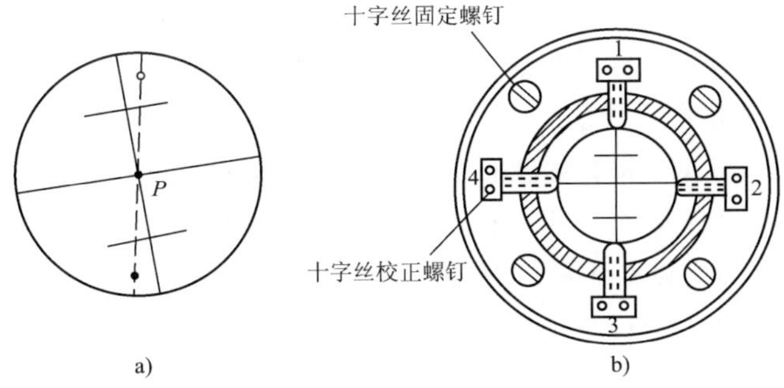

图 2-72　十字丝的检验与校正

3. 视准轴的检验与校正

(1)检校目的

使视准轴 CC 垂直于横轴 VV。

(2)检验方法

采用视准轴方法。视准轴是物镜光心与十字丝交点的连线。仪器的物镜光心是固定的，而十字丝交点的位置是可以变动的。视准轴是否垂直于横轴，取决于十字丝交点是否处于正确位置。当十字丝交点偏向一边时，视准轴与横轴不垂直，形成视准轴误差。即视准轴与横轴间的交角与 90°的差值，称为视准轴误差，通常用 c 表示。

如图 2-73 所示，在一平坦场地上，选择一直线 AB，长约 100m。经纬仪安置在 AB 的中点 O 上，在 A 点竖立一标志，在 B 点横置一根刻有毫米分划的小尺，并使其垂直于 AB。仪器以盘左精确瞄准 A 点的标志，倒转望远镜瞄准横放于 B 点的小尺，并读取尺上读数 B_1。

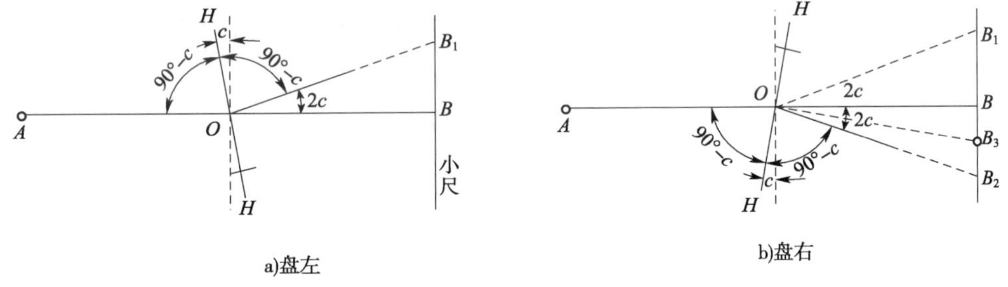

图 2-73　视准轴误差检验与校正

旋转照准部以盘右再次精确瞄准 A 点的标志，倒转望远镜瞄准横放于 B 点的小尺，并读取尺上读数 B_2。如果 B_1 与 B_2 相等(重合)，表明视准轴垂直于横轴，否则应进行校正。

(3)校正方法

从图 2-73 可以看出，由于视准轴误差 c 的存在，盘左瞄准 A 点到镜后视线偏离 AB 直线的角度为 $2c$，而盘右瞄准 A 点倒镜后视线偏离 AB 直线的角度亦为 $2c$，但偏离方向与盘左相反，因此，B_1 与 B_2 两个读数之差所对的角度为 $4c$。为了消除视准轴误差 c，只需在小尺上定出一点 B_3，该点与盘右读数 B_2 的距离为四分之一 B_1B_2 的长度。用校正针拨动十字丝左右两个校正螺钉，拨动时应先松一个再紧一个，使读数由 B_2 移至 B_3，然后固紧两个校正螺钉。

此项检校亦需反复进行，直至 c 值不大于 10″为止。

(4)度盘读数方法检验与校正

检验时，先整平仪器，以盘左状态精确照准一个与仪器高度大致相同的远处明显目标

P,读取水平度盘的读数为 $\alpha_{左}$。然后,将仪器切换为盘右状态,仍精确照准目标 P,读取水平度盘的读数为 $\alpha_{右}$。比较盘左、盘右两次的水平度盘读数,若 $\alpha_{左}=\alpha_{右}\pm180°$,说明视准轴垂直于横轴,不用校正;否则,说明视准轴不垂直于横轴,其差值为两倍的视准轴误差 $2c$($2c=\alpha_{左}-\alpha_{右}\pm180°$)。一般情况下,若 $2c$ 不大于 20″时,不用校正;反之需要校正。

校正时,若求得 $c=0$ 时,水平度盘的正确读数为 $\alpha=(\alpha_{左}+\alpha_{右}\pm180°)/2$。考虑到在检验结束时,仪器处于盘右状态,则应转动照准部的微动螺旋,使水平度盘的读数等于 $\alpha\pm180°$。此时,十字丝的交点必偏离原照准的目标 P,卸下位于目镜一端的十字丝护盖,旋松固定螺钉,调节十字丝环左右两个校正螺钉,使十字丝交点精确照准目标 P,这样,视准轴便与横轴垂直了。

4. 横轴的检验与校正

(1)检校目的

使横轴 LL 垂直于竖轴 VV。

(2)检验方法

如图 2-74 所示,在离高墙 20~30m 处安置经纬仪,用盘左照准高处的一明显点 M(仰角宜在 30°左右),固定照准部,然后将望远镜大致放平,指挥另一人在墙上标出十字丝交点的位置,设为 m_1[图 2-74a)]。将仪器变换为盘右,再次照准目标 M 点,大致放平望远镜后,用同前的方法再次在墙上标出十字丝交点的位置,设为 m_2[图 2-68b)]。如果 m_1、m_2 两点不重合,说明横轴不垂直于竖轴,即存在横轴误差,需要校正。

(3)校正方法

如图 2-74 所示,取 m_1 和 m_2 的中点 m,并以盘右或盘左照准 m 点,固定照准部,向上抬起望远镜,此时的视线必然偏离了目标点 M,即十字丝交点与 M 点发生了偏移[图 2-74c)]。调节横轴偏心板,使其一端抬高或降低,则十字丝交点与 M 点即可重合,横轴误差被消除[图 2-74d)]。

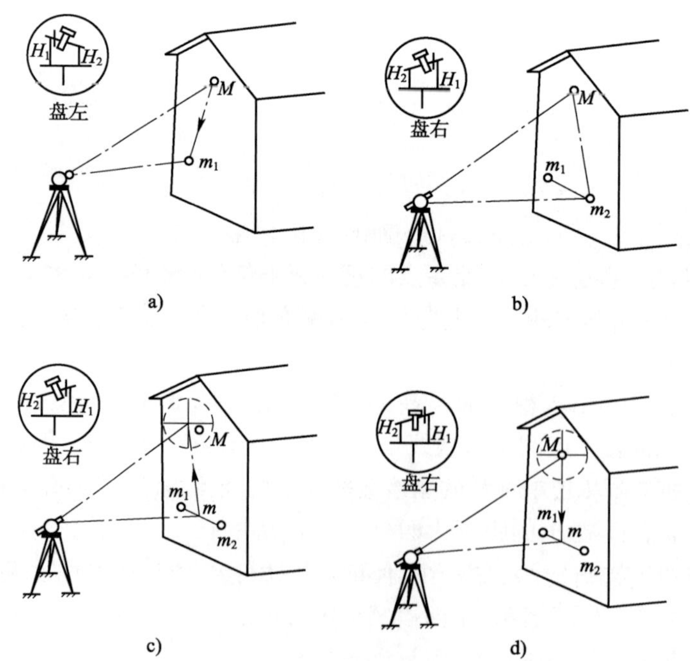

图 2-74　横轴的检验与校正

5. 光学对中器的检验与校正

(1)检校目的

使光学对中器的视准轴经棱镜折射后与仪器的竖轴重合,否则会产生对中误差。

(2)检验方法

经纬仪严格整平后,在光学对中器下方的地面上放一张白纸,将对中器的刻画圈中心投绘在白纸上,设为 a_1 点;旋转照准部 180°,再次将对中器的刻画圈中心投绘在白纸上,设为 a_2 点;若 a_1 与 a_2 两点重合,说明条件满足,不用校正;反之说明条件不满足,需要校正。

(3)校正方法

在白纸上定出 a_1 与 a_2 连线的中心 a,打开两支架间的圆形护盖,转动光学对中器的校正螺钉,使对中器的刻画圈中心前后、左右移动,直至对中器的刻画圈中心与 a 点重合为止,此项校正亦需反复进行。

二、全站仪的检验与校正

全站仪检验与校正主要内容如下:

1. 照准部水准轴应垂直于竖轴

检验时先将仪器大致整平,转动照准部使其水准管与任意两个脚螺旋的连线平行,调整脚螺旋,使气泡居中,然后将照准部旋转 180°,若气泡仍然居中,则说明条件满足,否则应进行校正。

校正的目的是使水准管轴垂直于竖轴。即用校正针拨动水准管一端的校正螺钉,使气泡向正中间位置退回一半,为使竖轴竖直,再用脚螺旋使气泡居中即可,此项检验与校正必须反复进行,直到满足条件为止。

2. 十字丝竖丝应垂直于横轴

检验时,用十字丝竖丝瞄准一清晰小点,使望远镜绕横轴上下转动,如果小点始终在竖丝上移动则条件满足,否则需要进行校正。

校正时,松开四个压环螺钉(装在十字丝环的目镜上,用压环和四个压环螺钉与望远镜筒相连接)。转动目镜筒使小点始终在十字丝竖丝上移动,校好后将压环螺钉旋紧。

3. 视准轴应垂直于横轴

1)检验方法

(1)距离仪器同高的远处设置目标 A,精确整平仪器并打开电源;

(2)在盘左位置将望远镜照准目标 A,读取水平角,例:水平角 $L = 10°13'10''$;

(3)松开垂直及水平制动手轮后旋转望远镜,旋转照准部盘右照准同一 A 点读取水平角,例:$R = 190°13'40''$;

(4)$2c = L - (R \pm 180°) = -30'' \geqslant \pm 20''$,需校正。

2)校正方法

(1)用水平微动手轮将水平角都试调整到消除 c 后的正确读数:$R + c = 190°13'40'' - 15'' = 190°13'40'' - 25''$;

(2)取下位于望远镜目镜与调焦手轮之间的分划板座护盖,调整分划板上水平左右两个十字丝校正螺钉,先松一侧后紧另一侧螺钉,移动分划板使十字丝中心照准目标 A;

(3)重复检验步骤,校正 $2c < 20''$ 符合要求为止;

(4)将护盖安装回原位。

4. 横轴应垂直于竖轴的检验和校正

略，与经纬仪相同，请参考相应内容。

5. 全站仪光学对中器检验与校正

1）检验方法

（1）将仪器安置到三脚架上，在一张白纸上画一个十字交叉并放在仪器正下方的地面上；

（2）调整好光学对中器的焦距后，移动白纸使十字交叉位于视场中心；

（3）转动脚螺旋，使对中器的中心标志与十字交叉点重合；

（4）旋转照准部，每转 90°，观察对中点的中心标志与十字交叉点的重合度；

（5）如果照准部旋转时，光学对中器的中心标志一直与十字交叉点重合，则不必校正，否则需按下述方法进行校正。

2）校正方法

（1）将光学对中器目镜与调焦手轮之间的改正螺钉护盖取下；

（2）固定好十字交叉白纸并在纸上标记出仪器每旋转 90°时，对中器中心标志落点，在图上记录 A、B、C、D 点；

（3）用直线连接对角点 AC 和 BD，两直线交点为 O；

（4）用校正针调整对中器的四个校正螺钉，使对中器的中心标志与 O 点重合；

（5）重复检验步骤（4）检查校正至符合要求；

（6）将护盖安装回原位。

6. 全站仪仪器常数（K）的检验和校正

仪器常数在出厂时进行了检验，并在机内作了修正，使 $K=0$，仪器常数很少发生变化，但我们建议此项检验每年进行 1 ~ 2 次，此项检验适合在标准基线上进行，也可以按下述简便的方法进行。

1）检验方法

（1）选一平坦场地在 A 点安置并整平仪器，用竖丝仔细在地面标定同一直线上间隔约 50m 的 A、B 点和 B、C 点，并准确对中地安置反射棱镜；

（2）仪器设置了温度与气压数据后，精确测出 AB、AC 的平距；

（3）在 B 点安置仪器并准确对中，精确测出 BC 的平距；

（4）可以得出仪器测距常数：$K=AC-(AB+BC)$；K 应接近等于 0，若 $|K|\geqslant 5\text{mm}$，应送标准基线场进行严格的检验，然后依据检验值进行校正。

2）校正方法

经严格检验证实仪器常数 K 不接近于 0 已发生变化，用户如果须进行校正，将仪器加常数按综合常数 K 值进行设置，应使用仪器的竖丝进行定向，严格使 A、B、C 三点在同一直线上，B 点地面要有牢固清晰的对中标记。B 点棱镜中心与仪器中心是否重合一致，是保证检测精度的重要环节，因此，最好在 B 点用三脚架和两者能通用的基座，如用三爪式棱镜连接器及基座互换时，三脚架和基座保持固定不动，仅换棱镜和仪器的基座以上部分，可减小不重合误差。

7. 视准轴与发射电光轴的平行度检验和校正

1）检验方法

（1）在距仪器 50m 处安置反射棱镜；

(2)用望远镜十字丝精确照准反射棱镜中心；

(3)打开电源进入测距模式，按斜距(或平距)做距离测量，左右旋转水平微动手轮，上下旋转垂直微动手轮，进行电照准，通过测距光路畅通信息闪亮的左右和上下的区间，找到测距的发射电光轴的中心；

(4)检查望远镜十字丝中心与发射电光轴照准中心是否重合，如基本重合即可认为合格。

2)校正方法

如望远镜十字丝中心与发射电光轴中心偏差很大，则须送专业修理部门校正。

以上七项检验校正，以1、3、4项最为重要，在观测期间最好经常进行。每项检验完毕后必须旋紧校正螺钉。

思考与计算

1. 简述经纬仪各种轴线及相互关系。
2. 什么是经纬仪 $2c$ 误差？它对观测值有何影响？观测时如何消除或减弱它的影响？
3. 常规经纬仪检验包括哪六个项目？
4. 全站仪仪器常数(K)及具体值是多少？

项目三　局部区域大比例尺地形图测绘

问题引入

为了能顺利完成公路勘测和施工测量工作,要求测量技术人员必须具备一定工程测绘、识读工程图的能力。如:在勘测设计阶段对公路带状地形图和桥位处大比例地形图进行测绘;能从地形图上获取相应信息和数据;能利用地形图进行汇水面积、土石方量计算;根据地形图选择合理取土坑、弃土堆的位置等,能综合信息绘制施工现场的平面图等。那么,如何测绘地形图?如何利用地形图信息指导设计和施工?这正是本项目要解决的问题。

教学目标

地形图概念、公路工程地形图识读;公路工程地形图测绘:等高线概念及特性,根据地貌特征点、特征线勾绘等高线;视距测量和地形图测量原理,掌握碎部点测量方法;能识别地貌特征点、地物轮廓点,地形碎部测量跑点的要求。

模块组织

本项目各模块知识点间的关系如图3-1所示。

情境描述

能力训练以测绘地形图为主。在测量教学实训场地测绘1:500大比例尺地形图,区域内主要以地物为主,但个别地方地势有起伏变化,适合学生测绘地形图。

1. 教学项目设计目的

要求团队成员在已经建立的高程控制网和平面控制网(项目一、项目二的任务)的基础上,完成区域地形图的测绘任务。

2. 教学项目主要任务

(1)利用全站仪采集地形数据,导出后在图纸上绘制地形图(或者直接利用专业测图软件绘制电子地形图)。

(2)完成地形图测量后,根据任务要求在其上进行测算土石方数量、汇水面积等。

工作任务之间关系及知识与技能训练目标如图3-2所示。

在勘测设计阶段,为了内业设计需要,对测区内进行地形图测绘;在施工阶段,为方便施工技术人员的施工和测量,要能识读公路工程地形图,因此,掌握地形图的测绘是非常重要的。

本项目要求在该区域高程控制测量(项目一)和平面控制测量(项目二)的基础上,如图3-3所示,完成该区域内地形图测绘任务,为公路选线、定线及放样(项目四)提供必要地形信息。即平面控制测量后,可根据图根控制点来测定地物、地貌特征点的平面位置和高程,并按规定的比例尺和符号绘成地形图。

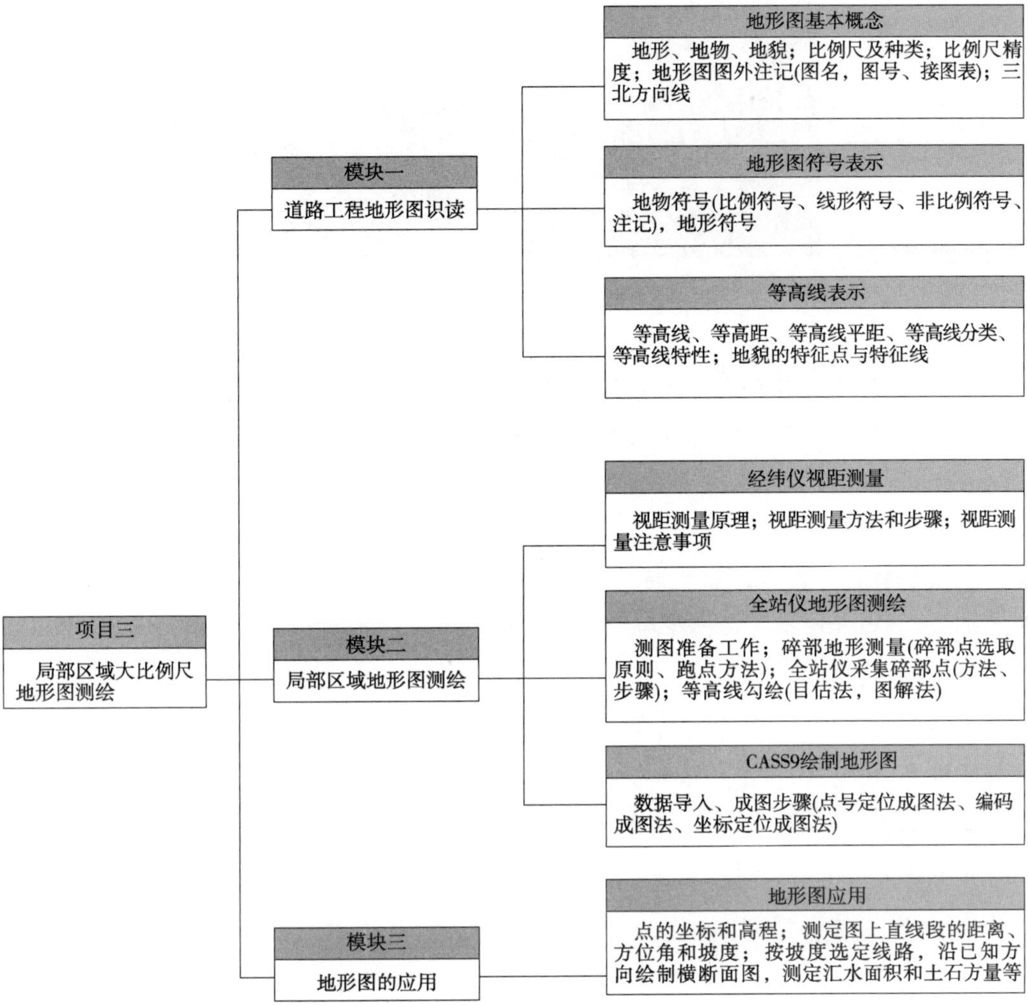
项目三
局部区域大比例尺地形图测绘
模块一
道路工程地形图识读
地形图基本概念
地形、地物、地貌；比例尺及种类；比例尺精度；地形图图外注记(图名，图号、接图表)；三北方向线
地形图符号表示
地物符号(比例符号、线形符号、非比例符号、注记)，地形符号
等高线表示
等高线、等高距、等高线平距、等高线分类、等高线特性；地貌的特征点与特征线
模块二
局部区域地形图测绘
经纬仪视距测量
视距测量原理；视距测量方法和步骤；视距测量注意事项
全站仪地形图测绘
测图准备工作；碎部地形测量(碎部点选取原则、跑点方法)；全站仪采集碎部点(方法、步骤)；等高线勾绘(目估法，图解法)
CASS9绘制地形图
数据导入、成图步骤(点号定位成图法、编码成图法、坐标定位成图法)
模块三
地形图的应用
地形图应用
点的坐标和高程；测定图上直线段的距离、方位角和坡度；按坡度选定线路，沿已知方向绘制横断面图，测定汇水面积和土石方量等

图 3-1　本项目各模块知识点关系图

3-01
地形图识读
能够识读地形图
3-02
经纬仪视距测量
3-03
地形图测绘
能够测绘地形图
3-04
地形图的应用
能够使用地形图

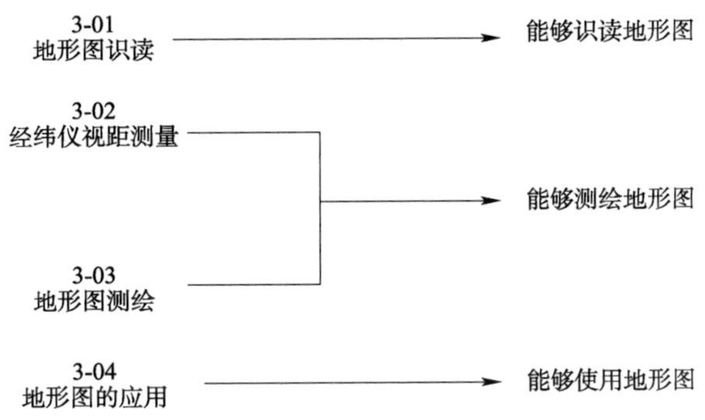

图 3-2　工作任务与训练目标关系图

一般测绘地形图的方法有：经纬仪测绘法、光电测距仪测绘法、小平板仪与经纬仪联合测绘法等。

图 3-3　测量实训场地地形图测绘区域卫星图

模块一　公路工程地形图识读

 **学习目的**

基本知识:地形、地物、地貌;比例尺(表示方法、精度、类型)、图外注记内容、地形图符号表示(地物、地貌)、等高线(概念、特性、分类)。

基本技能:识读公路工程地形图。

 **任务描述**

本模块主要训练识读工程地形图的能力,即在地形图图纸上识读各类特征地物、地貌。了解公路路线、构造物、施工场地布设与地形之间的关系。完成工作任务 3-01 地形图识读。

 **任务实施**

团队成员合作识读工程地形图,获取比例尺信息,判读地物与地貌,找到图上地物符号:比例符号、非比例符号、线形符号,通过等高线判断地形走向。主要考核识读的正确率和速度。

一、地形图基本知识

(一)地形图

地球表面的高山、平原、江河湖海以及各种建筑物,这些统称为地形。在测量中常把地形分为地物和地貌两大类。对于地球表面上具有明显轮廓的、天然形成和人工建造的各种建筑物,常称为地物,如房屋、公路、桥梁、水系等;而将地球表面高低起伏的形态,统称为地貌,如高山、平地、洼地等。地形图就是表示这种地物和地貌平面位置和高程的图形。

地形图的测绘就是将地球表面某区域内的地物和地貌,按正射投影的方法和一定的比例尺,并用规定的图式符号测绘的图纸上,绘制成图。如果该图只测地物而不测地貌,即在测绘的图纸上只表示出地物的情况,而不表示出地面的高低情况,这样的图就称为平面图或地物图。完成地形图的测绘工作称为地形测量。

地形图的测绘应遵循“从整体到局部、先控制后碎部、由高级到低级”的原则,因此在测绘地形图时,应先根据测图的目的及测区的具体情况建立平面及高程控制网,然后根据控制网在控制点上安置仪器进行地物和地貌的碎部测量。

由于地形图能够客观地反映地物和地貌的变化情况,为分析、研究和处理问题带来了许多方便，因此，在经济和国防等各种工程建设中得到了广泛的应用。

（二）地形图比例尺

图上两点间直线的长度与其相对应的地面上实际水平距离之比，称为地形图的比例尺。

1. 比例尺的表示方法

（1）数字比例尺。通常用分子为1，分母为整数的分数如1∶2 000、1∶5 000 等来表示。它所代表的意思是：图上1cm 代表地面上的水平距离为2 000cm 和5 000cm。一定要注意，比例尺符号的前后两个数字的单位必须一致。

（2）图示比例尺。如图3-4 所示，为简化计算、减少因图纸伸缩引起的误差，在图纸的下方绘制与图纸比例尺相一致的比例尺，用它在图上直接量取直线段的水平距离。

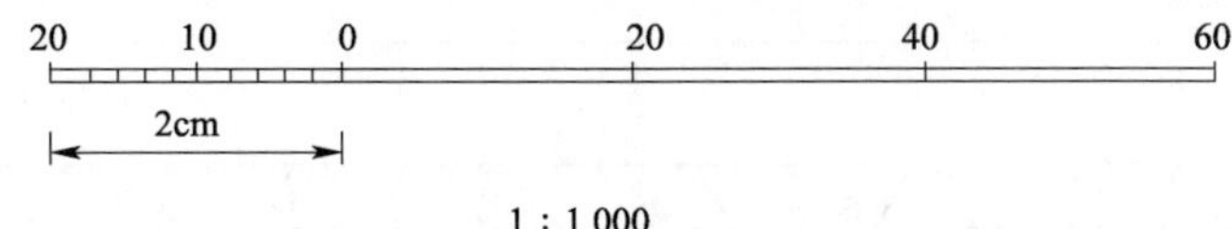

1∶1 000

图3-4 图示比例尺

图示比例尺以2cm 为基本单位，将直线段分为若干相等的线段，最左边的第一个基本单位分成10 等分，并以其右端为“0”点，在其他单位分划线上注明相应比例尺的实地长度。

2. 比例尺的分类

比例尺的分母越大，比例尺越小；反之，比例尺的分母越小，比例尺越大，图上表示的内容越详细。按照比例尺分母的大小，把地形图分为三类：

（1）大比例尺地形图。比例尺为1∶500～1∶5 000 的地形图称为大比例尺地形图。它常用经纬仪和平板仪或全站仪、光电测距仪等方法测得，被广泛应用于公路、铁路、城市规划等建设方面。

（2）中比例尺地形图。比例尺为1∶1 000～1∶10 000。它常用航空摄影测量方法测得。

（3）小比例尺地形图。比例尺小于1∶100 000 的地形图称为小比例尺地形图。它常在大比例尺地形图的基础上采用编绘的方法完成。

3. 比例尺精度

人用肉眼在图纸上能分辨出的最小距离为0.1mm，因此，地形图上0.1mm 所代表的实地长度，称为比例尺的精度。根据比例尺的精度，不但可以按照比例尺知道地面上丈量距离精确到什么程度，也可按照丈量地面距离的规定精度来确定应采用多大比例尺。例如测绘1∶100比例尺的地形图时，测量地面上距离的精度只需0.1m，因为测量得再精确，在地形图上也表示不出来。

表3-1 为不同比例尺的精度。从表中可知：比例尺越大，表示地形变化的状况越详细，精度就越高。反之，比例尺越小，表示地形变化就越简略，精度就越低。对同一测区，采用较大比例尺进行测图，工作量和投资将成倍增加。因此，在工程规划和设计时采用哪一种比例尺地形图，应从实际需要出发，确定合适的比例尺。

比例尺精度 表3-1

比例尺	1∶500	1∶1 000	1∶2 000	1∶50 000
比例尺精度（m）	0.05	0.10	0.20	0.50

4. 地形图的图外注记

标准地形图在图外注有图名、图号、接合图表、比例尺、外图廓、坐标格网、三北方向及坡度尺。

1)图名、图号、接合图表

(1)图名

图名即本幅地形图的名称,一般用图幅中最具有代表性的地名、景点名、居民地或企事业单位的名称命名,图名注记在本幅图的北图廓外上方正中位置,若图名选取有困难也可不注图名只注图号。如图 3-5 所示,其图名为水集镇。

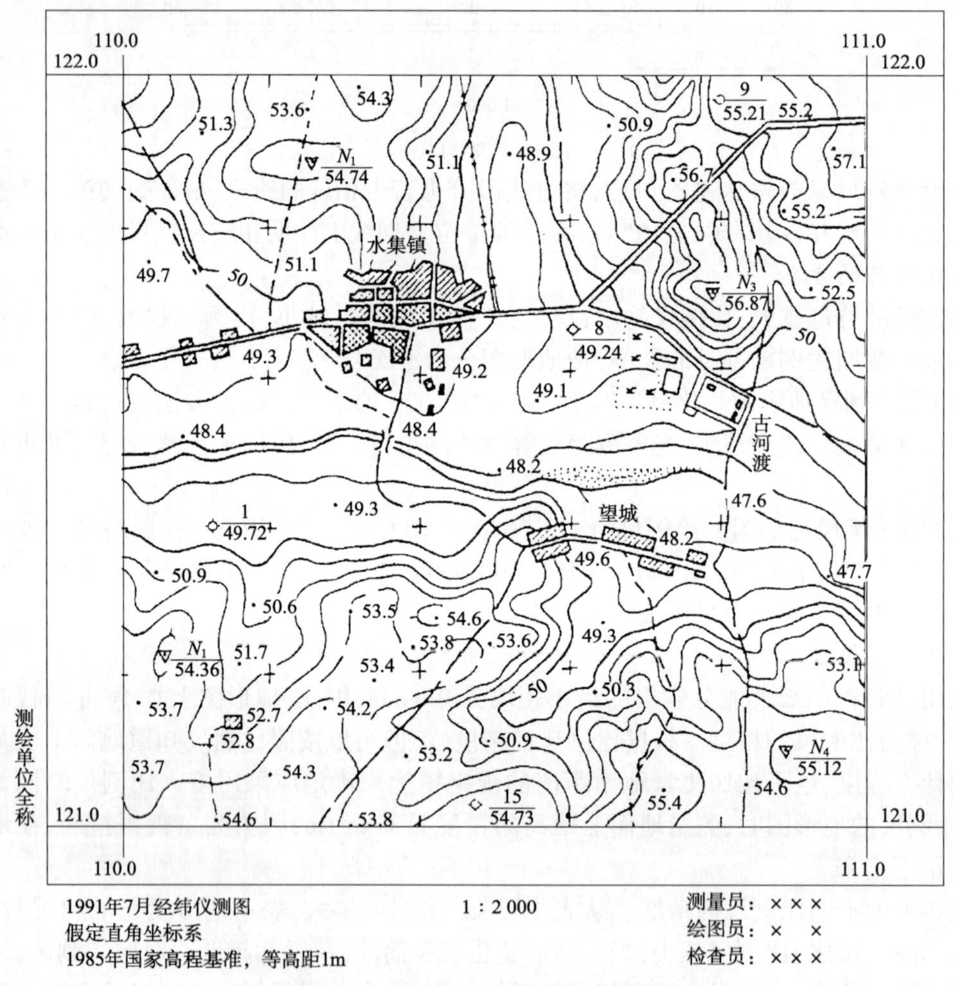

图 3-5　地形图的图名、图号、接合图表

(2)图号

为了便于储存、检索和使用系列地形图,每张地形图除有图名外,还编有一定的图号。图号是该图幅相应分幅方法的编号,图号标注在图幅正上方、图名的下方。如图 3-5 所示,其图号为:121.0 ~ 110.0。

地形图的分幅和编号方法有两种:一种是按经纬线划分为梯形分幅并编号;另一种是按坐标格网划分为正方形与矩形分幅并编号。前者用于中小比例尺的国家基本图的分幅,后者用于工程建设上大比例尺地形图的分幅。

各种比例尺的地形图应进行统一的分幅和编号,以便进行测图、管理和使用。地形图分幅方法分为两类:一类是按经纬线分幅的梯形分幅法;另一类是按坐标格网分幅的矩形分幅法。现仅介绍按坐标格网划分为正方形分幅与编号的方法。

在公路工程建设中,大比例尺地形图按坐标格网划分为正方形图幅,对于 1:5 000 比例尺的地形图为 40cm×40cm,其他比例尺 1:2 000、1:1 000、1:500 均采用 50cm×50cm 图幅。现将以上四种比例尺的地形图的图幅大小、实地测图面积列于表 3-2 中。

按正方形分幅的不同比例图幅 表 3-2

比例尺	图幅大小(cm×cm)	图廓边的实地长度(m)	图幅实地面积(km^2)	一幅 1:5 000 图中包含该比例尺图幅数(幅)
1:5 000	40×40	2 000	4	1
1:2 000	50×50	1 000	1	4
1:1 000	50×50	500	0.25	16
1:500	50×50	250	0.625	64

正方形图幅是以 1:5 000 为基础,采用图幅西南角点的坐标公里数编号,纵坐标 x 在前,横坐标 y 在后。

如图 3-6 所示,该图幅西南角坐标 x = 20 000m,y = 30 000m,故其 1:5 000 比例尺地形图的编号为:20-30。

按一幅:1:5 000 的地形图中包含该比例尺图幅数,将一幅 1:5 000 的地形图作四等分,便得到四幅 1:2 000 比例尺的地形图,分别以Ⅰ、Ⅱ、Ⅲ、Ⅳ表示,图幅中左上角为Ⅰ、右上角为Ⅱ、左下角为Ⅲ、右下角为Ⅳ。其图的编号可在 1:5 000 图编号后加上各自的代号Ⅰ、Ⅱ、Ⅲ、Ⅳ作为 1:2 000 图的编号;例如:图中左下角打阴影为:20-30-Ⅲ。依次类推,一幅 1:2 000 图又可分成四幅 1:1 000 图;一幅 1:1 000 图再可分成四幅 1:500 图,其后附加各自的代号均为罗马字Ⅰ、Ⅱ、Ⅲ、Ⅳ。在图 3-6 中,1:1 000 的图幅(打阴影)编号为 20-30-Ⅱ-Ⅰ,而 1:500 图幅(打阴影)编号为 20-30-Ⅰ-Ⅰ-Ⅰ。

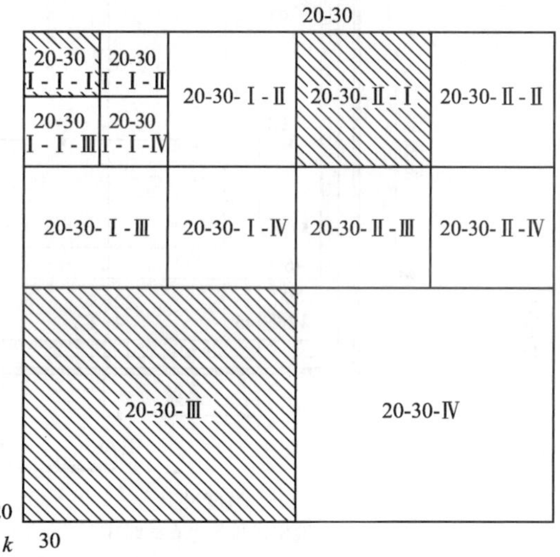

图 3-6 正方形分幅与编号

当测区较小时,也可以根据工作条件和要求,采用自然序数编号或行列编号法,也可以采用其他编号法。总之,应从实际出发,根据测图、用图和管理方便及用图单位的要求灵活运用。

(3)接合图表

接合图表是表示本图幅与四邻图幅的邻接关系的图表,表上注有邻接图幅的图名或图号,它绘在本幅图的上图廓的左上方,如图 3-5 所示。

2)图廓和坐标格网

(1)图廓

图廓是地形图的边界,地形图都有内、外图廓。内图廓线就是坐标格网线,用 0.1mm 细线表示，它是图幅的边界线。外图廓线为图幅的最外围边线，用0.5mm粗线表示，主要起装饰作用。内、外图廓线相距12mm，在内、外图廓线之间注记格网坐标值。

(2)坐标格网

矩形图幅的内廓线亦是坐标格网线，在内外图廓之间和图内绘有坐标格网交点短线，图廓的四角注记有该角点的坐标值。梯形图幅的内廓线是经纬线，图廓的四角注有经纬度，内外图廓间还有分图廓，分图廓绘有经差和纬差，用1′间隔的黑白的分度带表示，只要把分图廓对边相应的分度线连接，就构成了经、纬差各为1′的地理坐标格网。梯形图幅内还有1km的直角坐标格网，称其为公里坐标格网。内图廓和分图廓之间注有公里格网坐标值，如图3-7所示。

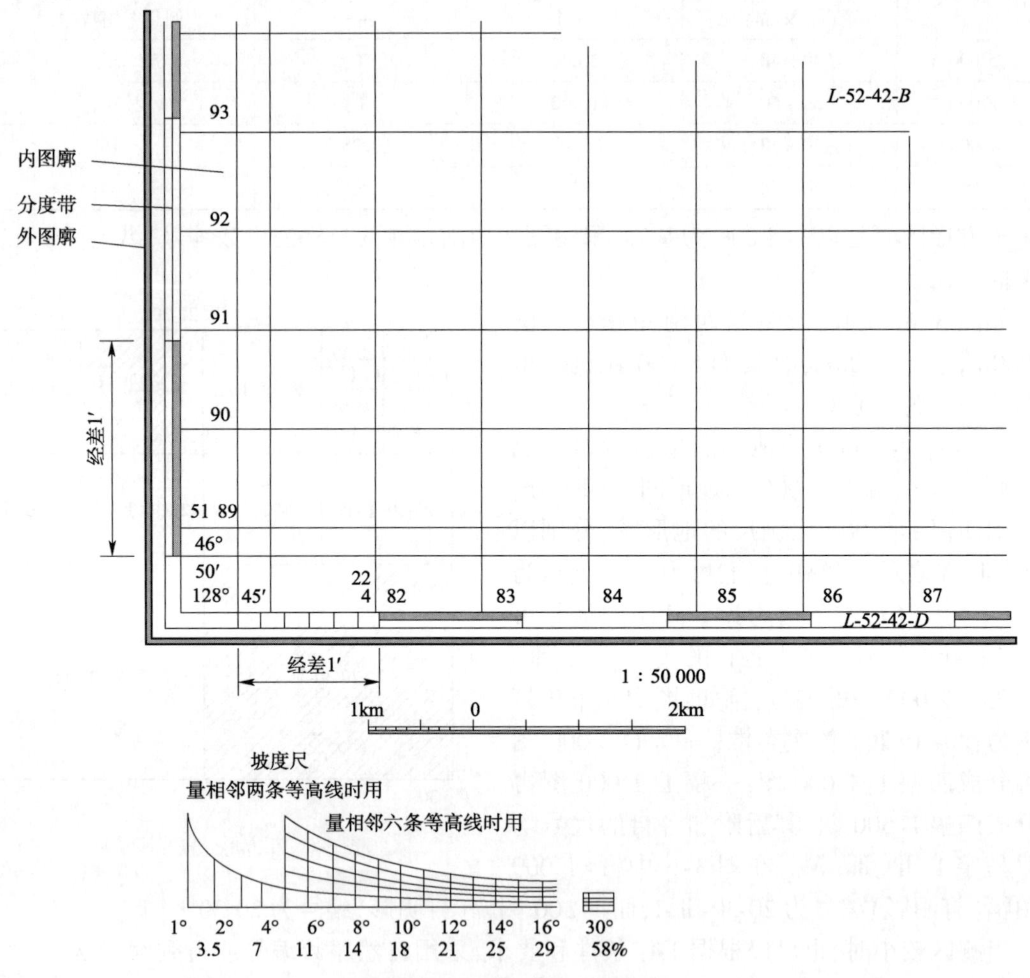

图3-7 地形图图廓、坐标格网

矩形图幅的内图廓线亦是坐标格网线，在内外图廓线之间和图内绘有坐标格网交点短线，图廓的四角注记有该角点的坐标值。梯形图幅的内图廓线是经纬线，图廓的四角注有经纬度，在图3-7中，西图廓经线是东经28°45′，南图廓线是北纬46°50′。内外图廓间还有分图廓，分图廓绘有经差和纬差，用1′间隔的黑白分度带表示，只要把分图廓对边相应的分度线连接，就构成了经、纬差各为1′的地理坐标格网。梯形图幅内还有以1km为单位的直角坐标格网，称其为千米坐标格网。在内图廓和分图廓之间注有千米格网坐标值，如图3-7中的5 189表示纵坐标为5 189km(从赤道算起)，其余的90、91、92、93等，其坐标的千、百位都是51，故从略。横坐标为22 482,22为该图廓所在地6°带投影号,482表示该纵线的横坐标千米数。

3)三北方向线

在中、小比例尺地形图的下图廓外偏右处,绘有真子午线、磁子午线和坐标纵轴线这三个北方向线之间的角度关系图,称为三北方向线。绘制时真子午线应垂直下图廓边,如图3-8所示。该图幅中,磁偏角为2°36′(西偏);坐标纵轴线偏于真子午线以西1°09′;而磁子午线偏于坐标纵线以西3°45′。利用该关系图,可对图上任一方向的真方位角、磁方位角和坐标方位角三者间作相互换算。

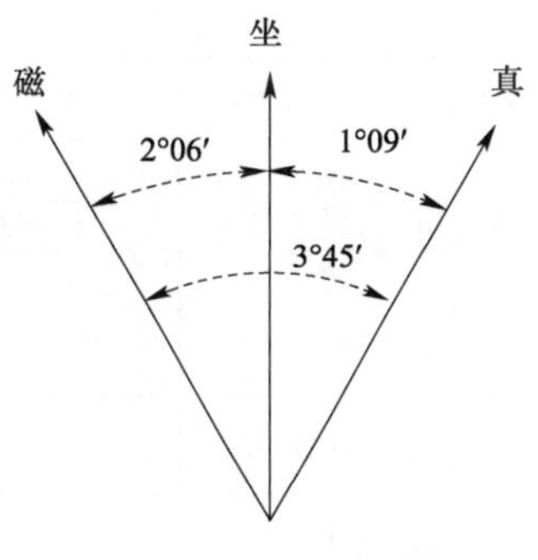

图3-8　三北方向线

4)坡度比例尺

对于梯形图幅在其下图廓偏左处,绘有坡度比例尺,用以图解地面坡度和倾角,它是按下式制成:

$$i = \tan\alpha = \frac{h}{d \cdot M} \tag{3-1}$$

式中:i——地面坡度:

α——地面倾角;

h——两点间的高差;

d——两点间的水平距离;

M——比例尺分母。

使用时利用分规量出相邻两点间的水平距离,在坡度比例尺上即可读取地面坡度i。

除了上述注记外,在地形图上还注记有一些其他注记,如在外图廓左下角应注记测图时间、坐标系统、高程系统、图式版本等;右下角应注明测量员、绘图员和检查员以及在图幅左侧注明测绘单位全称等。

二、地形图上符号表示

1. *地物表示方法*

地形图要求清晰、准确、完整地显示测区内的地物和地貌,为了便于测图和读图,所有实地的地物、地貌在图上都是用各种简明、准确、易于判断的图形或符号表示出来的,这些符号统称为地形图图式,表示地物的称地物符号,表示地貌的称地貌符号。表3-3列出了部分常用地物和地貌的图式。

1)比例符号

根据比例尺缩小后能够显示在地形图上的地物,如地面上的房屋、田地、湖泊等,将其形状轮廓线按规定的符号描绘在图纸上,这种符号称为比例符号。这类符号的形状、大小和位置均表示了地物的实际情况。

2)非比例符号

按比例尺缩小后,在图上仅是一个点或极小图形的地物,如导线点、消火栓、岗亭等,无法将其性质、形状、大小表示清楚,这种符号称为非比例符号。这类符号其图形仅表示属何种地物,不表示地物的大小和实形,符号的定位点,才是实地地物中心在图上的位置。

非比例符号的定位点在图式中应遵循以下规定:

(1)规则的几何图形符号,其符号的几何中心点为定位点,如导线点、三角点等。

部分常用地物和地貌的图式 表 3-3

编号	符号名称	1:500 1:1 000	1:2 000
1	一般房屋 混-房屋结构 3-房屋层数	混3	1.6
2	简单房屋		
3	建筑中的房屋	建	
4	破坏房屋	破	
5	棚房	45° 1.6	
6	架空房屋	混4 1.0 混 混4	1.0
7	廊房	混3 1.0	1.0
8	台阶	0.6 1.0 1.0	
9	无看台的露天体育场	体育场	
10	游泳池	泳	
11	过街天桥		
12	高速公路 a.收费站 0.技术等级代码	a 0 0.4	
13	等级公路2-技术等级代码(G325)-国道路线编码	2(G325) 0.2 0.4	
14	乡村路 a.依比例尺的 b.不依比例尺的	4.0 1.0 a 0.2 8.0 2.0 b 0.3	
15	小路	1.0 4.0 0.3	
16	内部道路	1.0 1.0	
17	阶梯路	1.0	
18	打谷场、球场	球	

编号	符号名称	1:500 1:1 000	1:2 000
19	旱地	1.0 2.0 10.0 10.0	
20	花圃	1.6 1.6 10.0 10.0	
21	林地	1.6 松6	
22	人工草地	2.0 3.0 10.0 10.0	
23	稻田	0.2 3.0 1.0 10.0 10.0	
24	常年湖	青湖	
25	池塘	塘	塘
26	常年河 a.水涯线 b.高水界 c.流向 d.潮流向 涨潮 落潮	a b 0.15 c 3.0 1.0 0.5 d 7.0	
27	喷水池	1.0 3.6	
28	GPS控制点	B 14 / 495.267 3.0	

续上表

编号	符号名称	1∶500　1∶1 000	1∶2 000
29	三角点 凤凰山 - 点名 394.468- 高程	凤凰山 394.468 3.0	
30	导线点 I16- 等级,点号 84.46- 高程	2.0 I16 84.46	
31	埋石图根点 16 - 点号 84.46- 高程	1.6 16 84.46 2.6	
32	不埋石图根点 25 - 点号 62.74- 高程	1.6 25 62.74	
33	水准点 II 京石 5- 等级、点名、点号 32.804- 高程	2.0 II 京石 5 32.804	
34	加油站	1.6 3.6 1.0	
35	路灯	2.0 1.6 4.0 1.0	
36	独立树 a. 阔叶 b. 针叶 c. 果树 d. 棕榈、椰子、槟榔	a 1.6 2.0 3.0 1.0 b 1.6 3.0 1.0 c 1.6 3.0 1.0 d 2.0 3.0 1.0	
37	独立树 棕榈、椰子、槟榔	2.0 3.0 1.0	
38	上水检修井	2.0	
39	下水（污水）、雨水检修井	2.0	
40	下水暗井	2.0	
41	煤气、天然气检修井	2.0	
42	热力检修井	2.0	
43	电信检修井 a. 电信人孔 b. 电信手孔	a 2.0 b 2.0 2.0	
44	电力检修井	2.0	
45	地面下的管道	污 4.0 1.0	
46	围墙 a. 依比例尺的 b. 不依比例尺的	a 10.0 b 10.0 0.3 0.6	

编号	符号名称	1∶500　1∶1 000	1∶2 000
47	挡土墙	1.0 0.3 6.0	
48	栅栏、栏杆	10.0 1.0	
49	篱笆	10.0 1.0	
50	活树篱笆	6.0 1.0 0.6	
51	铁丝网	10.0 1.0	
52	通信线 地面上的	4.0	
53	电线架		
54	配电线 地面上的	4.0	
55	陡坎 a. 加固的 b. 未加固的	2.0 a b	
56	散树、行树 a. 散树 b. 行树	a 1.6 b 10.0 1.0	
57	一般高程点及注记 a. 一般高程点 b. 独立性地物的高程	a 0.5 163.2　b 75.4	
58	名称说明注记	**友谊路** 中等线体 4.0(18k) **团结路** 中等线体 3.5(15k) **胜利路** 中等线体 2.75(12k)	
59	等高线 a. 首曲线 b. 计曲线 c. 间曲线	a 0.15 b 0.3 1.0 c 6.0 0.15	
60	等高线注记	25	
61	示坡线	 0.8	
62	梯田坎	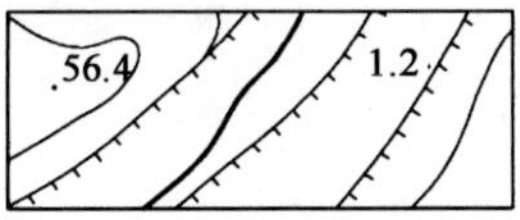 56.4 1.2	

(2)底部为直角的符号,以符号的直角顶点为定位点,如独立树、路标等。

(3)底宽符号以符号底线的中点为定位点,如烟囱、岗亭等。

(4)几种图形组合符号,以下方图形的几何中心或交叉点为定位点,如路灯、消火栓等。

(5)下方无底线的符号,以符号下方两端点连线的中心为定位点,如窑洞、山洞等。

3)半比例符号

在宽度上难以用比例表示,但在长度方向可以按比例表示的地物,如铁路、通信线、小路、管道、栏栅等,称为半比例符号。这类符号的线形宽度并不代表实地地物的宽度,但长度是按比例的,其符号中心线即为实地地物中心线的图上位置。

4)注记符号

地形图上仅用地物符号有时还无法表示清楚地物的某些特定性质和量值的地物,如城镇、学校、河流、道路、房屋等,只能用文字、数字或特有符号来说明,这些均称为注记符号。因为测图比例尺影响地物缩小的程度,所以同一地物在不同比例尺图上运用符号就不相同。例如:一个直径为6m的水塔和路宽为2.5m的大车路,在1:1 000的图上可用比例符号表示,但在1:5 000图上只能用非比例符号和半比例符号表示。

2. 地貌的表示方法

地貌是指地球表面高低起伏的形态,它包括山地、丘陵、高原、平地、盆地等。一般可归纳为五种基本形状,如图3-9所示。

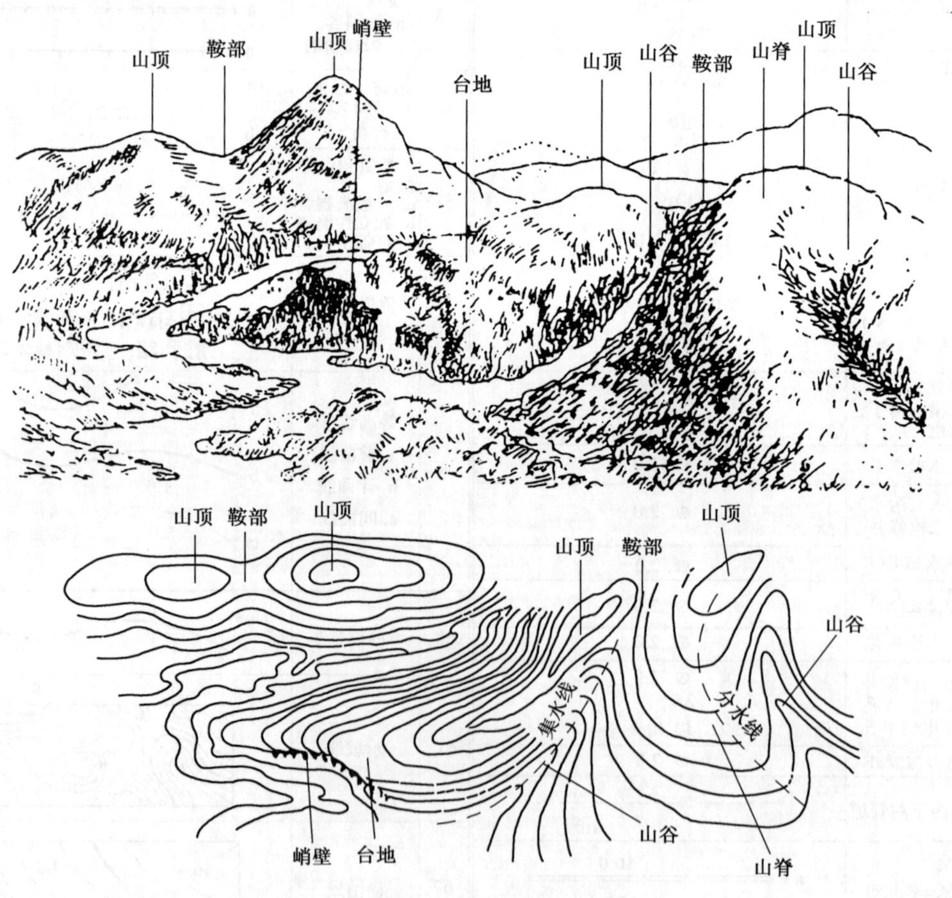

图3-9 地貌常见的五种类型

山：较四周显著凸起高地为山，大的叫山坡（斜坡）。

倾斜度为20°～45°的山坡叫陡坡、几乎成竖直形态的叫峭壁（陡坡）。下部凹入的峭壁叫悬崖。山峰与平地相交处叫山脚。

山脊：山的凸棱，由山顶延伸到山脚者叫山脊，山脊最高的棱线称为分水线（或山脊线），如图3-10所示。

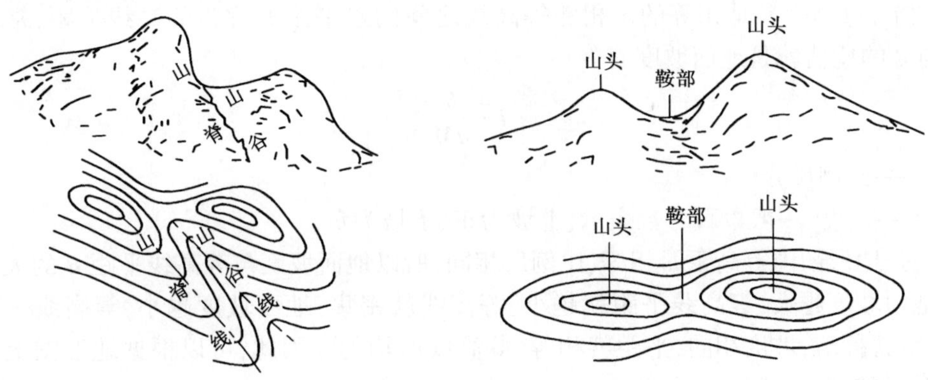

图3-10　山脊线与山谷线

山谷：两山脊之间的凹部称为山谷。两侧称谷坡，两谷坡相交部分叫谷底。谷底最低点连线称为山谷线（又称集水线）。谷底与平地相交处称谷口，如图3-10所示。

鞍部：两个山顶之间的低洼处，形状像马鞍，称为鞍部或垭口。

盆地（洼地）：四周高中间低的地形叫盆地，最低处称盆底，盆底没有泄水道，水都留在盆地中最低处，湖泊实际上是汇集有水的盆地。

地貌的形状虽然千差万别，但都能找到一些反映其特征的点，如：山顶最高点、盆地最低点、鞍部点、谷口点、山脚点、坡度变换点等，这些都称为地貌特征点。在地形图测绘中，立尺点就应选择在这些地貌特征点上。

1）等高线的概念

在地形图上表示地貌的方法有多种，目前最常用的地貌符号是等高线，但对梯田、峭壁、冲沟等特殊的地貌，不便用等高线表示时，可根据《地形图图式》绘制相应的符号。

等高线是指地面上高程相等的相邻各点连接的闭合曲线。如果将这些闭合曲线（等高线）铅直投影到某一水平面上，并按一定的比例缩绘到图纸上，就获得与实地形态相似的等高线，显然，地形图上的等高线比较客观地反映了地面高低起伏的空间形状，同时具有可度量性。

2）等高线表示地貌的原理

地形图中是用等高线、特殊地貌符号和高程注记来表示地貌的。等高线是地面上高程相等的相邻各点连接而成的闭合曲线。如图3-11所示，设有一座小山立于平静湖水中，湖水淹没到仅见山顶时的水面高程为100m，此时，水面与山坡就有一条交线，而且是闭合曲线，曲线上各点的高程是相等的，这就是高程为100m的等高线。随后水位下降5m，山坡与水面又有一条交线，这就是高程为95m的等高线。

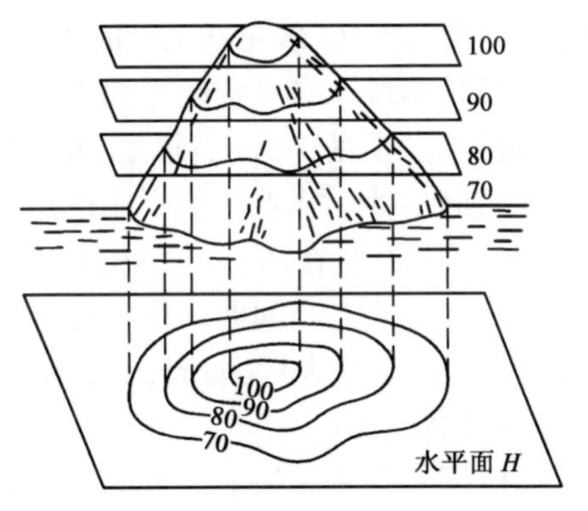

图3-11　等高线表示地貌的原理

把这组实地上高程相等曲线沿铅垂方向投影到水平面上,并按规定的比例尺缩绘到图纸上,就得到与实地形状相似的等高线图。因此,用等高线可以真实地反映地貌的形态和地面的高低起伏情况。

3)等高距和等高线平距

相邻等高线之间的高差称为等高距,常用 h 表示。图 3-11 中的等高距为 10m。在同一幅地形图上,等高距 h 是相等的。相邻等高线之间的水平距离称为等高线平距,常以 d 表示。h 与 d 的比值就是地面坡度 i:

$$i=\frac{h}{dM} \tag{3-2}$$

式中:M——比例尺分母;

i——坡度,一般以百分数表示,上坡为正、下坡为负。

同一张地形图内等高距 h 相等、比例尺相同,所以地面坡度与等高线平距 d 的大小成反比。即地面坡度越大,等高线平距就越小,等高线就密集;地面坡度越小,等高线平距就越大,等高线就稀疏;坡度相同,平距就相等,等高线就均匀。因此,可以根据地形图上等高线的疏、密来判定地面坡度的缓、陡。

用等高线表示地貌时,等高距越小,显示地貌就越详细;等高距越大,显示地貌就越简略。但等高距过小,会导致等高线过于密集,从而影响图面的清晰度。因此,在测绘地形图时,应根据测图比例尺与测区地形情况来选择合适的等高距,见表 3-4。这个等高距称基本等高距。等高距选定后,等高线的高程必须是基本等高距的整倍数,而不能用任意高程。

大比例尺测图用基本等高距(m) 表 3-4

比　例　尺	地面倾斜角			
	平原(0°~2°)	丘陵(2°~6°)	山地(6°~25°)	高山(25°以上)
1:5 000	2.0	5.0	5.0	5.0
1:2 000	1.0(0.5)	1.0	2.0(2.5)	2.0(2.5)
1:1 000	0.5(1.0)	1.0	1.0	2.0
1:500	0.5	1.0(0.5)	1.0	1.0

4)等高线的分类

(1)首曲线。在同一幅图上,按规定的基本等高距描绘的等高线称为首曲线,也称基本等高线,用细实线(线宽 0.15mm)描绘。

(2)计曲线。自高程起算面算起,每隔 4 条首曲线加粗描绘的一条等高线,称为计曲线。它用粗实线(线宽 0.3mm)描绘,并在适当位置注记高程,字头朝向高处。

(3)间曲线。当首曲线不能很好地显示局部地貌的特征时,按 1/2 基本等高距描绘的等高线称为间曲线,在图上用长虚线表示,可不闭合,但应对称。

(4)助曲线。当间曲线仍不能显示局部地貌时,按 1/4 基本等高距描绘的等高线,称为助曲线,用短虚线表示,如图 3-12 所示。

5)等高线的特性

(1)同一条等高线上各点的高程都相等。

(2)每一条等高线都是闭合的曲线,如果不在本幅图内闭合,则必在其他图幅闭合。

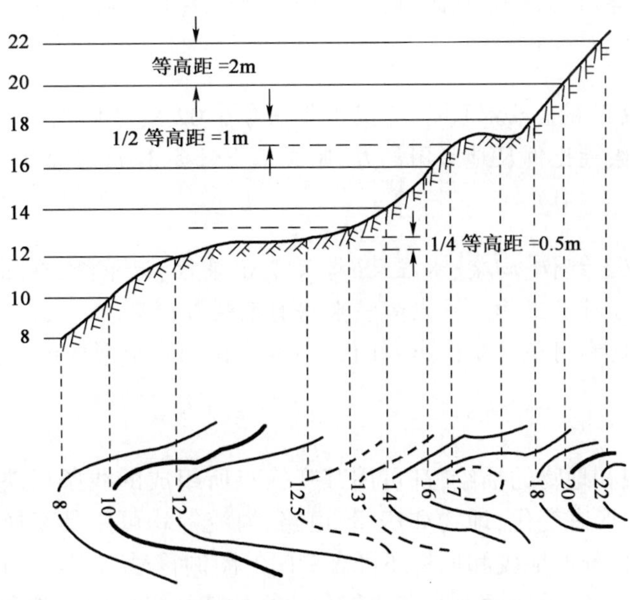

图 3-12　等高线类型

(3)除在悬崖和绝壁处外,等高线在图上不能相交,也不能重合。

(4)同一幅图上等高距相等,等高线平距小,表示坡度陡;平距大,表示坡度缓;平距相同,表示坡度相等。

(5)等高线与山脊线、山谷线成正交。

6)高程注记

地形图上仅用等高线及特殊地貌符号还不能清楚地表示地表的高低,还应该用数字来说明等高线及某些特殊点位的高程。高程注记分等高线高程注记和高程点高程注记两种,前者沿等高线排列,字头朝向高处,后者一般在相应点位右侧直立注写,以不压盖其他符号为原则,若点位右侧不便注写时,亦可注写在点位的左侧。

思考与计算

1. 比例尺表示方法有哪几种?
2. 公路路线图示符号一定是半比例符号吗?它在什么情况下是比例符号?
3. 常见等高线有哪几种?各有何区别?
4. 在什么情况下等高线不会闭合?试举例说明。
5. 简述等高线五大特性。
6. 为什么山脊线与山谷线正交?如何区别山脊线、山谷线?

模块二　局部区域地形图测绘

学习目的

基本知识:视距测量原理、碎部点选点原则、地形图测绘方法(极坐标法、距离交会法。方向交会法)、全站仪地形图测绘、GPS 地形图测绘。

基本技能：采用全站仪测绘局部区域大比例尺地形图。

任务描述

掌握用经纬仪视距测量基本原量，完成工作任务3-02经纬仪视距测量。测绘指定区域内的地形图，掌握测绘大比例尺地形图能力，完成工作任务3-03公路工程地形图测绘。

任务实施

1. 团队成员领取经纬仪、脚架、水准尺（塔尺）、记录板、记录纸，观测指定地物的视距法数据，完成相关记录和计算工作。重点考核数据的记录与计算。

2. 在指定区域内，利用全站仪（或经纬仪）完成大比例尺地形图测绘，重点考核成图的精度和美观性。

地面上任何地貌和地物的描绘，都可用其变换点所组成的线条反映出来。地貌可用等高线反映出其高低和形态变化；地物如房屋、道路、河流等均可用其变换特征点所构成的线条表示出来；有不少特殊的地貌和地物还可有专门的图例符号来表示。因此，测绘地形图的工作实际上就是测定并表示地面上所有地貌和地物的特征点。而地貌和地物的特征点就是地形的碎部点。因此地形的碎部测量就是测定碎部点的平面位置和高程。为了测量碎部点的平面位置，必须测量控制点到碎部点的水平距离，水平距离测量常采用经纬仪的视距测量。

视距测量是用望远镜内的视距丝装置，根据几何光学原理同时测定距离和高差的一种方法。这种方法具有操作方便，速度快，不受地面高低起伏的限制等优点。虽然其测距精度较低，但能满足测定碎部点位置测量精度的要求，因此，被广泛应用于碎部测量中。视距测量所用主要仪器、工具是经纬仪（或全站仪）、视距尺等。

一、经纬仪视距测量（相关资源见二维码13）

视距测量即利用经纬仪望远镜内十字丝平面上的视距丝（即十字丝的上、下丝）装置，配合视距标尺（与普通水准尺通用），根据几何光学原理，同时测定两点间的水平距离和高差的方法，属于间接测距。视距测量能克服地形条件限制，且操作方便快捷，但其测距精度低于直接丈量，且随着所测距离的增大而大大降低，适合于低精度的近距离（200m以内）测量。

二维码13

1. 视线倾斜的视距测量原理

如图3-13所示，由于地形和通视条件的限制，通常在进行观测时，视线是倾斜的，计算水平距离和高差。

假定立在B点的视距尺绕O点旋转一个α角后再与视线垂直，此时只要能把实测的视距间隔$n(MN)$换算为旋转后的相应值$n'(M'N')$，则可直接应用公式。由于φ角很小（约为$35'$），则$\angle NN'O$和$\angle MM'O$可视为直角。

$$N'M' = NO \cdot \cos\alpha + OM \cdot \cos\alpha = MN \cdot \cos\alpha$$

即：

$$n' = n \cdot \cos\alpha$$

即可得出：

$$D' = K \cdot n' = K \cdot n \cdot \cos\alpha$$

则：

$$D = D' \cdot \cos\alpha = K \cdot n \cdot \cos^2\alpha = 100 \cdot n \cdot \cos^2\alpha \tag{3-3}$$

计算出两点的水平距离D后，可以根据测得的竖直角α，量得的仪器高i以及望远镜十

字丝中丝读数 l,按下式计算 A、B 两点的高差 h:

$$h = D \cdot \tan\alpha + i - l = \frac{1}{2}K \cdot n \cdot \sin 2\alpha + i - l \tag{3-4}$$

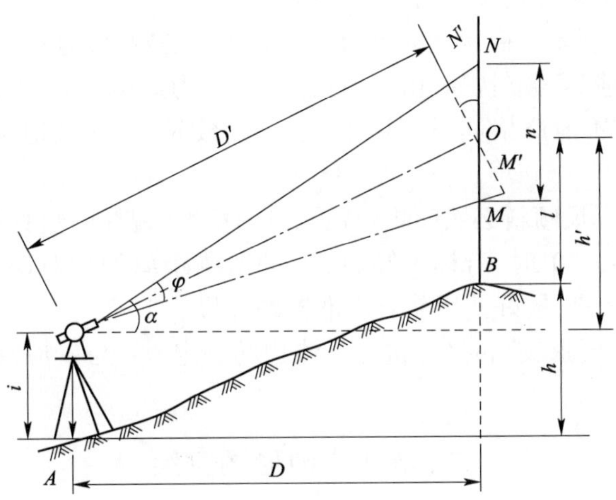

图 3-13　视线倾斜的视距测量

对于竖直角 α 来说,若 α 为仰角,即 α 为正,$D \cdot \tan\alpha$(亦即$\frac{1}{2}K \cdot n \cdot \sin 2\alpha$)也为正,若 α 为俯角,即 α 为负,$D \cdot \tan\alpha$(亦即$\frac{1}{2}K \cdot n \cdot \sin 2\alpha$)也为负。

2. 视距测量的观测与计算

视距测量主要用于地形测量,以测定测站点至碎部点的水平距离和碎部点的高程。视距测量的观测应按下述步骤进行:

(1)在已知的控制点上安置经纬仪,作为测站点,量取仪器高 i,记入手簿,注意量取仪器高时,应保持尺铅垂与地面,测量的是仪器到地面点的铅垂距离。

(2)在测点上竖立视距尺,并使视距尺竖直,尺面朝向仪器。

(3)碎部测量一般只用经纬仪盘左位置进行观测即可,在观测之前首先求得经纬仪的竖盘指标差 x。然后盘左瞄准视距尺,消除视差,读取下丝读数 a、上丝读数 b 和中丝读数 l,记入手簿。

(4)转动竖盘指标水准管的微动螺旋,使竖盘指标水准管气泡居中,读取竖盘读数(若竖盘指标自动归零,则可直接读数),考虑竖盘指标差 x,求出竖直角 α。

(5)利用计算器计算出测站点与碎部点的水平距离和高差,填入手簿。则一个点的观测与计算完成。然后重复上述步骤,观测计算下一个点。用经纬仪进行视距测量记录与计算,如表 3-5 所示。

视距测量观测记录与计算表　　表 3-5

观测点	视距尺读数			中丝读数 (m)	竖直角 α (°　′)	仪器高 i (m)	i − l (m)	高差 h (m)	测站高程 (m)	测点高程 (m)	水平距离 D (m)
	上丝读数	下丝读数	视距间隔								
1	2.182	0.660	1.522	1.420	+5　27	1.42	0	+14.39	21.40	35.79	150.83
2	1.627	1.377	0.250	1.502	+2　45	1.42	−0.082	+1.12	21.40	22.52	24.94
3	2.440	1.862	0.578	2.151	−1　35	1.42	−0.731	−2.33	21.40	19.07	57.76

3. 视距测量注意事项

视距测量注意事项如下：

(1)使用的仪器，必须进行竖盘指标差的检验和校正。

(2)必须严格消除视差。视距丝的读数不宜太小，以减小竖直折光差的影响。

(3)上、下丝读数应尽可能快速，由于空气对流、风力影响或扶尺不稳等影响，致使标尺影像不稳定。因此，在不能严格同时读取上、下丝读数时，应尽快地读数，以减小对 n 值的影响。

(4)标尺应竖直，标尺倾斜必然影响视距测量的精度，视线的竖直角。越大，其影响就越大。例如，当 $n=1\text{m}$，$\alpha=30°$时，若标尺倾斜 2°，则所测距离的相对误差约为 1/50。因此在区测量更应严格将尺扶直，最好使用装有水准器的标尺。

(5)当观测的精度要求较高时(如进行导线边的测定)，n 与 α 应盘左、盘右各观测一次，取其平均值作为结果。

二、全站仪地形图测绘

地形图测绘就是在地面图根控制点上设站，架立仪器，测定周围地物、地形特征点在图上的平面位置和高程，进而描绘出地物和地貌。在利用全站仪进行地形图数字测绘时主要包括两个主要内容，即地形控制测量和碎部测量。

(1)地形控制测量

当在一个测区范围内进行等级控制测量时，应该尽可能多选制高点(如山顶或楼顶)，在规范和现场条件允许范围内布设最大边长，以提高等级控制点的控制效率。完成等级控制测量后，可用辐射法布设图根点、点位及点之密度完全按需而测设，灵活多变。

二维码 14

(2)碎部测量(相关资源见二维码 14)

数字化测图的碎部测量一般用全站仪或速测全站仪等电子仪器进行，以全站仪记录卡或电子手簿记录采集数据。在测量时应将全站仪安装好记录卡或与南方电子手簿与数据传输电缆正确地连接在一起。当地物比较规整时，如图 3-14 所示，可以采用“有码作业”模式，在现场可输入简码，室内自动成图。当地物比较凌乱时，如图 3-15所示，最好采用“无码作业”模式，现场绘制草图，室内用编码引导文件或用测点点号定位成图方法进行成图。

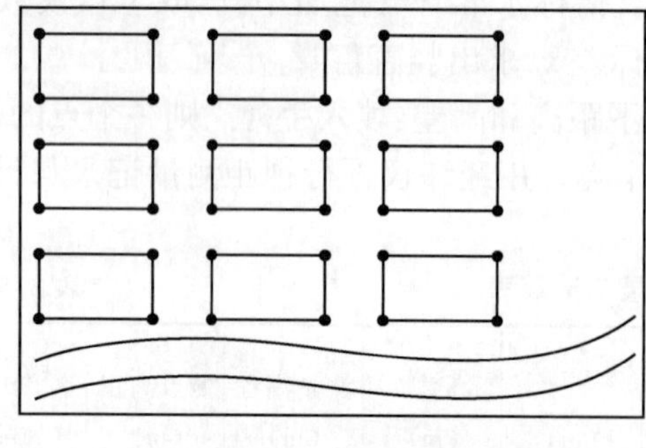

图 3-14　地物比较规整

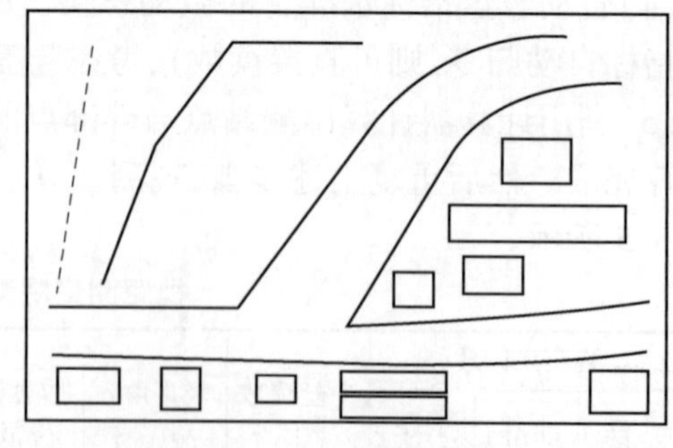

图 3-15　地物比较凌乱

1. 测图前的准备工作

1)测绘仪器

在进行地形图测绘前，必须准备相应的测绘仪器和工具，主要包括全站仪(或速测全站仪）等电子仪器，棱镜、花杆、钢尺、电脑、通信工具等工具。

2）人员安排

当采用测记式成图法（草图法）成图时，一个作业小组可配备：测站 1 人，跑尺（镜）镜 1 ~ 3人，草图 2 人。根据地形情况，棱镜可用单人或多人。领尺员负责画草图和室内成图，是核心成员，一般外业一天，内业一天，两人轮换，也可根据本小组实际情况自由安排。需要注意的是领尺员必须与测站保持良好的通信联系，使草图上的点号与全站仪上点号相同。

3）文件管理

数字化测图的内业处理涉及的数据文件较多。因此，进入 CASS9.0 绘图系统后，将面临输入各种各样的文件名，所以应该养成一套较好的命名习惯，以减少内业工作中不必要的麻烦。

2. 全站仪碎部测量与碎部点选择的方法

碎部点数据采集随作业模式的不同，其作业方式会有一定的差异，以全站仪测记法作业为例，进入测区后，领镜（尺）员首先对测站周围的地形、地物分布情况大概看一遍，认清方向，做到心中有数。观测员指挥立镜员到事先选好的某点上准备立镜定向，自己快速架好仪器，开机，选择测量状态，进行测站定向。定向完成后，锁定全站仪度盘，通知立镜者开始跑点。立镜员在碎部点立棱镜后，观测员及时瞄准棱镜，用对讲机联系、确定镜高（为保证测量速度，棱镜高不宜经常变化）及所立点的性质，输入镜高、地物代码（无码作业时直接按回车键），确认准确照准棱镜后，按回车键。待仪器发出响声，说明测点数据已进入仪器内存，测点的信息已被记录下来，绘图员绘制草图并记录点号、属性、连接关系等信息。一个测站上的测量工作完成后，绘草图人员对所绘草图仔细检核，主要看图形与属性记录有无疏漏和差错。立镜员找一个已知点重测进行检核，以检查施测过程中是否存在误操作、仪器碰动或出故障等原因造成的错误。确定无误后，关闭仪器电源，搬站。到下一测站，重新按上述采集方法、步骤进行测量。

1）碎部点测量的跑镜方法

野外实测时，数字测图的碎部点坐标采集并非是打点越多越好，重要的是点位的选择是否适当。有时，打点过多不仅会增加外业时间和劳动量，而且会使数据量增加，处理困难，给内业成图带来一些麻烦。因此，在地形测量中，跑尺打点是一项重要的工作。立尺（镜）点和跑尺线路的选择对地形图的质量和测图效率都有直接影响。

2）跑棱镜的一般原则

野外数字测图时，地形点就是立尺点，测图开始前，绘图员和跑尺（镜）员应先在测站上研究需要立尺（镜）的位置和跑尺方案。在地性线明显的地区，可沿地性线在坡度变换点上依次立尺，也可沿等高线跑尺，一般采用“环行线路法”和“迂回线路法”。

在进行外业测绘工作时，碎部点测量应首先测定地物和地貌的特征点，还可以选一些“地物和地貌”的共同点进行立尺（镜）并观测，这样可以提高测图工作的效率。

（1）地物点的测绘

地物点应选在地物轮廓线的方向变化处。如果地物形状不规则，一般地物凹凸长度在图上大于 0.4mm 均应表示出来。如测绘 1∶500 地形图时，实地地物凹凸长度大于 0.2m 的要进行实测。

测量房屋时，应选房角为地形点，应用房屋的长边控制房屋，不可以用短边两点和长边距离画房屋，那样误差太大。有些成片房屋的内部无法直接测量，可用全站仪把周围测量出来，里面的用钢尺丈量。

测量水塘时,选有棱角或弯曲的地点为地形点。

测量电杆时一定要注意电杆的类别和走向。有的电杆上边是输电线,下边是配电线或通信线,应表示主要的。成排的电杆不必每一根都测,可以隔一根测一根或隔几根测一根,因为这些电杆是等间距的,在内业绘图时可用等分插点法画出,但有转向的电杆一定要实测。

测量道路时可只测路的一边,量出路宽,内业绘图时即可绘制道路。

主要沟坎必须表示,画上沟坎后,等高线才不会相交。

地下光缆也应实测,但有些光缆,例如国防光缆须经某些部门批准方可在图上标出。

(2)地貌测绘

地面上的山脊线、山谷线、坡度变化线和山脚线都称为地性线,地性线上的坡度变换点是表示地貌的主要特征点,如果测出这些点,再测出更多的地形点,便能正确而详细地表示实地的情况。一般地形点间最大距离不应超过图上3cm,如1:500比例尺地形图为15m。地形点的最大间距不应大于表3-6的规定。

地形点的最大间距 表3-6

比　例　尺	地形点最大间距	视距尺到测站的最大视距	
		地物点(m)	地貌点(m)
1:500	15	40	70
1:1 000	30	80	120
1:2 000	50	150	100

在平原地区测绘大比例尺地形图,地形较为简单,高程点可以稀一些,但有明显起伏的地方,高处应沿坡的走向有一排点,坡下有一排点,这样画出的等高线才不会变形。

在山区测绘时,主要是看地形,不是点越多越好,做到山上有点,山下有点,确保山脊线、山谷线等地性线上有足够的点,这样画出的等高线才准确。

二维码15

3.全站仪采集碎部点方法(相关资源见二维码15)

测绘地形图应遵循"从整体到局部"、"先控制后碎部"的原则,测绘方法有:平板仪测绘法、经纬仪测绘法、经纬仪和小平板联合测绘法、光电测距仪测绘法及全站仪野外采集数据辅助成图法等。下面介绍目前工程上常用的全站仪测图的方法。

1)全站仪坐标数据采集

全站仪坐标数据采集实质上是极坐标测量方法的应用,即通过测定出已知点(等级控制点、图根点)与地面上任意一待定点之间的相对关系(角度、距离、高差),利用全站仪内部自带的计算程序计算出待定点的三维坐标(x,y,z);也可以通过对已知点的观测,用交会的方法求得待定点的坐标。由于全站仪数据采集具有精度高、速度快、测量范围大、人工干预少、不易出错、能自动记录和保存数据,并进行数据传输等特点,所以它是目前大比例尺测图采集数据的主要方法。

(1)全站仪坐标数据采集的一般步骤

目前,全站仪生产厂家众多,型号多样,但其坐标数据采集的步骤大同小异,其主要操作步骤可归纳如下。

①安置全站仪

将仪器安置(对中、整平)于测站点(等级控制点、图根点)上,装上充好电的配套电池,量取仪器高两次取平均值。

②全站仪初始设置

测出测量时测站周围环境的温度、气压,并输入全站仪;选择测量模式(反射片、棱镜),当选择棱镜时,应设置配套的棱镜常数,并检查各基本量的单位设置。

③建立文件(项目)

文件用于存储数据,便于后续数据处理,一般可根据习惯和需要对自己的文件进行个性化设置。建好文件后,将需要用到的控制点坐标数据录入并存放到该文件中。

④设站(也称建站)

设站是让所采集的碎部点坐标归于所采用的坐标系中,即告诉全站仪所测点是由以测站点为依据的相对关系所得。一般包括输入仪器高、定向、检查等具体内容。在进行坐标测量前,必须正确设站。

⑤坐标测量

在建站的基础上,开始对待测点进行坐标测量。

⑥存储

将采集的碎部点信息(点号、坐标、代码、原始数据)存储在全站仪内存或手簿中,包括点的点位、属性和连接信息。

注意:在开始采集数据前要选择第三个已知点进行测量,用其测量值与已知坐标值相比较,看其差值是否在限差以内,若超限,应进行检查和处理,直至限差合格,方能正式开始碎部点数据采集。

(2)拓普康 GTS-211D 全站仪数据采集

开机,按【MENU】键,仪器进入特殊模式,显示主菜单,如图 3-16 所示。

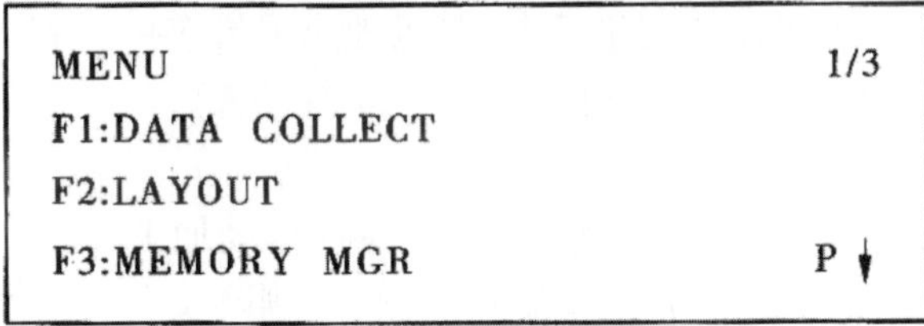

图 3-16 主菜单

按【F1】(DATACOLLECT)键,仪器进入数据采集工作状态;按【F2】(LAYOUT)键,为放样模式;按【F3】(MEMORYMGR)键,进入内存管理工作状态。

①数据采集准备工作

a. 测站设置

在特殊模式下,选择【F1】键,仪器进入数据采集工作状态,如图 3-17 所示。

SELECT A FILE
FN:—
INPUT LIST—ENTER

图 3-17 数据采集工作状态

首先提示输入数据采集文件名。这个文件名可在“LIST”下通过按【▲】键或【▼】键上下滚动文件目录,选定一个文件名;也可直接输入文件名。随后在数据采集菜单 2/3 下,输入测站点数据(测站点坐标、仪器高等)及后视点数据(后视点坐标或定向角度、目标高等),照准后视点。选择【测量】,即完成测站设置。

测站点数据可由以下两种方法设定：

- 利用内存中的坐标数据来设定。
- 直接由键盘输入。

后视点数据可按以下三种方法设定：

- 利用内存中的坐标数据设定。
- 直接键入后视点坐标。
- 直接键入定向方向角。

b. 参数设置

进行数据采集之前，应进行有关参数设置，如选择精测模式、单次测距；记录数据前要确认测量结果，先输入有关数据，后进行测量（EDIT→MEAS）；退出数据采集模式（Esc）时自动将测量数据转换成坐标数据文件等。参数设置在数据采集菜单3/3下进行，按【CONFIC】键，显示"CONFIG"菜单1/2或2/2，逐一设定。

c. 检查内存空间

野外数据采集之前，应检查全站仪的内存空间大小，删除无用的文件，如全部文件无用，可将内存初始化。

②数据采集的操作步骤

a. 输入控制点坐标

使用GTS-211D全站仪在野外采集数据时，可以先在室内将图根控制点坐标存入全站仪，以减轻测站安置工作量。先由主菜单中的内存管理（MEMORYMGR）进入坐标输入（COORD. INPUT）状态：

- 输入便于记忆的文件名（如测量日期、测量地点或姓名的拼音的首字母）。
- 输入点号PT#，一般从1开始（也可以是字符串点名）。
- 依次输入N（X）、E（Y）、H（Z）坐标数据。
- 输入完坐标后，进入下一个点的输入，点号PT#自动加1。

若键入的内容有错误，可在存储管理菜单中，通过删除文件的坐标数据菜单"DELETE-COORD"删除有误的坐标。

b. 安置仪器

在测站点上安置仪器，对中、整平后，按下仪器电源开关【POWER】键，转动望远镜，使全站仪进入观测状态，再按【MENU】键，进入主菜单。

c. 输入数据采集文件名

在主菜单下，选择数据采集【F1】（DATACOLLECT），输入数据采集文件名。文件名可与内业输入的控制点坐标文件名相同。第一次作业时需直接键入（INPUT），在以后的作业中也可以从库里查找（LIST）。若内业没有输入控制点的坐标文件，这时要输一个便于记忆的数据采集文件名，按【ENT】键结束。

d. 输入测站点数据

在数据采集菜单1/3下，选择【F1】（OCC. PT#INPUT），分别输入测站点点号（PT#）或坐标（N，E，H）、测站编码（ID）、仪器高（INS. HT）。按【F4】（OCNEZ）键，键入测站点点号或坐标。输入点号还是直接输入坐标，通过按【F3】（NEZ）切换。最后按【ENT】键输入。若采用无码作业，测站上可不输入编码（ID），用【▼】键跳过去；若测平面图，仪器高（INS. HT）可不输入。

e. 输入后视点（定向点）数据

在数据采集菜单 1/3 下，按【F2】(BACKSIGHT)键进入后视点(定向点)数据设置状态。按【F4】(BS)键即可输入定向点坐标或定向角，按【F3】(NE/AZ)键可使输入方法在坐标值、设置水平角和坐标点名之间交替切换。在后视点数据设置(BACKSIGHT)状态下，按【▲】键、【▼】键，可选择输入后视点编码和目标高(棱镜高)。

f. 定向

当测站点数据和后视点数据输入完成后，按【F3】(MEAS)键，再照准后视点，选择一种测量模式。如按【★】(SD)键，进入斜距测量；按【F3】(NEZ)键，进入坐标测量。这时，水平度盘自动设置为后视点的方位角值，然后返回数据采集菜单 1/3。

g. 碎部点测量

在数据采集菜单 1/3 下，按【F3】键，即开始碎部点测量。照准目标(棱镜)，依次输入点号、编码、目标高(镜高)，开始测量、记录。测完第一个碎部点后，点号自动加 1，照准下一个目标，若棱镜高和编码都不变，选择 ALL，即进行与上点相同的测量。

h. 注意事项

- 测站设置好后，应先测一个已知点检核，以确保测站设置无误。检测点的结果不要记录，即选择"NO"。
- 碎部点记录的点号一般从 1 号开始，以后自动累加。若提前存有 n 个坐标数据，碎部点记录的点号应从 $n+1$ 号开始。

2) 南方 NTS-370 全站仪数据采集

对于南方 NTS-370 新型大屏幕全站仪坐标数据采集，除采用常规采集方法外，由于该全站仪可内置南方测图精灵(MG)掌上电子平板程序(需选购)，所以也可直接使用测图精灵(MG)进行数据采集(即称掌上电子平板测图)。

(1) 安置全站仪

将仪器安置(对中、整平)于测站点上，装上电池，量取仪器高两次取平均值。

(2) 参数设置

根据实际情况进行温度、气压、棱镜常数、测角参数、测距参数等的设置。

(3) 新建工程(作业)

在全站仪功能主菜单界面上，单击"标准测量"图标，进入标准测量程序，在打开的"标准测量程序"界面中，选择如图 3-18 所示的【工程】菜单下的【新建】子菜单项，打开如图 3-19所示的"新建工程"对话框，输入相应信息，点击【创建】按钮，将作业存储。新建立的作业默认为当前作业。系统返回标准测量程序主菜单[标准测量程序要求在每次测量时建立一个作业文件名，如不建立作业文件名，系统会自动建立一个缺省文件名(DEFAULT)，测量中的所有观测成果均存入该文件中]。

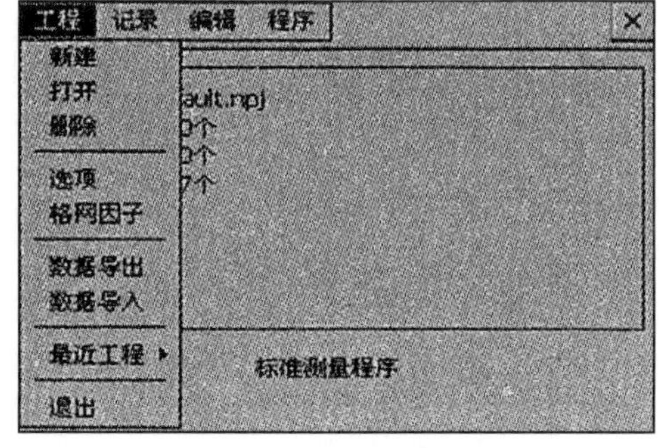

图 3-18　工程菜单

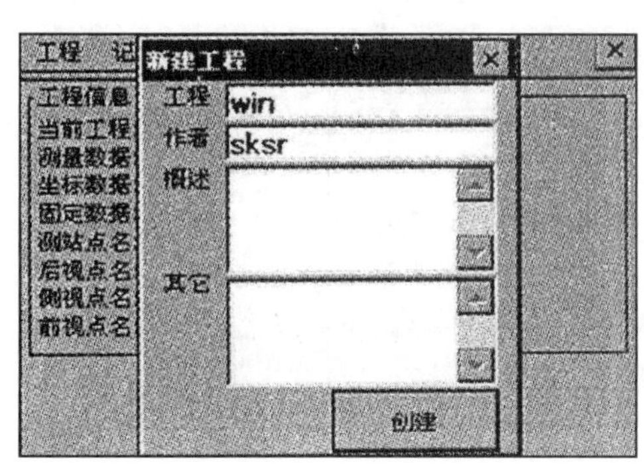

图 3-19　"新建工程"对话框

(4)设置测站点和后视点

①在标准测量界面上单击【记录】菜单下的【设置】子菜单项，进入测站点和后视点设置功能，如图 3-20 所示，在“测站点”栏输入点名，并单击【信息】项，系统会启动搜索功能，若内存中不存在该点名，会提示进行坐标输入。若内存中存在该点名，系统会自动调用该点，并显示在屏幕上，如图 3-21 所示。单击图 3-20 中【列表】按钮，在弹出的菜单中选择【固定数据】或【坐标数据】，系统会打开“调用坐标”对话框，列出作业中的坐标数据，如图 3-22 所示。选择点名，单击右下角【调用】按钮。打开如图 3-23 所示界面，输入后视点名（方法同上），系统计算出方位角。

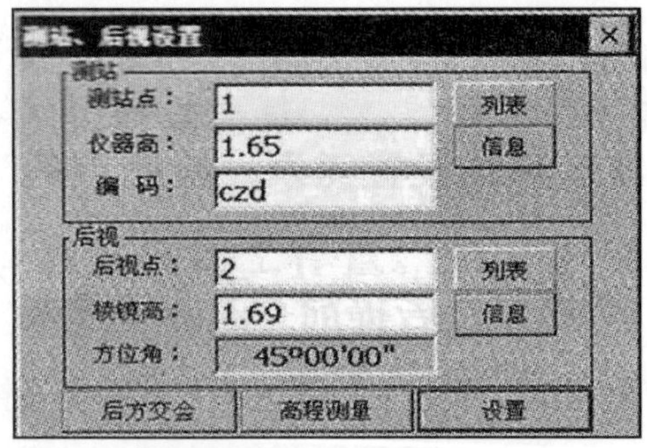

图 3-20　测站、后视设置界面

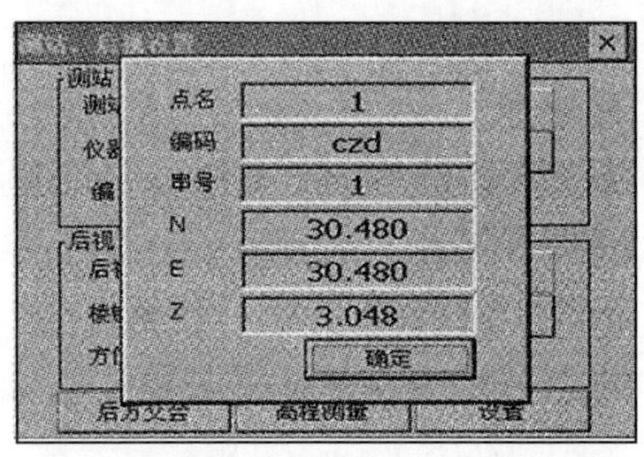

图 3-21　自动调用点界面

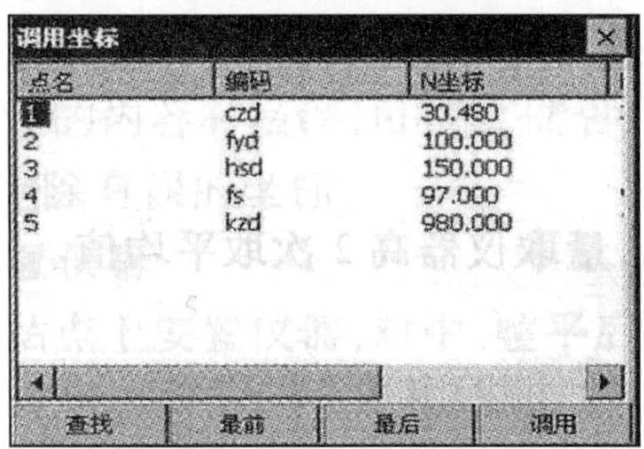

图 3-22　调用坐标界面

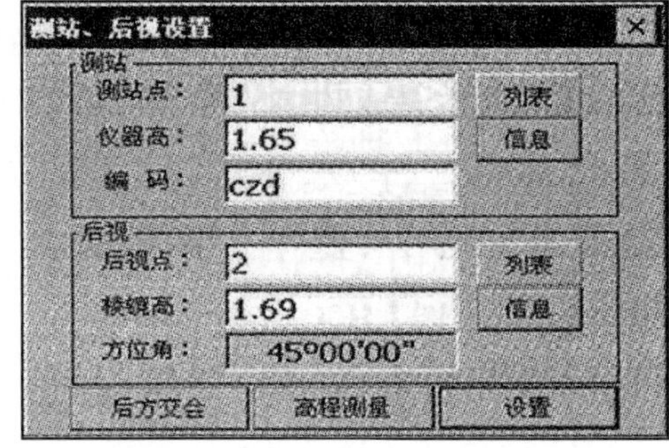

图 3-23　方位角显示界面

②照准后视点方向，单击【设置】按钮或按【ENT】键，进入后视点设置功能，如图 3-24 所示，图中“Bks”为输入后视点系统计算的方位角或手工输入的方位角；“HR”为此时仪器显示的水平角。若单击【置零】按钮，则水平角的显示为零；再单击【确定】按钮便退出该屏幕并把后视方向设置为零；若单击【设置】按钮，水平角显示的角度便为方位角；若单击【校核】按钮，便通过测量后视点的斜距而检校后视点坐标，如图 3-25 所示。

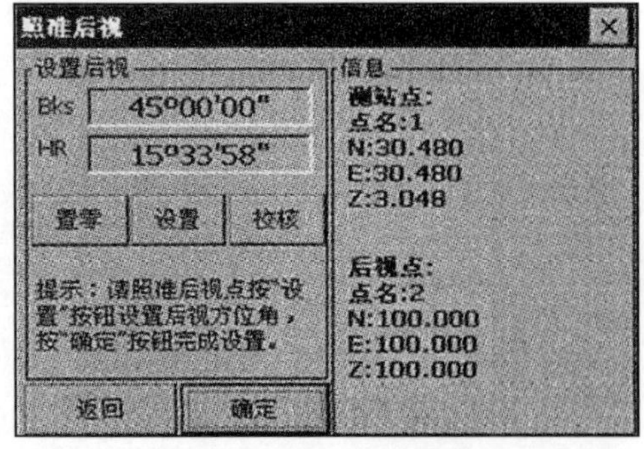

图 3-24　照准后视界面

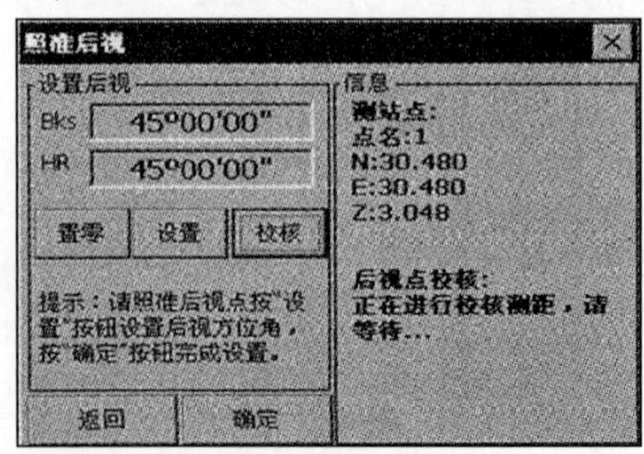

图 3-25　校核界面

③若直接单击【确定】按钮或按【ENT】键，则当前显示的水平角被作为初始后视方向记录，并用于之后的坐标计算。单击【确定】按钮或按【ENT】键，完成后视点的设置，并返回标准测量程序主菜单。

④数据采集（后视测量）。

a. 在标准测量程序界面中选择【记录】菜单下的【后视测量】子菜单，进入后视测量功能，如图 3-26 所示。

b. 输入点名及棱镜高度（如不测高程，无须输入棱镜高），照准棱镜中心，单击【测量】按钮，开始测量。

c. 测量结束，单击【记录】按钮，弹出如图 3-27 所示对话框。

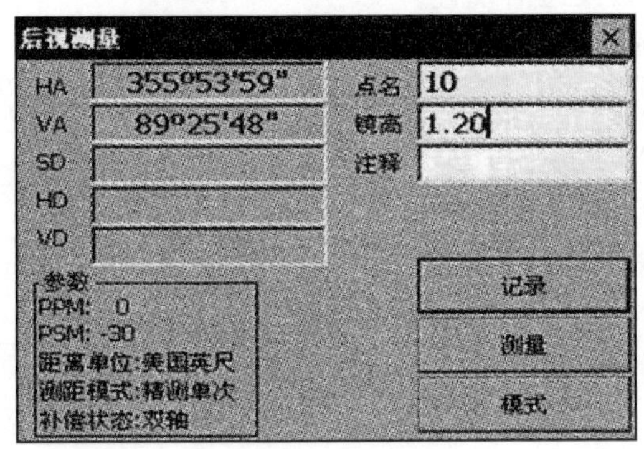

图 3-26　照准后视界面

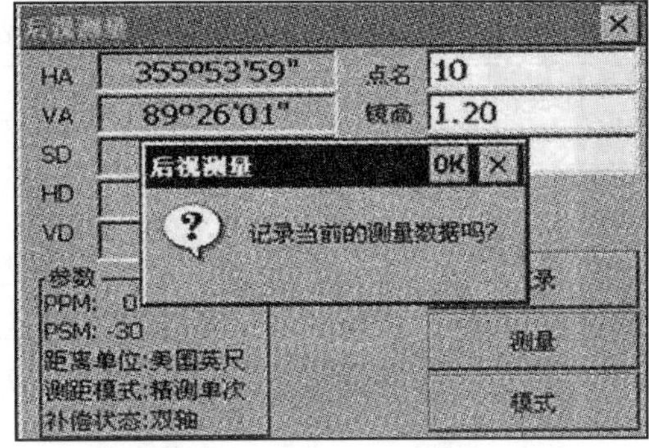

图 3-27　记录数据界面

d. 单击【OK】键，记录数据，并返回到标准测量程序主菜单。

第一个碎部点测量完成，照准下一个目标，按以上操作进行（注意：后视测量必须在测站点和后视点设置好以后才可以进行）。

外业结束后，利用全站仪的"数据导出/导入"功能，进行数据导出，供内业成图用。

三、运用 CASS9.0 绘制地形图

CASS9.0 地形地籍成图软件提供了测点点号定位成图法、坐标定位成图法、编码引导自动成图法、原始测量数据录入法、简编码自动成图法、测图精灵测图法、电子平板测图法、数字化仪成图法等 8 种成图方法。

前 4 种适用于测记式成图法（草图法），即把野外采集的数据存储在电子手簿或全站仪的内存中，同时绘制草图，回到室内后再将数据传输到计算机内，对照草图完成各种绘图编辑工作，最后形成地形图或地籍图。

测记式成图法（草图法）在内业工作时，根据作业方式的不同，分为点号定位、坐标定位、编码引导、原始测量数据录入等几种方法。下面仅介绍"测点点号定位绘图方式"、"坐标定位成图法"两种作业流程。

首先，要确定计算机内是否有要处理的坐标数据文件（即是否将野外观测的坐标数据从全站仪传到计算机上来）。如果没有，则要进行数据通信这一步操作。

1）数据导入

（1）全站仪的连接电缆

CASS9.0 能与各种不同型号的全站仪连接，进行数据的自动采集，坐标的自动计算和存储。表 3-7 列出能与系统连接的全站仪名称及型号以及连接电缆等基本信息。

全站仪连接基本信息表　　　　表 3-7

仪器名称	型　号	电　缆
南方公司	NTS-200 系列、NTS－300 系列、NTS-500 系列、NTS-600 系列	CE-203
Leica	TC1010、TC1610、TC500、TC1600、TC1700 等	CE-299
TOPCON	GTS-6、GTS-300、GTS-200、GTS-700 等系列	CE-203
NIKON	DTM-750、DTM-A5LG、DTM-A10LG、DTM-300 等	CE-297

(2)全站仪的通信参数设置

系统与各全站仪联机测量功能中，已设定了不同的通信参数，一般与厂家设置的相同，但也有必要在使用前进行检查，表 3-8 为常见全站仪通信设置。

常见全站仪通信设置　　　　表 3-8

仪器名称	波特率	奇偶性	字　长	停止位
南方	1 200	N	8	1
徕卡	2 400	E	8	1
托普康	1 200	E	8	1
尼康	4 800	N	8	1

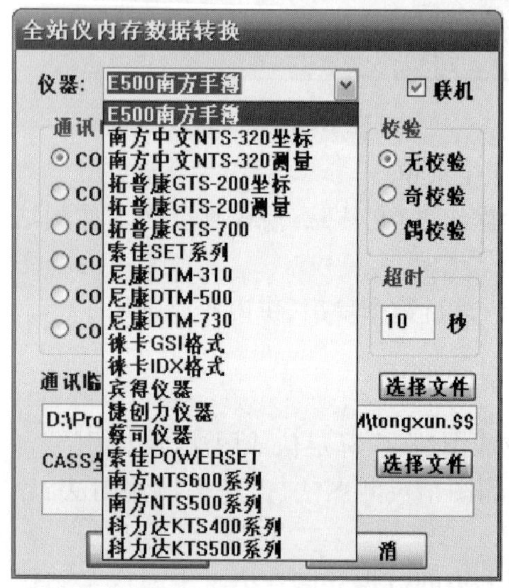

图 3-28　数据通信菜单

2)数据传输

在完成全站仪和计算机的连接以及全站仪的设置之后，就要把全站仪采集的数据传输到计算机里进行内业处理或将计算机里的数据传输到全站仪。

在 CASS9.0 的“数据处理”菜单下选择“读全站仪数据”子菜单，弹出如图 3-28 所示的对话框，选中相应型号的全站仪。

联机：在“仪器”下拉列表中选取相应的拓普康仪器类型并选中“联机”复选框。然后检查通信参数是否设置正确(全站仪与软件系统设置必须一致)。在对话框最下面的“CASS 坐标文件：”下的空栏中输入您想要保存的文件名，然后点击“转换”按钮，即弹出如图 3-29 对话框。

格式转换：将已有的拓普康相应格式的数据文件转换为 CASS 格式的坐标文件，先选择仪器及数据类型，去掉“联机”复选框，此时不需设置通信参数，在通信临时文件栏中给出要转换的数据文件路径或直接用“选择文件”去查找。在 CASS 坐标文件栏中给出目标文件名，然后点击“转换”按钮即可。

3)平面图绘制

CASS9.0 地形地籍成图软件提供了测点点号定位成图法、坐标定位成图法、编码引导自动成图法、原始测量数据录入法、简编码自动成图法、测图精灵测图法、电子平板测图法、数字化仪成图法等 8 种成图方法。

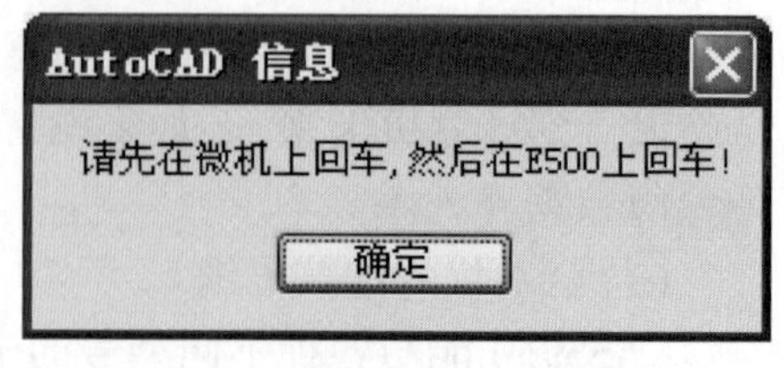

图 3-29　计算机等待全站仪信号

前4种适用于测记式成图法(草图法),即把野外采集的数据存储在电子手簿或全站仪的内存中,同时绘制草图,回到室内后再将数据传输到计算机内,对照草图完成各种绘图编辑工作,最后形成地形图或地籍图。测图精灵测图法、电子平板测图法在野外直接给出平面图。其中编码引导自动成图法、测点点号定位成图法、屏幕坐标定位成图法适用于无码作业。

测记法工作方式如下:

测记法工作方式要求野外作业时安排草图绘制人员,在跑尺(镜)员跑尺时,绘图员要标注出所测的是什么地物(属性信息)并记下所测点的点号(位置信息),在测量过程中要和测量员及时联系,使草图上标注的点号和全站仪记录的点号一致,而在测量每一个碎部点时不用在电子手簿或全站仪里输入地物编码,故又称为无码方式。

测记法在内业工作时,根据作业方式的不同,分为点号定位、坐标定位、编码引导、原始测量数据录入等几种方法。

(1)点号定位成图法

点号定位成图法作业中,内业成图时,在CASS9.0屏幕菜单上执行【点号定位】命令,如图3-30所示。系统将提示"选择坐标点数文件",并将数据文件读至系统。内业成图时,利用该法绘制平面图,要把"坐标数据文件"中的碎部点点号展绘在屏幕上,利用屏幕测点点号,对照草图上标明的点号、地物属性和连接关系,将每个地物绘出即可。其点号定位操作步骤如下:

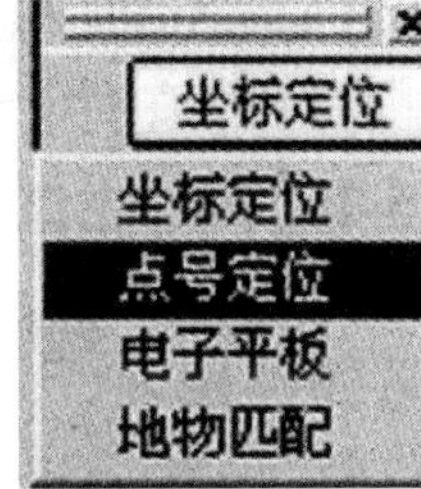

图3-30　点号定位

①定显示区。定显示区的作用是根据输入坐标数据文件的数据大小定义屏幕显示区域的大小,以保证所有点可见。执行【绘图处理】→【定显示区】命令,出现如图3-31所示的"输入坐标数据文件名"的对话框。选择坐标数据文件,单击【打开】即可。

②选择测点点号定位成图法。用鼠标点击屏幕右侧菜单区【坐标定位】→【点号定位】项,出现如图3-32所示的"选择点号对应的坐标点数据文件名"对话框。

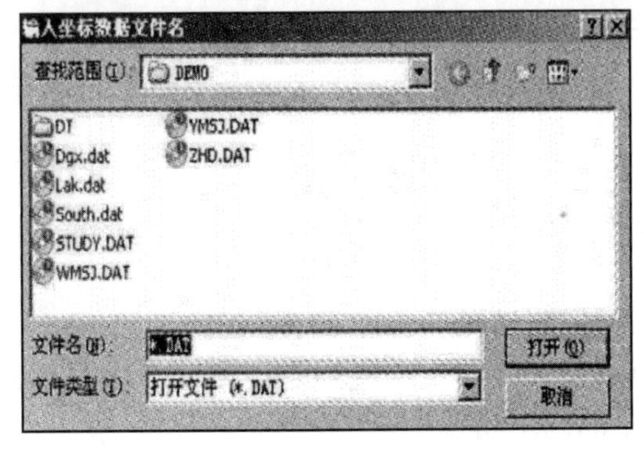

图3-31　"输入坐标数据文件名"对话框

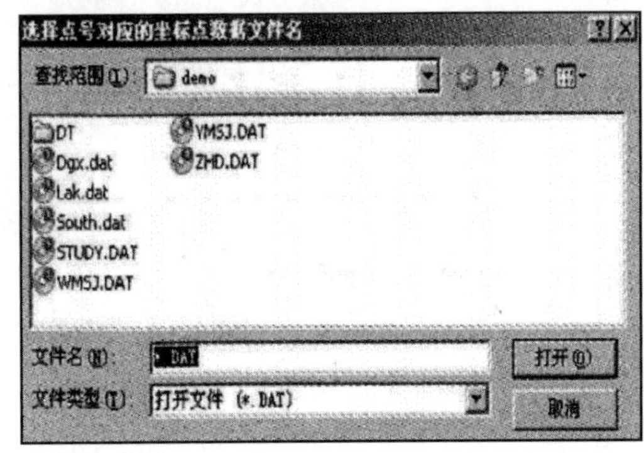

图3-32　"选择点号对应的坐标点数据文件名"对话框

选择或输入坐标点数据文件名,如C:\CASS90\DEMO\YMSJ.DAT(该文件为CASS官方自带用于教学演示),则命令区提示:

读点完成!共读入60点。

③展点。测点是外业测量草图的基本依据,内业绘图时参照测点进行测量点的捕捉与图形连接,因此展测点是内业工作的基础。在CASS9.0系统中提供了"展高程点、展野外测点点号、展野外测点代码和展野外测点点位"4种展点方式,且展在图面上的点,其注记方式

可以进行转换。

执行【绘图处理】→【展野外测点点号】命令项,命令行提示:

绘图比例尺:<500>(输入比例尺分母)↙

出现如图3-31所示对话框。在对话框中输入对应的坐标数据文件名并确定后,便可在屏幕上展出野外测点的点号,如图3-32所示。

④绘平面图。根据野外作业时绘制的草图,移动鼠标至屏幕右侧菜单区选择相应的地形图图式符号,然后在屏幕中将所有的地物绘制出来。系统中所有地形图图式符号都是按照图层来划分的,例如,所有表示测量控制点的符号都放在"控制点"层,所有表示独立地物的符号都放在"独立地物"这一层,所有表示植被的符号都放在"植被园林"这一层。可根据外业草图,选择相应的地图图式符号在屏幕上将平面图绘出。

如图3-33所示,由33、34、35号点连成一间普通房屋。

执行右侧菜单的【居民地】→【一般房屋】处单击,系统便弹出"一般房屋"对话框,如图3-34所示。

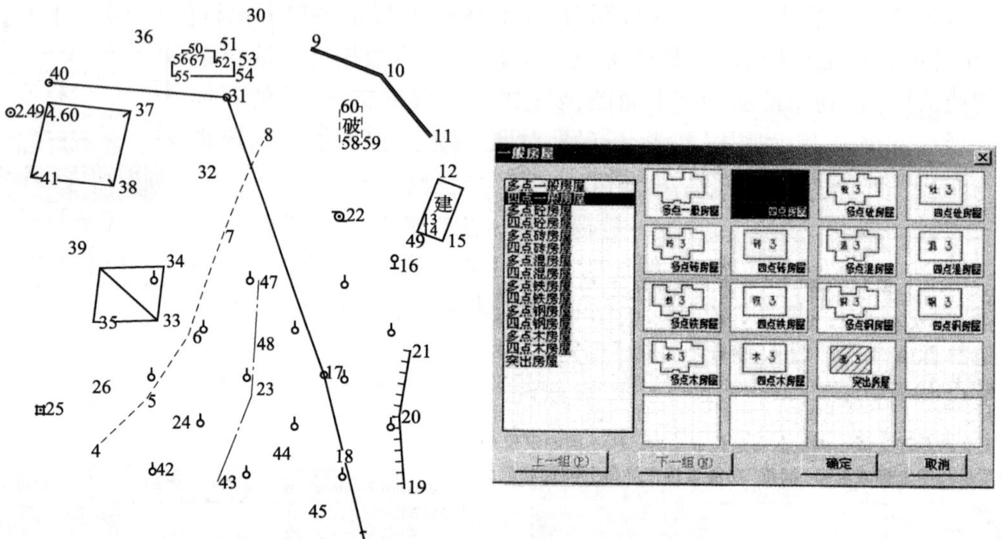

图3-33 外业作业草图

图3-34 "居民地/一般房屋"图层图例

在对话框中选择【四点房屋】图标,按【确定】按钮,命令区提示:

绘图比例尺1:<500>1000↙

已知三点/2.已知两点及宽度/3.已知四点<1>:1↙

说明:已知三点是指测矩形房子时测了三个点;已知两点及宽度则是指测矩形房子时测了两个点及房子的一条边;已知四点则是测了房子的四个角点。

鼠标点P/<点号>33↙

点P/<点号>34↙

点P/<点号>35↙

33、34、35点则连成一间普通房屋。

注意:

①当房子是不规则图形时,可用"实线多点房屋"或"虚线多点房屋"来绘;

②绘房子时,输入的点号必须按顺时针或逆时针的顺序输入,如上例的点号应按34、33、

35 或 35、33、34 的顺序输入，否则绘出来房子就不对。

重复上述操作，将 37、38、41 号点绘成四点棚房，60、58、59 号点绘成四点破坏房子，12、14、15 号点绘成四点建筑中房屋，50、51、53、54、55、56、57 号点绘成多点一般房屋。

同样，用【居民地/垣栅/依比例围墙】图标，将 9、10、11 号点绘成依比例围墙的符号；用【居民地/垣栅/篱笆】图标，将 47、48、23、43 号点绘成篱笆的符号。完成操作后，其平面图如图 3-35 所示。

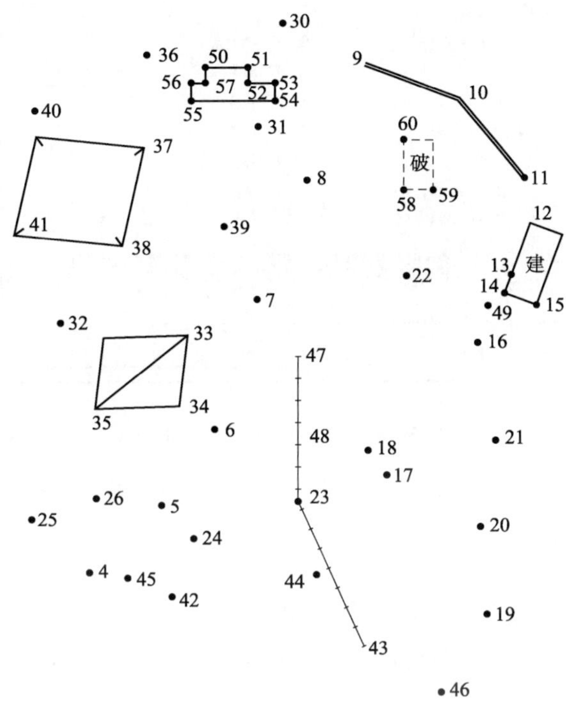

图 3-35　用“居民地”图层绘制的平面图

依此类推，根据草图表示的地物类别，选择相应的地类将各类图形绘制出来，重复上述操作便可以将所有测点用地图图式符号绘制出来，形成完整的平面图。在操作过程中，可以套用别的命令，如放大显示、移动图纸、删除、文字注记等。

(2) 坐标定位成图法

坐标定位成图法的原理类似于测点点号定位成图法。所不同的仅仅是绘图时点位的获取不是通过点号而是利用坐标或屏幕“捕捉”功能直接在屏幕上捕捉获取的。

坐标定位成图法具体的操作步骤和点号定位成图法一样，具体如下：

定显示区→选择坐标定位成图方式→展点，利用右侧的屏幕菜单绘平面图。

①定显示区。此步操作与“点号定位”法作业流程的“定显示区”操作相同。

②选择测点坐标定位成图法。执行【坐标定位】→【坐标定位】项。

③展点。此步操作与“点号定位”法作业流程的“展点”操作相同。

④绘平面图。与“点号定位”法成图流程类似。仍以绘居民地为例，移动鼠标至右侧屏幕菜单的【居民地】→【一般房屋】处单击，系统便弹出选择“一般房屋”对话框，在对话框中选择“四点房屋”图标，按【确定】按钮。

命令区显示：

已知三点/2. 已知两点及宽度/3. 已知四点 <1>：(输入 1. 或直接回车默认选 1)

移动鼠标至屏幕下方状态栏“对象捕捉”按钮处单击右键，选择【设置】项，弹出“草图设置”对话框，在对话框中选择“对象捕捉”标签卡，勾选“NOD”（节点）选择框，并按【确定】按钮，如图3-36所示。

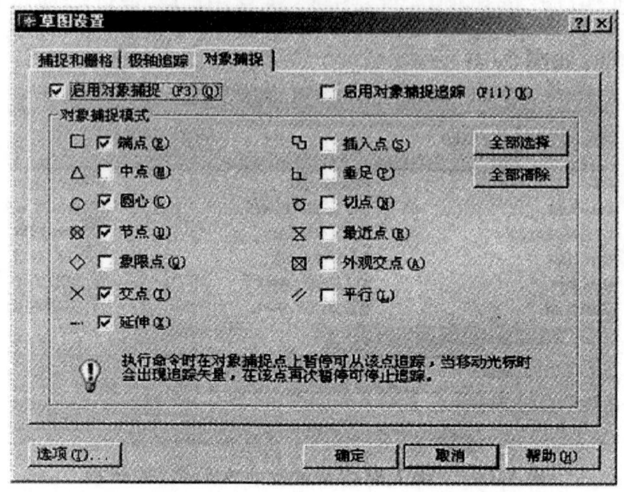

图3-36 “对象捕捉设置”对话框

输入点：（鼠标靠近33号点，出现黄色标记，点击左键，完成捕捉工作）

输入点：（捕捉34号点）

输入点：（捕捉35号点）

这样，即将33、34、35号点连成一间普通房屋。

在输入点时，嵌套使用了捕捉功能，选择不同的捕捉方式会出现不同形式的黄颜色光标，适用于不同的情况。

命令区要求“输入点”时，可以用鼠标左键在屏幕上直接点击，为了精确定位，也可输入实地坐标。下面以“路灯”为例。执行右侧屏幕菜单的【独立地物】→【其他设施】项，弹出“其他设施”对话框，移动鼠标选中“路灯”图标，然后单击【确定】按钮。

命令区显示：

输入点：143.35，159.28↙

这时就在（143.35，159.28）处绘好了一个路灯。

随着鼠标在屏幕上移动，左下角提示的坐标会实时变化。

依此类推，根据草图表示的地物类别，选择相应的地物类别将各类图形绘制出来，重复上述操作，便可以将所有测点用地图图式符号绘制出来，形成完整的平面图。

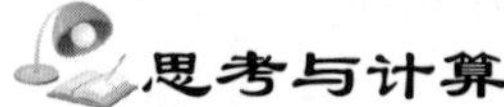

思考与计算

1. 比例尺精度对测图有何意义？
2. 地形图左下角应注记哪些信息？测量员、绘图员、检查员信息应该注记在什么位置？
3. 测定地物、地貌特征点（碎部点）的方法有哪几种？
4. 公路地形图测绘时有哪几种表示方法？
5. 测绘地貌地形图等高线分为哪几步进行？
6. 什么是“有码作业”和“无码作业”，简述二者分别适应的情况。

7. 简述野外测绘地形图时碎部点综合取舍的原则。

8. CASS 成图软件提供了哪几种成图方法？哪些方法适合使用草图法成图？

9. 简述点号定位成图法主要成图步骤。

10. 结合测量实训场地地物和地貌特征讲述碎部点选择原则。

模块三　地形图的应用

学习目的

基本知识：地形图应用方法（点的坐标、直线距离、方向、坡度，等坡度线、汇水面积、土石方量等）。

基本技能：地形图上确定点位坐标及高程；按坡度选定等坡度线；绘制横断面图、测定汇水面积和土石方量等。

任务描述

在工程地形图上，按照规定的坡度选择坡度线，测定横断面或者汇水面积。完成工作任务 3-04 地形图的应用。获得应用地形图的基本能力。

任务实施

1. 在 1∶500 ~ 1∶2 000 的道路带状地形图上，获得测图时间、投影带号、高程系统、坐标系统等信息；

2. 按照 2% ~4% 的纵坡选择一条约 1km 的路线；

3. 每 50m 测定一个断面的横断面，或者测定指定区域的汇水面积。

注意：重点考察路线坡度选择是否正确，走向是否合理，横断面测定是否正确。

地形图是地形测量的最终成果，它记载了丰富的地表信息，能全面、客观地反映地面情况，是工程建设、规划设计不可缺少的重要资料。因此，能够正确地阅读和应用地形图解决工程建设中的各种问题，是道路与桥梁专业工程技术人员必备的基本技能。

地形图的一个突出特点是具有可量性和可定向性，并且能够全面、客观地反映地面的地形情况。因此，地形图是工程规划和设计中不可缺少的重要资料。

利用地形图可以确定点的位置、点与点间的距离、直线的方向、点的高程和两点间的高差；还可以在地形图上确定出分水线、集水线、某范围的汇水面积，并可在图上计算土、石方量等。在道路工程中可在地形图上绘出道路经过处的纵、横断面图等。

一、确定点的平面坐标

每幅地形图的内外图廓之间均按一定格式注有坐标数字，图的西南角是该幅图的坐标始点。若要确定地形图上某点的坐标，可根据格网坐标用图解法求得。如图 3-37 所示，该图幅的始点坐标为：$x_0 = 5\,000\text{m}$，$y_0 = 1\,000\text{m}$。欲求图上 A 点的坐标，则应首先找出 A 点所在的小方格，并用直线连成小正方形，然后通过 A 点在地形图的坐标格网上作平行于坐标格网的平行线 ab、cd，再量取 aA 和 cA 的长度，若小正方形西南角的坐标为 x'_0、y'_0，则 A 点的平面坐标为：

$$x_A = x'_0 + cA \times M$$
$$y_A = y'_0 + aA \times M \tag{3-5}$$

式中:M——比例尺分母。

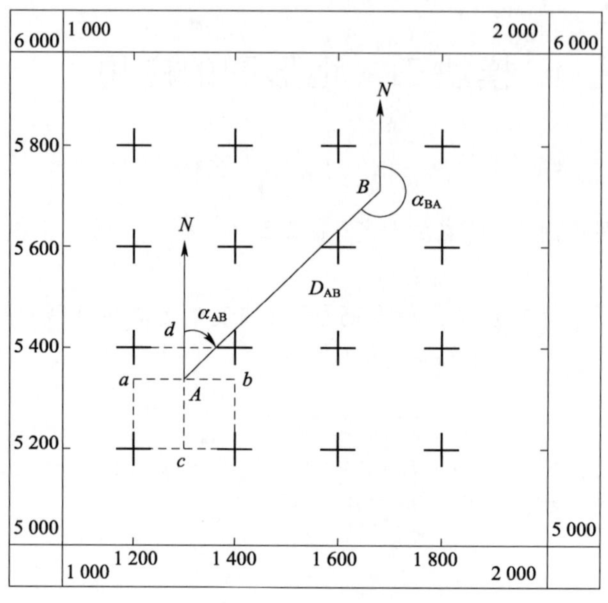

图 3-37　确定点的平面坐标

为了提高坐标量算的精度,必须考虑到图纸伸缩的影响,则 A 的坐标应按下式计算:

$$x_A = x'_0 + \frac{l}{cd} cA \times M$$
$$y_A = y'_0 + \frac{l}{ab} aA \times M \tag{3-6}$$

式中:　　l——坐标格网边长;

ab、cd、aA、cA——均为图上量取的长度(单位为 cm),精确至 0.1mm,一般认为,图解精度为图上 0.1cm,所以图解坐标精度不会高于 $0.1M$(单位为 mm)。

【例 3-1】　在图 3-37 中,根据比例尺量出 $aA = 80.4$m,$cA = 135.2$m,$ab = 200.2$m,$cd = 200.4$m,已知坐标格网边长名义长度 $l = 200$m,根据公式(3-6),可得 A 点的坐标:

$$x_A = 5\,200 + \frac{200}{200.4} \times 135.2 = 5\,334.9\text{m}$$

$$y_A = 1\,200 + \frac{200}{200.2} \times 80.4 = 1\,280.3\text{m}$$

二、确定直线的距离、方向、坡度

如图 3-37 所示,欲求 A、B 两点的距离,先用式(3-6)求出 A、B 两点的坐标,则 A、B 两点的距离为:

$$D_{AB} = \sqrt{(x_B - x_A)^2 + (y_B - y_A)^2} \tag{3-7}$$

A、B 直线的坡度为：

$$i = \frac{H_B - H_A}{D_{AB}} \tag{3-8}$$

A、B 直线的坐标方位角为：

$$\alpha_{AB} = \tan^{-1}\left(\frac{y_B - y_A}{x_B - x_A}\right) \tag{3-9}$$

三、在图上确定等坡度线

道路勘测设计中，常要求在不超过某一限定坡度的条件下，选定一条最短路线。如图3-38所示，地形图的比例尺为1∶500，等高距 $h = 1\text{m}$，要求从 C 点到 D 点选定一条路线，限定坡度为4%。具体做法如下：

(1)求坡度不超过4%时，路线通过相邻等高线的最短距离 d 为：

$$d = \frac{h}{i \times M} = 1 \div (0.04 \times 500) = 0.05\text{m}$$

(2)用两脚规截取长度 d，以 C 点为圆心，d 为半径作圆弧，交49m等高线于1点；再以1点为圆心、以 d 为半径作圆弧，交50m等高线于2点；依此进行，直至 D 点。连接各相邻点，便得到坡度为4%的路线。用同样的方法可以在图上确定多个路线，在设计中应通过技术、经济比较，选定一条最佳路线方案。当相邻等高线间平距大于 d 时，则说明地面坡度小于规定坡度，路线走向可按地形实际情况和设计要求确定。

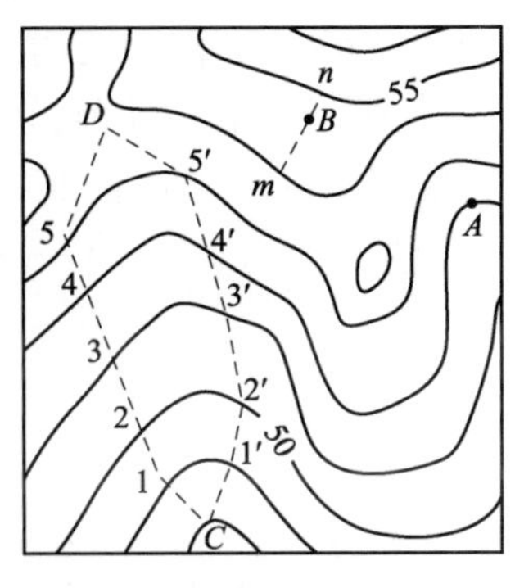

图3-38 在图上确定等坡度线

四、根据地形图绘制断面图

在道路、桥梁等规划设计中，为了对工程的填挖土石方进行概算，就需要根据地形图上的等高线绘制纵断面图，以显示两点间的地形起伏情况，如图3-39所示。要了解 A、B 之间的地面起伏情况，先连接 A、B 两点，根据 AB 与各等高线的交点的高程和平距绘制纵断面图。具体做法是：

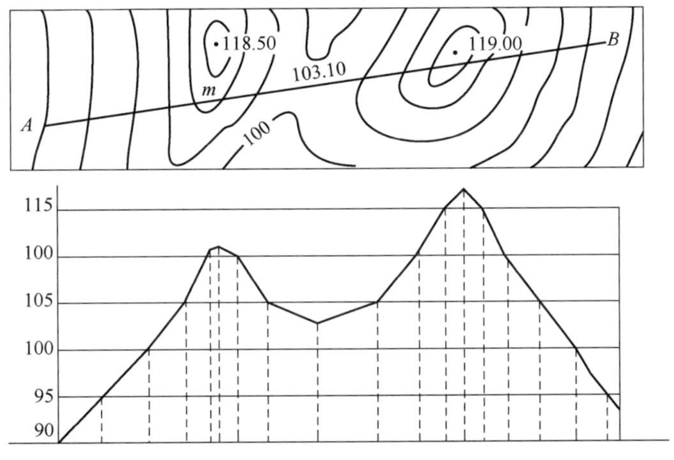

图3-39 绘制纵断面图

(1)在毫米方格纸上绘出两条互相垂直的轴线,以横轴 ab 表示水平距离,以纵轴 ah 表示高程,并在纵坐标轴上注记高程。为了能明显地反映出地面的起伏状况,高程比例尺要比水平距离比例尺大 10~20 倍。

(2)连接 AB 直线与各等高线相交,量取 A 点至各交点的距离,转绘到横坐标轴上,定出各点在横坐标轴上的位置。

(3)自横坐标轴上的各点作垂线,并以相应的高程定各交点在断面上的位置。

(4)用光滑曲线连接各相邻点,即得 AB 方向的断面图。

五、利用地形图实地定向

已知站立点及周围某个明显目标在图上的位置,或站立点正好位于某直线形地物(如道路、河岸边)上时,可将地形图放平,用三棱尺与图上的站立点和目标点的连线相切,转动图纸,通过三棱尺瞄准实地目标即可。

在实际工作中,有时只需将地形图方向大致摆正作概略定向,可将两手握住图的东西边,使地形图北边朝前,转动身体面向北方;或选择某一明显目标,转动图纸,使图上目标与实地相应点大致对准即完成概略定向。

六、地形图的野外判读

公路工程地形图野外判读的主要内容为地物、地貌的判读,应主要了解以下几个方面的内容:

(1)了解本图幅的测图时间、测绘单位、测图方法、高程系统和坐标系统等,以判断该图的新旧和精确程度。

(2)根据本图幅的比例尺、图幅的编号及坐标注记等,了解图幅的范围及所在位置。

(3)室内判读:野外判读之前可先在室内熟悉图的内容。根据地物符号,分析判读各种道路、水系、居民点的分布状况,根据等高线的形状及高程注记,找出山头、洼地、山脊、山谷等,判读该地区的总貌。

(4)野外判读:野外判读是根据图上的地物符号、等高线的形状及疏密情况,将主要的地物、山头、山脊、山谷等与实地对照、找出其相应的位置。

野外判读的方法是先进行地图定向,确定站立点在图上的位置,然后按照先近后远、先易后难、先整体后细部、先地物后地貌的原则判读周围的地物、地貌。即由站立点附近的地物开始,找出主要的道路、河流、居民地等,然后再判读特征明显的地貌,如山头、山脊、山谷及特殊地貌,最后判读不太明显的地貌。

(5)判读注意事项。

①判读时应特别注意图的比例尺,因图的比例尺不同,地物、地貌的取舍也不同。

②在使用旧图时,由于测图时间较久,部分地物、地貌受自然条件和人为因素的影响,有所增减或变形,使得图上与实地不符,使用者应根据实地情况,在图上进行增补和修正。

思考与计算

1. 试勾绘图 3-40 的等高线。

2. 试判断图 3-41 的等高线的等高距,并在 AB 两点间确定一条坡度为 5% 的坡。

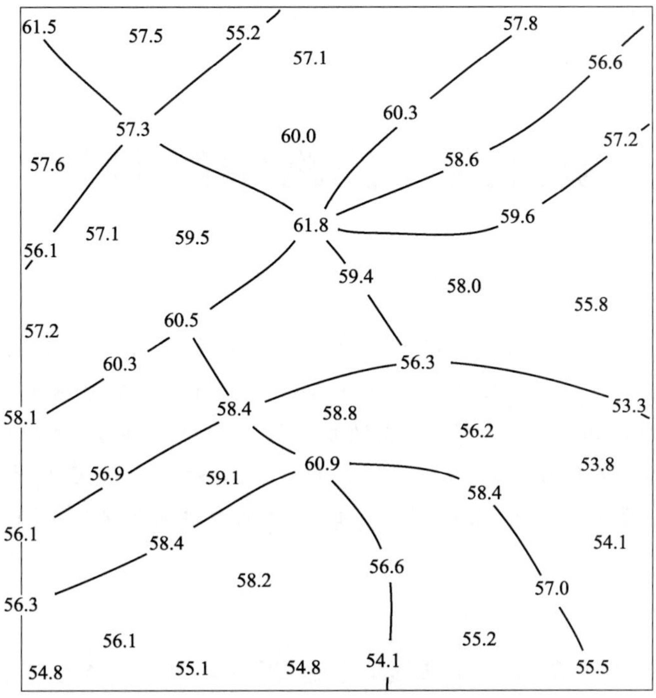

图 3-40　题 1 图

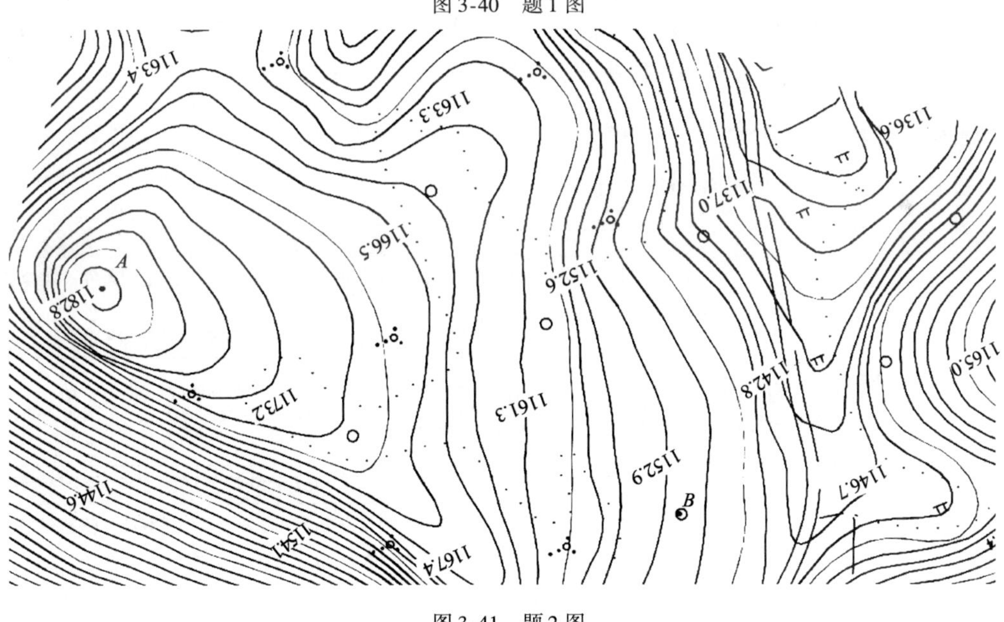

图 3-41　题 2 图

项目四　公路中线测设

问题引入

公路勘察阶段,测量人员根据公路等级以及地形条件,在纸上或实地选择公路路线的基本走向,并确定公路中线交点的位置,再进行公路中线测设;在公路施工阶段,测量人员根据施工图设计文件,计算公路中桩坐标、边线坐标以及结构物坐标,在现场放样公路中线、边线和构造物位置。那么,如何在实地和地形图上选择公路走向?确定中线交点位置?需要设计哪些参数,如何进行坐标计算,最后将纸上设计结果准确无误地"搬"到实地上?这正是本项目要解决的问题。

教学目标

公路选线的方法和步骤;路线交点选定考虑因素;路线交点选定的方法;纸上定线和实地定线适用条件;里程桩的类型及设置;平曲线的构成;单圆曲线的要素和主点桩号的计算;单圆曲线偏角法、支距法的详细敷设;带有缓和曲线的平曲线要素计算、主点桩号及数据计算;虚交的概念、计算圆外基线法、切基线法、弦基线法三种虚交曲线参数。

模块组织

本项目各模块知识点关系如图4-1所示。

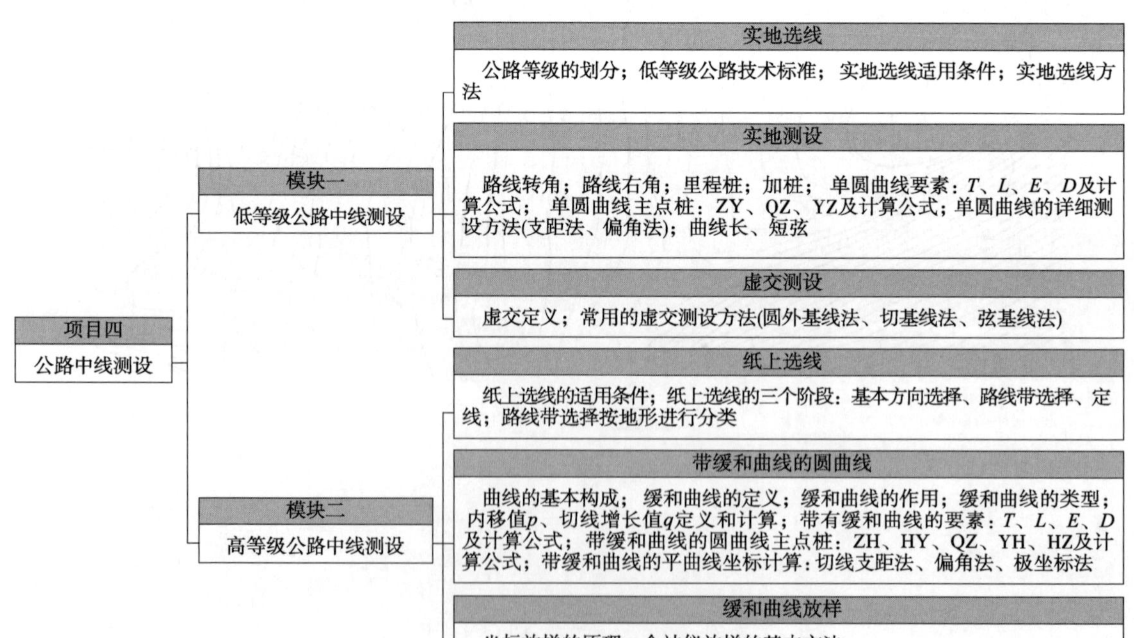

图4-1　本项目各模块知识点关系图

情境描述

1. 公路中、基平测量教学情境

如图 4-2 所示,按照教学任务的要求,团队成员在教学实训场地内完成一条长约 1.2km 的道路中线的测设,并在该公路中线上完成中、基平测量(项目五)和横断面测量(项目六)。

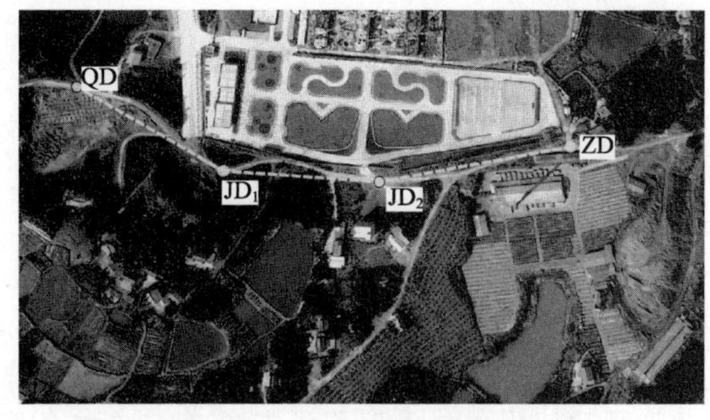

图 4-2　公路中线测设区域图

2. 模拟项目设计目的

本项目要求学生掌握两项基本技能:一是能在实地选定低等级公路中线并进行曲线测设;二是在项目三测绘的大比例尺地形图选定高等级公路中线,然后进行路线计算和测设。

3. 模拟项目主要任务

为完成教学任务,团队成员可以通过完成本项目的 5 个工作任务来实现,工作任务之间的关系以及知识与技能训练目标如图 4-3 所示。

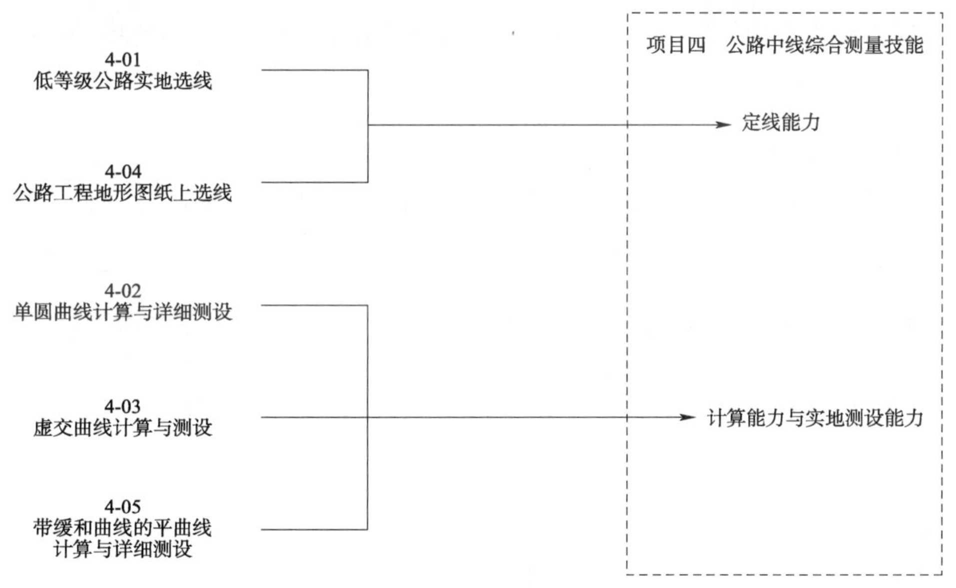

图 4-3　工作任务与训练目标关系图

模块一　低等级公路中线测设

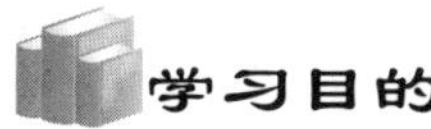

学习目的

基本知识:实地选线要求(适用条件、技术要求);公路实地测设内容;里程桩(类型、设置、加桩);单圆曲线要素计算及主点桩设置;单圆曲线实地敷设(支距法、偏角法的计算方法);虚交(定义、圆外基线法、切基线法、弦基线法的原理)。

基本技能：实地选定路线走向确定交点桩位置；单圆曲线计算与实地敷设；三种虚交的测设。

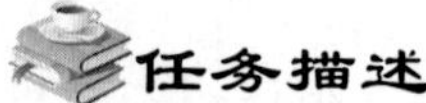

在教学实训场地内，按二级公路的标准，选定一条路线确定其走向，完成工作任务4-01低等级公路实地选线。测定路线转角，起终点、交点位置，进行相关的计算和测设，完成工作任务4-02单圆曲线计算与详细测设。将一个交点设为虚交点，进行相关的计算和测设，完成工作任务4-03虚交曲线计算与测设。

任务实施

团队成员领取仪器后，在教学实训场地指定区域内，先根据路线的起点、终点以及规定的路线走向共同确定交点位置。重点考核交点位置选择是否合理以及满足相关规范要求，经认可后使用仪器测定路线左角或右角和各交点之间的直线距离等参数，根据现场条件初步拟定曲线的半径；现场完成圆曲线的曲线要素、主点里程桩号、测设数据的计算，并使用至少两种不同的方法放样公路中线，重点考核相关计算是否正确和中线位置是否放样正确。

一、低等级公路实地选定线

公路选线就是根据路线的基本走向和技术标准的要求，结合当地的地形、地质、地物及其他沿线条件和施工条件等，选定一条技术上可行、经济上合理，又能符合使用要求的公路中线的工作。选线的目的就是根据国家建设发展的需要，结合自然条件，选定合理的路线，使筑路费用与使用质量达到统一，且行车迅速安全，经济舒适、构造物稳定耐久并易于养护。

公路选线是整个公路勘测设计的关键，是公路线形设计的重要环节，它对公路的使用质量和工程造价都有很大的影响。选线应包括确定路线基本走向、路线走廊带、路线方案至选定线位的全过程。

路线起、终点必须连接的城镇、工矿企业以及特定的特大桥、特长隧道等的位置，应为路线基本走向的控制点。大桥、长隧道、互通式立体交叉、铁路交叉等的位置，应为路线走向控制点，原则上应服从路线基本走向。中、小桥涵，中、短隧道以及一般构造物的位置应服从路线走向。

1. 实地选线的原则

(1)应针对路线所经地域的生态环境、地形、地质的特性与差异，按拟订的各控制点，由面到带、由带到线，由浅入深、由轮廓到具体，进行比较、优化与论证。当同一起终点的路段内有多个可行路线方案时，应对各设计方案进行同等深度的比较。

(2)影响选择控制点的因素多且相互关联、相互制约，应根据公路功能和使用任务，全面权衡、分清主次，处理好全局与局部的关系，并注意由于局部难点的突破而引起的关系转换给全局带来的影响。

(3)应对路线所经区域、走廊带及其沿线的工程地质和水文地质进行深入调查、勘察，查清其对公路工程的影响程度。遇有滑坡、崩塌、岩堆、泥石流、岩溶、软土、泥沼等不良工程地质的地段，应慎重对待，视其对路线的影响程度，分别对绕、避、穿等方案进行论证比选。当必须穿过时，应选择合适的位置，缩小穿越范围，并采取切实可行的工程措施。

(4)应充分利用建设用地，严格保护农用耕地。

(5)国家文物是不可再生的文化资源，路线应尽可能避让不可移动文物。

(6)保护生态环境,并同当地自然景观相协调。

(7)高速公路、具有干线功能的一级公路同作为路线控制点的城镇相衔接时,以接城市环线或以支线连接为宜,并与城市发展规划相协调。新建的二级公路、三级公路应结合城镇周边路网布设,避免穿越城镇。

(8)路线设计是立体线形设计,在选线时应考虑平、纵、横面的相互间组合与合理配合。

2. 实地选线的主要内容

实地选线是由选线人员,根据设计任务书的要求,在现场实地进行勘察测量,经过反复比较,直接选定路线的方法。这是我国传统的选线方法。其特点是简便、切合实际;实地容易掌握地质、地形、地物情况,做出的方案比较可靠;定线时一般不需要大比例尺地形图。但是,这种方法野外工作量很大,体力劳动强度大,野外测设工作受气候季节的影响大;同时,由于实地视野的限制,地形、地貌、地物的局限性很大,使路线的整体布局有一定的片面性和局限性。实地选线适用于一般等级较低、方案比较明确的公路。有条件或地形条件受限制时,可采用纸上定线或纸上移线并现场核定的方法(详见本项目模块二相关内容)。

直接定线面对实际地形、地质和水文状况,只要定线者有一定的选线经验,充分掌握资料,反复试验改进,也能得到满意的结果。但它有两个根本弱点:一是现场的工作条件不允许定线者对每一处的自然状况都深入研究,由于视野受到限制,定线时难免顾此失彼,甚至判断错误;二是直接定线的工作程序先在野外选定路线平面,后在室内做纵、横断面设计,这种室内外分开的工作方法,往往难以妥善解决平、纵线形的配合问题。直接定线虽有不足之处,但在地形简易、路线方案不多或等级较低,修建任务紧迫的情况下,为发挥其快速的优点,仍不失为一种重要的方法。

3. 实地定线的任务

实地定线的任务,就是在路线总体布局和逐段安排的基础上,按照已定的技术标准,结合地形、地质及其他沿线条件,综合考虑平、纵、横三方面因素,合理安排、定出路线中线位置。

4. 实地定线的方法

1)平原地区的定线

在平原地区,路线不受纵坡限制,定线以平面和横断面为主安排路线。其要点是:以点定线,以线交点。以点定线,就是在全面布局和逐段安排确定的控制点间,结合各方面因素进一步确定影响公路中线位置的小控制点,然后,按照这些小控制点,大致穿出公路直线的方法。以线交点,就是在已定小控制点的基础上,结合路线标准和前后路线条件,穿出直线,并延长交出交点。

2)越岭路线的定线

在实地定线中,首先由选线人员对该路段进行查勘,切实查明沿线垭口、地形、地势、地貌和地质等情况。再根据垭口的厚薄、工程难易,初拟垭口切深,确定过岭高程;然后选择与路线方向顺直、山势较为整齐的山坡,确定悬崖、障碍难点和中间控制位置,划定路线可能的大致走向和展线方式。

3)沿溪实地定线做法

沿溪线段一般依山傍水,溪沟曲折,两岸山嘴犬牙交错,陡缓山坡,悬崖峭壁与浅滩台地交替出现。路线一般纵面困难较少,平面往往被限制在较窄的范围内,活动余地不大。因此,山区沿溪布线主要是寻求较为合理的横断面,既不受洪水威胁,又使土石方和防护工程量较小。

究竟是走高线还是走低线,走溪的左岸还是右岸,在什么地方跨溪,就需要根据实际情况满足路线技术条件结合合理横断面加以选择。在实地定线中,往往由于谷深壁峭还必须采用虚交点法、双交点法或复曲线法,以曲线的外距、切线长、曲线长等控制路线的曲线位置。各曲线要素中,对于平面布线困难的山区可以在保证行车安全的前提下再注意线形要素的合理组合。如采用满足超高渐变率控制的各曲线的最小缓和曲线长度,既能保证行车力学性能,又可以达到平面线形优化组合。同时应计算能满足高渐变率要求的不同线形的缓和曲线最小长度。

二、低等级公路中线测设

1. 低等级公路交点距离和测角测量

1)公路交点的测量的任务

在低等级公路路线选定后,就可以进行公路中线的测设工作。其主要任务是:

(1)标定直线与修正点位;

(2)路线右角的测定;

(3)转角的计算;

(4)钉设曲线中点的方向桩;

(5)视距测量;

(6)观测导线磁方位角并进行校核;

(7)路线控制桩位固定。

为确保路线质量,加快测设进度,定线、测角应紧密配合相互协作。作为后续作业的测角工作,应善于体会选线意图,发现问题及时予以修正补充,使之不断完善。

2)测角工作内容与要求

(1)标定直线与修正点位

对于相互通视的交点,如果定线测量无误,根本不存在点位修正问题,一般可以直接引用。但是当交点间相距较远或地形起伏较大,通过陡坎深沟时,为了便于中桩组穿杆定向,测角组应负责用经纬仪在其间酌情插设若干个导向桩,供中桩穿线使用。

对于中间有障碍、互不通视的交点,虽然交点间定线时已设立了控制直线方向的转点桩。但由于选线大多采用花杆目测穿直线,所以实际上未必严格在一条直线上,因此就存在用经纬仪检查与标定直线或修正交点桩位的问题。一般情况下,常将后视交点和中间转点作为固定点(因上述点位一旦变动,将直接影响后视点位转角,导致测量返工),安置仪器于转点处,采用正倒镜分中法进行检查;如发现问题应查明原因,及时改正。

(2)路线右角的测定

按路线的前进方向,以路线中心线为界,在路线右侧的水平角称为右角,通常以 β 表示,如图 4-4 中所示的 β_5、β_6。在中线测量中,右角一般是采用测回法测定。

上、下两个半测回所测角度值的闭合差视公路等级而定:高速公路、一级公路限差为 ±20″,满足要求取平均值,取位至 1″;二级及二级以下的公路限差为 ±60″,满足要求取平均值,取位至 30″(即 10″舍去,20″、30″、40″取为 30″,50″进为 1′)。

(3)转角的计算

所谓转角,是指路线由一个方向偏转为另一个方向时,偏转后的方向与原方向的夹角,

通常以 α 表示，如图 4-3 所示，转角有左转、右转之分，按路线前进方向，偏转后的方向在原方向的左侧称为左转角，通常以 $\alpha_{左}$（或 α_{Z}）表示；反之为右转角，通常以 $\alpha_{右}$（或 α_{Y}）表示。转角是在路线转向处设置平曲线的必要元素，通常是通过测定路线前进方向的右角 β 后，经计算而得到。

当右角 β 测定以后，根据 β 值计算路线交点处的转角 α。当 $\beta < 180°$ 时，为右转角（路线向右转）；当 $\beta > 180°$ 时，为左转角（路线向左转）。左转角和右转角按下式计算：

若 $\beta > 180°$，则

$$\alpha_{左} = \beta - 180° \tag{4-1}$$

若 $\beta < 180°$，则

$$\alpha_{左} = \beta - 180° \tag{4-2}$$

（4）钉设曲线中点方向桩（相关资源见二维码 16）

二维码 16

为便于中桩组敷设平曲线中点桩，测角组在测角的同时，需将曲线中点方向桩（亦即分角线方向桩）钉设出来，如图 4-5 所示。分角线方向桩离交点距离应尽量大于曲线外距，以利于定向插点。一般转角越大，外距也越大，因此，分角桩就应设置得远一点。

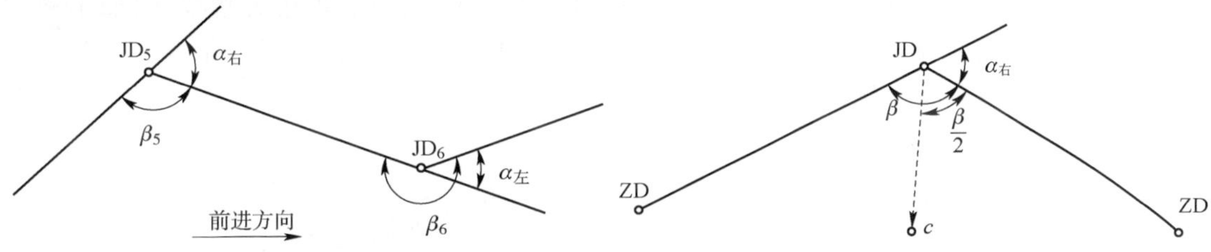

图 4-4 路线的右角和转角

图 4-5 标定分角线方向

用经纬仪定分角线方向，首先就要计算出分角线方向的水平度盘读数。通常这项工作是紧跟在测角之后，是在测角读数的基础上进行的（即保持水平度盘位置不变）。根据测得右角的前后视读数，按下式即可计算出分角线方向的读数：

$$分角线方向的水平度盘读数 = \frac{1}{2}(前视读数 + 后视读数) \tag{4-3}$$

有了分角线方向的水平度盘读数，即可按拨角法定分角线方向。拨角方法是转动照准部，使水平度盘读数为这一读数，此时，望远镜照准的方向即为分角线方向（有时望远镜会指向相反方向，这时需倒转望远镜，在设置曲线的一侧，定出分角线方向）。沿视线指向插杆钉桩即为曲线中点方向桩。

（5）视距测量

观测视距的目的，是用视距法测出相邻交点间的直线距离，以便提交给中桩测量组，供其与实际丈量距离进行校核。

视距测量的方法通常有两种：一种是利用测距仪或全站仪测量，这种方法是分别于交点和相邻交点（或转点）上分别安置棱镜和仪器，采用仪器的距离测量功能，从读数屏可直接读出两点间的平距；另一种是利用经纬仪标尺测量，它是于交点和相邻交点（或转点）上分别安置经纬仪和标尺（水准尺或塔尺），采用视距测量的方法计算两点间平距。这里尤应指出的是，用测距仪或全站仪测得的平距可用来计算交点桩号，而用经纬仪所测得的平距，只能用做参考来校核在中线测设中有无丢链现象(即校核链距)。

当交点间距离较远时,为了保证测量精度,可在中间加点采取分段测距方法。

(6)观测导线磁方位角并进行校核

观测导线磁方位角的目的是为了校核测角组测角的精度和展绘平面导线图时检查展线的精度。路线测量规定,每天作业开始与结束须观测磁方位角,至少各一次,以便与根据观测值推算方位角校核,其误差不得超过2°。若超过规定,必须查明发生误差的原因,并及时予以纠正;若符合要求,则可继续观测。

磁方位角通常用森林罗盘仪观测,亦可用附有指北装置的仪器直接观测。

(7)路线控制桩位固定

为便于以后施工时恢复路线及放样,对于中线控制桩,如路线起、终点桩、交点桩,转点桩,大中桥位桩以及隧道起终点桩等重要桩志,均须妥善固定和保护,以防止丢失和破坏。为此,应主动与当地政府联系协商保护桩志的措施,并积极向当地群众宣传保护测量桩志的重要性,协助共同维护好桩志。

桩志固定方法应因地制宜地采取埋土堆、垒石堆、设护桩等形式加以固定。在荒坡上亦可采取挖平台方法固定。埋土堆、垒石堆顶面为40cm×40cm的方形或直径为40cm的圆形,高50cm。堆顶应钉设标志桩。

为控制桩位,除采取固定措施外,还应设护桩(亦称"栓桩")。护桩方法很多,如距离交会法、方向交会法、导线延长法等,具体采用什么方法,应根据实际情况灵活掌握。公路工程测量通常多采用距离交会法定位。护桩一般设三个,护桩间夹角不宜小于60°,以减小交会误差,如图4-6所示。

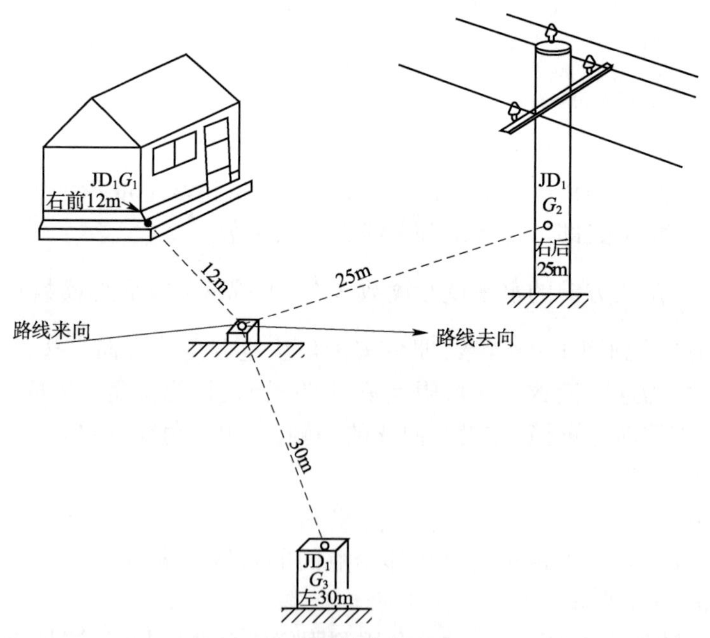

图4-6　距离交会法护桩

护桩应尽可能利用附近固定的地物点,如房基墙角、电杆、树木、岩石等设置。如无此条件,可埋混凝土桩或钉设大木桩。护桩位置的选择,应考虑不致为日后施工或车辆行人所毁坏。

在护桩或在作为控制的地物上,用红油漆画出标记和方向箭头,写明所控制的固定桩志名称、编号以及距桩志的斜向距离,并绘出示意草图,记录在手簿上,供日后编制"路线固定棚桩一览表"。

2. 低等级公路里程桩的设置

为了确定路线中线的具体位置和路线的长度,满足后续纵、横断面测量的需要,中线测量中必须从路线的起点开始每隔一段距离钉设木桩标志,其桩点表示路线中线的具体位置。

桩的正面写有桩号,背面写有编号。桩号表示该桩点至路线起点的里程数。如某桩点距路线起点的里程为 2 456.257m,则桩号记为 K2 +456.257。编号是反映桩间的排列顺序,以 0 ~9 为一组,循环进行。该桩通常称为里程桩,里程桩亦称为中桩。

1)里程桩的类型

里程桩可分为整桩和加桩两种。

(1)整桩

在公路中线中的直线段上和曲线段上,按表 4-1 要求的桩距而设的桩称为整桩。它的里程桩号均为整数,且要求为桩距的整倍数。在实测过程中,一般宜采用 20m 或 50m 及其倍数。当量距每至百米及公里时,要钉设百米桩及公里桩。

中 桩 间 距 表 4-1

直 线 段		曲 线 段			
平原微丘区	山岭重丘区	不设超高的曲线	$R>60$	$30<R<60$	$R<30$
≤60	≤25	25	30	10	5

注:表中的 R 为曲线半径,以 m 计。

(2)加桩

加桩又分为地形加桩、地物加桩,曲线加桩、地质加桩、断链加桩、行政区域加桩和改建路加桩等。

①地形加桩。沿路线中线在地面起伏突变处,横向坡度变化处以及天然河沟处等均应设置的里程桩。

②地物加桩。沿路线中线在有人工构造物处(如拟建桥梁、涵洞、隧道、挡土墙等构造物处;路线与其他公路、铁路、渠道、高压线、地下管道等交叉处、拆迁建筑物处、占用耕地及经济林的起终点处)均应设置的里程桩。

③曲线加桩。曲线上设置的起点、中点、终点桩。

④地质加桩。沿路线在土质变化处及地质不良地段的起、终点处要设置的里程桩。

⑤断链加桩。由于局部改线或事后发现距离错误或分段测量中由于假设起点里程等原因,致使路线的里程不连续,桩号与路线的实际里程不一致,这种现象称为"断链",为说明该情况而设置的桩,称为断链加桩。测量中应尽量避免出现"断链"现象。

⑥行政区域加桩。在省、地(市)、县级行政区分界处应加的桩。

⑦改、扩建路加桩。在改建公路的变坡点、构造物和路面面层类型变化处应加的桩。加桩应取位至米,特殊情况下可取位至 0.1m。

2)里程桩的书写及钉设

对于中线控制桩,如路线起、终点桩、公里桩、交点桩、转点桩、大中桥位桩以及隧道起终点等重要桩,一般采用尺寸为 5cm ×5cm ×30cm 的方桩;其余里程桩一般多用(1.5 ~2)cm ×

5cm×25cm 的板桩。

(1)里程桩的书写

所有中桩均应写明桩号和编号,在桩号书写时,除百米桩、公里桩和桥位桩要写明公里数外,其余桩可不写。另外,对于交点桩、转点桩及曲线基本桩,还应在桩号之前标明桩名(一般标其缩写名称)。目前,我国公路工程上桩名采用汉语拼音的缩写名称,如表 4-2 所示。

路线主要标志桩名称表 表 4-2

标志桩名称	简称	汉语拼音缩写	英文缩写	标志桩名称	简称	汉语拼音缩写	英文缩写
转角点	交点	JD	IP	公切点	—	GQ	CP
转点	—	ZD	TP	第一缓和曲线起点	直缓点	ZH	TS
圆曲线起点	直圆点	ZY	BC	第一缓和曲线终点	缓圆点	HY	SC
圆曲线中点	曲中点	QZ	MC	第二缓和曲线起点	圆缓点	YH	CS
圆曲线终点	圆直点	YZ	EC	第二缓和曲线终点	缓直点	HZ	ST

为了便于后续工作找桩和避免漏桩起见,所有中桩都应在桩的背面编写编号,以 0 ~ 9 为一组,循环进行排列。桩志一般用红色油漆或记号笔书写(在干旱地区或马上施工的路线也可用墨汁书写),书写字迹应工整醒目,一般应写在桩顶以下 5cm 范围内,否则将被埋于地面以下无法判别里程桩号。

(2)钉桩

新线桩志打桩,不要露出地面太高,一般以 5cm 左右能露出桩号为宜。钉设时将桩号面向路线起点方向,使编号朝向前进方向,如图 4-7 所示。为便于对点,桩顶须钉一小铁钉。改建桩志位于旧路上时,由于路面坚硬,不宜采用木桩,此时常采用大帽钢钉。钉桩时一律打桩至与地面齐平,然后在路旁一侧打上指示桩,桩上注明距中线的横向距离及其桩号,并以箭头指示中桩位置。在直线上,指示桩应钉在路线的同一侧;交点桩的指示桩应钉在圆心和交点连线方向的外侧,字面朝向交点;曲线主点桩的指示桩均应钉在曲线的外侧,字面朝向圆心。

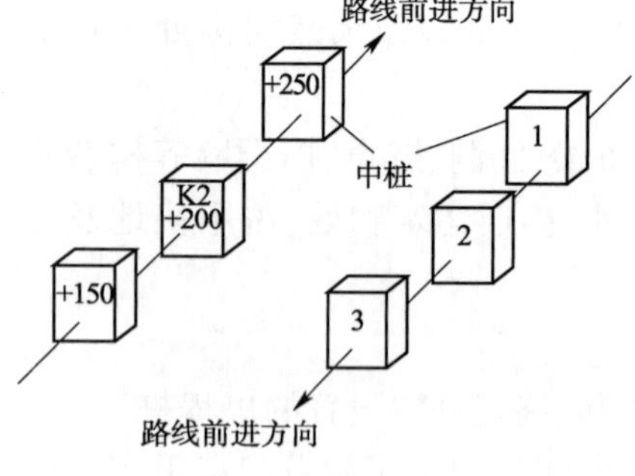

图 4-7 桩号与编号方向

遇到岩石地段无法钉桩时,应在岩石上凿刻"⊕"标记,表示桩位并在其旁边写明桩号、编号等。在潮湿地区,特别是近期不施工的路线,对重要桩位(如路线起、终点、交点、转点等),可改埋混凝土桩,以利于桩的长期保存。

3. 单圆曲线半径、要素与主点桩

圆曲线又称单曲线,是指具有一定半径的圆的一部分(即一段圆弧线),是路线转向常用的一种曲线形式。圆曲线的测设一般分以下两步进行:

第一步,先测设曲线的主点,称为圆曲线的主点测设。即测设曲线的起点(又称为直圆点，通常以缩写 ZY 表示）；中点（又称为曲中点，通常以缩写 QZ 表示）和曲线的终点（又称为圆直点，通常以缩写 YZ 表示）。

第二步，在已测定的主点之间进行加密，按规定桩距测设曲线上的其他各桩点，称为曲线的详细测设。

1）圆曲线主点测设要素的计算

如图 4-8 所示，设交点（JD）的转角为 α，假定在此所设的圆曲线半径为 R，则曲线的测设元素：切线长 T、曲线长 L、外距 E 和切曲差 D，可按下列公式计算：

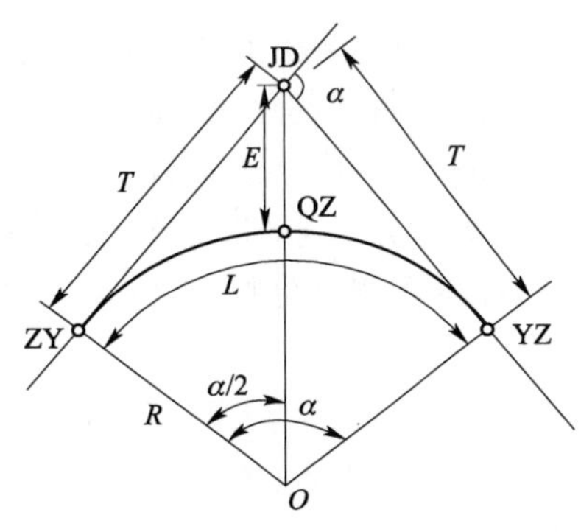

图 4-8　圆曲线的主点测设

$$\left.\begin{aligned}
&\text{切线长}\quad T=R\cdot\tan\frac{\alpha}{2}\\
&\text{曲线长}\quad L=R\cdot\alpha\cdot\frac{\pi}{180^{\circ}}\\
&\text{外距}\quad E=\frac{R}{\cos\frac{\alpha}{2}}-R=R\left(\sec\frac{\alpha}{2}-1\right)\\
&\text{切曲差}\quad D=2T-L
\end{aligned}\right\}\tag{4-4}$$

2）主点里程的计算

交点（JD）的里程由中线丈量中得到，根据交点的里程和计算的曲线测设元素，即可计算出各主点的里程。由图 4-8 可知：

$$\left.\begin{aligned}
&\text{ZY 里程}=\text{JD 里程}-T\\
&\text{YZ 里程}=\text{ZY 里程}+L\\
&\text{QZ 里程}=\text{YZ 里程}-L/2\\
&\text{JD 里程}=\text{QZ 里程}+D/2\text{（校核）}
\end{aligned}\right\}\tag{4-5}$$

【例 4-1】　已知某 JD 的里程为 K2 + 968.43，测得转角 $\alpha = 34°12'$，圆曲线半径 $R = 200\text{m}$，求曲线测设元素及主点里程。

曲线测设元素的计算由公式（4-4）代入数据计算得：$T = 61.53\text{m}$；$L = 119.38\text{m}$；$E = 9.25\text{m}$；$D = 3.68\text{m}$。主点里程的计算由公式（4-5）得：

JD 里程	K2 + 968.43
$-T$	−61.53
ZY 里程	K2 + 906.90
$+L$	+119.38
ZY 里程	K3 + 026.28
$-L/2$	−59.69
QZ 里程	K2 + 966.59
$+D/2$	+1.84
JD 里程	K2 + 968.43

3）主点的测设

圆曲线的测设元素和主点里程计算出后，便可按下述步骤进行主点测设：

(1)曲线起点(ZY)的测设:

测设曲线起点时,将仪器置于交点 $i(JD_i)$ 上,望远镜照准后一交点 $i-1(JD_{i-1})$ 或此方向上的转点,沿望远镜视线方向量取切线长 T,得曲线起点 ZY,暂时插一测钎标志。然后用钢尺丈量 ZY 至最近一个直线桩的距离,如两桩号之差等于所丈量的距离或相差在容许范围内,即可在测钎处打下 ZY 桩。如超出容许范围,应查明原因后重新测设,以确保桩位的正确性。

(2)曲线终点(YZ)的测设:

在曲线起点(ZY)的测设完成后,转动望远镜照准前一交点 JD_{i+1} 或此方向上的转点,往返量取切线长 T,得曲线终点(YZ),打下 YZ 桩即可。

(3)曲线中点(QZ)的测设,测设曲线中点时,可自交点 $i(JD_i)$,沿分角线方向量取外距 E,打下 QZ 桩即可。

4. 单圆曲线切线支距法测设

在圆曲线的主点设置后,即可进行详细测设。详细测设所采用的桩距 l_0 与曲线半径及有关,按桩距 l_0 在曲线上设桩,通常有两种方法:

(1)整桩号法。将曲线上靠近起点(ZY)的第一个桩的桩号凑整成为 l_0 倍数的整桩号,且与 ZY 点的桩距小于 l_0,然后按桩距 l_0 连续向曲线终点 YZ 设桩,这样设置的桩的桩号均为整数。

(2)整桩距法。从曲线起点 ZY 和终点 YZ 开始,桩距为 Z,连续向曲线中点 QZ 设桩。

由于这样设置的桩的桩号一般为破碎桩号,因此,在实测中应注意加设百米桩和公里桩。目前公路中线测量一般均采用整桩号法,本节主要介绍圆曲线切线支距法详细测设方法。

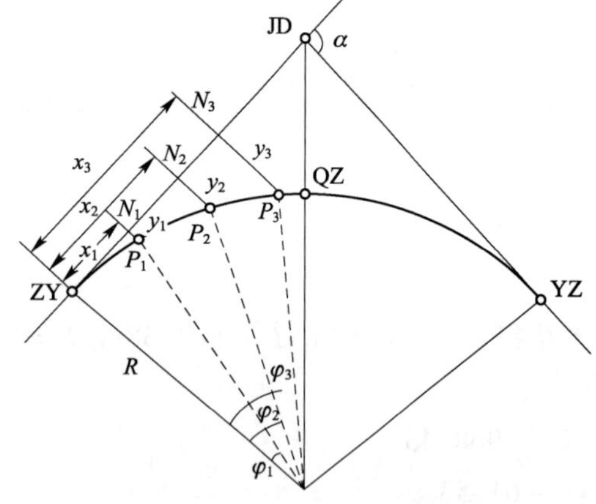

图 4-9 切线支距法详细测设圆曲线

切线支距法又称直角坐标法,是以曲线的起点 ZY(对于前半曲线)或终点 YZ(对于后半曲线)为坐标原点,以过曲线的起点 ZY 或终点 YZ 的切线为 X 轴,过原点的半径为 Y 轴,按曲线上各点坐标 X、Y 设置曲线上各点的位置。

如图 4-9 所示,设 P_i 为曲线上欲测设的点位,该点至 ZY 点或 YZ 点的弧长为 l_i,φ_i 为 l_i 所对的圆心角,R 为圆曲线半径,则 P_i 点的坐标按下式计算:

$$\left.\begin{aligned} x_i &= R \cdot \sin\varphi_i \\ y_i &= R(1-\cos\varphi_i) = x_i \cdot \tan\frac{\varphi_i}{2} \end{aligned}\right\} \tag{4-6}$$

$$\varphi_i = \frac{l_i}{R} \qquad (\text{rad}) \tag{4-7}$$

【例 4-2】 在例 4-1 中,若采用切线支距法,并按整桩号设桩,试计算各桩坐标。例 4-1 中已计算出主点里程(ZY 里程、QZ 里程、YZ 里程),在此基础上按整桩号法列出详细测设的桩号,并计算其坐标,具体计算见表 4-3。

切线支距法坐标计算表 表 4-3

桩　　号	至曲线起终点的弧长 l (m)	横坐标 x_i (m)	纵坐标 y_i (m)
ZY 桩:K2 +906.90	0.00	0.00	0.00
+920	13.10	13.09	0.43
+940	33.10	32.95	2.73
+960	53.10	52.48	7.01
QZ 桩:K2 +966.59	59.69	58.81	8.84
+980	46.28	45.87	5.33
K3 +000	26.28	26.20	1.72
+020	6.28	6.28	0.10
YZ 桩:K3 +0.26.28	0.00	0.00	0.00

已知在曲线上按每 20m 放样一个整桩号,则在 ZY 桩前、后整桩号的分布是 K2 +900、ZY 点、K2 +920、K2 +940 等;若按 20m 放样一个整桩距,则在 ZY 桩后整桩号分布为 K2 +926.90、K2 +946.90、K2 +966.90 等。以 K2 +920 为例,讲述其放样数据的计算过程。

该点距离 ZY 点的距离即弧长为:

$$l_1 = \text{K2} + 920 - K_{ZY} = 2\ 920 - 2\ 906.90 = 13.10\text{m}$$

将数据代入公式(4-7),则该段圆弧所对应的圆心角的为:

$$\varphi_1 = \frac{l_1}{R} \cdot \frac{180°}{\pi} = \frac{13.10}{200} \times \frac{180°}{\pi} = 3°45'10''$$

将数据代入公式(4-6),即得:

$$x_1 = 200 \cdot \sin\varphi_1 = 200 \times \sin 3°45'10'' = 13.09\text{m}$$

将数据代入公式(4-6),即得:

$$y_1 = R(1 - \cos\varphi_1) = x_1 \cdot \tan(\varphi_1/2) = 200(1 - \cos 3°45'10'') = 0.43\text{m}$$

K2 +940 弧长为:

$$l_2 = \text{K2} + 940 - K_{ZY} = 2\ 940 - 2\ 906.90 = 33.10\text{m}$$

其余计算可参考 K2 +920 的计算。

采用切线支距法详细测设圆曲线时,为了避免支距过长,一般是由 ZY 点和 YZ 点分别向 QZ 点施测,其测设步骤如下:

(1)从 ZY 点(或 YZ 点)用钢尺或皮尺沿切线方向量取点 P_i 的横坐标 x_i,得垂足点 N_i。

(2)在垂足点 N_i 上,用方向架或经纬仪定出切线的垂直方向,沿垂直方向量出 y_i,即得到待测定点 P_i。

(3)曲线上各点测设完毕后,应量取相邻各桩之间的距离,并与相应的桩号之差作比较,若闭合差均在限差之内,则曲线测设合格;否则应查明原因,予以纠正。

5. 单圆曲线偏角法测设

偏角法是以曲线起点(ZY)或终点(YZ)至曲线上待测设点 P_i 的弦线与切线之间的弦切

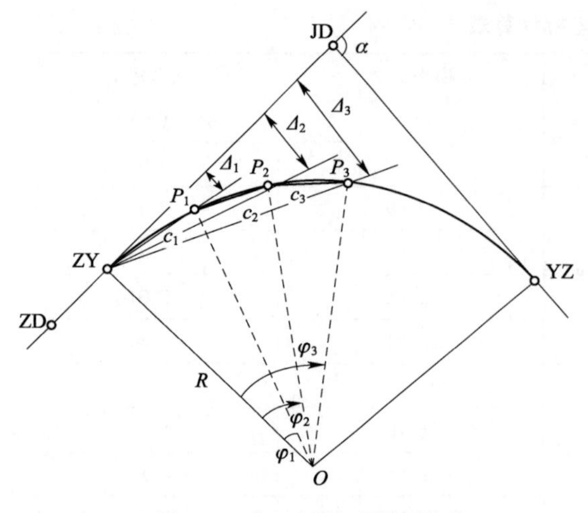

图 4-10 偏角法详细测设圆曲线

角(这里称为偏角)Δ 和弦长 c_i 来确定 P_i 点的位置。

如图 4-10 所示,根据几何原理,偏角(弦切角)Δ_i 等于相应弧长所对的圆心角 Q_i 的一半。

如图 4-10 所示,设 P_i 为曲线上欲测设的点位,该点至 ZY 点或 YZ 点的弧长为 l_i,φ_i 为 l_i 所对的圆心角,R 为圆曲线半径,则 P_i 点的坐标按下式计算:

$$\left.\begin{aligned}\Delta_i &= \frac{\varphi_i}{2} = \frac{l_i}{2R} \cdot \frac{180^\circ}{\pi} \\ C_i &= 2R \cdot \sin\frac{\varphi_i}{2} = 2R \cdot \sin\Delta_i\end{aligned}\right\} \quad (4\text{-}8)$$

【**例 4-3**】 以例 4-1 为例,采用偏角法按整桩号设桩,计算各桩的偏角和弦长。设曲线由 ZY 点向 YZ 点测设,计算内容及结果见表 4-4。

偏角法详细测设圆曲线数据计算表 表 4-4

桩　　号	至曲线起终点的弧长 l (m)	偏角值 Δ_i (° ′ ″)	弦长 C_i (m)	短弦 c_i (m)
ZY 桩:K2 +906.90	0.00	00 00 00	0.00	0
+920	13.10	01 52 35	13.10	13.10
+940	33.10	04 44 28	33.06	19.99
+960	53.10	07 36 22	52.94	19.99
QZ 桩:K2 +966.59	59.69	08 33 00	59.47	6.59
+980	46.28	06 37 46	46.18	13.41
K3 +000	26.28	03 45 53	26.26	19.99
+020	6.28	00 54 00	6.28	19.99
YZ 桩:K3 +026.28	0.00	00 00 00	0.00	6.28

注:1. 用公式 $\Delta_i = \frac{\varphi_i}{2} = \frac{l_i}{2R}$(rad)计算的偏角单位为弧度,应将其换算为度、分、秒。

2. 表中长弦指桩点至曲线起点(ZY)点的弦长。

3. 短弦指相邻两桩点间的弦长。

测设方法如下:用偏角法详细测设圆曲线的细部点,因测设距离的方法不同,分为长弦偏角法和短弦偏角法两种。前者测量测站至细部点的距离(长弦 C_i)适合于用经纬仪加测距仪(或用全站仪);后者测量相邻细部点之间的距离(短弦 c_i)适合于用经纬仪加钢尺。

具体测设步骤如下:

(1)安置经纬仪(或全站仪)于曲线起点(ZY)上,盘左瞄准交点(JD),将水平盘读数设置为 0°00′00″。

(2)水平转动照准部,使水平度盘读数为:K2 +920 桩的偏角值 Δ_1 = 1°52′35″,然后,从 ZY 点开始,沿望远镜视线方向量测出弦长 C_1 = 13.10m,定出 P_1 点,即为 K2 +920 的桩位。

(3)再继续水平转动照准部,使水平度盘读数为:K2 +940 桩的偏角值 Δ_2 = 4°44′28″,从

ZY 点开始,沿望远镜视线方向量测长弦 $C_2 = 33.06\text{m}$,定出 P_2 点。

(4)当测设超过 QZ 点时,由于弦长过长不宜使用普通测距工具放样,因此,此时需将仪器搬至 YZ 点重新设站后再开始从 YZ 点放样。在 YZ 点上放样数据的计算方法与在 YZ 点上一致,不同的是,放样弦切角时,望远镜的偏转方向与在 ZY 点时相反(路线右转时,则在 ZY 点时右偏,在 YZ 点左偏;路线左转时,在 ZY 点左偏,在 YZ 点右偏。)

(5)测设至曲线中点(QZ)作为检核,继续水平转动照准部。使水平度盘读数为 $\Delta_{QZ} = 8°33'00''$,从 YZ 点开始,沿望远镜视线方向量测出长弦 $C_{YZ} = 59.47\text{m}$,此点如果不与 QZ 不重合,其闭合差应符合表 4-5 所列规定。

曲线闭合差 表 4-5

公路等级	纵向闭合差		横向闭合差(cm)		曲线偏角闭合差(″)
	平原微丘区	山岭重丘区	平原微丘区	山岭重丘区	
高速公路、一级公路	1/2 000	1/1 000	10	10	60
二级及二级以下公路	1/1 000	1/500	10	15	120

例 4-3 中路线为右转角,当路线为左转时,由于经纬仪的水平度盘注记为顺时针增加,则偏角增大,而水平度盘的读数是减小的。

偏角法不仅可以在 ZY 点上安置仪器测设曲线,而且还可在 YZ 或 QZ 点上安置仪器进行测设,也可以将仪器安置在曲线任一点上测设。这是一种测设精度较高,适用性较强的常用方法。但用短弦偏角法时存在测点误差累积的缺点,所以宜采取从曲线两端向中点或自中点向两端测设曲线的方法。

三、低等级公路虚交测设

在公路中线测量中,当路线的交点(JD)处不能设桩,更无法安置仪器(如交点落入河中、深谷下,峭壁上或建筑物上等)时,测角、量距都无法直接进行。有时交点虽可设桩和安置仪器,但因转角较大,交点远离曲线,此时应做虚交处理。

1. 圆外基线法

当路线交点落入河里不能设桩,如图 4-11所示,可在曲线外侧沿两切线方向各选择一辅助点 A 和 B,将经纬仪分别安置在 A、B 两点,测算出 α_a 和 α_b,用钢尺往返丈量得到 A、B 两点的距离 AB,所测角度和距离均应满足规定的限差要求。

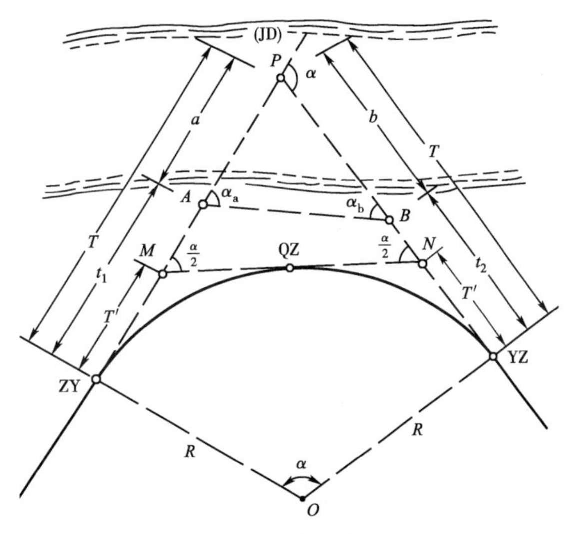

图 4-11 圆外基线法

由图 4-11 可知:在由辅助点 A、B 和虚交点(JD)构成的三角形中,应用边角关系及正弦定理可得:

$$\left.\begin{aligned} &\alpha = \alpha_a + \alpha_b \\ &a = \overline{AB}\frac{\sin\alpha_b}{\sin(180° - \alpha)} = \overline{AB}\frac{\sin\alpha_b}{\sin\alpha} \\ &b = \overline{AB}\frac{\sin\alpha_a}{\sin(180° - \alpha)} = \overline{AB}\frac{\sin\alpha_a}{\sin\alpha} \end{aligned}\right\} \quad (4\text{-}9)$$

根据转角 α 和选定的半径 R,即可算得切线 T 和曲线长 L;再由 a、b、T,分别计算

辅助点 A、B 至曲线起点 ZY 点和终点 YZ 点的距离 t_1 和 t_2：

$$\left.\begin{aligned} t_1 &= T - a \\ t_2 &= T - b \end{aligned}\right\} \tag{4-10}$$

其中：$T = R \cdot \tan\left(\dfrac{\alpha}{2}\right)$。

如果计算出的 t_1 和 t_2 出现负值，说明曲线的 ZY 点或 YZ 点位于辅助点与虚字点之间。根据 t_1 和 t_2 即可定出曲线的 ZY 点和 YZ 点。A 点的里程得出后，曲线主点的里程亦可算出。曲中点 QZ 的测设，设 MN 为 QZ 点的切线，则：

$$T = R \cdot \tan\frac{\alpha}{4} \tag{4-11}$$

测设时，由 ZY 点和 YZ 点分别沿切线量出 T，得 M 点和 N 点，再由 M 点或 N 点沿 MN 或 NM 方向量出了 T'，得 QZ 点。曲线主点定出后，即可用切线支距法或偏角法或极坐标法进行曲线详细测设。

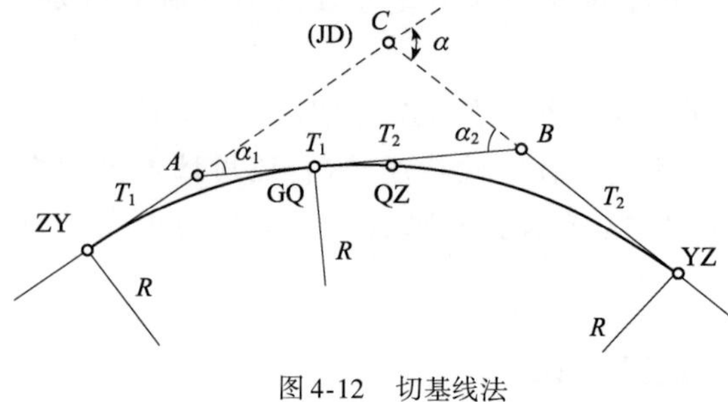

图 4-12　切基线法

2. 切基线法

如图 4-12 所示，设定根据地形需要，曲线通过 GQ 点（GQ 点为公切点），则圆曲线被分为两个同半径的圆曲线，其切线长分别为 T_1 和 T_2，过 GQ 点的切线 AB 称为切基线。

现场施测时，应根据现场的地形和路线的最佳位置，在两切线方向上选取 A、B 两点，构成切基线 AB。并量测 A、B 两点间的长度 AB，观测计算出角度 α_1 和 α_2。

$$\left.\begin{aligned} T_1 &= R \cdot \tan\left(\frac{\alpha_1}{2}\right) \\ T_2 &= R \cdot \tan\left(\frac{\alpha_2}{2}\right) \end{aligned}\right\} \tag{4-12}$$

将以上两式相加得：

$$AB = T_1 + T_2$$

整理后得：

$$R = \frac{T_1 + T_2}{\tan\left(\dfrac{\alpha_1}{2}\right) + \tan\left(\dfrac{\alpha_2}{2}\right)} \tag{4-13}$$

根据 R、α_1、α_2，利用公式(4-4)求得 T_1、T_2 与 L_1、L_2，将 L_1 与 L_2 相加即可得到圆曲线的总长 L。现场测设时，在 A 点安置仪器，分别沿两切线方向量测长度 T_1，便得到曲线的起点 ZY 点和 GQ 点；在 B 点安置仪器，分别沿两切线方向量测长度 T_2，便得到曲线的终点 YZ 点和 GQ 点，以 GQ 点进行校核。曲中点 QZ 可在 GQ 点处用切线支距法测设。由图 4-12 可知，GQ 点与 QZ 点之间的弧长为：

(1) 当 QZ 点在 GQ 点之前时，弧长 $l = L/2 - L_1$。

(2)当 QZ 点在 GQ 点之后时，弧长 $l = L/2 - L_2$。

在运用切基线法测设时，当求得的曲线半径不能满足规定的最小半径或不适合于地形时，说明切基线位置选择不当，可把已定的 A、B 点作为参考点并进行调整，使其满足要求。曲线三主点定出后，即可采用前述的方法进行曲线的详细测设。

3. 弦基线法

在某些地区，当曲线的交点无法测定，而已经给定了曲线的起点（或终点）的位置，在测设圆曲线时，可运用"同一圆弧段两端点弦切角相等"的原理，来确定曲线的终点（或起点）。连接曲线起、终点的弦线，称为弦基线。

如图 4-13 所示，A 为给定的曲线起点，B 为后视方向上的一点，设 B 点为曲线终点的初定位置，F 为其前视方向上的一点。具体测设曲线终点 B 的步骤如下：

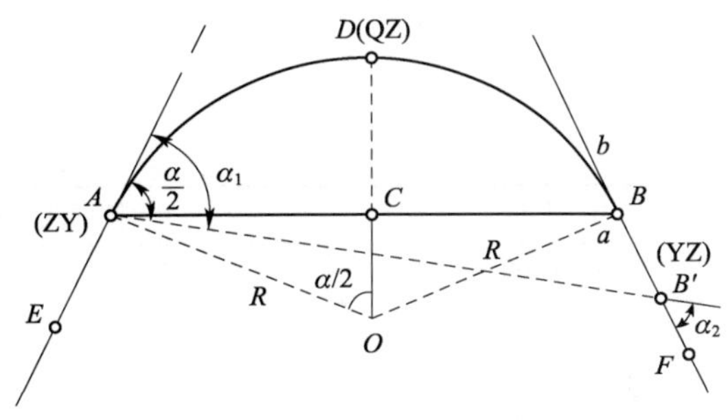

图 4-13　弦基线法

将经纬仪安置于 B' 点上，通过对 A 点和 F 点的观测，求算出 α_2 的大小，并在 FB' 延长线上估计 B 点位置的前后标出 a、b 两点，然后将经纬仪安置于 A(ZY) 点上，通过对 E 点和 B' 点的观测，求算出 α_1 的大小，则此虚交的转角 $\alpha = \alpha_1 + \alpha_2$。

仪器在 A 点，后视 E 点或其方向上的交点（或转点），然后纵转望远镜（倒镜）拨出弦切角 $\alpha/2$，得弦基线的方向，该方向线与已设置的 ab 线的交点即为 B(YZ) 点。量测出 AB 的长度 $\overline{AB}$，则曲线的半径 R 可按下式求得：

$$R = \frac{\overline{AB}}{2R \cdot \sin\dfrac{\alpha}{2}} \tag{4-14}$$

为测设曲中点 QZ，按下式求 CD 的长度 $\overline{CD}$：

$$\overline{CD} = R \cdot \left(1 - \sin\frac{\alpha}{2}\right) = 2R \cdot \sin^2\frac{\alpha}{4} \tag{4-15}$$

从弦基线 AB 的中点 C 量出垂距 $\overline{CD}$ 长，即可定出 QZ 点。

思考与计算

1. 实地定线与纸上定线有何优缺点？
2. 简述实地定线类型。
3. 路线右角和转角有何区别？
4. 路线分角线方向如何测定？
5. 为什么要对路线控制桩进行固桩？
6. 简述里程桩的类型和设置方法。
7. 在 JD_2 上架设仪器，观测其右角，后视 JD_1 的水平度盘读数为 36°21′36″，前视 JD_3 的水平度盘读数为 166°42′54″。试计算路线转角，并说明是左转还是右转。
8. 偏角法敷设圆曲线。如图 4-14 所示圆曲线，已知偏角及半径、交点里程桩均在图上标示。试完成表 4-6、表 4-7 的计算。

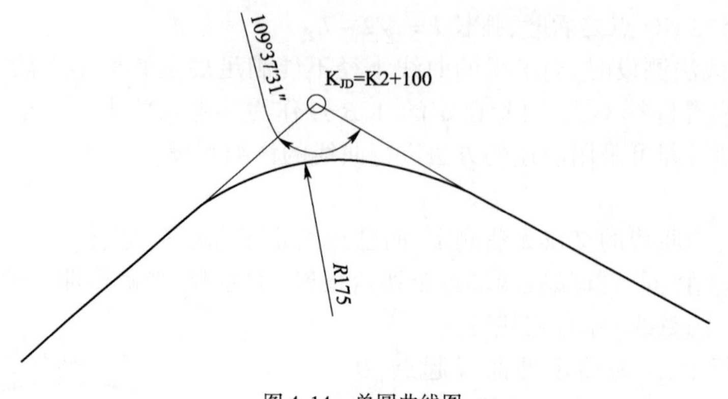

图 4-14　单圆曲线图

曲线要素计算表　　表 4-6

单圆曲线要素及主点里程计算	
K_{JD} = K2 + 100	R = 175
α =	
T =	L =
E =	D =
K_{ZY} =	K_{QZ} =
K_{YZ} =	

偏角法敷设曲线计算表　　表 4-7

单圆曲线偏角法计算					
桩号	至起点弧长	偏角值	弦长	横坐标	纵坐标
K2 + 000					
K2 + 060					
K2 + 080					
K2 + 120					

9. 已知 K_{JD2} = K3 + 100，JD_1、JD_2、JD_3 的坐标分别为（40 961.914，91 066.103）、（40 433.528，91 250.097）、（40 547.416，91 810.392），JD_2处半径 120m。试求 JD_2处曲线要素和主点桩号，并推算 JD_3的桩号。

10. 什么是虚交？一般在什么情况下设置？

11. 如图 4-9 所示，测得 $\alpha_a = 15°18'$，$\alpha_b = 18°22'$，$\overline{AB} = 54.68$m，选定半径 $R = 300$m，A 点的里程桩号为 K9 + 048.53，试计算测设主点的偏角及主点的里程桩号。

模块二　高等级公路中线测设

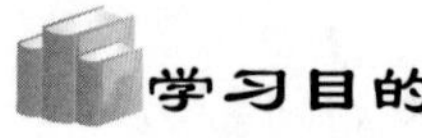

学习目的

基本知识：纸上选线定线（适用条件、三阶段主要内容、技术要求）、缓和曲线（定义、作用、类型），带缓和曲线的曲线要素和主点桩及计算原理、极坐标法放样原理。

基本技能：纸上选定路线走向；极坐标法测带缓和曲线的平曲线。

任务描述

在大比例尺带状地形图上完成纸上选线定线,线形设计及详细设计与计算,完成任务4-04道路工程地形图纸上选线。用全站仪在实地进行道路中线的测设,完成任务4-05带缓和曲线平曲线的测设与计算。

任务实施

在地形图上确定路线基本走向,选定交点的位置,测量得到其坐标,拟定曲线半径和缓和曲线长度,完成曲线相关计算。然后用全站仪极坐标放样方法在实地进行平曲线中桩实地详细敷设。重点考核平曲线中桩坐标计算和平曲线放样准确性。

一、地形图上选定公路中线

在测绘的实训场地地形图上,根据要求选定一条带缓和曲线的公路中线图,在图纸上进行路线的选线和定线。

1. 纸上选线的目的与任务

1)目的

纸上选线法又称地形图选线法。这种方法就是在路线带的大比例尺(1:1 000 ~ 1:2 000)地形图上。考虑平、纵、横三面的协调,并通过试绘试算和反复修改定出路线的位置。纸上选线是公路定线过程中的一个中间步骤,最终还要把纸上路线敷设到实地上去,这种方法适用于技术标准高、地形复杂地区的路线。

2)任务

公路选线的主要任务是:确定公路的走向和总体布局;具体确定公路的交点位置和选定公路曲线的要素,通过纸上或实地选线,把路线的平面位置确定下来。

2. 纸上选线的基本内容

公路选线要综合考虑路线通过地区的地理位置、社会情况、自然条件和工程的难易以及路线的性质、使用任务、等级和投资等因素。为此,要做大量的调查研究和分析比较工作。就工作程序来说,公路选线可分为路线基本方向的选择、路线带选择和定线三个阶段。

1)路线基本方向的选择

公路选线中,根据政治、经济因素所确定的路线必须通过的点(包括起讫点)称为据点;根据自然条件或工程经济所决定的路线应穿过或避开的点称为控制点。一系列的据点和控制点的组合,构成的路线方案就是路线的基本方向。因此,路线基本方向的选择,首先要明确路线在公路网中的位置和作用,以及在整个交通网系中所承担的运输任务。例如,对于大的政治、经济中心点间的干线公路,路线基本方向一般以实现直达运输为主,并适当照顾沿线重要经济点,尽量缩短路线长度,以节省运营时间;地方性公路则以满足地方经济发展和居民的需要为主,可以通过当地的居民点、铁路车站、码头等。路线经过地区应充分利用有利的自然条件,避开那些地形、地质、水文条件复杂的地段。

路线基本走向的选择,通常须要搜集当地的经济、社会和自然等方面的大量资料,在小比例尺(1:25 000 ~ 1:100 000)地形图上,拟定几个可行方案进行比较选定。在地形复杂或地区范围大时,也可以通过航空视察,或用航摄照片进行选线。

2)路线带选择

在路线基本方向选定的基础上,按地形条件具体选择路线通过的地带,也称路线布局。

路线带选择按地形大致可分为平原区选线、山岭区选线和丘陵区选线。

(1)平原区选线

平原地区除盐渍土、河谷漫滩、草原、戈壁、沙漠等地区外,一般为耕地并有较密的居民点的地区。在河网湖沼平原地区,还具有湖泊、水塘、河汊多的特点。

平原区的地形对路线限制较少。两控制点间如无地质不良和地物障碍等,则两控制点的直接连线是最理想的路线。但是一般平原地区,农田密布,灌溉渠道网纵横交错,城镇、居民点和工业设施很多,选线时应根据公路使用要求,进行综合分析,以确定一系列的中间控制点。连接这些控制点,就是选定的路线带。

路线带选择应注意少占好地,处理好与农田水利设施的关系和城镇发展的关系。此外,尽可能不穿越大湖塘、泥沼、洼地,并尽可能靠近建筑材料产地等。

(2)山岭区选线

山岭地区往往是山高谷深,地形复杂,但山脉水系分明,这就基本上决定了山区路线方向选择的两种可能的方案:一是顺山沿水,二是横越河谷和山岭。顺山沿水路线又可按行经地带的部位分为沿河线、越岭线、山脊线、山腰线等线形。

(3)丘陵区选线

丘陵地区,山丘连绵,岗坳交错,此起彼伏,山形迂回曲折,岭低脊宽,山坡较缓,丘谷相对高差不大。在这样的地形特点下进行公路选线,在基本方向允许的范围内,一般有较多的局部方案可供选择。选线时应根据地形、水文地质条件,并考虑当地经济发展的需要,经过反复比较后,选取方向顺直,工程量少的方案。

为适应丘陵区地形、地势的特点,平面线形应以舒顺的曲线为主体,避免使用过长的直线;纵断面线形以平、缓坡型为主,允许轻微起伏。丘陵区路线一般可最大限度地做到平、纵、横三面协调,平、纵线形舒顺且配合得当,横断面布置合理。

3)定线

纸上定线可以从图上俯视较大范围的地形情况,能比较容易地找出所有控制路线的特征点,深入细致地研究一切有利和不利条件,以做出不同的方案。定线者在室内对所有方案进行比选,能够较好地解决路线平、纵、横的协调配合。高速公路由于线形标准高,为保证汽车快速、安全、舒适的行驶,对平、纵协调的立体线形设计要求也高,在定线过程中涉及面广,工作量大,多采用纸上定线。但纸上定线必须要较高精度的大比例尺地形图,人工测图不仅精度难以满足要求,且会增长测设周期。

3.纸上选线的基本步骤

一条公路路线的选定是经过由浅入深、由轮廓到局部、由总体到具体、由面到带进而到线的过程来实现的,一般要经过以下三个步骤:

1)全面布局

全面布局是解决路线基本走向的全局性工作。就是在起讫点及中间必须通过的据点寻找可能通行的“路线带”,并确定一些大的控制点,连接起来即形成路线的基本走向。例如,在起讫点及据点间可能沿某条河、越某座岭;可能走这一岸,也可能走另一岸。这些都属于路线的布局问题。路线布局,是关系到公路“命运”的根本问题。总体布局如果不当,即使局部路线选得再好,技术指标确定得再恰当,仍然是一条质量很差的路线。因此,在选线中,首先应着眼于总体布局工作,解决好基本走向问题。全面布局是通过路线视察,经过方案比较来解决的。

2)逐段安排

这是在路线基本走向已经确定的基础上,进一步加密控制点,解决路线局部方案的工作。即是在大控制点间,结合地形、地质、水文、气候等条件,逐段定出小控制点。例如,翻越同一山岭垭口后是从左侧展线下山,还是从右侧展线下山,沿一条河是仅走一岸还是多次跨河两岸布线等等都是属于局部方案问题。逐段安排路线是通过踏勘测量或详测前察看路线来解决的。

3)具体定线

这是在逐段安排的小控制点间,根据技术标准结合自然条件,综合考虑平、纵、横三方面因素,反复穿线插点,具体定出路线位置的工作。这一步更深入、更细致、更具体。具体定线由详测时的选线组来完成。

二、公路缓和曲线测设

1.公路缓和曲线设置原因

车辆在行驶中,当从直线驶入圆曲线时,由力学知识可知车辆将产生离心力,由于离心力的作用,车辆有向曲线外侧倾倒的趋势。使得安全性和舒适感受到一定的影响,为了减少离心力的影响,曲线段的路面要做成外侧高,内侧低,呈单向横坡形式,此即弯道超高。超高不能在直线进入曲线段或曲线进入直线段突然出现或消失,以免使路面出现台阶,引起车辆震动,产生更大的危险。因此超高必须在一段长度内逐渐增加或减少,在直线段与圆曲线段之间插入一段半径由无穷大逐渐减少至圆曲线半径(或在圆曲线段与直线段间插入一段由圆曲线半径逐渐增大至无穷大)的曲线,这种曲线称为缓和曲线(图4-15)。

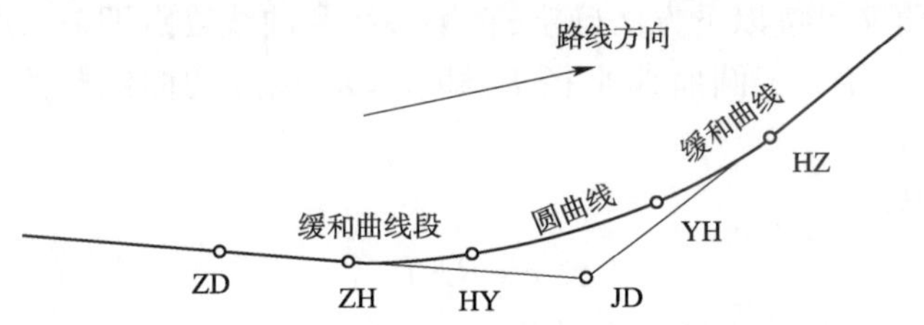

图4-15　带有缓和曲线的平曲线基本线形

带有缓和曲线的平曲线,其最基本形式由三部分组成,如图4-15所示,即由直线终点到圆曲线起点的缓和段,称为第一缓和段;由圆曲线起点到圆曲线终点的单曲线段;由圆曲线终点到下一段直线起点的缓和段,称为第二缓和段。因此,带有缓和曲线的平曲线的基本线形的主点有直缓点(ZH)、缓圆点(HY)、曲中点(QZ)、圆缓点(YH)和缓直点(HZ)。

我国交通运输部颁布实施的《公路工程技术标准》(JTG B01—2014)中规定:缓和曲线采用回旋曲线,亦称辐射螺旋线。缓和曲线采用回旋曲线。缓和曲线的长度应根据其计算行车速度 v 求得,并尽量采用大于表4-8所列数值。

各级公路缓和曲线最小长度　　表4-8

公路等级	高速公路				一级公路		二级公路		三级公路		四级公路	
设计速度(km/h)	120	100	80	60	100	60	80	40	60	30	40	20
缓和曲线最小长度(m)	100	85	70	50	85	50	70	35	50	25	35	20

下面介绍带有缓和曲线的平曲线的基本线形测设数据计算与测设方法。

2. 缓和曲线计算公式

1）基本公式

如图 4-16 所示，回旋线是曲率半径 ρ 随曲线长度 l 的增大而成反比地均匀减小的曲线，即在回旋线上任一点的曲率半径 ρ 为：

$$\rho = \frac{c}{l} \tag{4-16}$$

式中：c——常数，表示缓和曲线曲率半径 ρ 的变化率，与行车速度有关，目前我国公路采用 $c = 0.035v^3$（v 为设计速度，以 km/h 为单位）。

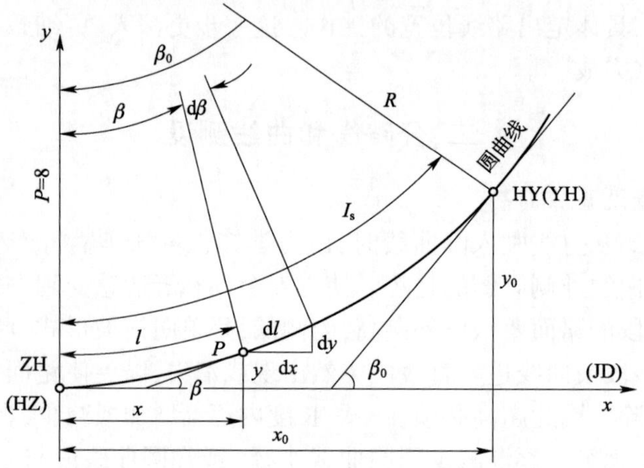

图 4-16　缓和曲线

而在曲线上，c 值又可按以下方法确定，在第一缓和曲线终点即 HY 点（或第二缓和曲线起点 YH 点）的曲率半径等于圆曲线半径 R，即 $\rho = R$，该点的曲线长度即是缓和曲线的全长 l_s，

由式(4-16)可得：

$$c = R \cdot l_s \tag{4-17}$$

而：$c = 0.035v^3$，故有缓和曲线的全长为：

$$l_s = \frac{0.035v^3}{R} \tag{4-18}$$

2）切线角公式

缓和曲线上任一点 P 处的切线与曲线的起点（ZH）或终点（HZ）切线的交角 β，称为缓和曲线的切线角。由图 4-16 知，任一点 P 处的切线角 β 与缓和曲线上该点至曲线起点或终点的曲线长所对的中心角相等。为求切线角 β 可在曲率半径为 ρ 的 P 点处取一微分弧段 dl，所对应的中心角 dβ 为：

$$\mathrm{d}\beta = \frac{\mathrm{d}l}{\rho} = \frac{l \cdot \mathrm{d}l}{c} \tag{4-19}$$

积分并结合到式(4-17)得：

$$\beta = \frac{l^2}{2c} = \frac{l^2}{2Rl_s} \tag{4-20}$$

当 $l = l_s$ 时，则缓和曲线全长 l_s 所对应中心角即为缓和曲线的切线角，亦称为缓和曲线角 β_0，有：

$$\beta_0 = \frac{l_s}{2R} \quad (\text{rad}) \tag{4-21}$$

以角度表示为：

$$\beta_0 = \frac{l_s}{2R} \cdot \frac{180^\circ}{\pi} \tag{4-22}$$

3）参数方程

如图4-16所示，设以缓和曲线的起点（ZH点）为坐标原点，过ZH点的切线为x轴，半径方向为y轴，缓和曲线上任一点P的坐标为x、y，仍在P点处取一微分弧段$\mathrm{d}l$，由图4-16可知，微分弧段在坐标轴上的投影为：

$$\left.\begin{aligned} \mathrm{d}x &= \mathrm{d}l \cdot \cos\beta \\ \mathrm{d}y &= \mathrm{d}l \cdot \sin\beta \end{aligned}\right\} \tag{4-23}$$

将式中$\cos\beta$、$\sin\beta$按级数展开为：

$$\cos\beta = 1 - \frac{\beta^2}{2!} + \frac{\beta^4}{4!} + \cdots$$

$$\sin\beta = \beta - \frac{\beta}{3!} + \frac{\beta^5}{5!} + \cdots$$

顾及式（4-22），则式（4-23）可以写成：

$$\mathrm{d}x = \left[1 - \frac{1}{2}\left(\frac{l^2}{2Rl_s}\right)^2 + \frac{1}{24}\left(\frac{l^2}{2Rl_s}\right)^4 - \cdots\right]\mathrm{d}l$$

$$\mathrm{d}y = \left[\frac{l^2}{2Rl_s} - \frac{1}{6}\left(\frac{l^2}{2Rl_s}\right)^3 + \frac{1}{1\,200}\left(\frac{l^2}{2Rl_s}\right)^5 - \cdots\right]\mathrm{d}l$$

积分后略去高次项得：

$$\left.\begin{aligned} x &= l - \frac{l^5}{40R^2 l_s^2} \\ y &= \frac{l^3}{6Rl_s} - \frac{l^7}{336R^3 l_s^3} \end{aligned}\right\} \tag{4-24}$$

上式称为缓和曲线的参数方程。

当$l = l_s$时，则第一缓和曲线的终点（HY）的直角坐标为：

$$\left.\begin{aligned} x_0 &= l_s - \frac{l_s^3}{40R^2} \\ y_0 &= \frac{l_s^2}{6R} - \frac{l_s^4}{336R^3} \end{aligned}\right\} \tag{4-25}$$

3. 公路缓和曲线平曲线的要素计算

1）内移值p和切线增长值q的计算

如图4-17所示，当圆曲线加设缓和曲线段后，为使缓和曲线起点与直线段的终点相衔接，必须将圆曲线向内移动一段距离p（称为内移值），这时曲线发生变化，使切线增长距离q（称为切线增长值）。

圆曲线内移有两种方法：一种是圆心不动，半径相应减小；另一种是半径不变，而改变原圆心的位置。目前公路工程中，一般采用圆心不动，半径相应减小的平行移动方法，即未设缓和曲线时的圆曲线为FG，其半径为（$R+p$），插入两段缓和曲线AC和DB后，圆曲线内移，保留部

分为 CMD 段,半径为 R,该段所对的圆心角为$(\alpha-2\beta)$,在图 4-17 中,由几何关系可知:

$$R+p=y_0+R\cdot\cos\beta_0$$

$$q+R\cdot\sin\beta_0=x_0$$

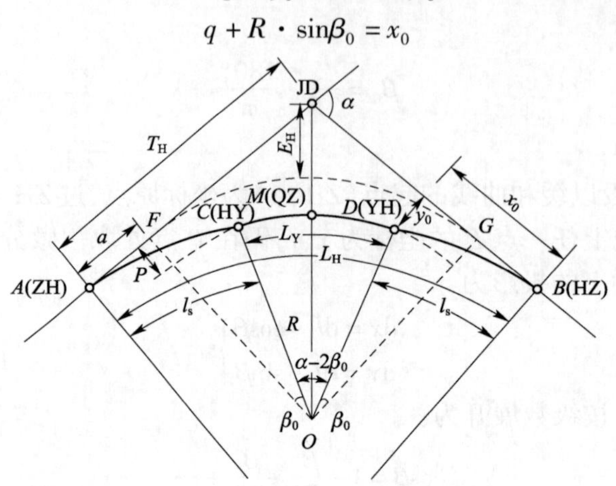

图 4-17　缓和曲线主点测设

即:

$$\left.\begin{aligned}p&=y_0-R(1-\cos\beta_0)\\q&=x_0-R\cdot\sin\beta_0\end{aligned}\right\}\qquad(4\text{-}26)$$

将式(4-26)中的 $\cos\beta_0$、$\sin\beta_0$ 展开为级数,略去高次项并将式(4-22)中 β_0 和式(4-25)中的 x_0、y_0 代入后整理可得:

$$\left.\begin{aligned}p&=\frac{l_s^2}{24R}\\q&=\frac{l_s}{2}-\frac{l_s^3}{240R^2}\end{aligned}\right\}\qquad(4\text{-}27)$$

2)测设元素的计算

在圆曲线上增设缓和曲线后,要将圆曲线与缓和曲线作为一个整体考虑。如图 4-17 所示,当通过测算得到转角 α,并确定圆曲线半径 R 和缓和曲线长 l_s 后,即可按式(4-22)和式(4-27)求得切线角 β_0、内移值 p 和切线增长值 q,此时必须有 $\alpha\geqslant2\beta_0$,否则无法设置缓和曲线,应重新调整 R 或 l_s,直至满足 $\alpha\geqslant2\beta_0$,然后按下式计算测设元素:

$$\left.\begin{aligned}&\text{切线长}\quad T_H=(R+p)\cdot\tan\frac{\alpha}{2}+q\\&\text{曲线长}\quad L_H=R(\alpha-2\beta_0)\frac{\pi}{180^\circ}+2l_s\\&\text{其中圆曲线长}\quad L_Y=R(\alpha-2\beta_0)\frac{\pi}{180^\circ}\\&\text{外距}\quad E_H=(R+p)\cdot\sec\frac{\alpha}{2}-R\\&\text{切曲差}\quad D_H=2T-L_H\end{aligned}\right\}\qquad(4\text{-}28)$$

3)主点里程计算与测设

根据交点已知里程和曲线的测设元素值,即可按下列算式计算各主点里程:

$$\left.\begin{aligned}&\text{直缓点}\quad \text{ZH 里程} = \text{JD 里程} - T_H\\&\text{缓圆点}\quad \text{HY 里程} = \text{ZH 里程} + l_s\\&\text{圆缓点}\quad \text{YH 里程} = \text{HY 里程} + L_y\\&\text{缓直点}\quad \text{HZ 里程} = \text{YH 里程} + l_s\\&\text{曲中点}\quad \text{QZ 里程} = \text{HZ 里程} - L_H/2\\&\text{交点}\quad \text{JD 里程} = \text{QZ 里程} + D_H/2\end{aligned}\right\}\tag{4-29}$$

主点 ZH、HZ、QZ 的测设方法与圆曲线主点测设方法相同。HY、YH 点是根据缓和曲线终点坐标(x_0,y_0)用切线支距法测设。

三、公路中线坐标计算

1. 单圆平曲线坐标计算

用极坐标法进行圆曲线的详细测设,适合于用全站仪进行测设。全站仪可以安置在任何已知点上,如已知坐标的控制点、路线上的交点、转点等,其测设速度快、精度高。由于全站仪在公路工程测量中的普及,目前该方法在公路勘测中已被广泛应用。

用极坐标法测设曲线的测设数据主要是计算圆曲线主点和细部点的坐标,然后根据测站点和主点或细部点之间的坐标,反算出测站至待测点的直线方位角和两点间的平距,依据计算出的方位角和平距进行测设,其操作步骤如下。

1)圆曲线主点坐标计算

如图 4-18 所示,若已知 ZD 和 JD 的坐标,则可按公式计算:

$$\alpha_{12} = \frac{y_2 - y_1}{x_2 - x_1}\tag{4-30}$$

计算出第一条切线(图 4-18 中的 ZY→JD 方向线)的方位角;再由路线的转角(或右角)推算出第二条切线(图 4-18 中的 JD→YZ 方向线)和分角线的方位角。

根据交点坐标、切线方位角和切线长,计算出圆曲线起点(ZY)和终点(YZ)的坐标;根据交点坐标、分角线方位角和外距计算出曲线中点(QZ)的坐标。

【例 4-4】 如图 4-19 所示,已知某 JD 的里程为 K2 +968.43,测得转角为 $\alpha_y = 34°12'$,圆曲线半径为 $R = 200$m,设 ZD 的坐标为:$x_1 = 6\ 795.454$m,$y_1 = 5\ 565.901$m;JD 的坐标为:$x_2 = 6\ 848.320$m,$y_2 = 5\ 634.240$m,要求计算圆曲线主点的坐标(保留两位小数)。

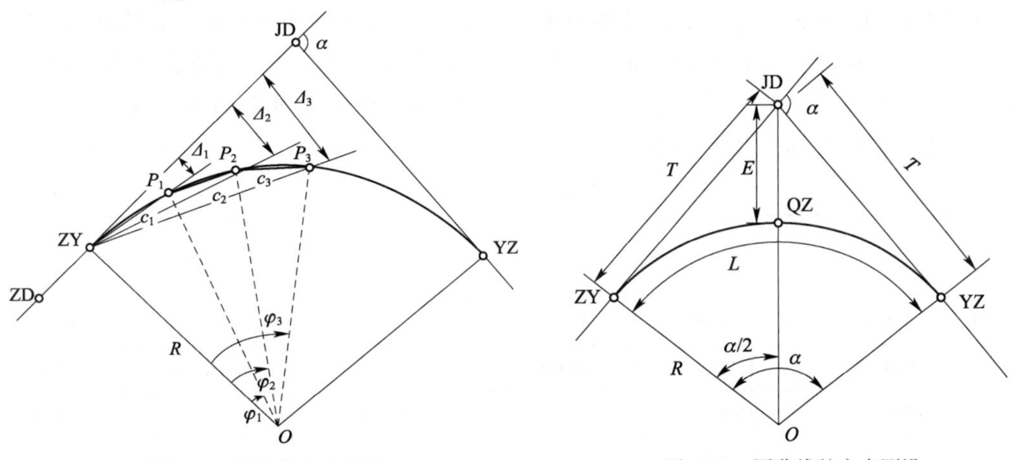

图 4-18 圆曲线主点坐标　　图 4-19 圆曲线的主点测设

第一条切线，即 ZY→JD 的方向线的方位角为：

$$\alpha_1 = \arctan\frac{y_2 - y_1}{x_2 - x_1} = \arctan\frac{5\ 634.240 - 5\ 565.901}{6\ 848.320 - 6\ 795.454} = 52°16'30''$$

第二条切线，即 JD→YZ 的方向线的方位角为：

$$\alpha_2 = \alpha_1 + \alpha_y = 52°16'30'' + 34°12' = 86°28'30''$$

分角线方向的方位角计算如下：

首先计算分角线（JD→QZ）与第一条切线（ZY→JD）的夹角：

$$\beta' = \frac{\beta}{2} = \frac{180° - 34°12'}{2} = 72°54'$$

据此求得分角线方向（JD→QZ 的方向）的方位角为：

$$\alpha_3 = \alpha_1 + 180° - 72°54' = 52°16'30'' + 180° - 72°54' = 159°22'30''$$

圆曲线主点坐标计算如下。

当两点连线的方位角和两点间的距离已知时，可根据公式求得坐标增量，然后根据坐标增量求得点的坐标。主点坐标计算结果如下：

ZY 点

$$x_{ZY} = x_2 + T \cdot \cos(\alpha_1 + 180°) = 6\ 810.67\text{m}$$

$$y_{ZY} = y_2 + T \cdot \sin(\alpha_1 + 180°) = 5\ 585.57\text{m}$$

YZ 点

$$x_{YZ} = x_2 + T \cdot \cos\alpha_2 = 6\ 852.10\text{m}$$

$$y_{YZ} = y_2 + T \cdot \sin\alpha_2 = 5\ 695.65\text{m}$$

QZ 点

$$x_{QZ} = x_2 + E \cdot \cos\alpha_3 = 6\ 839.66\text{m}$$

$$y_{QZ} = y_2 + E \cdot \sin\alpha_3 = 5\ 637.50\text{m}$$

2）圆曲线细部点坐标计算

由已计算出的第一条切线的方位角 α_1 和各待测设桩点的偏角 Δ_i，计算出曲线起点（ZY）至各待测定桩点 P_i 方向线的方位角；再由 ZY 点到各桩点的长弦长，计算出各待测设桩点的坐标。

【例 4-5】 已知条件同例 4-1，按整桩号法设桩计算各桩点的坐标（保留两位小数）。

计算方法类似于例 4-1 中的主点坐标计算，在计算过程中，首先应计算出各待测设桩点与第一条切线的夹角及其到 ZY 点的距离，亦即为偏角法中的该桩点的偏角 Δ_i 及其长弦长。细部点坐标计算结果如表 4-9 所示。

细部点坐标计算 表 4-9

桩　号	偏角（° ′ ″）	方位角（° ′ ″）	长弦（m）	细部点坐标（m）	
				x	y
ZY 桩：K2 +906.90	0 00 00	52 16 30	—	6 810.67	5 585.57
+920	1 52 35	54 09 05	13.10	6 818.34	5 596.19
+940	4 44 28	57 00 58	33.06	6 828.67	5 613.30
+960	7 36 22	59 52 52	52.94	6 837.24	5 631.36

续上表

桩　　号	偏角 (° ′ ″)	方位角 (° ′ ″)	长弦 (m)	细部点坐标(m)	
				x	y
QZ 桩:K2 +966.59	8 33 00	60 49 30	59.47	6 839.66	5 637.50
+980	10 28 15	62 44 45	72.69	6 843.96	5 5650.19
K3 +000	13 20 08	65 36 38	92.26	6 848.77	5 669.60
+020	16 12 01	68 28 31	111.60	6 851.62	5 689.39
YZ 桩:K3 +026.28	17 06 00	69 22 30	117.62	6 852.10	5 695.65

3)测设数据的计算

测设细部点时,全站仪可以安置在任意一个已知坐标的点上,根据设置测站的坐标和待测设桩点的坐标,计算测站点到待测设桩点的方位角和平距,用全站仪测设桩点,具体测设方法不再赘述。

2. 带有缓和曲线的平曲线的坐标计算

1)切线支距法

切线支距法是以 ZH 点(对于前半曲线)或 HZ 点(对于后半曲线)为坐标原点,以过原点的切线为 x 轴,过原点的半径为 y 轴,利用缓和曲线段和圆曲线段上的各点的坐标(x,y)测设曲线。

在缓和曲线段上各点坐标(x,y)可按缓和曲线的参数方程求得。即:

$$\left.\begin{aligned} x &= l - \frac{l^5}{40R^2 l_s^2} \\ y &= \frac{l^3}{6Rl_s} - \frac{l^7}{336R^3 l_s^3} \end{aligned}\right\} \tag{4-31}$$

在圆曲线段上各点的坐标,可由图 4-19 按几何关系求得:

$$\left.\begin{aligned} x &= R \cdot \sin\varphi + q \\ y &= R(1 - \cos\varphi) + p \end{aligned}\right\} \tag{4-32}$$

式中:φ——$\varphi = \dfrac{l - l_s}{R} \times \dfrac{180^\circ}{\pi} + \beta_0(^\circ)$;

l——该点至 ZH 或 HY 点的曲线长。

在计算出缓和曲线段上和圆曲线段上各点的坐标(x,y)后,即可按用切线支距法测设圆曲线的同样方法进行测设,如图 4-20 所示。

另外,圆曲线上各点也可以缓圆点 HY 或圆缓点 YH 为坐标原点,用切线支距法进行测设。此时只要将 HY 或 YH 点的切线定出。如图 4-21 所示,计算出 T_d 之长度后,HY 或 YH 点的切线即可确定。T_d 可由下式计算:

$$T_d = x_0 - \frac{y_0}{\tan\beta_0} = \frac{2}{3}l_s + \frac{l_s^3}{360R^2} \tag{4-33}$$

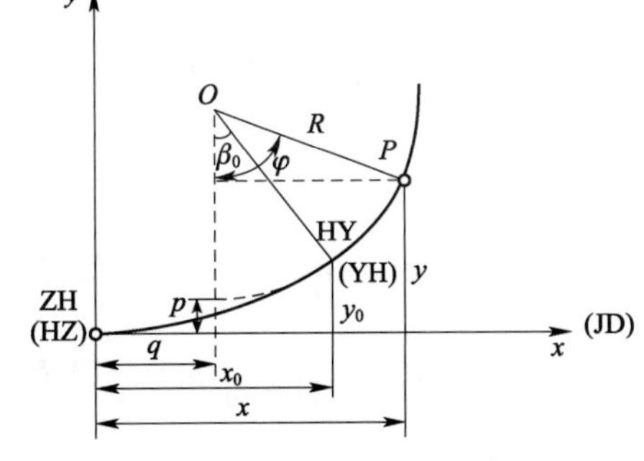

图 4-20　圆曲线段上点的坐标

2)偏角法

用偏角法详细测设带有缓和曲线的平曲线时,其偏角应分为缓和曲线段上的偏角与圆曲线段上的偏角两部分进行计算。

(1)缓和段上各点测设

对于测设缓和曲线段上的各点,可将经纬仪安置于缓和曲线的 ZH 点(或 HZ 点)上进行测设,如图 4-22 所示,设缓和曲线上任一点 P 的偏角值为 δ,由图可知:

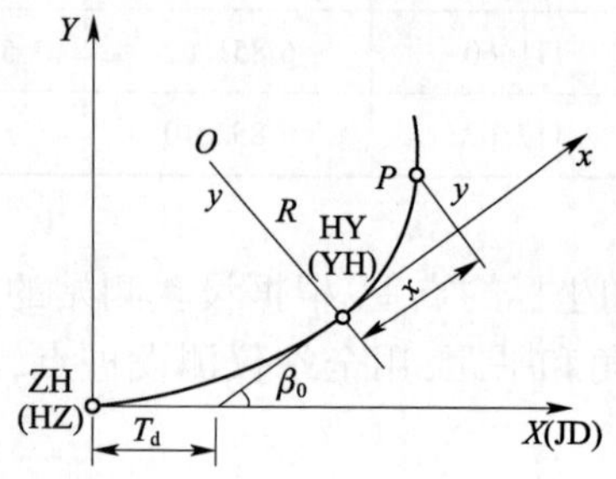

图 4-21 HY 或 YH 的切线方向

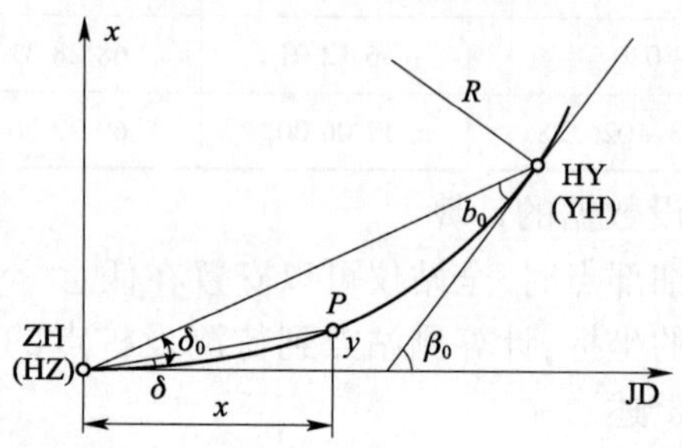

图 4-22 偏角法

$$\tan\delta = \frac{y}{x} \tag{4-34}$$

式中:x、y——P 点的直角坐标,可由曲线参数方程式(4-31)求得,由此求得:

$$\delta = \arctan^{-1}\frac{y}{x} \tag{4-35}$$

在实测中,因偏角 δ 较小,一般取:

$$\delta \approx \tan\delta = \frac{y}{x} \tag{4-36}$$

将曲线参数方程式(4-31)中 x、y 代入上式得(取第一项):

$$\delta = \frac{l^2}{6Rl_s} \tag{4-37}$$

在上式中,当 $l = l_s$ 时,得缓圆点 HY 或圆缓点 YH 的偏角值 δ_0,称为缓和曲线的总偏角,即:

$$\delta_0 = \frac{l_s}{6R} \tag{4-38}$$

由于 $\beta_0 = \frac{l_s}{2R}$,所以得:

$$\delta_0 = \frac{1}{3}\beta_0 \tag{4-39}$$

由式(4-36)和式(4-37)并结合式(4-39)可得:

$$\delta = \left(\frac{l}{l_s}\right)^2 \delta_0 = \frac{1}{3}\left(\frac{l}{l_s}\right)^2 \beta_0 \tag{4-40}$$

在按式(4-37)或式(4-40)计算出缓和曲线上各点的偏角值后,采用与偏角法测设圆曲线同样的步骤进行缓和曲线的测设。由于缓和曲线上弦长 $c=l-\dfrac{l^5}{90R^2l_s^2}$,近似地等于相应的弧长,因而在测设时,弦长一般就取弧长值。

(2)圆曲线段上各点测设

对于圆曲线段上各点的测设,应将仪器安置于 HY 或 YH 点上进行。这时只要定出 HY 或 YH 点的切线方向,就可按前面所讲的无缓和曲线的圆曲线的测设方法进行。如图 4-22 所示,关键是计算 b_0,显然有:

$$b_0=\beta_0-\delta_0=\beta_0-\frac{1}{3}\beta_0=\frac{2}{3}\beta_0 \tag{4-41}$$

求得 b_0 后,将仪器安置于 HY 点上,瞄准 ZH 点,将水平度盘读数配置为 b_0(当曲线右转时,应配置为 $360°-b_0$)后,旋转照准部,使水平度盘的读数为 0°00′00″后,倒镜,此时视线方向即为 HY 点的切线方向,然后按前述偏角法测设圆曲线段上各点。

3)极坐标法(相关资源见二维码 17)

二维码 17

由于全站仪在公路工程中的广泛使用,极坐标法已成为曲线测设的一种简便、迅速、精确的方法。用极坐标法测设带有缓和曲线的平曲线时,首先设定一个直角坐标系:一般以 ZH 或 HZ 点为坐标原点。以其切线方向为 x 轴,并且正向朝向交点 JD,自 x 轴正向顺时针旋转 90°为 y 轴正向。这时,曲线上任一点 P 的坐标(x_P,y_P)仍可按式(4-31)和式(4-32)计算。但当曲线位于 x_P 轴正向左侧时,y_P 应为负值。

具体测设按下述方法进行:

如图 4-23 所示,在待测设曲线附近选择一视野开阔,便于安置仪器的点 A,将仪器安置于坐标原点 O 上,测定 OA 的距离 S 和 x 轴正向顺时针至 A 点的角度 α_{OA}(即直线 OA 在设定坐标系中的方位角),则 A 点的坐标为:

$$\left.\begin{aligned}x_A&=S\cdot\cos\alpha_{OA}\\y_A&=S\cdot\sin\alpha_{OA}\end{aligned}\right\} \tag{4-42}$$

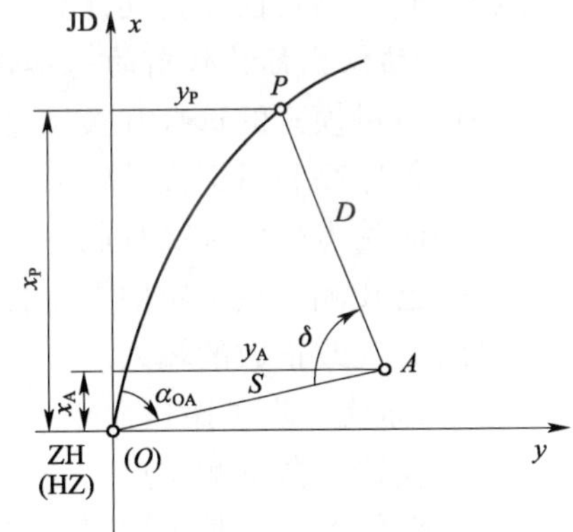

图 4-23　极坐标法

直线 AO 和 AP 在该设定的坐标系中的方位角为:

$$\left.\begin{aligned}\alpha_{OA}&=\alpha_{OA}\pm180°\\\alpha_{AP}&=\tan^{-1}\frac{y_P-y_A}{x_P-x_A}\end{aligned}\right\} \tag{4-43}$$

则:

$$\left.\begin{aligned}\delta&=\alpha_{AP}-\alpha_{AO}\\D_{AP}&=\sqrt{(x_P-x_A)^2+(y_P-y_A)^2}\end{aligned}\right\} \tag{4-44}$$

在按上述算式计算出曲线上各点测设角度和距离后,将仪器安置在 A 点上,后视坐标原点,并将水平度盘配制为 0°00′00″,然后转动照准部,拨水平角 δ,便得到 A 点至 P 点的方向线,沿此方向线,测定距离 D_{AP} 即得待测点 P 的地面位置,按此方法便可将曲线上各点的位置测定。

极坐标法除可按上述方法测设外,还可按前述不带缓和曲线的圆曲线详细测设中的极坐标法进行。

四、公路中线坐标放样(相关资源见二维码 18)

二维码 18

1. 坐标放样的基本原理

如图 4-24 所示,已知 A、B、C 三点坐标为(X_A,Y_A)、(X_B,Y_B)、(X_C,Y_C),其中,A、B 两点在地面上的位置已确定,要求在实地确定 C 点的地面位置。

设 A 点为测站点,B 点为后视点,C 点为放样点。安置全站仪于 A 点,后视 B 点。

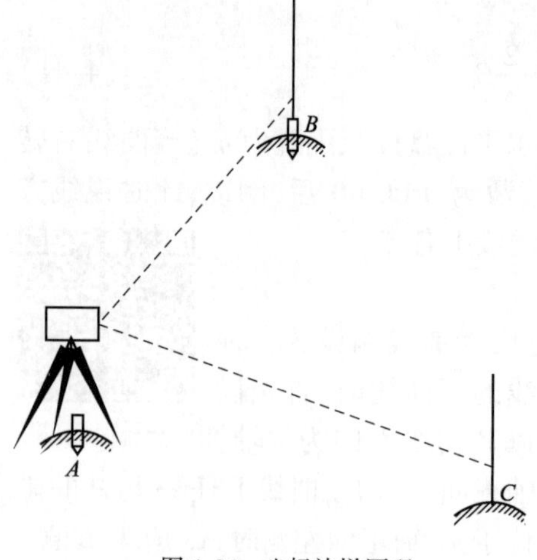

图 4-24　坐标放样原理

首先,计算 AB 直线的坐标方位角 α_{AB}:

$$\alpha = \arctan \frac{|Y_B - Y_A|}{|X_B - X_A|} \tag{4-45}$$

则:$\Delta Y = Y_B - Y_A$,　$\Delta X = X_B - X_A$

$\Delta X > 0$,　$\Delta Y > 0$,则 $\alpha_{AB} = \alpha$

$\Delta X > 0$,　$\Delta Y < 0$,则 $\alpha_{AB} = 360° - \alpha$

$\Delta X < 0$,　$\Delta Y < 0$,则 $\alpha_{AB} = 180° + \alpha$

$\Delta X < 0$,　$\Delta Y > 0$,则 $\alpha_{AB} = 180° - \alpha$

同理可计算 AC 直线坐标方位角 α_{AC}:

则:
$$\angle BAC = \alpha_{AC} - \alpha_{AB} \tag{4-46}$$

$$D_{AC} = \sqrt{\Delta Y_{AC}^2 + \Delta X_{AC}^2} \tag{4-47}$$

在全站仪里输入后视方向 AB 的坐标方位角和放样点 C 的坐标后,仪器自动计算并显示放样的角度$\angle BAC$ 和放样的距离 D_{AC}、高差 h_{AC}。

2. 全站仪坐标放样前的基本设置

(1)测量模式的选择和棱镜常数的设置;

(2)仪器高和目标高的输入;

(3)测站点坐标和高程的输入;

(4)已知测站点至定向点坐标方位角的设置,或者输入定向点的坐标;

(5)大气改正数的输入。

3. 坐标放样基本操作步骤

(1)安置仪器于测站点 A,进行对中,整平等基本操作;

(2)对仪器进行基本设置,包括棱镜参数、仪器高、棱镜高、角度单位、距离单位、显示格式、测站坐标;

(3)按照全站仪器的操作步骤进行坐标的放样工作。

4. 中桩放样时注意事项(相关资源见二维码 19)

二维码 19

根据放样经验,极坐标放样时注意以下几点:

(1)尽量保证放样点至测站距离小于测站至后视导线点的距离,此法可减少放样点的误差。

(2)测站转移前,观测核对相邻控制点的方位角;测站转移后,应对前一站所放桩位检查 1~2 个点,以便核对,及时发现错误。

(3)适时采用中桩穿线方法校核。根据已知导线点放出路线中桩后,从理论上讲,中桩应该满足路线走向的各种技术参数,但在一些高速公路的放样过程中,还是发现不符合的情况,因此中桩穿线必不可少。中桩穿线过程主要是检查直线点是否在一条直线上,曲线点是否在一条曲线上。事实上,误差在所难免,应详细记录穿线过程的各种数据,认真分析,查找原因。调整时,应以该直线或曲线相距最远的点调整中间点,使线形能够达到最小误差范围。

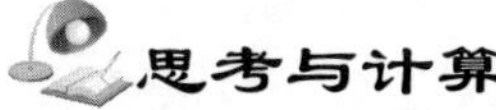

思考与计算

1. 为什么要设置缓和曲线？其作用是什么？

2. 已知某 JD 里程为 K2 +968.43,测得转角为 $\alpha_y = 34°12'$,圆曲线半径为 $R = 200\text{m}$,设 ZD 坐标为:X_1 = 6 795. 454m, Y_1 = 5 565. 901m; JD 坐标为:X_2 = 6 848. 320m, Y_2 = 5 634.240m,要求计算圆曲线主点的坐标。

3. 已知某 JD 里程为 K1 +500,测得转角为 $\alpha_y = 24°15'$,圆曲线半径为 $R = 200\text{m}$,缓和曲线长度为 $l_s = 75\text{m}$,试完成该平曲线曲线要素以及主点桩号计算。

4. 根据表 4-10 数据,并计算 JD_1、JD_2 平曲线 K_{ZH}、K_{HY}、K_{QZ}、K_{YH}、K_{HZ} 桩号和坐标。

直线、曲线及转角表 表 4-10

交点号	交点桩号及交点坐标(m)		交点间距(m)	计算方位角(° ′ ″)	曲线间直线长(m)	转角(° ′ ″)	曲线要素	
							半径 R_1 R_2 R_3	曲线长度 L_{s1} L_c L_{s2}
QD	桩	K0 +000						
	N	2 929 814. 106						
	E	514 263. 899						
JD_1	桩	K0 +340. 607	340. 607	313°53′24. 3″	69. 283			100
	N	2 930 050. 241				24°56′59. 5″(Y)	1 000	335. 457
	E	514 018. 433						100
JD_2	桩	K0 +859. 158	525. 741	338°50′23. 8″	80. 594			100
	N	2 930 540. 534				15°39′36. 1″(Y)	900	145. 987
	E	513 828. 654						100
ZD	桩	K1 +342. 238	484. 74	354°29′59. 9″				
	N	2 931 023. 042						
	E	513 782. 193						

5. 带缓和曲线的平曲线一般由哪三个部分组成？

6. 简述坐标放样的基本原理和基本步骤。

项目五　公路中、基平测量

问题引入

公路勘测阶段，测量人员在实地敷设公路中线之后，开始纵断面和横断面测量工作。路线纵断面测量是测定公路中线上各里程桩（简称中桩）的地面高程，并绘制路线纵断面图，用以表示沿路线中线的地面起伏状态，所测得数据主要用于路线纵坡设计。

在公路施工阶段，测量人员需要经常向施工人员指示各中桩处填高、挖深的位置，在完成填挖后及时检查和复核高程是否正确，以便着手下一步工作。

这两个阶段的水准测量工作，都需要中平、基平测量来完成。那么在这两个阶段中的水准测量工作如何进行？什么是中、基平测量？测量人员要掌握哪些基本知识和技能？这正是本项目要解决的问题。

教学目标

掌握公路勘测阶段、施工阶段中、基平测量基本原理和方法；能独立完成公路中、基平测量工作。

模块组织

本项目各模块知识点关系如图5-1所示。

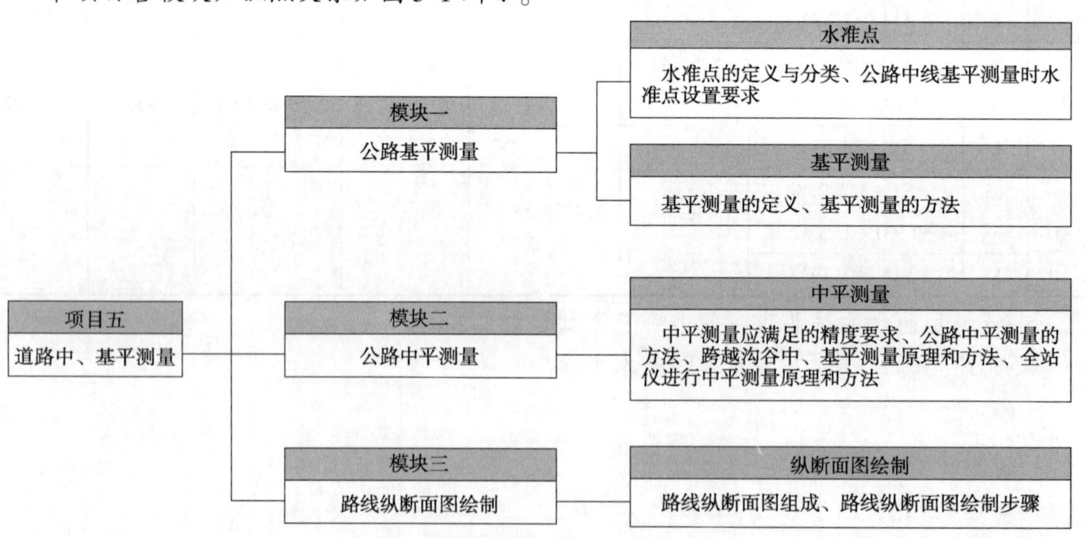

图5-1　本项目各模块知识点关系图

情境描述

1. 公路中、基平测量教学实训

在测量教学实训场地内，根据《公路勘测规范》（JTG C10—2007）和《工程测量规范》

(GB 50026—2007)的要求,在完成公路中线测量的基础上,进行公路工程(图 5-2)中、基平测量。

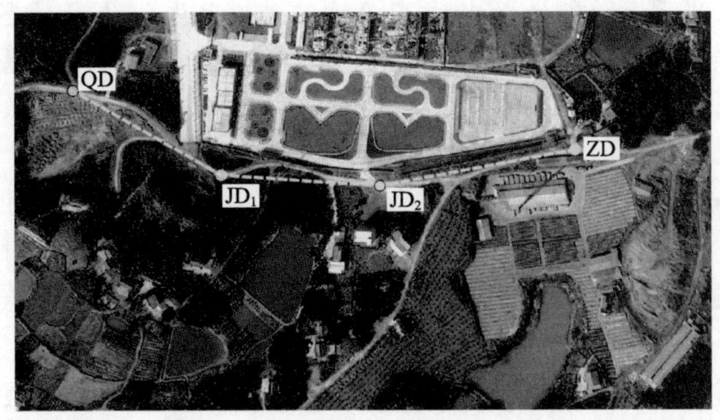

图 5-2　测量教学实训场地公路中线

2. 模拟项目设计目的

要求每个团队模拟完成公路在勘测阶段和施工阶段的中、基平测量工作。掌握中、基平测量基本知识和技能,养成良好的职业素养。

3. 模拟项目主要任务

(1)设置水准点,在路线范围内进行基平测量;

(2)完成公路中线各中桩的中平测量,并绘制纵断面图;

(3)完成公路中、基平测量成果报告。

本项目 3 个工作任务之间的关系以及知识与技能训练目标如图 5-3 所示。

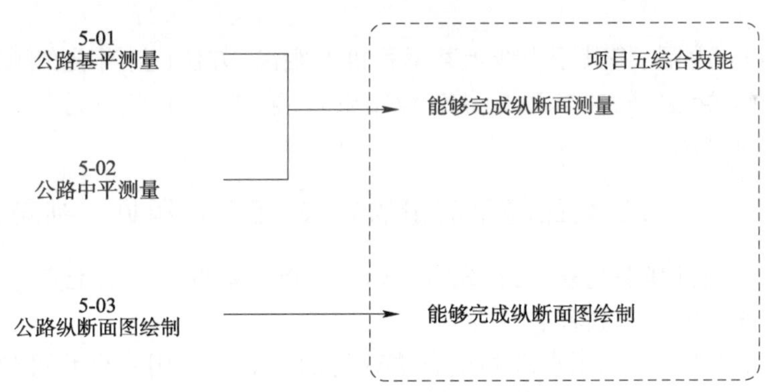

图 5-3　工作任务与训练目标关系图

模块一　公路基平测量

学习目的

基本知识:基平测量(概念、技术要求、测量方法),水准点类型。

基本技能:水准仪完成公路基平测量。

任务描述

在工作任务 4-02、4-05 敷设的公路中线附近选定水准点构成附合水准路线后进行基平测量,完成工作任务 5-01 公路基平测量。

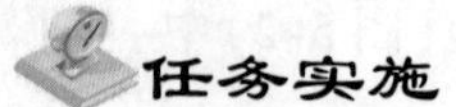

任务实施

领取水准仪、水准尺后，在公路中线布设水准点（也用沿线已设置好的水准点 BM_1、BM_2、BM_3），按照规定技术等级和标准完成基平测量。重点考查基平测量的精度。

一、公路基平测量

1. 水准点定义和分类

1）定义

水准点是在勘测和施工阶段以及竣工时作为路线高程测量的控制点。

2）分类

根据需要和用途，可布设永久性水准点和临时性水准点，一般规定，在路线的起、终点、大桥两岸、隧道两端、垭口以及一些需要长期观测高程的重点工程附近，均应设置永久性水准点。在一般地区应每隔一定的长度设置一个永久性水准点。为便于引测，还需沿路线方向布设一定数量的临时性水准点。临时性水准点的密度，一般情况下，水准点间距宜为 1 ~ 1.5km；山岭重丘区可根据需要适当加密。

2. 水准点设置要求

水准点位应选在稳固、醒目、易于引测以及施工时不易遭受破坏的地方，一般在应距路线中线 50 ~ 300m 的地方。

（1）水准点一般以 BM_i 表示；

（2）为了避免混乱和便于寻找，应逐个编号，用红油漆连同符号（BM_i）一起注写在水准点旁；

（3）水准点设置好后，将其距中线上某里程桩的距离、方位（左侧或右侧）以及与周围主要地物的关系等内容记在记录本上，以供外业结束后，编制“水准点一览表”和绘制路线平面图时之用。

二、公路基平测量的方法（相关资源见二维码 20）

二维码 20

进行基平测量时，首先将起始水准点与附近国家水准点进行联测，以获取水准点的绝对高程。

水准点高程的测定，是采用水准测量方法获得的。通常采用一台水准仪在两个相邻的水准点间作往返观测，也可用两台水准仪作同向单程观测。

模块二　公路中平测量

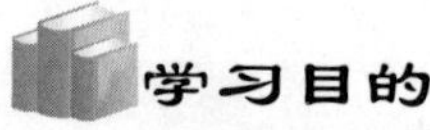

学习目的

基本知识：中平测量（概念、测量方法、技术要求）。

基本技能：水准仪完成公路中平测量和计算。

任务描述

在工作任务 5-01 的基础上，进行公路的中平测量，完成工作任务 5-02 公路中平测量。

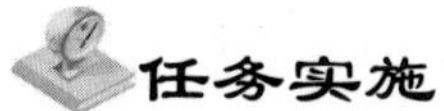

任务实施

领取仪器和表格后，在工作任务4-02或4-05敷设的公路中线位置上，按照规定的间隔测定中桩高程。主要考核表格填写和计算是否规范以及中平测量的精度。

一、公路中平测量精度要求

中平测量是以两个相邻水准点为一测段，从一个水准点出发，逐个测定中桩的地面高程，闭合到下一个水准点上。

公路中平测量应起闭于路线高程控制点上，高程测至桩志处的地面，其测量误差应符合表5-1要求。中桩高程应取位至厘米。

中桩高程测量精度 表5-1

公 路 等 级	闭合差(mm)	两次测量之差(cm)
高速公路，一、二级公路	$\leqslant \pm 30\sqrt{L}$	$\leqslant \pm 5$
三级及以下公路	$\leqslant \pm 50\sqrt{L}$	$\leqslant \pm 10$

注：L为高程测量的路线长度(km)。

二、公路中平测量方法

1. 中平测量(相关资源见二维码21)

二维码21

中平测量(又称中桩抄平)一般是以两相邻水准点为一测段，从一个水准点开始，用视线高法，逐个测定中桩处的地面高程，直至附合到下一个水准点上。在每一个测站上，应尽量多的观测中桩，还需在一定距离内设置转点。相邻两转点间所观测的中桩，称为中间点。由于转点起着传递高程的作用，为了削弱高程传递的误差，在测站上应先观测转点，后观测中间点。观测转点时读数至毫米，视线长度一般应不大于100m。在转点上，水准尺应立于尺垫、稳固的桩顶或坚石上。观测中间点时读数即中视读数可读至厘米，视线也可适当放长，立尺应在紧靠桩边的地面上。

如图5-4所示，以水准点A为后视点(高程H_A已知)，以B点为前视转点，K_i点为中间点。在施测过程中，将水准仪安置在测站上，首先观测立于A点的水准尺读数为a，然后再观测立于前视转点B点的水准尺读数为b，最后观测立于中间点K_i点上的水准尺上的读数为k，则可用视线高法求得前视转点B的高程H_B和中桩点的高程H_K。

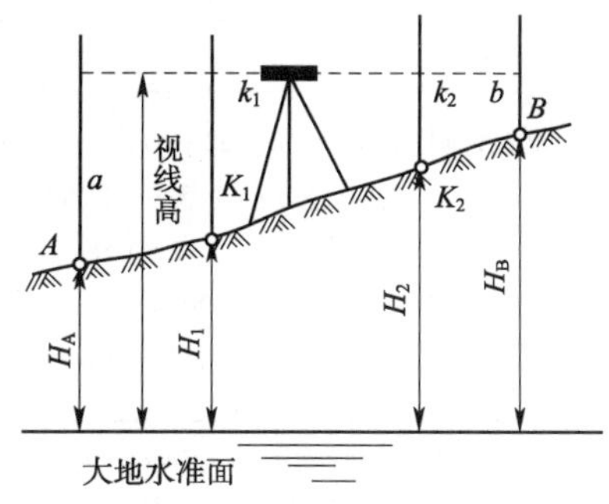

图5-4 视线高法测高程

$$测站视线高 = 后视点高程\ H_A + 后视读数\ a$$

$$前视转点\ B\ 的高程\ H_B = 视线高 - 前视读数\ b \quad (5\text{-}1)$$

$$中桩高程\ H_K = 视线高 - 中视读数\ k$$

中平测量的实施如图5-5所示，水准仪安置于Ⅰ站，后视水准点BM_1，前视转点ZD_1，将两读数分别记入表5-2中相应的后视、前视栏内。然后观测BM_1与ZD_1间的中间点K0+000、K0+020、K0+040、K0+060，并将读数分别记入相应的中视栏，并按公式(5-1)分别计算ZD_1和各中桩点的高程，第一个测站的观测与计算完成。

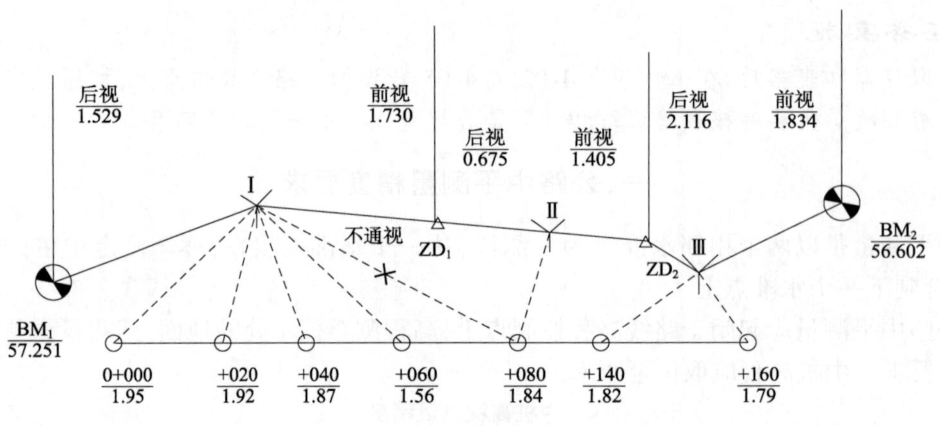

图 5-5　中平测量

中平测量记录计算表　　　　表 5-2

测　点	水准尺读数(m)			视线高(m)	测点高程(m)	备　注
	后视 a	中视 k	前视 b			
BM_1	1.529(2)			58.780(3)	57.251(1)	基平测得 BM_2 点的高程为：56.610m
K0 +000		1.95(4)			56.83(5)	
+020		1.92(6)			56.86(7)	
+040		1.87(8)			56.91(9)	
+060		1.56(10)			57.22(11)	
ZD_1	0.675(14)		1.730(12)	57.725(15)	57.050(13)	
+080		1.84(16)			55.885(17)	
ZD_2	2.116(20)		1.405(18)	58.436(21)	56.320(19)	
+140		1.82(22)			56.616(23)	
+160		1.79(24)			56.646(25)	
BM_2			1.834(26)		56.602(27)	

复核计算：$\sum h_{测} = 56.602 - 57.251 = -0.649\text{m}$；

$\sum a - \sum b = (1.529 + 0.675 + 2.116) - (1.730 + 1.405 + 1.834) = -0.649\text{m}$；

因：$\sum a - \sum b = \sum h_{测}$　得：计算无误

$f_h = 56.602 - 56.610 = -8\text{mm}$

$f_h = \pm 50\sqrt{L} = \pm 50\sqrt{0.16} = \pm 20\text{mm}$(按三级公路要求)

注：表中圆括号内数字为填表顺序。

然后再将仪器搬至Ⅱ站，后视转点 ZD_1，前视转点 ZD_2，将读数分别记入相应后视、前视栏。然后观测两转点间的各中间点，将读数分别记入相应的中视栏，并计算 ZD_2 和各中桩点的高程，第二个测站的观测与计算完成。

按上述方法继续向前观测，直至附合于水准点 BM_2。前视转点高程及中桩处地面高程应用式(5-1)，按所属测站的视线高进行计算，参考表 5-2。

中平测量只作单程观测。一测段结束后，应先计算中平测量测得的该测段两端水准点高差，并将其与基平所测该测段两端水准点高差进行比较，二者之差称为测段高差闭合差。

测段高差闭合差应满足下列要求：

高速公路、一级公路：不得大于 $\pm 30\sqrt{L}$（mm）；

二级及二级以下公路：不得大于 $\pm 50\sqrt{L}$（mm）。

其中，L 为测段长度，以千米（km）为单位。

若不满足上述要求，必须重测。

2. 跨越沟谷中平测量

当遇到跨越沟谷时，由于沟坡和沟底钉有中桩，且高差较大，按中平测量一般方法进行测量，要增加许多测站和转点，会影响测量的速度和精度。因此，跨越沟谷中平测量一般采用以下方法。

1）沟内、沟外分开测

如图 5-6 所示，当采用一般方法测至沟谷边缘时，仪器置于测站Ⅰ，在此测站，应同时设两个转点：用于沟外测量的 ZD_{16} 和用于沟内测的 ZD_A。施测时后视 ZD_{15}，前视 ZD_{16} 和 ZD_A，分别求得 ZD_{16} 和 ZD_A 的高程。此后以 ZD_A 进行沟内中桩点高程的测量，以 ZD_{16} 继续沟外测量。

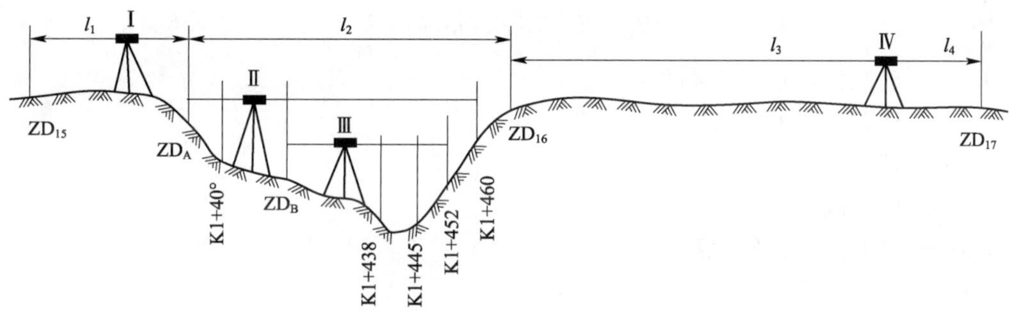

图 5-6　跨越沟谷中平测量

测量沟内中桩时，仪器下沟安置于测站Ⅱ，后视 ZD_A，观测沟谷内两侧的中桩并设置转点 ZD_B。再将仪器迁至测站Ⅲ，后视转点 ZD_B，观测沟底各中桩，至此沟内观测结束。然后仪器置于测站Ⅳ，后视转点 ZD_{16}，继续前测。这种测法使沟内、沟外高程传递各自独立，互不影响。沟内的测量不会影响到整个测段的闭合，但由于沟内的测量为支水准路线，缺少检核条件，故施测时应倍加注意。另外，为了减少Ⅰ站前、后视距不等所引起的误差，仪器置于Ⅳ站时，尽可能使 $l_3 = l_2$、$l_4 = l_1$ 或者 $l_1 + l_3 = l_2 + l_4$。

2）接尺法

中平测量遇到跨越沟谷时，若沟谷较窄、沟边坡度较大，个别中桩处高程不便测量，可采用接尺的方法进行测量，如图 5-7 所示。用两根水准尺，一人扶 A 尺，另一人扶 B 尺，从而把水准尺接长使用。必须注意此时的读数应为从望远镜内的读数加上接尺的数值。

利用上述方法测量时，沟内、沟外分开测的记录须断开，另作记录；接尺要加以说明，以利于计算和检查，否则容易发生混乱和误会。

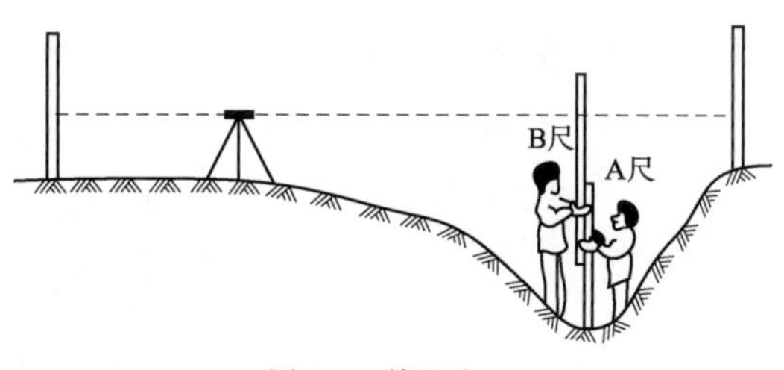

图 5-7　接尺法

3. 用全站仪进行中平测量

传统的中平测量方法是用水准仪测定中桩处地面高程，施测过程中测站多，特别是在地形

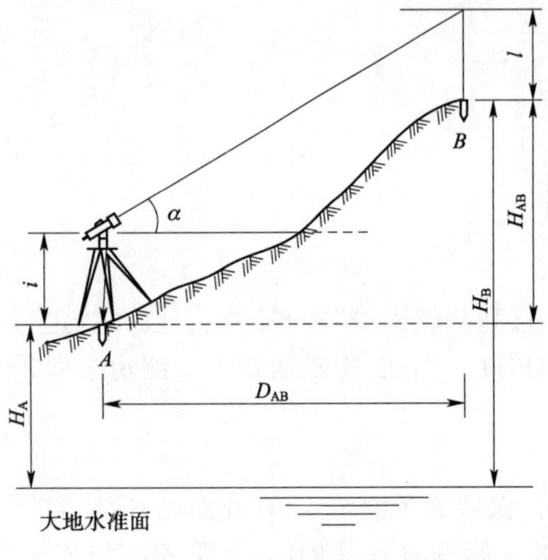

图 5-8　全站仪高程测量原理

起伏较大的地区测量,工作量相当繁重。而全站仪由于具有三维坐标测量的功能,在中线测量中可以同时测量中桩高程(中平测量),减少测设工作量。

全站仪中平测量方法:中线测量一般用任意控制点安置全站仪,利用极坐标或切线支距法放样中桩点。在中线测量的同时,利用全站仪本身具有的高程测量功能和控制点的高程,可直接测得中桩点的地面高程。

如图 5-8 所示,设 A 点为已知控制点,B 点为待测高程的中桩点。将全站仪安置在已知高程的 A 点,棱镜立于待测高程的中桩点 B 点上,量出仪器高 i 和棱镜高 l,全站仪照准棱镜测出视线倾角 α。则 B 点的高程 H_B 为:

$$H_B = H_A + S \cdot \sin\alpha + i - l \tag{5-2}$$

式中:H_A——已知控制点 A 点高程;

H_B——待测高程的中桩点 B 点高程;

i——仪器高;

l——棱镜高度;

S——仪器至棱镜斜距离;

α——视线倾角。

在实际测量中,只需将安置仪器的 A 点高程 H_A、仪器高 i、棱镜高 l 直接输入全站仪,在中桩放样完成的同时,就可直接从仪器的显示屏中读取中桩点 B 点高程 H_B。

该方法的优点是在中桩平面位置测设过程中直接完成中桩高程测量,而不受地形起伏及高差大小的限制,并能进行较远距离的高程测量。高程测量数据可从仪器中直接读取,或存入仪器并在需要时调入计算机处理。

4. 任意设站进行中平测量

全站仪中平测量是利用全站仪本身具有的高程测量功能,通过合理设计其测量方案,充分发挥其高程测量不受地形起伏限制及测程较远的优势,达到快速灵活、提高工作效率和减小劳动强度的目的。

1)施测原理

如图 5-9 所示,设 A 点为已知高程点,其高程为 H_A。B 点为待测高程的中桩点。将全站仪安置在 A、B 两点之间的 I 处。则可利用全站仪高程测量的功能,分别测得置仪点 I 与 A、B 两点间的高差 h_{IA} 及 h_{IB},由此可得 A、B 两点间高差 h_{AB}:

$$h_{AB} = h_{AI} + h_{BI} = h_{IB} - h_{IA} \tag{5-3}$$

其中:

$$h_{IA} = S_{IA} \cdot \sin\alpha_A + i - l_A$$

$$h_{IB} = S_{IB} \cdot \sin\alpha_B + i - l_B$$

式中:S_{IA}、S_{IB}——仪器至 A、B 点的棱镜斜距离;

α_A、α_B——仪器照准 A、B 两点时的视线倾角；

l_A、l_B——立于 A、B 两点的棱镜高度；

i——仪器高。

由此导出 A、B 两点的高差计算的另一种形式：

$$h_{AB} = (S_{IB} \cdot \sin\alpha_B - S_{IA} \cdot \sin\alpha_A) - (l_B - l_A) \tag{5-4}$$

从式(5-4)可看出，仪器高 i 值在高差计算过程中自动抵消，因此，在现场观测时，不需量取仪器高，只需在仪器中输入后视点棱镜高 l_A 和前视点棱镜高 l_B，然后分别对 A、B 两点进行观测，从而获得置仪点 I 与 A、B 两点间的高差 h_{IA} 及 h_{IB} 即可。则待测中桩点 B 点的高程为：

$$H_B = H_A + h_{AB} = H_A + h_{IB} - h_{IA} \tag{5-5}$$

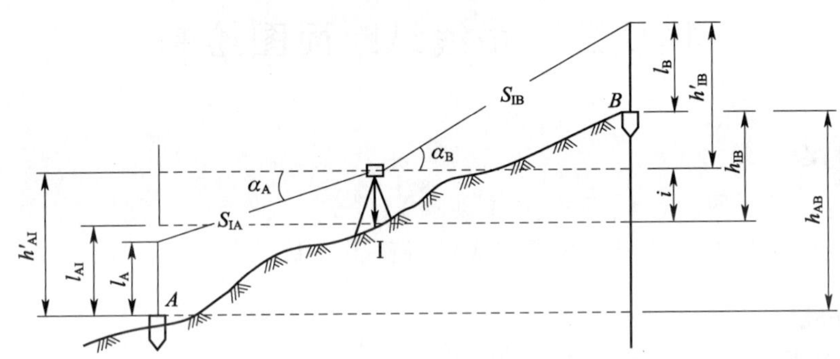

图 5-9　任意设站进行中平测量

2）施测中的注意事项

(1)应合理选择全站仪安置点，使其尽可能多观测中桩点，又能与已知高程控制点通视，以便获得后视高差。

(2)安置全站仪只需整平，不需对中，不需量取仪器高。

(3)对在一个测站上观测不到的中桩点，可适当移动仪器位置。

(4)仪器位置移动后，必须重新对已知高程控制点进行观测，以获得新的后视高差，并作为新测站上的后视高差来计算中桩高程。

(5)对必须设置转点方能观测到的中桩点，转点的设置应尽量使仪器至转点和至后视已知高程控制点的距离相等，以消除残余地球曲率、大气折光以及仪器竖盘指标差对高程观测的影响。对转点高程的观测应仔细，转点高程获得后，即可作为新的已知高程点来观测其他中桩点。

思考与计算

1. 什么是视线高？
2. 如何校核中平测量的精度？
3. 中平测量遇到跨沟谷时，应采用哪些措施施测？
4. 试完成图 5-10 中平测量计算。

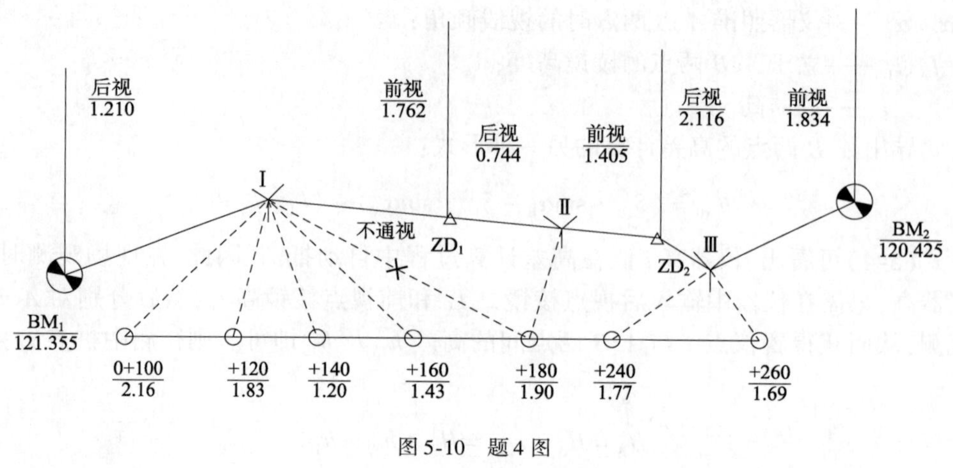

图 5-10　题 4 图

模块三　路线纵断面图绘制

学习目的

基本知识:纵断面图(概念、组成、绘制步骤)。

基本技能:根据公路中平测量数据完成纵断面图绘制。

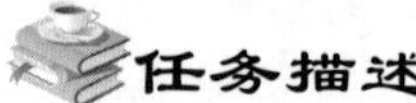

任务描述

根据工作任务 5-02 中平测量成果,绘制纵断面图。

任务实施

根据中平测量成果,在米格纸上按照规定的纵横比例,完成纵断面图绘制。主要考察绘图的规范性和美观性。

路线纵断面图是表示沿路线中线方向的地面起伏状态和设计纵坡的线状图,它反映出各路段纵坡的大小和中线位置处的填挖尺寸。路线设计纵断面图如图 5-11 所示。

一、路线纵断面图

路线纵断面图组成:

1. 路线地面线

路线地面线是指中线方向的实际地面线,纵断面图中常用细的折线来表示,它是以里程为横坐标、高程为纵坐标,根据中平测量的中桩地面高程绘制的。

2. 设计线

设计线是指包含竖曲线在内的纵坡设计线,纵断面图中常用粗线来表示。

3. 其他内容

其他内容包括:水准点的位置和高程,桥涵的类型、孔径、跨数、长度、里程桩号和设计水位,竖曲线示意图及其曲线元素,同公路、铁路交叉点的位置、里程及有关说明。

4. 图下部注有相关测量及纵坡设计的资料

(1)直线与曲线:根据中线测量资料绘制的中线示意图。图中路线的直线部分用直线表示；圆曲线部分用折线表示，上凸表示路线右转，下凸表示路线左转，并注明交点编号和圆曲线半径；带有缓和曲线的平曲线还应注明缓和段的长度，在图中用梯形折线表示。

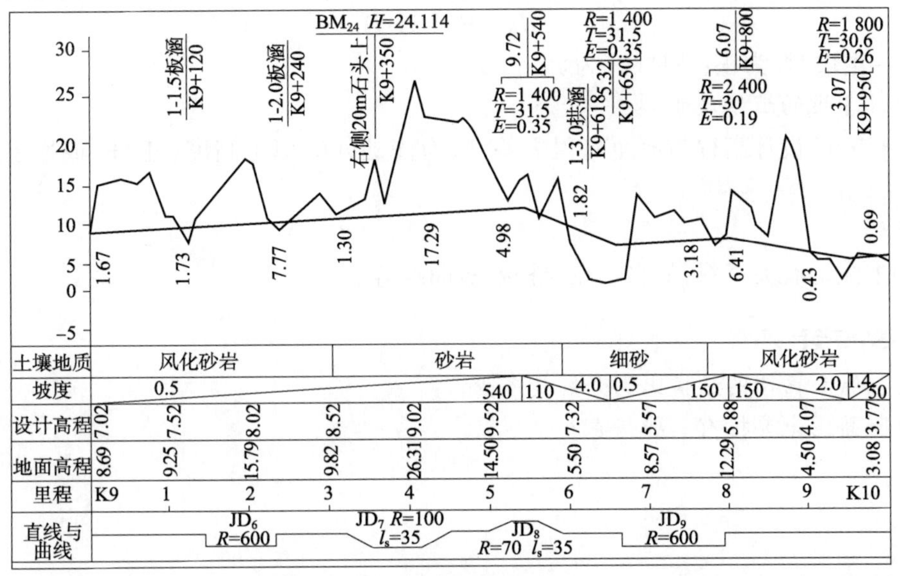

图 5-11　路线设计纵断面图

（2）里程：根据中线测量资料绘制的里程数。图中按里程比例尺只标注百米桩里程（以数字 1 ~ 9 注写）和公里桩的里程（以 K 注写，如 K9、K10）。

（3）地面高程：根据中平测量成果填写相应里程桩的地面高程数值。

（4）设计高程：即设计出的各里程桩处的对应高程。

（5）坡度：从左至右向上倾斜的直线表示上坡（正坡），向下倾斜的表示下坡（负坡），水平的表示平坡。斜线或水平线上面的数字是以百分数表示的坡度的大小，下面的数字表示坡长。

（6）土壤地质说明：标明路段的土壤地质情况。

二、路线纵断面图的绘制

纵断面图的绘制一般可按下列步骤进行：

1. 选定里程比例尺和高程比例尺

对于平原微丘区里程比例尺常用 1∶5 000 或 1∶2 000，相应的高程比例尺为 1∶500 或 1∶200；山岭重丘区里程比例尺常用 1∶2 000 或 1∶1 000，相应的高程比例尺为 1∶200 或 1∶100。随后打格制表，填写里程、地面高程、直线与曲线、土壤地质说明等资料。

2. 绘出地面线

首先选定纵坐标的起始高程，使绘出的地面线位于图中适当位置。一般是以 10m 整数倍数的高程定在 5cm 方格的粗线上。

然后根据中桩的里程和高程，在图上按纵、横比例尺依次点出各中桩的地面位置，再用直线将相邻点一个个连接起来，就得到地面线。

在高差变化较大的地区，当纵向受到图幅限制时，可在适当地段变更图上高程起算位置，此时地面线将形成台阶形式。

3. 计算设计高程

当路线的纵坡确定后，即可根据设计纵坡和两点间的水平距离，由一点的高程计算另一点的设计高程。设计坡度为 i,起算点的高程为 H_0,待推算点 P 高程为 H_P,待推算点至起算点的水平距离为 D,则:

$$H_P = H_0 + i \cdot D \tag{5-6}$$

式中:i——上坡时,为正;下坡时,为负。

4. 计算各桩的填挖尺寸

同一桩号的设计高程与地面高程之差,即为该桩处的填土高度(正号)或挖土深度(负号)。

5. 注记

在图上注记有关资料,如水准点、桥涵、竖曲线等。

思考与计算

1. 绘制纵断面图的纵横比例分别是多少?
2. 纵断面图上要标有哪些信息?

项目六　公路横断面测量

问题引入

在公路勘测阶段,测量人员在实地敷设公路中线之后,开始横断面测量。为了反映中桩左右两侧一定宽度范围内的地面线变化情况,须绘制横断面图。

教学目标

掌握横断面地面线测绘方法。

模块组织

本项目各模块知识点关系如图 6-1 所示。

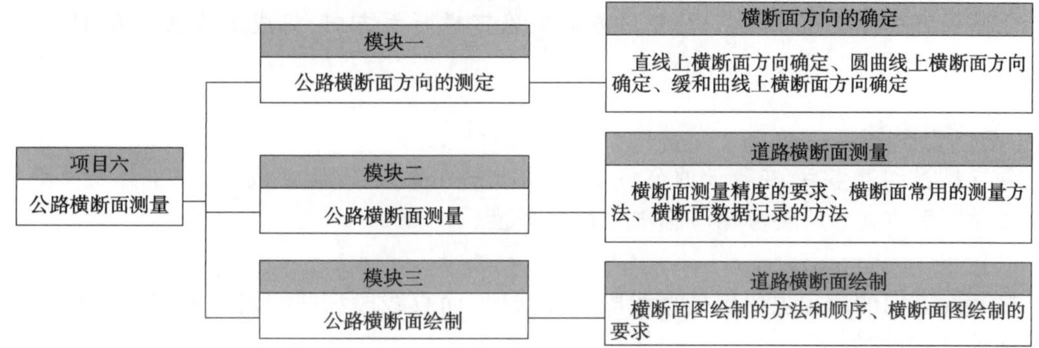

图 6-1　本项目各模块知识点关系图

情境描述

1. 道路横断面测量实训

如图 6-2 所示,在测量教学实训场地内,根据《公路勘测规范》(JTG C10—2007)和《工程测量规范》(GB 50026—2007)的要求,在公路中线测量基础上测绘公路中线横断面。

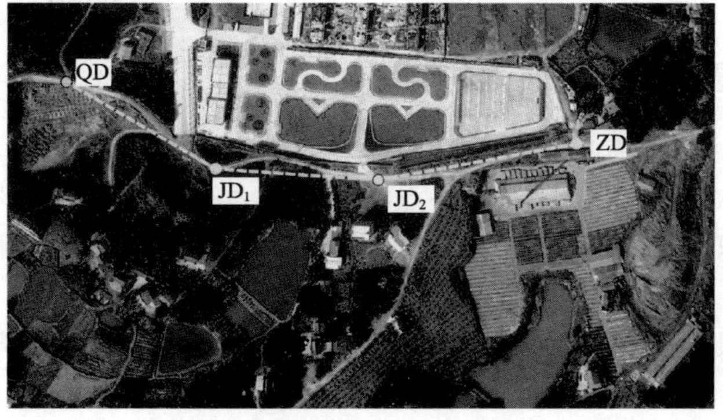

图 6-2　测量教学实训场地公路中线

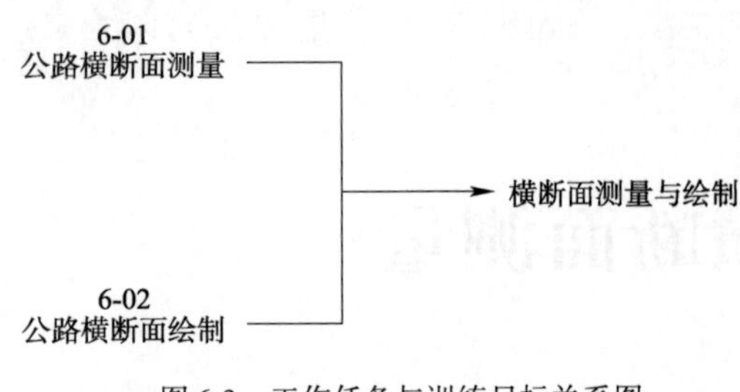

图 6-3　工作任务与训练目标关系图

2. 模拟项目设计目的

要求每个团队完成公路勘测阶段、施工阶段横断面测绘。掌握横断面测绘的基本知识和技能，并养成良好的职业素养。

3. 模拟项目主要任务

本项目两个工作任务之间的关系以及知识与技能训练目标如图 6-3 所示。

模块一　公路横断面方向测定

学习目的

基本知识：横断面方向（概念，确定方法）。

基本技能：确定公路中线不同位置横断面的方向 。

任务描述

在敷设好的公路中线为基础，使用方向架确定横断面方向，完成工作任务 6-01 公路横断面测量。

任务实施

领取仪器和表格后，在敷设的公路中线上，分别在直线段、圆曲线段、缓和曲线段用方向架确定横断面方向。主要考察与标准方向的差值。

横断面方向的测定主要包括直线段和曲线段，而直线段和曲线段上的横断面标定方法是不同的，现分述如下：

一、直线段横断面方向测定

直线段横断面方向与路线中线垂直，一般采用方向架测定。如图 6-4 所示，将方向架置于待标定横断面方向的桩点上，方向架上有两个相互垂直的固定片，用其中一个固定片瞄准该直线段上任一中桩，另一个固定片所指明方向即为该桩点的横断面方向。

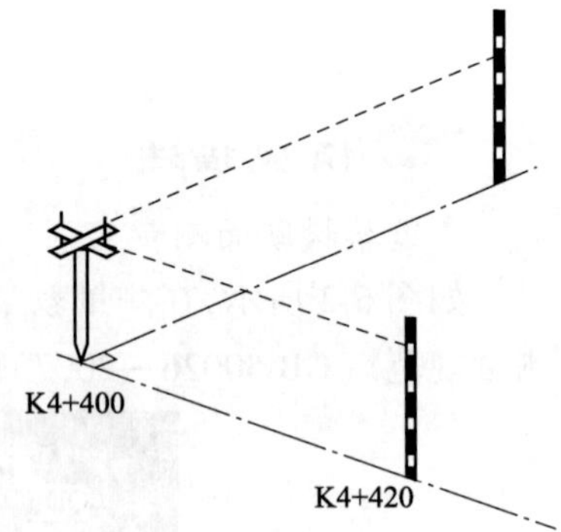

图 6-4　直线段横断面方向

二、圆曲线横断面方向测定

圆曲线段上中桩点的横断面方向为垂直于该中桩点切线的方向。由几何知识可知，圆曲线上一点横断面方向必定沿着该点的半径方向。测定时一般采用求心方向架法，即在方向架上安装一个可以转动的活动片，并用一固定螺旋可将其固定，如图 6-5 所示。

用求心方向架测定横断面方向，如图 6-6 所示。欲测定圆曲线上某桩点 1 的横断面方向，可按下述步骤进行：

（1）将求心方向架置于圆曲线的 ZY（或 YZ）点上，用方向架的一固定片 ab 照准交点

(JD)。此时 ab 方向即为 ZY(或 YZ)点的切线方向,则另一固定片 cd 所指明方向即为 ZY(或 YZ)点横断面方向。

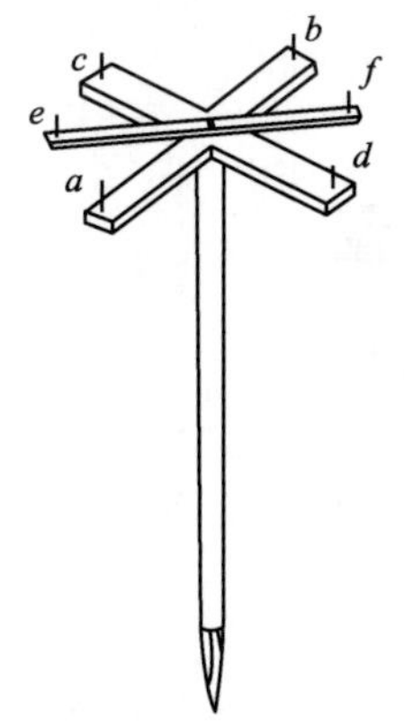

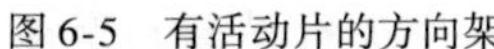

图 6-5　有活动片的方向架

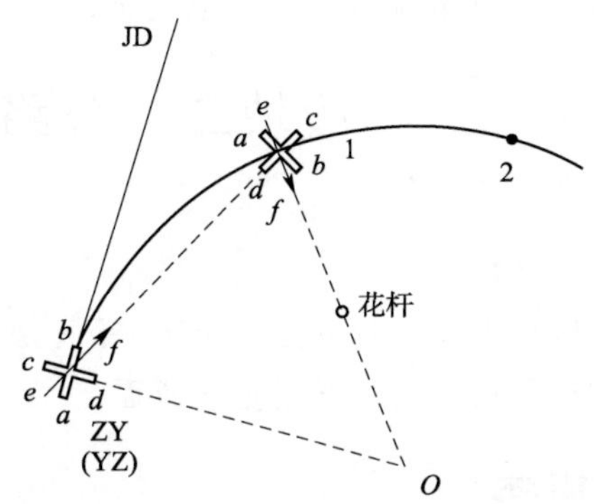

图 6-6　圆曲线段上横断面方向标定

(2)保持方向架不动,转动活动片 ef,使其照准 1 点,并将 ef 用固定螺旋固定。

(3)将方向架搬至 1 点,用固定片 cd 照准圆曲线的 ZY(或 YZ)点,则活动片 ef 所指明方向即为 1 点的横断面方向,标定完毕。

在测定 2 点的横断面方向时,可在 1 点的横断面方向上插一花杆,以固定片 cd 照准花杆,ab 片的方向即为切线方向。此后的操作与测定 1 点横断面方向时完全相同,保持方向架不动,用活动片 ef 瞄准 2 点并固定之。将方向架搬至 2 点,用固定片 cd 瞄准 1 点,活动片 ef 方向即为 2 点的横断面方向。

如果圆曲线上桩距相同,在定出 1 点横断面方向后,保持活动片 ef 原来的位置,将其搬至 2 点上,用固定片 cd 瞄准 1 点,活动片 ef 方向即为 2 点的横断面方向。圆曲线上其他各点的横断面方向亦可按照上述方法进行标定。

三、缓和曲线段横断面方向测定

缓和曲线段上一中桩点处的横断面方向是通过该点指向曲率半径的方向,即垂直于该点切线的方向。可采用下述方法进行测定:如图 6-7 所示,利用缓和曲线的弦切角 Δ 和偏角 δ 的关系:$\Delta = 2\delta$,定出中桩点处曲率切线的方向,有了切线方向,即可用带度盘的方向架或经纬仪标定出法线(横断面)方向。

具体步骤如下:

如图 6-7 所示,P 点为待标定横断面方向的中桩点。

(1)按公式 $\delta = \left(\frac{l}{l_s}\right)^2 \delta_0 = \frac{1}{3}\left(\frac{l}{l_s}\right)^2 \beta_0$,计算出偏角 δ,并由 $\Delta = 2\delta$ 计算弦切角 Δ。

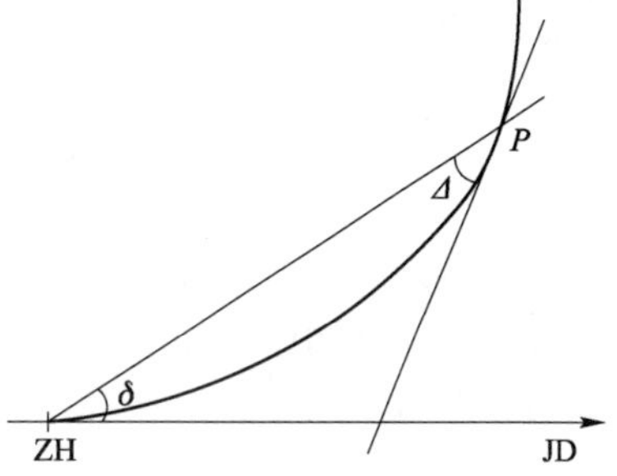

图 6-7　缓和曲线段横断面方向测定

(2)将带度盘的方向架(亦称圆盘仪)或经纬仪安置于 P 点。

(3)操作方向架的定向杆或经纬仪的望远镜,照准缓和曲线的 ZH 点,同时使度盘读数为 Δ。

(4)顺时针转动方向架的定向杆或经纬仪的望远镜,直至度盘的读数为 90°(或 270°)。此时,定向杆或望远镜所指方向即为横断面方向。

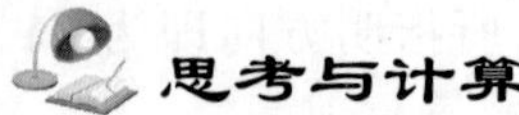
思考与计算

1 横断面测量的主要任务是什么？

2 在圆曲线和缓和曲线上如何确定横断面方向？

模块二　公路横断面测量

学习目的

基本知识：横断面测量方法和步骤（抬杆法、水准仪皮尺法、经纬仪视距法）。

基本技能：使用不同仪器测量横断面。

任务描述

以敷设好公路中线为基础，按规定的间隔用两种以上的方法进行横断面测量，继续完成工作任务6-01 公路横断面测量。

任务实施

领取仪器和表格后，分别使用抬杆法、水准仪皮尺法（或经纬仪法）进行横断面测量，左右两幅测定范围50～100m。重点考察表格填写规范性以及测量的精确性。

横断面测量中的距离和高差一般准确到0.1m即可满足工程的要求。因此，横断面测量多采用简易的测量工具和方法，以提高工作效率。下面介绍几种常用的方法。

1. 标杆皮尺法（抬杆法）

标杆皮尺法（抬杆法）是用一根标杆和一卷皮尺测定横断面方向上的两相邻变坡点的水平距离和高差的一种简易方法。

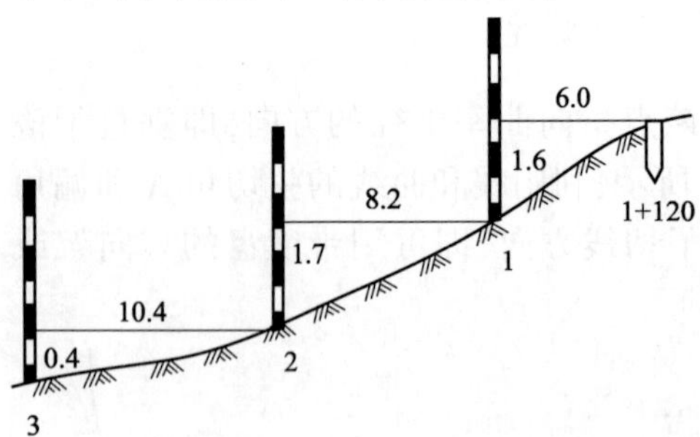

图6-8　抬杆法测横断面

如图6-8所示，要进行横断面测量，根据地面情况选定变坡点1、2、3、…。将标杆竖立于1点上，皮尺靠在中桩地面拉平，量出中桩点至1点的水平距离，而皮尺截于标杆的红白格数（通常每格为0.2m）即为两点间的高差。

测量员报出测量结果，以便绘图或记录，报数时通常省去“水平距离”四字，高差用“低”或“高”报出，例如，图示中桩点与1点间，报为“6.0m 低1.6m”，记录如表6-1所示。同法可测得1点与2点、2点与3点、…的距离和高差。表中按路线前进方向分左、右侧，分别以分数形式表示各测段的高差和距离，分子表示高差，正号为升高，负号为降低；分母表示距离。自中桩由近及远逐段测量与记录。

抬杆法测横断面测量记录表　　表6-1

左　侧	里程桩号	右　侧
$\cdots\frac{-0.4}{10.4},\frac{-1.7}{8.2},\frac{1.6}{6.0}$	K1+120	$\frac{+1.0}{4.8},\frac{+1.4}{12.5},\frac{-2.2}{8.6}\cdots$
…	…	…

2. 水准仪皮尺法

水准仪皮尺法是利用水准仪和皮尺，按水准测量的方法测定各变坡点与中桩点间的高差，用皮尺丈量两点的水平距离的方法，如图 6-9 所示。

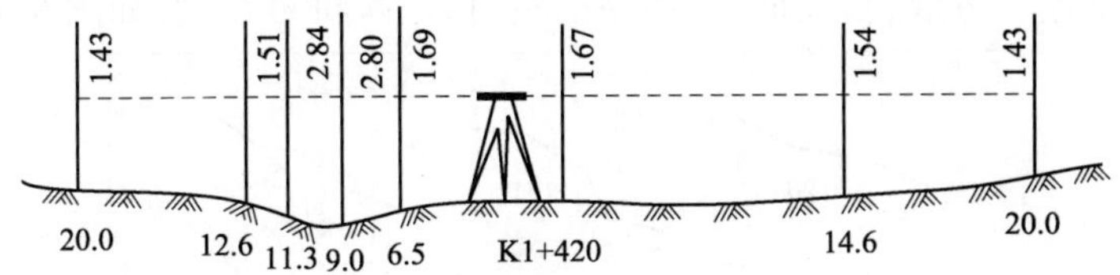

图 6-9　水准仪皮尺法测横断面

水准仪安置后，以中桩点为后视点，在横断面方向的变坡点上立尺进行前视读数，并用皮尺量出各变坡点至中桩的水平距离。水准尺读数准确到厘米，水平距离准确到分米。此法适用于断面较宽的平坦地区，其测量精度较高。

3. 经纬仪视距法

经纬仪视距法是指在地形复杂、山坡较陡的地段采用经纬仪，按视距测量的方法测得各变坡点与中桩点间的水平距离和高差的一种方法。施测时，将经纬仪安置在中桩点上，用视距法测出横断面方向上各变坡点至中桩的水平距离和高差。对于横断面测量，高速公路、一级公路一般采用水准仪皮尺法、经纬仪视距法，二级及二级以下公路可采用标杆皮尺法。

 **思考与计算**

横断面测量有哪些常用方法？简述每种方法的适用条件。

模块三　公路横断面图绘制

 **学习目的**

基本知识：横断面图绘制（比例尺选择、绘图顺序）。

基本技能：绘制道路横断面图。

 **任务描述**

使用工作任务 6-01 所测外业观测数据，绘制横断面图，完成工作任务 6-02 公路横断面绘制。

 **任务实施**

核查外业观测数据无误后，根据规范和实际情况，灵活选用比例尺，在米格纸上绘制横断面图。主要考察图纸的精确性、完整性、美观性。

公路横断面图应采用现场边测边绘，这样能及时在现场核对，减少差错。

1. 绘图要求

横断面图的比例尺一般是 1∶200 或 1∶100，横断面图绘在厘米方格纸上，图幅为 350mm × 500mm，每厘米有一细线条，每 5cm 有一粗线条，细线间一小格是 1mm。

绘图时，以一条纵向粗线为中线，以纵线、横线相交点为中桩位置，向左、右两侧绘制。

2. 绘图步骤

先标注中桩的桩号，再用铅笔根据水平距离和高差，将变坡点点在图纸上，然后用小三角板将这些点连接起来，就得到横断面的地面线。显然一幅图上可绘多个断面图，一般规定绘图顺序是从图纸左下方起，自下而上、由左向右，依次按桩号绘制，如图6-10所示。

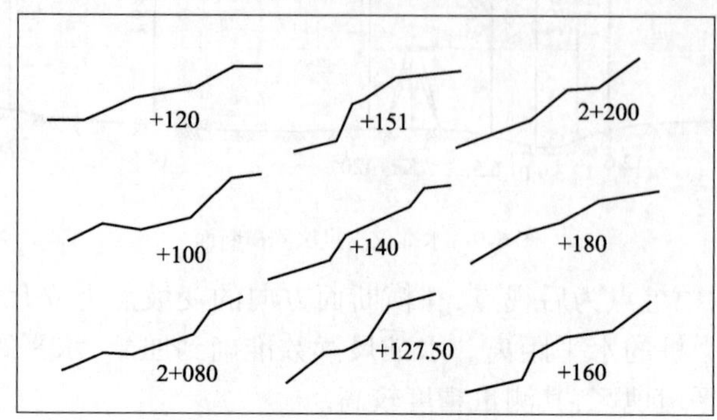

图6-10 横断面图绘图顺序

目前，横断面绘图大多采用计算机，选用合适的软件进行绘制。

思考与计算

1. 绘制横断面时常用比例尺有哪些？
2. 横断面绘制时的顺序是怎样的？

参考文献

[1] 李仕东. 工程测量[M]. 4 版. 北京:人民交通出版社股份有限公司,2015.
[2] 马真安,阿巴克力(维). 工程测量实训指导[M]. 北京:人民交通出版社,2005.
[3] 周建郑. 工程测量[M]. 2 版. 郑州:黄河水利出版社,2013.
[4] 覃辉. 建筑工程测量[M]. 北京:中国建筑工业出版社,2007.
[5] 许娅娅,张碧琴. 公路施工测量百问[M]. 北京:人民交通出版社,2002.
[6] 刘培文. 公路施工测量技术[M]. 北京:人民交通出版社,2003.
[7] 胡伍生,朱小华. 测量实习指导书[M]. 南京:东南大学出版社,2004.
[8] 罗固源. 工程测量实习与题解[M]. 重庆:重庆大学出版社,2003.
[9] 潘威. 公路工程实用施工放样技术[M]. 北京:人民交通出版社,2003.
[10] 潘正风,程效军. 数字测图原理与方法[M]. 2 版. 武汉:武汉大学出版社,2009.
[11] 王正荣,邹时林. 数字测图[M]. 郑州:黄河水利出版社,2012.

参考文献

[1] 李[illegible]. [illegible][M]. 4版. 北京：人民交通出版社股份有限公司，2015.

[2] [illegible]. [illegible][M]. 北京：[illegible]出版社，2008.

[3] [illegible][M]. 2版. [illegible]出版社，2013.

[4] [illegible][M]. 北京：中国[illegible]出版社，2007.

[5] [illegible][M]. 北京：人民交通出版社，2010.

[6] [illegible][M]. 北京：人民交通出版社，2003.

[7] 胡伍生，[illegible][M]. 南京：东南大学出版社，2005.

[8] [illegible][M]. [illegible]出版社，2003.

[9] [illegible][M]. 北京：人民交通出版社，2013.

[10] [illegible][M]. 2版. 武汉：武汉大学出版社，2009.

[11] [illegible][M]. [illegible]出版社，2013.